O Ladrão
no Fim *do* Mundo

Joe Jackson

O Ladrão *no* Fim *do* Mundo

Como um inglês roubou 70 mil sementes de seringueira e acabou com o monopólio do Brasil sobre a borracha

Tradução
Saulo Adriano

Copyright © Joe Jackson, 2008
Todos os direitos reservados, incluindo o direito à reprodução integral ou parcial em qualquer formato.
Esta edição foi publicada mediante acordo com Viking Penguin, uma divisão da Penguin Group (USA) Inc.

Todos os direitos desta edição reservados à
Editora Objetiva Ltda.
Rua Cosme Velho, 103
Rio de Janeiro — RJ — Cep: 22241-090
Tel.: (21) 2199-7824 — Fax: (21) 2199-7825
www.objetiva.com.br

Título original
The Thief at the End of the World

Capa
Glenda Rubinstein

Imagens de capa
© Heidi Mostelle/iStockphoto
© Xavier Arnau/iStockphoto

Revisão
Raquel Correa
Marina Santiago
Lilia Zanetti

Editoração eletrônica
Abreu's System Ltda.

CIP-BRASIL. CATALOGAÇÃO-NA-FONTE
SINDICATO NACIONAL DOS EDITORES DE LIVROS, RJ

J15l
    Jackson, Joe
       O ladrão no fim do mundo : como um inglês roubou 70 mil sementes de seringueira e acabou com o monopólio do Brasil sobre a borracha / Joe Jackson ; tradução Saulo Adriano. – Rio de Janeiro : Objetiva, 2011.
      il.

      Tradução de: *The thief at the end of the world*
      447p.   ISBN 978-85-390-0274-0

      1. Borracha – Indústria – Amazonas – História. 2. Borracha – Comércio – Amazonas – História. 3. Amazonas – Condições econômicas. I. Título.

11-4143.   CDD: 338.47678209811
                            CDU: 338.46:678(811)

COMO SEMPRE,

PARA KATHY E NICK

Deus é grande, mas o mato é maior.

— Provérbio brasileiro

SUMÁRIO

Prólogo: O sonho de Henry   11

PARTE I: A NECESSIDADE

1 O filho afortunado   29

2 A natureza pertence ao homem   46

3 O Novo Mundo   67

4 O rio mortal   91

5 Os agentes do deus elástico   119

PARTE II: A FONTE

6 O retorno do fazendeiro   139

7 A selva   157

8 As sementes   176

9 A viagem do *Amazonas*   198

PARTE III: O MUNDO

10 Os confins do mundo   223

11 A Cruz Falante   245

12 A loucura pela borracha   266

13 O homem reconhecido   295

Epílogo: O monumento à necessidade   324

APÊNDICES

I: Produção mundial de borracha, 1905-1922   339

II: Demanda mundial de borracha em 1922   340

III: Cotações de preço da borracha bruta em Nova York   341

Notas   343

Bibliografia   399

Agradecimentos   427

Créditos das fotografias   431

Índice remissivo   433

PRÓLOGO

O SONHO DE HENRY

Nas profundezas da floresta crescia uma árvore com o poder de trazer a ruína. De seus veios fluía uma seiva leitosa que de maneira mágica protegia os homens das intempéries. De seus galhos pendiam frutos em quantidade suficiente para alimentar aldeias inteiras. Pássaros se empoleiravam em sua copa, enchendo a floresta de música. Os que viviam sob ela sabiam ser abençoados: enquanto outros trabalhavam arduamente e sofriam, esta árvore da vida satisfazia todas as suas necessidades. Eles eram os Escolhidos.

No entanto, as dádivas divinas eram acompanhadas de um alerta: este tesouro tinha de ser escondido do mundo. Cada tribo que contava a história se considerava a guardiã da árvore sagrada: os tupaiús e os mundurucus do Baixo Amazonas, os motocos do Grande Chaco e os caribes e aruaques da Guiana. Seus pajés os alertavam para que permanecessem vigilantes, pois, segundo profetizavam, se estranhos encontrassem a árvore, eles lhe fariam um corte profundo até atingir seu coração para descobrir a fonte das riquezas, mas, em vez de ouro, liberariam um dilúvio. O Pai das Águas jamais pararia, destruindo a floresta inteira.

Toda a humanidade se afogaria.

Em dezembro de 1928, uma fantástica figura branca surgiu nas águas próximas à vila de Santarém.

Localizado na região central do Baixo Amazonas e encravado entre o rio de águas agitadas e as elevações cobertas pela floresta, o minúsculo porto não mudara muito no último século. Exceto pela estação de telégrafo da cidade, uma das poucas concessões aos tempos modernos, tudo estava confortavelmente parado no tempo: a praia larga e arenosa onde as caboclas lavavam as roupas, a igreja de adobe branco com duas torres quadradas e as casas térreas com suas fachadas azuis e telhados vermelhos. Por décadas, muitos homens em busca de riqueza passaram por Santarém, e cada um foi à procura do mais novo Eldorado escondido nas profundezas da floresta. Porém, o que diferenciava o ágil navio branco a vapor *Lake Ormoc* e a enorme barcaça rebocada por ele, a *Lake LaFarge*, em relação aos outros, era a promessa industrial armazenada em seus porões. Os dois barcos haviam deixado Dearborn, em Michigan, quatro meses antes, e chegaram sem contratempos, vencendo a foz do Amazonas com suas correntezas traiçoeiras. Foi nelas que um cargueiro marítimo bateu com a proa na margem e virou de cabeça para baixo, e onde outro naufragou e seu capitão se matou com um tiro na cabeça. Passaram por cidades fantasmas na selva: Santa Maria de Belém do Grão-Pará (hoje chamada de Belém), com seus armazéns parecidos com cavernas e bulevares "parisienses" desertos; vilarejos no limite da floresta, como Santana e Monte Alegre, onde as ruas pavimentadas foram engolidas pela floresta tropical e os imponentes centros de cidade se tornaram o lar de aranhas comedoras de pássaros.

As maravilhas do *Lake Ormoc* incluíam um rebocador a diesel, trilhos e uma locomotiva de bitola estreita, uma escavadeira a vapor, uma empilhadeira, tratores, lanchas, destocadores, componentes de uma casa de força, uma serraria desmontada, casas e lojas pré-fabricadas e máquinas de fazer gelo. Junto à grade de proteção, os membros da tripulação suavam nos uniformes de marinheiro feitos de lã, e o capitão dinamarquês soltava baforadas de cachimbo. Era algo que repeliria os mosquitos, segundo ouvira. Frágeis barcos portugueses de pesca rodeavam o navio e passavam rapidamente com suas velas azuis e vermelhas e proas elevadas.

Em Santarém, onde o Amazonas se encontra com as águas azuis do Tapajós, seu quinto maior afluente, aproximadamente 130 mil metros cúbicos de água escoavam por segundo. Quando o Amazonas chegava estrondosamente ao Atlântico, a vazão aumentava para 165 mil metros cúbicos, o equivalente a cerca de 1/5 de toda a água doce recebida anualmente pelos oceanos do planeta. Milhões de toneladas de detritos e sedimentos eram levados pelas águas, passando por Santarém. Se alguém estivesse na praia à noite e fixasse o olhar no Cruzeiro do Sul, o estranho som que ouvia ao fundo era o ruído do rio seguindo para leste, em direção ao oceano, a 800 quilômetros de distância. Um pouco de tudo acabava nesta praia. Ainda havia histórias do dia em que milhares de jacarés morreram no Tapajós e foram levados pela correnteza até Santarém. "O mau cheiro das carcaças em decomposição era tão forte", escreveu o naturalista britânico Richard Spruce, que os principais comerciantes da cidade "empregaram todos os seus barcos e homens por algumas semanas para arrastá-las rio abaixo até uma distância segura, para além da cidade".

De 1850 a 1913, o vale amazônico era a única fonte de borracha de alta qualidade do mundo, e as ambições das grandes potências transformaram a selva. A Grã-Bretanha foi a primeira a perceber o potencial geopolítico da borracha, essencial para a fabricação de juntas para motores a vapor e, por volta de 1870, Londres compreendeu com toda clareza a necessidade de turbinas gigantes para impulsionar encouraçados pelos mares. Este material pouco familiar, de composição química ainda desconhecida, acompanhava o ferro e o aço onde quer que fossem assentados maquinários de fábricas, ferrovias e bombas de mineração. A borracha, essencial para correias de transmissão e válvulas, era usada também nos amortecedores para vagões ferroviários e, logo depois, nos "aros pneumáticos". O progresso significava mobilidade, e o poder mundial dependia do acesso ininterrupto aos três recursos estratégicos necessários à autonomia: o petróleo, o aço e a borracha, essenciais para a produção e manutenção de trens, navios, carros e aviões.

Muito antes da ascensão da Standard Oil e das empresas petrolíferas conhecidas como as Sete Irmãs, antes dos trustes, das leis antitruste e da grande divisão do Oriente Médio em estados-marionetes ricos em petróleo, a economia e a política da borracha geraram as riquezas de Midas para muito poucos e decidiram o destino de nações, escravizando ou exterminando legiões de nativos. Por 63 anos, o vale amazônico dominou o mercado mundial da borracha, mas depois a bolha se rompeu, como costuma acontecer. Em apenas um ano, o ciclo da borracha na Amazônia se converteu em um fracasso. Em 1913, a borracha produzida por 70 mil sementes contrabandeadas do Brasil e plantadas nos seringais de cultivo asiáticos da Grã-Bretanha inundou o mercado, superando a venda da borracha "selvagem", mais cara, e tirando-a de cena. O rompimento da bolha desferiu um golpe na Amazônia do qual jamais se recuperaria: em 1900, a região produzia 95% da borracha do mundo. Em 1928, quando o *Lake Ormoc* navegava perto de Santarém, a Amazônia produzia somente 2,3% da demanda mundial.

Então, a Grã-Bretanha agiu. Em 1922, os seringais britânicos na Indochina ainda se refaziam do choque econômico da Primeira Guerra Mundial. Como quatro de cinco seringais não rendiam dividendos, um grupo especial do governo exigiu restrições de preços, iniciando o primeiro experimento global de controle de recursos do século XX. Como se esperava, os preços da borracha subiram. O impacto mais forte foi sentido nos Estados Unidos, que consumiam de 70% a 80% da borracha mundial, cuja maior parte ia para a enorme indústria automobilística. O boom industrial da Era do Jazz dependia da sorte de Detroit, e os carros que saíam de suas fábricas dependiam dos pneus de borracha. No interesse da segurança nacional, a ordem de Herbert Hoover, secretário norte-americano do Comércio, era para que a nação deixasse de depender da borracha estrangeira e desenvolvesse seu próprio suprimento.

A missão do *Lake Ormoc* era mover o mercado mundial de borracha na direção dos Estados Unidos e alterar o equilíbrio do poder. Parecia uma tarefa impossível para qualquer navio, ainda mais para um humilde cargueiro. Porém, tamanha era a confiança em seu proprietário que tudo parecia possível. O proprietário em questão era Henry Ford.

Nenhum outro homem tipificou com tanta propriedade a engenhosidade e a diligência americanas em 1928; ninguém teve mais fé genuína no evangelho do trabalho e na salvação pelo capitalismo. Ele era retratado pela imprensa como um Prometeu moderno, trazendo a luz de produtos baratos e salários altos para as massas. Em 1913, a introdução da linha de montagem em esteiras rolantes tornou o "fordismo" o conceito empresarial mais imitado do mundo. Com a pele clara, pálidos olhos azuis e um perfil de traços marcantes, exalava um ar de vivacidade e autoconfiança. Era pequeno e atlético, com o físico de um velocista, e famoso por apostar corridas com os funcionários pelo chão da fábrica. Em 1928, aos 63 anos, dizia ainda estar no auge de sua forma e almejava conquistar a Amazônia. Parecia inevitável que viesse à selva amazônica, a fonte original da borracha usada para fabricar seus pneus. O consumo de Detroit da borracha conhecida como *Pará fine* (borracha pura do Pará) era a razão do crescimento dos

Estados Malaios Federados, capital da indústria de seringais britânica e centro de seu monopólio mundial. Somente em 1914, Detroit consumiu 1,8 milhão de pneus, e deste total, Ford usou 1,25 milhão. Ele vislumbrava a construção de uma extensão de sua montadora de River Rouge, seu carro-chefe, na selva da América do Sul. A Amazônia era uma oportunidade de construir a partir do zero a sua visão de uma "utopia agroindustrial", seguindo o modelo das cidades pequenas dos Estados Unidos. Como disse em seu programa de rádio de domingo à noite, o Ford Sunday Evening Hour Sermonettes, era uma oportunidade de criar um mundo no qual os trabalhadores tivessem "um pé na indústria e outro na terra". Para tanto, comprou cerca de 600 mil hectares da floresta tropical ao longo do Tapajós, uma área equivalente a 82% do tamanho do estado de Connecticut. Planejava construir uma cidade americana inteira bem no meio da selva, e, como outros construtores de impérios, ele a batizaria com seu nome.

Fordlândia era o desdobramento lógico da carreira de Ford. Hoje é difícil lembrar a força que o fascínio pela borracha exercia na imaginação e nas bolsas do mundo ocidental. A vida de Ford era marcada pelo que os corretores dos mercados de commodities de Londres e Nova York chamavam de a "Era da Borracha". Ele nasceu em 1863, no auge da Guerra Civil Americana, a primeira guerra moderna a fazer uso militar em larga escala da borracha, conhecida em inglês como *India rubber* (borracha da Índia), ou de seu parente próximo, a guta-percha. Eram usadas na fabricação de tudo: de casacos, capas, capacetes, botões, bornais e cantis a barcos pontões, cinturões de munição e seringas para cavalos. Ele chegou à idade adulta quando a febre da bicicleta explodia por toda a Europa e pelos Estados Unidos. Em 1885, quando Ford tinha 22 anos, Carl Benz construiu o primeiro triciclo com engrenagem diferencial, um veículo enorme de três rodas com um pequeno motor que fazia girar o eixo traseiro. Em 1891, uma indústria automobilística vibrante surgia na Europa, formada principalmente por ex-fabricantes de bicicletas: Opel na Alemanha; Clément, Darracq e Peugeot na França; e Humbert, Morris e Rover na Grã-Bretanha. No começo do século XX, a produção de automóveis já se mudara para os Estados Unidos: de 1908 a 1927, Ford sozinho vendeu 15 milhões do modelo T preto, a espinha dorsal de seu império, batizado por ele de "carro do povo".

O Sonho de Henry

Para os moradores de Santarém, nem a Fordlândia nem a chegada do *Lake Ormoc* causaram grande surpresa. Durante os seis anos anteriores, umas poucas expedições "secretas" americanas haviam explorado a bacia amazônica à procura de prováveis locais para estabelecer vastos seringais, como uma maneira de minar o controle de preços britânico. Havia poucos segredos na região. Os especuladores de terras esmiuçaram o terreno antes dos americanos. Quem obteve mais sucesso foi Jorge Villares, produtor brasileiro de café e fabricante de elevadores que ouvira rumores sobre o que Ford procurava e plantou secretamente meio milhão de mudas em uma área da floresta que se estendia por 120 quilômetros ao longo da margem leste do rio Tapajós. No local, deixou guardas armados para proteção contra os especuladores rivais e contatou o líder da mais importante missão americana, Carl LaRue, agrônomo da Universidade de Michigan.

O bem relacionado LaRue fora nomeado por Herbert Hoover para explorar a junção dos rios Tapajós e Amazonas, supostamente a fonte da borracha roubada que deu origem ao monopólio britânico. Se um britânico sozinho conseguiu ter sucesso naquele local remoto e assolado pela malária, imaginava-se o que poderia ser realizado com dinheiro e conhecimento técnico americanos. Tudo o que era necessário consistia em uma fonte de mão de obra confiável. "Um milhão de chineses no setor da borracha do Brasil seria uma dádiva para este país", escreveu LaRue em 1924. Três anos mais tarde, convenceu Ford a comprar a concessão de Villares por 125 mil dólares; no ano seguinte, Ford soube que o estado do Pará estivera disposto a entregar-lhe as terras gratuitamente.

O pagamento feito a Villares teve todas as características de uma trapaça, e, segundo vários relatos, Ford jamais voltaria a confiar em LaRue. No entanto, os termos eram favoráveis, e Ford prosseguiu adiante de maneira resoluta. O governo do Pará estava disposto a anistiar os impostos de Ford por cinquenta anos; e por sua vez, a empresa Ford Inc. prometeu ao governo um retorno de 7% de todos os seus lucros após 12 anos. Ford prometeu começar a conquista industrial da Amazônia e esperava que seus filhos e netos concluíssem o trabalho nas décadas futuras. Para Ford, quando o *Lake Ormoc* partiu de Dearborn, encaixou-se a peça que faltava.

Fordlândia substituiria Boa Vista, uma pequena vila na selva. Ainda faltava uma última extensão de terra para completar o pacote, um trecho no ponto onde Ford planejava construir um píer gigante com capacidade para descarregar navios transatlânticos a vapor. Porém, este local ainda pertencia à família Franco, e o velho Franco exigia mais dinheiro. Depois que Ford fechou o acordo com o governo do estado, seus representantes se encontraram com Franco em sua cozinha e começaram a empilhar o dinheiro em sua mesa. Enquanto observava, os olhos do velho homem se arregalaram. Jamais vira tanto dinheiro de uma só vez. Quando as pilhas ficaram mais altas que sua cabeça, os homens de Ford deram um passo para trás. O velho Franco olhou para as pilhas e depois para os homens, e então colocou o dinheiro em um saco de lona. Não disse uma palavra sequer, mas estendeu a mão. O acordo estava feito.

Os norte-americanos receberam a notícia com um fervor que beirava as raias do êxtase religioso. "Embora possa existir uma divergência de opiniões no que se refere às perspectivas do cultivo de borracha nas Filipinas e na África, não há nenhuma no que diz respeito à Amazônia", gabava-se a *Outlook*, revista de negócios de Nova York. "O Brasil é a terra natal da borracha, e as possibilidades de ampliar a produção são ilimitadas." Nada podia dar errado.

Porém, desde o início, o empreendimento parecia amaldiçoado por tropeços problemáticos e errôneas suposições. As pessoas de Santarém que conheciam Boa Vista sabiam que a selva ao redor era uma das topografias mais indesejáveis do Pará, uma paisagem de ravinas profundas, solo arenoso e encostas íngremes e rochosas, uma geografia hostil ao plantio de seringueiras. Um agrônomo experiente como LaRue deveria ter enxergado a realidade do lugar, mas em vez disso elogiou Boa Vista, e rumores de um suborno começaram a manchar o empreendimento. Algo ainda mais espantoso foi o fato de Ford ter contratado para supervisionar o trabalho não um agrônomo, mas um funcionário com experiência em linha de montagem e chão de fábrica. Quando o *Lake Ormoc* começou sua viagem de quase 100 quilômetros pelo Tapajós em direção a Boa Vista, o mercúrio do termômetro chegou à casa dos 30 graus, tornando a vida insuportável para os gerentes a bordo, acostumados ao clima frio de Michigan. Logo se descobriu que o capitão se equivocara ao calcular sua passagem pelo rio. Embora um navio de 400 toneladas como o *Lake Ormoc* pudesse navegar 1.600 quilômetros rio acima no Amazonas em qualquer época do ano, a

O Sonho de Henry

passagem pelo Tapajós, rio menor, era sazonal: entre a estação seca e a chuvosa, seu nível de água poderia variar em até 12 metros. Em dezembro, a Fordlândia estava fora do limite de navegação da estação seca para cargueiros transatlânticos.

Mas este problema foi solucionado facilmente: era simplesmente uma questão de recalcular o calado do navio, uma brincadeira de criança para os engenheiros, e por isso retornaram a Santarém para recarregar tudo em barcos fluviais a vapor menores. Durante o tempo de espera, os gerentes da Ford discutiam o plantio, e então as pessoas que haviam sido contratadas como guias e tradutores começaram a ficar preocupadas. Os americanos planejavam desmatar toda a floresta, queimar a vegetação baixa e aplanar todo o terreno, como se fossem construir uma fábrica em vez de preparar a terra para uma vasta plantação de árvores. Ao desmatar a área, Ford esgotaria a fina camada de solo e nutrientes de que a floresta tropical dependia, e todo habitante da Amazônia sabia por meio da experiência de gerações que a floresta era o motor do clima que criava a chuva. Ao cortar as árvores com a ideia de introduzir uma previsibilidade mecânica, Ford podia muito bem, ao contrário do que previa, criar um deserto.

Por fim, havia um problema que ninguém de fato entendia. A famosa fonte da borracha valiosa conhecida como *Pará fine* era a *Hevea brasiliensis* (deste ponto em diante chamada simplesmente de hévea, a não ser quando se tratar do gênero ou espécie). É uma árvore gigante, de 18 a 30 metros de altura, da família das euforbias (*Euphorbiaceae*), que cresce naturalmente em apenas um lugar no planeta: uma ampla faixa da floresta ao longo do Amazonas que se estende em uma elipse de leste a oeste. A maioria dos amazonenses sabia que a hévea era uma árvore da floresta que não sobreviveria em uma área aberta exposta a períodos longos de seca e chuvas torrenciais. Uma ameaça pior era microscópica, uma praga de ferrugem que atingia as árvores jovens quando os galhos cresciam e se uniam formando um dossel fechado. Os que haviam visto sinais desta ferrugem em suas pequenas plantações tentaram alertar os gerentes da Ford. Talvez devessem ter plantado as árvores jovens longe umas das outras, talvez não devessem ter derrubado a floresta primária ao redor de Boa Vista, e nem removido a fina capa de húmus e fungos que formava a camada superficial do solo. Mas os funcionários da empresa não deram ouvidos. Diziam que as condições do local eram tão benéficas que podiam até mesmo fincar galhos de hévea no chão e "praticamente todos criariam raízes". O que representavam os medos de alguns colonos de um lugar remoto diante do gênio de Ford?

Os brasileiros encolheram os ombros e não disseram mais nada, mas reservadamente riam entre si. Logo se tornou óbvio que Ford pretendia, de Dearborn, administrar a Fordlândia com um controle remoto. Seus gerentes, que nada entendiam de plantas tropicais e da floresta tropical, não davam ouvidos àqueles que tinham o conhecimento. O que se podia fazer com tais pessoas?

E então os funcionários de Ford carregaram novamente os equipamentos e recomeçaram a viagem rio acima. Passaram pelas escarpas de arenito que margeavam o Tapajós. De vez em quando um golfinho bicudo de água doce dava saltos ao lado do rastro formado pela proa. Cerca de 35 quilômetros rio acima, passaram pelo vilarejo de Aveiro, uma longa e estreita cidade praticamente na entrada da selva; e antes por Boim, na margem oposta, com sua igreja branca de Santo Inácio a saudar os visitantes que subiam pelas margens do rio. Ali perto estavam as casas de comércio abandonadas dos comerciantes judeus que vieram do Marrocos no início do ciclo da borracha. Muitas pessoas e nacionalidades se uniram nessa faixa solitária da selva: britânicos, índios, ex-escravos de Barbados, expatriados confederados da Guerra Civil Americana, caboclos, padres espanhóis e matadores — e então um dos homens mais ricos do mundo. Havia ironias nestes encontros. Mesmo na Amazônia, sabia-se do ódio de Ford pelos judeus, mas muitas das sementes que consolidaram o monopólio britânico foram compradas desses comerciantes judeus, que por sua vez as compraram dos índios nas profundezas da selva. Ford estava então trazendo de volta o fruto das sementes que foram contrabandeadas. O mundo era um lugar muito pequeno, especialmente nos trópicos. Tudo que ia tinha volta, para quem vivesse por tempo suficiente para vê-lo. Porém, neste rio nunca houve a garantia de viver o bastante.

A cautela nunca é demais na Amazônia. Vidas podem ser esquecidas, engolidas pela floresta. O orgulho é um erro desastroso. As visões de riqueza perdem o brilho num instante, de repente se transformando em sonhos trágicos.

O Sonho de Henry

Visitei a Amazônia em outubro de 2005, rastreando dois desses sonhos. Um deles era o de Henry Ford. Fordlândia ainda existe ao longo do rio, uma cidade fantasma de poucos habitantes. Cheguei pelo Tapajós em um barco barulhento, um pouco maior que o *African Queen*. As ruas empoeiradas são desertas, exceto por uns poucos agricultores e seus filhos. A torre de água se eleva acima do rio, mas o logotipo da FORD INC. foi apagado há muito tempo. Para muitos, estas ruínas eram incompreensíveis, pois o mito de Ford — o homem que nunca falhou — era muito difundido. Ao se aproximar do píer gigante e deserto que ainda se projeta em direção ao Tapajós, não há como não se lembrar das linhas escritas no pedestal do rei Ozymandias, do poema de mesmo nome de Percy Shelley: "Contemplem minhas obras, vós poderosos, e se desesperem!"

A metrópole de Ford na selva nunca se concretizou da maneira que ele tinha em mente. As fileiras de hévea havia muito apodreceram e deram lugar à floresta secundária. O hospital branco caiado destinado a combater doenças tropicais se encontra vazio na encosta, e os prontuários médicos dos pacientes espalhados pelo chão de concreto. Ford sonhava com 10 mil moradores. Hoje há no máximo 150, apegados à encosta de terra vermelha de frente para o Tapajós. Atrás deles, a selva se aproxima cada vez mais com o passar dos dias.

O segundo sonho que segui foi o de Henry Wickham, e sua história é das mais estranhas. É a história de como um homem — agradável, se bem que inclinado à linguagem bombástica, e determinado, se não particularmente talentoso ou inteligente — executou um dos atos de maior repercussão e sucesso de pirataria biológica da história mundial, e dos custos pessoais que isso acarretou. Especialistas falharam na execução da tarefa, mas este amador, que vagou pela selva à procura de penas de cores chamativas para "o comércio de chapéus de damas", conseguiu contrabandear uma espécie de planta que se imaginava incapaz de crescer em qualquer outro local a não ser na Amazônia, para as plantações britânicas da Malásia e do Ceilão. Ele se gabava de ter feito isso à vista de uma canhoneira brasileira, carregando as sementes durante a noite em um cargueiro sequestrado que fazia a viagem de Liverpool a Manaus, e cuja carga fora desembarcada por oficiais inescrupulosos. Sempre havia um ar de fantástico nas façanhas de Wickham, uma mistura extravagante de Edgar Rice Burroughs com Lord Dunsany.

Ainda hoje os historiadores não sabem como classificá-lo: foi um patriota ou um oportunista, um visionário ou um fanfarrão de muita sorte? Um artigo publicado em 1976 no jornal *The Times of London* ligava sua presença em Santarém a uma espionagem deliberada na era vitoriana. Um turista de navio de cruzeiro inglês afirmou recentemente que Wickham levara as sementes de seringueira contrabandeadas nos solados falsos dos sapatos. Apesar de todos esses relatos fantasiosos, o fato que permanece é que em maio de 1876 ele carregou secretamente 70 mil sementes de seringueira no porão do transatlântico *Amazonas* e acompanhou-as ao Royal Botanic Gardens (Jardim Botânico Real), em Kew. Embora apenas 2 mil tenham chegado a germinar, estas mudas transformaram o mundo.

A história da exploração da borracha é a história do próprio Amazonas. Nenhum outro rio da Terra se compara a esta via fluvial que divide em duas partes um continente e seus inúmeros afluentes. Nenhum tem uma história de caça à fortuna e tentativa de conquista. A área de drenagem do Amazonas é de quase 7 milhões de quilômetros quadrados. Embora o rio Mississippi--Missouri seja mais extenso, o Amazonas escoa pouco mais da metade desta área. Todos os rios da Europa juntos constituem nada mais que uma gota diante desta inundação. É uma grande reunião de rios: durante a estação chuvosa, um vasto reservatório se forma e chega a atingir uma largura de 640 a 800 quilômetros, e drena mais de um terço da América do Sul. O rio e seus afluentes incluem 16 mil quilômetros de cursos navegáveis. A viagem por terra é praticamente impossível, embora muitos tenham tentado.

É extremamente fácil se perder para sempre em tais terras, no entanto não se pode negar o fascínio da floresta tropical. Talvez seja a percepção de que, de um segundo para outro, a vida pode mudar de uma beleza espetacular ao doce suspiro da morte e da decomposição. Um exército de pragas bíblicas jaz à espera dos incautos: a disenteria amebiana e bacilar, a febre amarela e a dengue, a malária, a cólera, a febre tifoide, a hepatite e a tuberculose. Há locais na Amazônia que sofrem com a praga dos morcegos-vampiros, onde famílias inteiras contraem a raiva. Há a cegueira do rio, transmitida pela mosca negra e causada por vermes que migram para os olhos. Dizem que o jaú ou bagre gigante arranca os pés dos nadadores com uma mordida, enquanto o candiru, semelhante a um bagre em miniatura, ou "peixe-palito", atraído pelo fluxo de ácido úrico liberado pelos peixes maiores, se fixa nas guelras ou na cloaca com a ajuda de uns espinhos pontiagudos e resistentes. Este peixe faz o mesmo com os humanos imprudentes o bastante para urinar dentro do rio. Atraídos pelo nitrogênio da urina, o candiru nada e sobe pelo canal da uretra como uma enguia, e então fixa seus espinhos.

Mesmo assim — disse a mim mesmo — se eu mantivesse meus olhos abertos, prestasse atenção onde pisasse, tomasse minhas pílulas contra malária e não urinasse na água, haveria grandes probabilidades de eu voltar ileso para casa. São esses os perigos do excesso de confiança: justamente quando achei que havia domado a selva, o dia a dia me ensinou o contrário.

Os monumentos não são fáceis de achar na Amazônia. Rapidamente são cobertos pela vegetação rasteira ou sucumbem ao mofo, ao cupim e à deterioração. Em 1849, três dos naturalistas mais notáveis da época foram para Santarém, atraídos pelas histórias sobre a hévea e outras maravilhas da floresta. Alfred Russel Wallace, Henry Walter Bates e Richard Spruce foram convidados a se hospedar em uma propriedade particular chamada Sítio de Taperinha, próxima ao rio Ayayá, para se dedicarem às suas investigações. Suas descrições de diário sobre a hévea incentivaram uma corrida tão frenética quanto a que estava acontecendo na época de Comstock Lode, em Nevada. Pode ser que Wickham também tenha passado por este local, pois as memórias de sua esposa sugerem que ele pode ter sido tratado na plantação de cana-de-açúcar, ocasião em que quase morreu. Dizia-se que a casa velha ainda permanecia de pé, e então meu guia, alguns amigos e eu fomos em uma Land Rover até onde foi possível dentro da floresta primária, e depois nos dividimos, indo a pé, quando a estrada bifurcou. Levei uma vara para me proteger das cobras, mas esqueci outros dois itens essenciais: meu chapéu e uma garrafa d'água.

Não se pode brincar com o sol na linha do Equador. Os raios incidem diretamente na cabeça, e não em um ângulo oblíquo mais clemente, como nas zonas temperadas. A exaustão pelo calor chega rapidamente, principalmente quando vem junto com a desidratação e o esforço físico. Se despercebidas, tontura e náusea podem levar a insolação e convulsões. Sabia disso por experiência própria, mas sob a sombra verde das copas das árvores o chapéu não parecia necessário. E quanto à água... bem, não me demoraria.

Mas o caminho era longo, tornando-se íngreme do planalto da selva para a planície do rio abaixo, e quando cheguei à Taperinha fiquei eufórico.

Até aquele momento, não tinha acontecido nenhum problema. Foi na viagem de volta, *subindo* a escarpa para buscar os outros, que meus problemas começaram. Há uma boa razão para que os amazonenses corram para dentro de casa para a sesta do meio-dia. Na metade da subida da encosta, senti sede e tontura; quando atingi três quartos da subida, via pontos escuros até que encontrei um pouco de sombra. Quando todos apareceram, tornamos a descer a encosta.

Descansei um pouco, encontrei uma sombra e bebi um pouco de água, depois decidi fotografar a famosa ruína e talvez olhar seu interior. Porém, o raciocínio demora mais tempo para voltar do que a sensação de bem-estar físico. Quando me aproximava da casa, notei o que pareciam manchas enormes de mofo grudadas nas paredes de adobe. Quando cheguei o ângulo pelo visor da câmera, aconteceu uma coisa estranha. As manchas de mofo começaram a se mover.

Ainda devo estar tonto, pensei, abaixando a câmera. Mas o mofo se moveu lentamente e se contraiu, e quando pus meu pé no primeiro degrau, ouvi um zumbido crescente à minha volta. Na área em frente da casa, um enxame de vespas vermelhas e pretas se levantou da grama, como uma nuvem, e pairou no ar.

A possibilidade de um ataque aéreo de vespas opera maravilhas para focar a atenção. Percebi que a velha casa era um ninho gigante, que o mofo movente se tratava de centenas de vespas que formavam desenhos de arabescos nas paredes. No interior da casa, provavelmente havia milhares, ou talvez milhões, grudadas umas nas outras e parecendo frutas brilhantes. Esta visão imediatamente tirou da minha cabeça qualquer outra ideia de explorar a casa. Felizmente, as vespas pareciam tão entorpecidas pelo sol quanto eu estivera pouco tempo antes. Permaneceram suspensas no ar quando comecei a andar para trás, e depois o zumbido diminuiu e desceram de novo para a grama. Eu estava mais do que feliz por tirar fotos de longe com uma lente teleobjetiva.

As incursões na região amazônica costumam seguir este mesmo padrão: são paralisadas por coisas repentinas, inesperadas e banais. Tanto Wickham quanto Ford se consideravam instrumentos da expansão do império, mas a prática demonstrou ser bem mais dura do que a teoria. As fracas correntes fluviais da estação seca traziam como consequência o ar

O Sonho de Henry

estagnado e água fétida. A diferença principal entre as regiões era avaliada pela prevalência de mortes e casos de febre. A ancilostomose debilitava tanto a população que nos anos 1940 o Pará registrou uma taxa de prevalência de 80%, enquanto no estado vizinho, o Amazonas, 96,4% da população estava infectada. Durante o mesmo período no Pará, a lepra ceifou 2 mil vítimas. Junto com os insetos causadores da morte e a doença chegavam novos detalhes da vida cotidiana que levavam os europeus aos limites da sanidade: um clima de sauna que fazia brotar nos biscoitos um mofo que se parecia com pelo, sal que se dissolvia em lodo, e açúcar que se transformava em melado. As armas carregadas durante a noite não podiam ser disparadas no dia seguinte, porque a pólvora carregada nas caixas de metralha derretia-se.

Muito antes da OPEP, a biopirataria de Wickham deu à Grã-Bretanha o primeiro monopólio mundial de um recurso estratégico na história humana; porém, o governo ao qual serviu — de seu chefe de espionagem, Joseph Hooker, diretor do Kew Gardens (Jardim Botânico de Kew), à própria rainha Vitória — o considerava desagradável. Ele jamais partilhou das riquezas que trouxe aos seus mestres. Os Wickham se consideravam fazendeiros pioneiros, mas na verdade viveram como exilados do império, assim como outro casal, mais famoso, que por provar do fruto proibido foi condenado a vagar pelos confins da Terra pelo resto de suas vidas.

Poucas fábulas modernas demonstram com tanta clareza como um indivíduo influencia o curso da história — e depois as consequências que fogem ao controle. A borracha se tornou um fim em si mesmo, e os horrores cometidos em seu nome foram o efeito involuntário da busca por um bem maior. Henry Wickham via seu roubo como um ato tanto de patriotismo quanto de salvação pessoal. Henry Ford tentou mover a balança global a favor dos Estados Unidos e esperava fazê-lo construindo uma míni América na selva. Ambos se tornaram parábolas do uso e abuso da natureza na busca pelo poder.

Hoje, as ruínas prevalecem. Fordlândia se decompõe entre as árvores. Wickham realizou seu desejo, mas não do modo como havia planejado. A borracha lhe trouxe honras e fama, mas seu afamado roubo das sementes acarretou o apocalipse econômico da Amazônia. A borracha destruiu seus amigos e sua família, e matou tudo que ele amava.

Ela queria que eu lhe contasse o que eu fazia no começo, quando cheguei aqui; o que outros homens acharam para fazer quando chegaram — onde foram, o que podia lhes acontecer —, como se eu pudesse adivinhar e predizer, a partir da minha experiência, os destinos dos homens que vêm aqui com uma centena de projetos diferentes, por centenas de razões diferentes — nenhuma razão a não ser a inquietação — que vêm, vão e desaparecem!

— Joseph Conrad, "O plantador de Malata"

PARTE I

A NECESSIDADE

Os homens são indiferentes ao que é mais familiar e precisam procurar o que é em si evidente.

— Heráclito

CAPÍTULO 1

O FILHO AFORTUNADO

Tempos depois, quando seus planos estavam em ruínas, todas as vidas perdidas e os amores partidos, ele ficava numa poltrona de seu clube em Londres junto com todos os outros velhos imperialistas, exagerava o relato de sua única vitória e a considerava justificada. Nesta altura, a lenda de Henry Wickham tornara-se icônica, e sua fraude a serviço da rainha e do país fazia parte das histórias do Império. Nos jornais e revistas, seu rosto enrugado e queimado pelo sol olhava em direção a uma distância vaga, sua cabeleira branca flutuando como uma nuvem ao redor de sua cabeça enorme. Os detratores afirmavam que era grosseiro e egoísta, nada mais que um oportunista que estivera no lugar certo na hora certa. Para outros, era um lembrete constrangedor da ambição voraz do Império. Mas estas eram opiniões de uma minoria, sem ligação com a opinião popular. Por ter morado durante tanto tempo nos confins da Terra, carregava como uma medalha o prestígio do desconhecido. Ele era uma força, e as forças zombam das análises que se fazem delas. Elas simplesmente *existem*.

Joseph Conrad conhecia homens como ele e o custo de sua ambição. "Vou te contar no que eu acredito", escreveu em 1913 em seu conto "O Plantador de Malata", uma história que alguns dizem ter sido inspirada em Wickham e seu último empreendimento fracassado. "Acredito que quando você se dedica de todo o coração em um objetivo, você é um homem que não calcula o custo para si e nem para os outros." Mas não é difícil desconfiar de que Henry conhecia muito bem os custos. Fotografias da época de seu triunfo mostram um homem com um ar distante e um tanto insatisfeito. Nas fotos, as velhas ambições ainda reinam soberanas, quando está tanto de terno de tweed londrino quanto de uniforme branco, posando ao lado de uma seringueira de quase 20 metros de altura. Nunca parece estar em paz. Há um retrato dado à sua sobrinha pouco depois de ele ter recebido o título de cavaleiro, uma fotografia particular jamais destinada à divulgação. Excepcionalmente, sua expressão é suave. Ele abaixa o queixo saliente e não tem um olhar furioso. Está relaxado, e seus descendentes insistem em dizer que conseguem vislumbrar um leve traço de sorriso.

Se isso for verdade, é um sorriso com um toque de lamento.

Há dois registros de momentos de paz na longa vida de Henry Alexander Wickham. Um deles foi na selva. O anterior foi em um local mais inofensivo: as colinas e os vastos campos de Hampstead Heath, ao norte de Londres, seu primeiro lar.

Henry nasceu em 29 de maio de 1846, uma sexta-feira, em Grove Cottage, Haverstock Hill, a 6 quilômetros a noroeste da cúpula da catedral de Saint Paul, em Londres. Era uma boa época para se estar vivo para quem fosse inglês da classe "mediana" e fizesse parte do clube. Nos dias de hoje a Inglaterra tem sido descrita como "uma ilha abarrotada, onde as cidades e as vilas se espremem umas contra as outras como rochas em um velho muro de pedras". Embora a ilha ainda não tivesse chegado a esse ponto, Londres crescia rapidamente, espalhando-se como uma mancha de óleo e absorvendo as vilas antigas à sua volta, uma amostra do que estava por vir. Para os escritores de meados do século, Londres não tinha começo nem fim; era uma "província repleta de casas", "um estado", era Gargântua, absorvendo e excretando vastas quantidades de pessoas e bens. O mundo inteiro estava lá, ou pelo menos as suas glórias: o açúcar bruto das Índias Ocidentais, o chá e a seda da China, o couro e as peles da Patagônia e a borracha do Brasil.

A rainha Vitória estava em seu trono havia 13 anos. Os historiadores descrevem os anos 1850 como um tempo de relativa paz e prosperidade, mas a *Pax Britannica* dos meados do reinado vitoriano era um termo relativo. Durante a "longa paz" do reinado de Vitória, não houve um ano sequer em que os soldados britânicos não estivessem lutando em algum lugar do mundo pela glória maior do império. Estas foram as "guerras selvagens de paz", como Rudyard Kipling as descreveu, e o ano do nascimento de

Henry testemunhou a Primeira Guerra Sikh, a sétima Guerra dos Cafres e o cerco de Áden. Esses conflitos de grande dimensão não podiam ser evitados: era o preço a ser pago para salvar e civilizar o mundo.

"Ninguém jamais compreenderá a Inglaterra vitoriana", escreveu o historiador Robert C. K. Ensor, "se não compreender que dentre as nações [...] altamente civilizadas ela era uma das mais religiosas que o mundo já conheceu". Os vitorianos acreditavam ser os "eleitos de Deus", uma crença que infundia-lhes o fervor para espalhar sua marca de civilização pelo mundo. Este era seu direito e sua obrigação, o seu "fardo do homem branco". O Império Britânico estava empenhado em uma missão justa, e, embora pudesse se equivocar, suas intenções eram fundamentalmente nobres. Se o indivíduo fraquejasse ou perdesse o ânimo, a nação e o império viriam em seu auxílio.

A crença do Império em moldar o mundo se apoiava em dois grandes pedestais. Primeiro, o chamado para espalhar o cristianismo e salvar as almas dos homens. Segundo, a disseminação do livre-comércio. Definido em termos gerais como a crença no movimento livre do mercado sem interferências e restrições do governo, o livre-comércio era considerado um instrumento de paz e "aperfeiçoamento do mundo": a expansão do comércio e os investimentos britânicos no estrangeiro eram intrinsecamente bons, pois levavam o espírito empreendedor e o progresso para o mundo. Se o empreendedorismo e a ética do trabalho eram valores civilizatórios, o capitalismo era sua força moral: apesar de a ganância e os interesses próprios terem entrado na equação, eram secundários, ao menos na teoria. A maioria dos vitorianos pode não ter entendido a dinâmica do investimento britânico ou de fato não ter chegado a compreender a geografia real de seu império, mas reagia com entusiasmo e ardor diante das grandes celebrações que anunciavam a reputação de seu império no mundo. "Para eles", disse o historiador John Gardiner, "o império era exótico e indistinto, mas mesmo assim era uma questão de orgulho legítimo".

Os instrumentos do império são muitos e variados, e às vezes é preciso que se passem gerações para sua importância ser reconhecida. Foi este o caso da borracha. A impressão é a de que sua exploração no século XIX explodiu da noite para o dia e envolveu um elenco de personagens que variava de aventureiros esfarrapados como Henry a investidores, inventores, imperialistas e mascates. Todos deviam prestar reconhecimento a Colombo, pois, segundo a maioria dos relatos, o marinheiro imprevisível foi o primeiro europeu a tomar conhecimento do estranho material elástico. Ele comentou sobre a substância leitosa branca que escorria das árvores e dos arbustos derrubados. As pessoas que o acompanhavam descreveram um lendário jogo com bola no qual dois times de índios corriam atrás de uma esfera escura que quicava com força, subindo mais alto do que era possível imaginar, e isso sem "nenhuma necessidade de que a enchessem de ar". Era jogado em muitos lugares, sob vários nomes, de *batey* a *Pok-a-tok*, e Cortés descobriu que os astecas tinham a sua própria versão do jogo na corte do rei Montezuma II, o qual era chamado de *tlatchl*. Outros mergulhavam os pés na substância leitosa e os mantinham sobre uma fogueira fumegante para criar um calçado impermeável instantâneo. Alguns chamavam a árvore de *cao o'chu*, ou "árvore que chora". Esta expressão passou a ser *cauchu* em espanhol, e em francês acabou se transformando em *caoutchouc*, termo usado nos dias de hoje.

Os franceses foram os primeiros a fazer publicidade da borracha, a começar pela viagem ao Novo Mundo feita pelo geógrafo Charles Marie de la Condamine em 1735 para determinar o verdadeiro formato da Terra. Ao retornar, levou consigo amostras de borracha e relatos detalhados de suas características botânicas. Cunhou o termo "látex" a partir da palavra espanhola para "leite" e descobriu que a borracha servia como uma proteção excelente para os frágeis instrumentos científicos durante a longa viagem pelo mar de volta para casa. Em 1775, o botânico francês Jean Baptiste Fusée Aublet descreveu o gênero e a sua primeira espécie, a *Hevea guianensis*, uma variedade encontrada na Guiana Francesa. Embora os espanhóis e os portugueses tivessem as maiores oportunidades de ganhos comerciais devido ao extenso domínio sobre o Novo Mundo, a borracha não parecia ser algo que traria a riqueza instantânea, e eles não demonstraram interesse. Até o fim do Iluminismo, a borracha era vista na Europa como uma novidade, restrita a brinquedos e artefatos fabricados pelos índios.

A borracha esperou até que a química moderna destrinchasse seus segredos. Em 1770, o inglês Joseph Priestley, descobridor do oxigênio, nomeou a estranha substância de *India rubber* depois de observar que uma amostra da Índia "se adaptava perfeitamente ao propósito de remover do papel, por meio da fricção, as marcas de um lápis preto de grafite". A borracha era também barata: uma "peça de aproximadamente uma polegada cúbica [era vendida] por três shillings e durava muitos anos. Em 1790, Antoine François de Fourcroy, um dos fundadores da química moderna, testou maneiras de dissolver a borracha, e em 1791, foi concedida ao inglês Samuel Peal a primeira patente inglesa por um processo de introduzir borracha em "todos os tipos de couro, algodão, linho e roupas de lã, artigos de seda, papel e madeira", tornando-os "perfeitamente impermeáveis", dizia ele. O processo de Peal parecia simples: ele dissolvia pedaços sólidos de borracha em um recipiente com terebintina e em seguida espalhava a pasta pegajosa no tecido. Depois de seco, estava impermeável, mas nunca secava por completo, criando uma roupa que, embora fosse quente e impermeável, era também malcheirosa e pegajosa.

Apesar desses inconvenientes, os empreendedores estavam atraídos pelo estranho material. No Pará, próximo à foz do Amazonas, as autoridades coloniais portuguesas promoviam a seringa, ou borracha de seringa, nome dado à borracha devido à sua primeira aplicação. Nos anos 1750, botas do exército, bornais e outros itens militares eram enviados em grandes quantidades de Lisboa a Belém para serem impermeabilizados. Em 1800, os comerciantes da Nova Inglaterra faziam pedidos de calçados feitos de seringa. Em 1825, o escocês Charles Macintosh descobriu que a borracha se dissolvia em nafta, um solvente inflamável. Ele colocava a pasta de borracha entre múltiplas camadas de tecido para criar uma roupa à prova d'água mais durável que a de Peal. O sucesso de Macintosh deu início a uma corrida repentina e intensa de pequenos concorrentes da Inglaterra, da França e dos Estados Unidos, mas as roupas emborrachadas ainda ficavam pegajosas no calor e quebradiças no frio, e muitas vezes clientes furiosos devolviam peças com a borracha semiderretida. Nos anos 1830, a maioria dessas primeiras empresas havia fracassado.

O Brasil era o principal fornecedor mundial de borracha bruta, mas a demanda não era grande: em 1827, o total de exportações somava apenas 8 toneladas ao ano. A borracha era um enigma, um produto natural que os químicos e os industriais pressentiam ser de grande uso, mas sua instabilidade química condenava qualquer investidor. Havia, porém, uma alternativa às pastas dissolvidas de Macintosh e Peal. Em 1820, Thomas Hancock abriu a primeira fábrica de borracha da Inglaterra. Seu processo era baseado nos efeitos da maceração e do calor, e não em uma solução líquida. Hancock reciclava a borracha em uma máquina trituradora, a qual, por motivos de segurança, chamava de *pickler*, um cilindro oco de madeira com dentes. Certo dia, enquanto girava a máquina, Hancock percebeu que o calor gerado pelo processo derretia os restos de borracha numa bola uniforme, quente e quase tão boa quanto uma nova. A borracha triturada se dissolvia mais rapidamente na nafta do que a borracha "bruta" trazida da selva. Os industriais acordaram para o fato de que esta borracha aquecida e maleável poderia ser moldada em qualquer formato — o primeiro plástico barato. A Inglaterra logo se viu inundada de vários objetos de borracha: rolos, blanquetas de impressão, correias de transmissão, almofadas para mesa de bilhar e instrumentos cirúrgicos. Em 1827, a primeira mangueira de borracha foi usada para apagar um incêndio em Fresh Wharf, em Londres. No mesmo ano, os fabricantes de cerveja adicionaram borracha às suas cervejas (embora não se tenha registrado *por que* alguém teria pensado em fazer isso). A borracha conferia um "paladar ruim", mas depois de a imergirem no líquido residual do processo de fermentação, os mestres cervejeiros descobriram que adocicava levemente o sabor. Em 1830, Hancock e Macintosh uniram suas empresas; em 1835, a fábrica de borracha de Hancock era a maior do mundo, e ele usava de 3 a 4 toneladas de seringa por ano.

Porém, ainda persistia o problema do enrijecimento da borracha no frio e derretimento no calor, um problema tão sério que parecia insuperável, até a inovação trazida em 1839 por Charles Goodyear, ex-comerciante de ferragens. Assim como Wickham, havia um quê de impetuosidade em Goodyear. Tal qual Wickham, sua história se resumia em um grande triunfo e uma infinidade de fracassos. Goodyear se considerava um "instrumento nas mãos de seu Criador", e mais tarde diria que a decisão de voltar sua atenção para a borracha foi um ato da Providência. A sua busca era tão voltada a um só propósito que sua vida se tornou uma repetição de prisões, pobreza extrema e processos judiciais, tudo em nome da borracha. O polímero negro era mais do que um recurso natural: assumiu as características de um ícone religioso. "Quando eu era estudante", escreveu em seu livro *Gum-Elastic* (Goma elástica), "as propriedades misteriosas e maravilhosas desta substância atraíram minha atenção e causaram uma impressão muito forte em minha mente". Esta primeira impressão nunca o deixou. Era um desejo tão profundo que se aproximava do divino:

> A qualidade mais marcante desta goma é a sua elasticidade maravilhosa. Nisto consiste a grande diferença entre ela e as outras substâncias. Pode ser esticada até oito vezes mais do que seu comprimento original sem se romper, e depois retorna à sua forma original. Provavelmente não há nenhuma outra substância inerte cujas propriedades provoquem na mente humana [...] em igual medida a curiosidade, a surpresa e a admiração. Quem consegue examinar e refletir sobre as propriedades da goma elástica sem admirar a sabedoria do Criador?

Foi necessário que ocorresse o famoso acidente em 1839 para revelar a Goodyear a "cura" para a instabilidade da borracha. Segundo seu relato, estava testando o efeito do calor em uma mistura de borracha, enxofre e alvaiade, e deixou cair um pouco do composto em um fogão quente. Para sua surpresa, a mistura chamuscou-se, mas não se derreteu. Goodyear repetiu o que tinha ocorrido, mas nesta segunda vez o fez diante de um fogo aberto. Havia pontos chamuscados no centro, mas nas bordas ele descobriu uma parte que não se chamuscara e parecia perfeitamente curada. Os testes demonstraram que essa nova substância não endurecia no frio nem derretia no calor, e resistia a todos os solventes que anteriormente haviam dissolvido a goma natural. Ele descobrira o objeto de sua longa busca. Chamou o processo de *vulcanização*, palavra derivada de Vulcano, o deus romano e mestre da forja.

Apesar de a descoberta de Goodyear ter sido um acidente, ele imediatamente a entendeu, após anos de experiências. Conforme escreveu tempos depois, foi "um desses acontecimentos nos quais a mão condutora do Criador auxilia providencialmente suas criaturas por meio do que chamamos de acidente, para obterem as coisas que não são alcançáveis pelos poderes da razão que Ele lhes conferiu".

Pode ser que o Criador tenha levado Goodyear a fazer sua descoberta, mas Ele não revelou os segredos químicos por trás do milagre. Ninguém sabia de fato o que realmente acontecia durante a vulcanização até os anos 1960 e 1970. A borracha é um hidrocarboneto, um polímero de isopreno, e é elástica por causa de sua organização atômica em sucessões de cadeias longas e sinuosas. Estas cadeias são interligadas em alguns pontos distantes, e entre cada par de ligações o hidrogênio e o carbono giram livremente em torno de seus vizinhos. Isto resulta em uma grande variedade de formatos, assim como uma corda bem frouxa presa a dois pontos fixos em um muro de pedra. Com a vulcanização, porém, esta elasticidade fica comprometida. As cadeias de polímero são unidas por pontes de enxofre que criam uma rede tridimensional. Neste caso há mais pontes entre as cadeias do que no estado "não curado", diminuindo cada seção livre e submetendo-as a um enrijecimento mais rápido sob pressão. Isto resulta em uma borracha mais dura, menos maleável e com muito menos probabilidade de deterioração em temperaturas extremas.

Com a descoberta de Goodyear, a borracha se transformou em um novo tipo de ouro. Logo se tornou o material preferido para a infinidade de gaxetas essenciais aos motores a vapor. O que antes fora uma matéria-prima desconhecida e um tanto exótica começava então a formar, junto com o ferro e o aço, um triunvirato nas fábricas, ferrovias e minas. Nas ferrovias era usada nos amortecedores de ar e interiores dos vagões; e nos motores, em juntas, mangueiras e correias. As fábricas a usavam para as correias e os tubos das máquinas, nas linhas de montagem e no piso, pois a borracha fornecia uma superfície segura, não escorregadia e com isolamento elétrico. As mangueiras de borracha extraíam ar, água e gás das minas. Para o consumidor comum, a borracha protegia as rodas das carruagens e carroças, suavizando a viagem. Ela abrigava as pessoas do vento e da chuva com as botas e capas de chuva, e fornecia as bolas para beisebol, futebol, futebol americano, tênis, golfe e outros esportes. O trabalho no escritório se tornou um pouco mais fácil, graças aos elásticos, às borrachas e luvas. Os preservativos de látex entraram no mercado no meio do século, tirando um pouco do elemento de adivinhação do planejamento familiar.

Na primavera de 1850, quando Henry Wickham tinha 4 anos, sua vida mudou para sempre. Nem ele nem os pais poderiam prever que isso aconteceria, enquanto estavam instalados no alto do bairro de Haverstock Hill, desfrutando da brisa. Henry foi um dos poucos londrinos privilegiados a morar no local hoje considerado como periferia. O que hoje é associado à monotonia e ao crescimento urbano descontrolado, na época trazia à mente imagens de conforto e riqueza, uma vida com a qual a maioria dos habitantes da cidade podia apenas sonhar. Haverstock Hill e Hampstead Heath eram locais idílicos, o destino dos londrinos ansiosos, que tomavam o trem da cidade para caminhar pelas trilhas do campo ou para dar uma volta em um burro do curral próximo. Nos passeios, Henry e os pais não conseguiam conter o riso ao ver os cavalheiros, decorosos em outras ocasiões, que não possuíam a habilidade de controlar suas montarias. Charles Dickens apreciava os burros, e Karl Marx demonstrou ter mais empolgação do que habilidade na montaria. Embora Haverstock Hill e Hampstead Heath estivessem na vanguarda do desenvolvimento, ainda havia rebanhos de gado e ovelhas pastando nos campos, e trinta lagos ponteavam a paisagem, inclusive os seis grandes lagos criados para servir como reservatórios de água de Londres. Henry costumava olhar para a cidade que se espraiava lá embaixo, onde a cúpula da catedral de São Paulo se projetava como um gigante polegar dourado. O contraste entre os dois mundos era misterioso e nem um pouco atraente para um garoto de 4 anos. Onde ele morava, o matagal aberto era um paraíso dos meados do período vitoriano, onde a natureza era domesticada e benéfica, um conceito civilizado do plano ordenado por Deus. Embaixo, a cidade caótica se espalhava de maneira confusa a seus pés como as pilhas de blocos de madeira de brinquedo espalhadas pelo chão do seu quarto.

Embora a vida em sua casa parecesse ordenada e tranquila, o mundo em volta da família Wickham girava a todo vapor. Naquele ano, o ímpeto da Inglaterra de construir ferrovias atingiu seu auge com 272 decretos do Parlamento estabelecendo novas empresas ferroviárias. Foi fundada a Electric Telegraph Company (Companhia de Telégrafo Elétrico). O cultivo da batata fracassou na Irlanda, e irlandeses desempregados enchiam as ruas de Londres. O pai de Henry, que tinha o mesmo nome, era advogado em Londres, o que significava que a pequena família vivia a vida confortável da classe média. A mãe, Harriette Johnson, era jovem e atraente, e tinha olhos negros brilhantes e um olhar resoluto. Os Wickham acreditavam ser descendentes de William de Wykeham, o primeiro bispo de Winchester, fundador da New College, em Oxford. No século XVIII, os Wickham trocaram as vestimentas religiosas pelo azul e vermelho dos militares. Os ancestrais lutaram e governaram na Revolução Americana e nas Índias Ocidentais. O avô de Henry, Joseph, quase perdeu a vida durante uma aterrissagem anfíbia contra os franceses em 1801, durante a batalha de Abukir. Apesar de sua perna ter sido arrancada por uma bala de canhão, ele estancou o sangramento com um torniquete feito com seu próprio cinto e a baioneta de um soldado morto ao seu lado. Ganhou uma perna de madeira e foi dispensado. Dez anos depois, casou-se com Sophie Phillips, cujo pai fora arruinado pelo rei George IV em uma aposta fraudulenta de corrida de cavalo. Segundo a *Gentleman's Magazine*, o príncipe de Gales colocou pesos nos bolsos do jóquei antes da corrida, e embora a farsa tenha sido desmascarada, mesmo assim o pai de Sophie perdeu a aposta — e sua propriedade. O jovem casal se mudou imediatamente para Londres, onde o pai de Henry nasceu em 14 de julho de 1814, na paróquia de St. Marylebone, em Westminster, conhecida como a "paróquia metropolitana mais rica e populosa" da crescente cidade de Londres.

Diferentemente de seus antepassados, o pai de Henry não tinha sangue de guerreiro. Entrou no mundo do direito e se tornou advogado aos 23 anos de idade. Sete anos depois, em 1845, ele se casou com Harriette, uma chapeleira de cabelos negros do País de Gales. Henry nasceu um ano depois; e sua irmã, Harriette Jane, em 1848. No verão de 1850, a mãe de Henry esperava um terceiro filho.

Na época, os Wickham estavam bem instalados no campo. Haverstock Hill tinha o seu lado boêmio, e esta era apenas uma parte de suas atrações. O pintor William Charles Thomas Dobson, que influenciaria os pré-rafaelitas, morava próximo, no número 5 da Chalcot Villa, assim como o eminente egiptólogo Samuel Birch, morador do número 17. Algumas cortesãs ricas construíram casas de repouso em Haverstock Hill, inclusive Moll King, que inspirou o romance *Moll Flanders*, de Daniel Defoe. Porém, havia uma razão melhor para se mudar da cidade: fugir das doenças. As doenças epidêmicas do século XIX — tuberculose, febre tifoide, varíola e cólera — estavam associadas a situações em que havia aglomerações. Segundo o jornal *The Lancet*, a taxa de mortalidade em decorrência da varíola em 1880 na "subida aberta e arejada de Hampstead" era de 12,6 em cada mil habitantes, comparada a 22,2 em cada mil pessoas "em quase toda a metrópole".

De longe, a pior doença era a cólera. A rapidez com que matava era impressionante: uma pessoa saudável podia morrer em duas ou três horas, o que tornava a cólera a doença fatal mais rápida que se conhecia. Por volta de 1850, a "cólera asiática" já havia assolado Londres duas vezes, primeiro em 1832, quando foi chamada de "praga dos ímpios e dissolutos", e depois de 1848 a 1849, quando ficou evidente que se tratava de uma praga mundial. Como a bactéria da cólera se desenvolvia nos sistemas de abastecimento de água, todos eram vulneráveis. Isolar-se da cidade congestionada, onde ocorriam os surtos mais violentos, parecia o melhor caminho, e Harriette Wickham e seus dois filhos pequenos fizeram exatamente isso nos espaços saudáveis de Haverstock Hill.

É mais difícil seguir os passos do pai de Henry. Como advogado, percorria a cidade e os subúrbios à sua volta, viajando por trinta minutos em diligências para Londres, visitando o pai de uma só perna em Marylebone, fazendo negócios perto de Bloomsbury e do British Museum, a um pulo da paróquia de St. Giles, a região de cortiços mais famosa de Londres. Um guia popular para turistas, ao preço de um shilling, chamado *A Week in London* (Uma semana em Londres), descrevia St. Giles como um lugar "ocupado pela classe mais baixa da sociedade, por onde quase nunca é seguro andar sozinho durante o dia". Em seu livro *Sketches by Boz* (Esboços de Boz), o jovem Charles Dickens chamou o local de uma terra de "casas em estado deplorável com janelas quebradas [e] fome nos becos". Os pobres eram uma "tribo" perigosa, o "outro" bestial que ficava de tocaia à margem da civilização; escravos da violência, dos desejos não naturais e das doenças.

Mas o pai de Henry não precisava ir até a cidade para se deparar com os pobres. A própria área de Hampstead era um centro urbano, pavimentado e com iluminação a gás, uma seção eleitoral do condado e um local de "cortes de barões e cortes distritais de franquia do condado", um sistema medieval que resolvia as disputas e fazia manutenção dos pastos e fossos de irrigação comunitários. E tinha seus próprios cortiços. Os pobres viviam em "becos e ruelas sem abastecimento de água e serviço de esgoto", afirma-

O Filho Afortunado

va em 1848 um relatório da Metropolitan Association for Improving Dwellings of the Industrial Class (Associação Metropolitana para Melhoria das Habitações da Classe Industrial). A superpopulação era comum, e um abrigo e um refeitório para pobres foram construídos nas proximidades de Haverstock Hill. Todas as condições para a cólera estavam presentes e encontravam-se no caminho de muitos advogados de Londres.

Portanto, não é nenhuma surpresa o fato de o pai de Henry ter contraído a doença. A serpente microscópica agia com rapidez, em um ritmo excepcionalmente cruel. Os Wickham sobreviveram ao golpe da doença de 1848 a 1849: não haveria outra epidemia em larga escala até 1854. Eles devem ter se sentido aliviados, pois Harriette daria à luz no verão. Tomaram todas as precauções imagináveis, mas não foi suficiente. O pai de Henry ingeriu o verme mortal no auge da vida, aos 35 anos.

A doença concedia às vítimas e a seus entes queridos pouco tempo para se preparar. Nas memórias de Henry não há simplesmente nenhuma menção à morte do pai, mas esta deve ter sido uma de suas primeiras memórias. Ele tinha 4 anos, idade das impressões básicas, e seu pai estava morrendo no quarto. O choque psicológico foi profundo. A morte estava sempre à espreita. As pessoas podiam procurar segurança na higiene ou na condição de classe, mas nunca eram suficientes. Algo de importância fundamental estava sempre fora de alcance para fazer de alguma maneira as coisas de forma correta. A morte se escondia nas sombras e aguardava na esquina.

As pessoas estavam sempre em fuga.

A morte do pai de Henry mudou tudo. Quando nasceu John Joseph, o terceiro filho, poucos meses após o funeral do marido, Harriette tinha três crianças para alimentar. O que parecia ser um futuro promissor, com marido, segurança, uma casa no campo e amigos boêmios, então se tornava um futuro de trabalho duro e preocupação sem fim. Como não tinha mais condições de manter a bela casa de campo em Haverstock Hill, logo se mudou. Segundo o censo de 1871, o endereço dos quatro era no número 25 da Fitzroy Road em Marylebone, próximo de Joseph Wickham, o avô veterano de guerra. Marylebone era um dos cinco distritos mais ricos da cidade, onde o preço médio anual de aluguel era bem mais alto do que seus recursos, que recentemente sofreram uma queda. É muito provável que o avô Joseph tenha sido o benfeitor de Harriette, e eles se tornaram os "primos pobres", uma queda de status constrangedora e profundamente sentida em Londres, onde as diferenças de classe pesavam muito.

Harriette voltou ao ramo da chapelaria, a única profissão que conhecia desde antes do casamento, e "montou um negócio de chapelaria não muito bem-sucedido na Sackville Street", segundo o único biógrafo de Wickham, o historiador Edward Valentine Lane. A chapelaria era um dos poucos negócios da época nos quais uma mulher podia ser a única proprietária e contratar funcionários. Era o tipo de trabalho que uma mulher da classe média que passasse por um período de má sorte poderia aceitar, apesar das horas de trabalho desumanas e do pagamento miseravelmente baixo. No fim de 1903, Jack London narrou o caso de uma chapeleira pobre de 72 anos de idade que entrou com o pedido de auxílio do governo porque o valor que ela cobrava por um chapéu de palha — 2,25 pence — era simplesmente baixo demais para sobreviver.

Porém, acreditava-se também que uma mulher bem-vestida nunca se arriscaria a sair sem um chapéu ou boina, então, sempre havia procura. Pequenos detalhes faziam a diferença: uma rosa ou uma pena de ave-do-paraíso colocada em um lugar bem escolhido podiam alavancar ou arruinar as vendas. Mas as penas de aves exóticas reduziam os lucros da chapeleira. A menos que Harriette tivesse um fornecedor da região dos trópicos, a única coisa que podia fazer era olhar com inveja para as lojas sofisticadas que podiam se dar ao luxo de estocar tal adorno.

Por ser o filho mais velho, Henry normalmente seria encarregado de maiores responsabilidades, mas aparentemente se esquivava deste fardo. "Henry Alexander, sem contar com a orientação de um pai, cresceu e se tornou um garoto um tanto mimado e irresponsável", relatou Lane, aparentemente citando o que dizia a família. Henry não foi bom aluno e mostrava pouco interesse pelas matérias, com exceção de artes. Mais do que tudo, gostava de andar sem rumo, e um retrato da época da escola mostra um garoto gordinho, vestido com uniforme escolar preto, de cabelos escuros e ondulados e olhos cinza-azulados. Sua face mostra um olhar distante,

O Filho Afortunado

e ele está inclinado para a frente, como se estivesse pronto para sair correndo para fora.

Ansiava por estar na rua. Regent Street, a um quarteirão da loja de Harriette, era o coração do distrito comercial, a fonte de um novo tipo de lazer. As lojas eram uma mistura de latão, gás e vidro. O varejo se transformara em uma arte e tomara emprestado técnicas do teatro para atrair e prender os olhares. O hábito de fazer compras e olhar vitrines tornou-se a porta de entrada da mulher vitoriana na rotina da cidade. Ao passar pelas lojas, as mulheres se pareciam com mariposas vistosas, e acreditava-se que os artigos finos ou as gravuras impressas expostas na vitrine as prendiam como papel pega-moscas. Dizia-se que o devaneio material as deixava vulneráveis, em um estado hipnótico carregado de sexualidade. Os homens predadores as perseguiam a distância, emboscando jovens com o que a imprensa chamava de "a violação dos olhares". Os batedores de carteira agiam no meio das multidões. Um dos lados da Regent Street tornara-se um lugar frequentado por prostitutas bem-vestidas que cobiçavam e eram cobiçadas. Surgiram novas formas da velha prática do roubo. O "índice populacional inconveniente" de Londres tornava a vida e o trabalho uma aventura diária.

Em 30 de julho de 1850, enquanto Henry lutava com a nova realidade da morte do pai, foi dado início em Hyde Park à obra que seria a maravilha da época: a Grande Exposição e sua principal atração, o Palácio de Cristal. Dois meses mais tarde, foi erguida a primeira coluna, e a construção do edifício de vidro continuou até ocupar uma área de 73 mil metros quadrados e abrigar os olmos mais altos sob seus arcos. Em 17 semanas, centenas de milhares de metros quadrados de vidro foram fixados em uma treliça de 3.300 colunas e 2.300 vigas. Foi erguido em tão pouco tempo pelo fato de todas as colunas, vigas, calhas e barras de aço pré-fabricadas serem idênticas. Juntamente com a construção, ergueram-se as vozes dos críticos: a Exposição serviria como um ponto de encontro da ralé; o teto brilhante do Palácio seria poroso e deixaria vazar excrementos de 50 milhões de pardais. As vozes foram ignoradas. O Palácio de Cristal seria a vitrine das matérias-primas, máquinas e artes plásticas do planeta, um templo dedicado às "abelhas-operárias da colmeia do mundo". A paz mundial irradiaria do Palácio de Cristal como a energia de um dínamo, porque nesta união da "indústria e habilidade, os países descobririam uma nova irmandade".

O Ladrão no Fim do Mundo

Mas sob o aço e o vidro havia um tema mais profundo: a industrialização do mundo natural. A inspiração do Palácio fora uma planta, a vitória-régia gigante, a *Victoria amazonica*, descoberta na Guiana Inglesa em 1837, a qual se acreditava ser a maior planta de floração do mundo. A flor da vitória-régia era maior do que uma cabeça de repolho e cheirava como um abacaxi. Suas folhas tinham um diâmetro de quase 2 metros e ostentavam uma infinidade de nervuras salientes que podiam suportar pesos inacreditáveis. Por pura diversão, Joseph Paxton, jardineiro-chefe do duque de Devonshire, vestiu a filha de 7 anos de idade como uma fada e a colocou para posar de pé em uma vitória-régia. A foto suscitou a curiosidade nacional e despertou a curiosidade de Paxton sobre a força das nervuras da planta. Ele descobriu que podia colocar cinco crianças sobre uma folha, o equivalente a 136 quilos. Em 1850, Paxton usou a *Victoria amazonica* como modelo para o Palácio de Cristal, com sua armação de vigas de ferro em grelha, apoiadas pelo canto, que carregavam quase 300 mil painéis de vidro.

Esta homenagem, ao que um botânico chamou de "uma maravilha vegetal", era um indicativo da obsessão pela jardinagem que tomava conta da Inglaterra. Os últimos vestígios da "tulipamania" da Holanda — a loucura botânica do século XVI, quando gastavam-se fortunas inteiras em quarenta tulipas raras de Constantinopla — ainda podiam ser encontrados por entre a realeza britânica. Um bulbo da tulipa da espécie "Miss Fanny Kemble" foi vendido por 75 libras, mais do que o salário da vida toda de uma atendente de loja. As flores eram tão adoradas que "a linguagem das flores" virou moda, os arranjos com flores de cera se tornaram uma nova arte, e as flores feitas de cabelo humano homenageavam os mortos.

Em 1º de maio de 1851, a rainha abriu a Grande Exposição. Após uma breve oração de abertura, irrompeu um coro de seiscentas vozes cantando o "Aleluia", de Haendel. A rainha Vitória escreveu em seu diário que o evento foi "o *maior* dia de nossa história, o espetáculo mais *lindo, imponente* e *emocionante* jamais visto". Milhares visitaram a Exposição: os comentaristas observaram em particular que pessoas muito velhas e pessoas jovens estavam lado a lado, a geração que levara o império ao estágio no qual se encontrava e a que o levaria adiante, à sua glória futura maior. Muitos se dirigiram para o barulhento Salão das Máquinas. Fazendeiros vestidos com seus aventais se apinhavam ao redor de uma ceifadeira gigante dos

Estados Unidos. A própria rainha ficou admirada com uma máquina de cunhar medalhas, capaz de produzir em uma semana 50 milhões de medalhas com a sua imagem em relevo.

Mas foi a exposição da borracha que atraiu as maiores multidões. Charles Goodyear gastou de seu próprio bolso 30 mil dólares para criar o Salão de Vulcanite de Goodyear, uma exposição de três ambientes onde tudo era feito de borracha: móveis, cortinas, tapetes e enfeites — até mesmo as paredes e um aparador "elizabetano". Havia vários objetos de borracha: tinteiros, cabos de faca, meias, curativos, bolsas de água quente, seringas, bonecas e almofadas de ar. Goodyear falou sobre selas infláveis, jaquetas infláveis para boxe capazes de absorver o choque de um soco, e um traje de borracha para os pastores religiosos realizarem cerimônias de batismo de corpo inteiro na água. Previu o dia em que coletes salva-vidas de borracha tirariam o afogamento da lista de males do mundo. A borracha podia ser produzida em qualquer formato: era uma substância multiforme encontrada na natureza, mas aperfeiçoada pela ciência. Era o material do futuro, um verdadeiro presente de Deus.

A euforia da exposição foi apenas uma pequena trégua para Harriette e a família. Em 1855, o avô Joseph tropeçou ao sair de seu clube e caiu, fazendo com que sua perna de madeira se partisse. A velha ferida da guerra o atingiu com quatro décadas de atraso. Aos 74 anos, no dia 30 de junho, ele morreu em decorrência dos ferimentos.

Sua morte foi um golpe duplamente cruel. Para Harriette, não havia mais o apoio financeiro do qual dependia, nem o defensor nas selvagens guerras de classe, nas quais os "primos pobres" eram um constrangimento e uma perda financeira. Para as crianças, e em especial para Henry, então com 9 anos, não havia mais a figura paterna de quem depender. Enquanto sua irmã, Harriette Jane, ajudava da melhor maneira que podia na chapelaria, Henry perambulava pelas ruas de Londres e sonhava. Seu mundo era um labirinto de ruas estreitas cheias de fuligem, fábricas insalubres e gangues criminosas. A mãe temia que ele pudesse cair facilmente em tentação, empurrado pela mais leve brisa. Bastaria um tropeço ou uma travessura estúpida e seria enviado ao reformatório, tornando-se mais um jovem condenado à casa de correção que garantia uma educação para o crime.

Os pais sempre se preocupam com os filhos: depois de 1857, as preocupações de Harriette mudaram. Naquele ano, o Motim Indiano irrompeu na paisagem psíquica dos ingleses, e o mundo que parecia brilhante e promissor na Grande Exposição passou a ter uma aparência sinistra. Subitamente, foram feitas muitas comparações entre os pobres de Londres e os pagãos sanguinários das terras estrangeiras. Os dois grupos eram descritos por expressões como "tribos selvagens" ou "raças selvagens", muito citadas por escritores reformistas como Henry Mayhew e James Greenwood para retratar os necessitados. Os diários de viagens tratavam os cortiços da cidade como um novo tipo de selva. As vitrines das lojas exibiam o fornecimento constante de livros como *Legends of Savage Life* (Lendas da vida selvagem), *Wild Tribes of London* (As tribos selvagens de Londres), *Low Life Deeps* (Abismos da escória) e *The Wild Man at Home* (O selvagem em casa). Distritos "selvagens" como Whitechapel e New Holborn eram habitados por "raças estranhas e abandonadas": crianças selvagens, megeras vociferantes, assassinos e judeus. Os distritos eram selvas pagãs onde diariamente se desenrolava "um choque de conflitos, de homens contra homens e homens contra o destino". Cada geração tem sua metáfora da tentação: na Londres de meados do período vitoriano, esta metáfora era a selva, e as ruas eram os caminhos tortuosos onde as crianças eram devoradas.

No espaço de poucos anos, Henry tinha passado da vida à morte, do conforto à necessidade, dos campos abertos aos cortiços lotados — e então, temia sua mãe, da inocência à ruína moral. Quando criança, o futuro se revelava diante dele como os campos ao redor de Haverstock Hill; e quando jovem, a vida se fechava ao seu redor como a cidade enegrecida pela fuligem. Londres era uma selva, um clichê hoje em dia, mas uma metáfora nova, provocante e assustadora para a época. Nas ruas, assim como na selva, alertou um professor, "há uma batalha severa pela vida". Henry estava aprendendo sobre a vida na selva, mas onde a sua mãe enxergava perigo, um garoto como Henry via o Novo Mundo.

CAPÍTULO 2

A NATUREZA PERTENCE AO HOMEM

Um novo herói estava tomando forma durante a infância de Henry: o explorador — o astronauta ou o astro de rock de seu tempo.

Durante a Era Vitoriana, a Coroa financiava explorações científicas ligadas diretamente aos seus interesses imperiais, que o público via como uma expressão de cultura. A exploração era um ato de intervenção que alterava o destino de uma nação ao mesmo tempo em que aumentava o conhecimento, os recursos ou o poder de outra. O explorador foi o primeiro agente da Europa Ocidental na conquista das terras "bárbaras", onde se presumia a inexistência de lei e de verdade. Se fosse um missionário, o explorador levava a luz do cristianismo à escuridão; caso fosse um cientista, disseminaria o conhecimento entre os ignorantes. No entanto, os habitantes da periferia nem sempre partilhavam desta visão nobre. Costumavam vê-lo como um agente da exploração, a vanguarda de uma invasão — um espião.

No final do século XVIII, a exploração era um caminho comprovado para o poder e as riquezas. A Conquista Espanhola foi o primeiro exemplo. O apetite do Iluminismo por fatos novos forneceu um novo motivo para a descoberta, e embora toda a Europa participasse, a Inglaterra manteve o nível mais alto de exploração durante o século XIX. Nos meados do século, a imagem popular do explorador britânico começara a se desenvolver. Já era um símbolo da disseminação da razão, e se tornou então uma celebridade. As grandes explorações entre 1790 e 1830 haviam sido de reconhecimentos da costa marítima para produzir as renomadas Cartas Náuticas; e os exploradores desse período eram vistos como modestos funcionários do governo no exercício de suas obrigações, cuja única motivação era coletar informações para as cartas a fim de tornar as viagens marítimas mais seguras. O novo explorador que surgiu durante a infância de Henry era um personagem heroico cujos feitos representavam ambições pessoais e fantasias coletivas.

Não havia um exemplo melhor desse fato do que sir Richard Burton, que serviria de modelo para o estilo pessoal de Henry. Em 1853, vestido como o médico fictício sufi "Sheik Abdullah", Burton se uniu aos peregrinos egípcios em direção a Meca. Embora não tenha sido o primeiro cristão a entrar disfarçado na cidade sagrada, o relato mais detalhado era a sua *Personal Narrative of a Pilgrimage to al-Medina and Mecca* (Narrativa pessoal de uma peregrinação a Medina e a Meca), de 1855 a 1856. O êxito o conduziu a uma busca lendária: a descoberta da nascente do Nilo Branco. Uma primeira incursão em 1855 acabou com uma emboscada em seu acampamento. Um companheiro foi morto, um segundo — John Hanning Speke —, ferido, enquanto o próprio Burton teve o rosto perfurado por um dardo. Em 1856, Speke e Burton partiram de novo, e em fevereiro de 1858, os dois chegaram ao lago Tanganica, um dos "Grandes Lagos" da África Central, supostamente a nascente do Nilo. Com Burton paralisado pela malária, Speke prosseguiu e localizou o lago Vitória, o qual declarou ser a nascente do Nilo. Nessa época, os dois, incompatíveis, se odiavam mutuamente. Discordaram em relação à alegação de Speke, dando início à grande controvérsia que acabou se tornando irresistível para os cronistas e que só teve fim em setembro de 1864 com a morte de Speke, por acidente ou suicídio, um dia antes de os dois debaterem a questão na Royal Geographical Society.

Subitamente o explorador passou a ser o herói central em uma fantasia escapista que tomou conta das ilhas britânicas, um paladino que trilhava os lugares selvagens do planeta e interpretava o que via segundo os olhos ingleses. Os jornais e periódicos publicavam vários relatos das aventuras de Burton e Speke, assim como fizeram com a expedição de David Livingstone, rio Zambezi acima, entre 1857 e 1863. Uma nova razão surgiu lentamente. Como o novo explorador estava na vanguarda de uma cultura cuja ciência e tecnologia eram claramente superiores às das "raças não científicas", o simples fato de chegar a um local parecia provar o direito da Inglaterra de governar essas terras recém-exploradas. A "teologia natural", a

A Natureza Pertence ao Homem

crença cristã segundo a qual a natureza existia para o melhoramento do homem, já era uma ideia amplamente aceita; então era um pequeno passo para a convicção de que o Ocidente estava destinado a dominar a natureza e reconstruir o mundo.

Henry atingiu a maioridade quando os diários dos exploradores eram campeões de vendas. Havia algo de sobrenatural a respeito da descrição que um explorador fazia de uma terra desconhecida, como a passagem em que MacGregor Laird, um dos primeiros exploradores, admitiu que a quietude das florestas de Serra Leoa "desalentam o coração e transmitem uma sensação de solidão que só pode ser afastada com um grande esforço". A busca para preencher os espaços no mapa se tornou uma jornada às profundezas da mente. A contrapartida desta solidão era uma dedicação extrema à realidade desgastante da exploração. As instruções meticulosas das sociedades científicas exigiam leituras diárias dos instrumentos, atualizações frequentes dos mapas, preservação cuidadosa das amostras, registros diários do clima e observações a respeito de costumes, língua, população, recursos e comércio dos nativos. O explorador precisava ser um líder, emissário, caçador, observador, coletor, cientista, cartógrafo e artista. Era instruído a tomar notas com frequência e não omitir nada, como medida de segurança no caso de ser assassinado. Acontecimentos menos extremos que um homicídio também podiam arruinar uma expedição: equipamentos preciosos eram destruídos, bússolas se perdiam, instrumentos estragavam com o calor, e os termômetros calibrados para o clima inglês explodiam na região desértica.

Havia também uma crescente percepção entre os britânicos de que os trópicos eram o "túmulo do homem branco". Durante a infância de Henry, essa expressão se referia à África Central e à Ocidental, mas, à medida que o século avançava, começou a incluir qualquer região equatorial cheia de "tribos primitivas", calor abrasador, pântanos podres, nuvens de insetos e quilômetros de selvas traiçoeiras. Esta visão era falsa em grande parte: a temperatura máxima na África Ocidental e na bacia amazônica raramente ultrapassava o calor do Meio-Oeste americano em pleno verão, enquanto as selvas eram geralmente o lar de povos agrários sedentários que estavam longe de serem primitivos, e que por séculos tinham cortado e queimado a vegetação baixa para preparar o solo para o plantio. Contudo, a visão tinha um fundamento verdadeiro: a doença. A taxa de mortalidade entre os europeus recém-chegados à costa africana era de trezentos a setecentos em cada grupo de mil no primeiro ano de estadia. Depois, esta taxa caía para oitenta a cem em cada grupo de mil, mas ainda assim era bem mais alta do que qualquer pandemia fulminante de cólera nas capitais europeias. Somente na África Ocidental havia a doença do sono, o verme-da-guiné, a bouba, a esquistossomose e a disenteria. Os principais agentes causadores das doenças eram transmitidos pelo mosquito, e a probabilidade de um indivíduo viver um ano sem ser picado praticamente não existia. Em algumas áreas, o número de picadas de insetos infectados por pessoa em um ano era de cem ou mais. Não havia como escapar da malária ou da febre amarela.

Das duas, a malária era a mais antiga, a mais mortal e a mais disseminada. A febre amarela era autolimitada, pois o parasita matava sua vítima em cinco ou sete dias, ou permitia que ela se recuperasse totalmente e desenvolvesse uma imunidade vitalícia. Com a malária era diferente. Ela atacava, persistia, e depois voltava repetidas vezes, zombando de sua vítima, enfraquecendo-a antes de voltar como uma onda escaldante. Todos os que se arriscavam a entrar em seus domínios viam outros morrerem à sua volta antes que também sucumbissem às dores de cabeça debilitantes, aos calafrios e à febre. Para a cura, os médicos receitavam uma sangria generalizada: de 0,5 a 1,5 litro de sangue extraído quando a febre começava, e depois mais sangria até chegar a um total que não ultrapassasse 2,8 litros. Como o corpo humano contém cerca de 5 litros de sangue e a anemia é um dos sintomas mais comuns da malária, a perda de tanto sangue podia ser fatal. O tratamento comum com cloreto de mercúrio (calomelano) não era melhor. A malária desidrata, e como o calomelano é um purgativo, intensificava a perda de fluidos. A administração conjunta dos dois tratamentos provocou muitas mortes prematuras.

Apenas uma coisa aplacava a febre: um alcaloide amargo extraído da casca vermelha de uma árvore. Esta árvore crescia em apenas um lugar na Terra: ao longo da encosta oriental dos Andes, perto da nascente do Amazonas — um lugar que, para a maioria dos europeus, era como o lado escuro da lua.

A Natureza Pertence ao Homem

Embora o quinina seja mais bem conhecido hoje como a substância que dá o gosto amargo à água tônica, durante o reinado da rainha Vitória era o medicamento antipalúdico mais poderoso conhecido do homem. Era extraído da casca da cinchona, árvore perene nativa apenas da América do Sul. A cinchona pertence à família das rubiáceas, o grupo das plantas produtoras de tinturas, o qual inclui a gardênia, a hediote, o amor-de-hortelão, o café e a ipecacuanha. Existem aproximadamente 65 espécies de cinchona, e a maioria prefere as florestas montanhosas da Colômbia, do Peru, do Equador e da Bolívia. Crescem em um cinturão estreito entre 22º de latitude ao sul e 10º de latitude ao norte, entre 900 e 1.800 metros acima do nível do mar, uma área caracterizada por umidade elevada e chuvas fortes e frequentes. Apenas quatro das espécies contêm uma substância alcaloide na casca de suas raízes e caules em concentração alta o bastante para ser de utilidade para o homem: acreditava-se que as concentrações mais elevadas existiam na *cascarilla roja*, ou "árvore de casca vermelha". A preparação do quinina foi executada da mesma maneira por séculos: os *cascarillos* arrancavam as árvores pela raiz, batiam na casca até ela se soltar e depois a arrancavam com as mãos. A casca seca era então moída até virar pó ou usada em infusões.

Em 1859, os jornais de Londres começaram a narrar a missão inglesa de dois anos para contrabandear a cinchona dos Andes. Ficou claro desde o início que havia algo diferente a respeito dessa incursão. A maioria das expedições inglesas alegava que seus propósitos eram as descobertas e a promoção da ciência, mas o episódio da cinchona foi uma tentativa descarada por parte do império, coberta de justificativas que iam do livre-comércio ao bem da humanidade. Segundo argumentavam as autoridades coloniais, se a única fonte desta droga vivificante estava sendo mal administrada a ponto de correr risco de extinção, a nação mais poderosa do mundo não tinha a obrigação moral de plantar suas sementes em outro lugar? Quando os *cascarillos* derrubavam a cinchona durante a coleta, arrancavam árvores jovens sem se preocupar em replantar ou conservar. A única defesa do mundo contra a malária poderia ter o mesmo destino do pássaro dodô. Nesse caso, roubar seria um ato humanitário. O roubo em escala mundial era um preço baixo a pagar se milhões fossem salvos. O que não se dizia era que a derrota da malária eliminaria a ameaça da morte no "túmulo do homem branco" e deixaria os trópicos abertos para a colonização.

A crença do meio do século XIX de que uma nação podia se apropriar dos recursos vegetais de outra não ocorreu em um vácuo, especialmente se vestida com a roupagem da religião. Havia muito tempo que a teologia natural adotara a ideia de que tudo na natureza existia para uso e instrução do homem: as riquezas naturais, espalhadas pelos confins da Terra, não pertenciam apenas a um povo, deveriam ser disponibilizadas para todos. Em 1851, J. H. Balfour afirmou em sua obra *Phytotheology* (Fitoteologia) que o plano ordenado de Deus estava refletido na estrutura e na função das plantas. Em 1853, T. W. Archer alegou em seu livro *Economic Botany* (Botânica econômica) que Deus tinha revestido a Terra "com tudo que era essencial para as necessidades dos homens", e mesmo a borracha, com sua versatilidade notável, era usada pela sociedade para a propagação do Evangelho como o exemplo principal do amor de Deus para com o homem. A transferência de espécies vegetais de uma parte do mundo para outra não era algo novo. A Conquista Espanhola abriu a Europa para o que desde então foi chamado de "intercâmbio colombiano". Colheitas de trigo, uvas, alface, repolho, maçãs, pêssegos, mangas, bananas, alfafa e muitas outras atravessaram o Atlântico num sentido ou no outro. Os cultivos mais importantes eram o do milho, que crescia bem nos solos mais secos do sul da Europa, nos Bálcãs e na África Ocidental, e o da batata, que alimentava os pobres em toda a Europa industrial. Após a Primeira Guerra do Ópio, de 1839 a 1842, um colecionador de plantas chamado Robert Fortune levou 2 mil plantas de chá e 17 mil sementes da China e as replantou nas fazendas da Índia espalhadas ao redor de Darjeeling. Era óbvio que as culturas transplantadas podiam tornar os colonos britânicos ricos e suas administrações coloniais autossuficientes: a safra de café do Ceilão, por exemplo, valia 500 mil libras em 1850, e apenas uma década mais tarde valeria três vezes mais. O cacau trazia riquezas em abundância para Trinidad, e o açúcar, para as colônias do Caribe. Na Birmânia, as autoridades recomendavam a colocação de cercas e a proteção da teca; e nas Honduras Britânicas, as empresas de mogno governavam a colônia.

A *essência* da transferência de plantas não estava em questão. O que se revelou com o roubo da cinchona foi um novo argumento. A Terra era um tesouro que tinha de ser administrado: a natureza pertencia ao homem para ser cultivada e "melhorada". Isto era verdadeiro especialmente nos

A Natureza Pertence ao Homem

trópicos, onde as riquezas vegetais cresciam de modo exuberante, mas onde também eram desperdiçadas e destruídas. Na Era Vitoriana, quando o Império Britânico tinha dotado sua expansão de um caráter moral, a ideia tinha um novo impulso. Estava em jogo não somente a conquista da natureza, mas também o curso do futuro. Às vezes conservar significava livrar o ambiente das pessoas que viviam nele. Na melhor das hipóteses, os nativos poderiam ser educados; na pior, tinham de ser expulsos. O "nativo desregrado" se tornou um tema comum do império, geralmente reformulado como "o problema da mão de obra" e usado como uma justificativa para o direito de intervir. Em Camarões, as reservas de óleo de palma estavam sendo desperdiçadas porque os trabalhadores africanos "passam pela vida como se estivessem em um sonho, com as cabeças tão avoadas que não escutam as instruções que lhes são dadas", reclamou o botânico Gustav Mann. Na opinião do governador colonial sir Charles Bruce, "a simples existência das colônias [tropicais] como comunidades civilizadas exigia a intervenção de capital e de ciência de origem europeia". Para Benjamin Kidd, em sua obra *The Control of the Tropics* (O controle dos trópicos) de 1898, os nativos não tinham nenhum direito "de impedir a utilização dos imensos recursos naturais que eles têm aos seus cuidados". Esta afirmação certamente se aplicava aos andinos desregrados que estavam acabando com o estoque mundial reduzido de quinina. O motivo era tão antigo quanto a humanidade. As riquezas do mundo estavam à disposição. Mudaram apenas as justificativas.

Todo grande roubo precisa de um mentor, e ele necessita de um mecanismo para ajudar a pôr seus planos em andamento. No caso da cinchona e da borracha, a gênese costumeira foi invertida. O grande mecanismo veio primeiro e ficou à espera de seu condutor.

O Royal Botanic Gardens, em Kew, foi a grande máquina. Formado pela união de dois parques contíguos de recreação e lazer dos reis da dinastia de Hanover, Kew ganhou vida nova em 1841 como uma instituição estatal. Fundado pelo Parlamento e incumbido de auxiliar "a pátria-mãe em tudo o que fosse proveitoso em relação ao reino vegetal", sua missão era ser o cérebro dos "vários jardins das colônias e dependências britânicas, como Calcutá, Bombaim, Saharanpur, ilhas Maurício, Sidney e Trinidad, cuja utilidade é desperdiçada por falta de unidade e direção central". Embora suas belezas estivessem abertas ao público, seu verdadeiro papel era o de pesquisa e desenvolvimento, fornecendo apoio científico à grande economia imperial baseada em plantações — uma missão considerada vital para a "fundação de novas colônias" e a manutenção de suas economias. Para ter sucesso neste empreendimento, havia a necessidade de uma enciclopédia botânica ambulante no comando. O homem escolhido para essa missão, William Jackson Hooker, era professor régio da Universidade de Glasgow, diretor do Jardim Botânico de Glasgow, fundador e editor de vários periódicos sobre botânica e um dos poucos botânicos profissionais da época. Também possuía habilidade política, e transformou a nova instituição estatal em um centro mundial de "botânica econômica", unindo intimamente a jovem ciência da botânica às fortunas crescentes do império.

Hooker não perdeu tempo para transformar o Royal Botanic Gardens em um local imprescindível. Logo após sua nomeação, em 1º de abril de 1841, fundou em Kew um Museu de Botânica Econômica. Este museu funcionava como uma câmara de compensação para as transferências globais de sementes, transportando plantas por todo o império à medida que as possibilidades econômicas se apresentavam. Em 1854, Hooker podia se gabar de que não passava um só dia sem que investidores, fazendeiros ou administradores fossem a Kew para se informar sobre madeiras, fibras, gomas, resinas, drogas e tinturas de utilidade, aguardando para serem exploradas em suas respectivas selvas. Em 1855, sentiu-se confiante o bastante para afirmar que Kew era "essencial para um grande país comercial". Hooker disse que, devido à extensão e à natureza de seu poder, a Inglaterra estava assentada nos caminhos da Providência e Kew estava lá para organizar e melhorar as dádivas que vinham dos quatro cantos do globo.

Hooker não foi o primeiro a enxergar a importância da borracha para o império. Esta honra pode ser conferida ao industrial Thomas Hancock. Na década de 1850, tornava-se claro que a vulcanização transformava a borracha de uma singularidade natural a um produto primário mundial. Em 1830, a Inglaterra importou 211 quilos de borracha bruta; e em 1857, este número subiu para 10 mil quilos, um aumento de 4.700% em um

A Natureza Pertence ao Homem

quarto de século. Um fato ainda mais revelador foi que o Brasil estava se tornando o centro mundial de fornecimento. Em 1827, o país exportou 69 toneladas de borracha, uma quantidade que subiu vertiginosamente para 1.544 toneladas anuais de 1851 a 1856. Hancock começou a se preocupar que um dia o Brasil pudesse deixar de fornecer as quantidades de borracha de que a Inglaterra estava começando a precisar. A borracha era um produto da selva, extraída de matas secretas na floresta tropical por métodos que nenhum europeu conhecia. Não havia nenhuma maneira de prever a produção anual, e Hancock sabia que o preço aumentaria à medida que crescesse a demanda mundial. O mercado precisava de um estímulo. Em 1850, Hancock propôs a William Hooker a criação de seringais "na Jamaica e nas Índias Orientais". O diretor, por sua vez, prometeu disponibilizar os recursos de Kew e comprometeu-se a "prestar toda a assistência que estivesse em seu poder a quem se dispusesse a fazer a tentativa" de transplantar a seringueira do Brasil para algum território amigável dentro do Império Britânico.

Assim, Kew voltou sua atenção para a borracha no mesmo ano em que morreu o pai de Henry Wickham. Seu interesse na borracha seguiu uma trajetória paralela ao crescimento de Henry. Porém, diferentemente da cinchona, prevalecia um grande mistério. Industriais como Hancock haviam descoberto que a *"Pará fine"* era a borracha mais durável do mercado, capaz de resistir a uma pressão maior e de encolher menos durante o transporte do que todas as outras variedades. Mas ninguém sabia de que árvore ela procedia e onde se encontrava. A bacia amazônica era enorme e inexplorada, não existiam mapas precisos e os fornecedores de borracha mantinham em segredo a localização de seus seringais ou mentiam sobre sua fonte, chamando a todas as variedades de *"Pará fine"* para aumentar o preço. A borracha recebia nomes como borracha de seringa, *India rubber*, *Pará fine*, e então passou a ter um termo novo, *siphonia*, que deixou a todos perplexos. Especialistas aumentavam a confusão, levando para Kew plantas produtoras de borracha de várias partes da América Latina, geralmente deterioradas. Levaram a *Castilla elastica* e outras da mesma família da América Central; três espécies de hévea da Amazônia e do vale do Orinoco; a maniçoba-do-ceará, a *Manihot glaziovii*; e uma espécie brasileira de *Sapium*. Eles confundiam a seringa com a *Castilla* e estavam perdidos em relação à variedade de espécies distintas de hévea. Havia fontes alternativas de outros continentes, pois cada país queria proclamar a sua própria borracha como a melhor do mundo. Os botânicos descobriram a *Kickxia*, a *Funtumia elastica*, a *Landolphia*, a *Clitandra* e a *Carpodinus* na África; a *Ficus elastica* na Índia e na Birmânia; e a "guta-percha" das folhas da enorme *Isonandra* de Bornéu, da Península Malaia e do Ceilão. Por muito tempo, "guta-percha" e "borracha da Índia" eram termos intercambiáveis. À medida que a borracha se tornava essencial, só se podia ter certeza de uma coisa: reinava a confusão.

✣

O caso da cinchona foi diferente. Sua taxonomia estava determinada e os coletores sabiam o que estavam procurando. Embora nunca tenham feito uma análise bem detalhada, tinha certa lógica contrabandear a cinchona antes de tentar fazer o mesmo com a borracha: para solucionar o mistério da borracha era preciso sobreviver aos trópicos e à sua grande assassina, a malária. Para conseguir isso, precisava-se de um suprimento confiável de quinina.

Havia também a demanda imperial. A Revolta dos Sipaios de 1857 em Bengala e no norte da Índia produziu mudanças fundamentais na Inglaterra, assim como a Revolução Francesa transformou a França e o dia 11 de setembro de 2001 mudou os Estados Unidos. O mundo era um lugar perigoso, a pátria, rodeada por inimigos e conspirações fatais. Num mundo como esse, a melhor defesa era uma ofensiva antecipada, o que significava enviar soldados, administradores ingleses e seus dependentes para as posses do império ao redor do mundo assoladas pela malária. Os holandeses já estavam preparando uma campanha para obter e controlar a cinchona. O quinina era mais do que uma droga. Era um fetiche, um símbolo do poder da ciência para controlar um mundo desordenado.

Entrou em cena neste tumulto o mentor do golpe. Clements R. Markham era um sujeito de boa aparência, com uma testa larga, costeletas, olhos claros e olhar distante — um daqueles vitorianos ilustres que pareciam "de forma irritante destinados a um alto cargo", disse um biógrafo. No futuro, receberia o título de cavaleiro, se tornaria presidente da Royal

Geographical Society (Sociedade Geográfica Real) e escreveria 44 livros, a maioria sobre a América do Sul. Mas em 1859 tinha 30 anos, era um funcionário subalterno do India Office, o departamento do governo responsável pela administração da Índia, e havia sido recentemente destituído da Marinha Real. Passou a maior parte dos sete anos de serviço navegando pelas costas americanas e ainda sonhava com os trópicos. Em 5 de abril de 1859, Markham sugeriu em uma carta a sir James Hogg, presidente do Revenue for the Judicial and Legislative Committee of the Council of India (Serviço de Arrecadação Fiscal para o Comitê Legislativo e Judiciário do Conselho da Índia), que as sementes de cinchona poderiam ser roubadas por um inglês e replantadas nas fazendas do norte da Índia. "As minhas qualificações para a tarefa", escreveu ele, "consistem em um conhecimento de várias partes da região da chinchona [sic] e das plantas, uma familiaridade com o país, o povo e suas línguas, tanto o espanhol quanto o quíchua". Afirmou que as tentativas anteriores de coletar sementes fracassaram porque a tarefa fora delegada a alguém que não estava "realmente interessado" no projeto como ele estava. Talvez o mais importante de tudo tenha sido sua demonstração de entendimento aguçado da natureza parcimoniosa da burocracia britânica ao se oferecer para executar o projeto por seu salário anual da época, de 250 libras, mais as despesas.

Para realizar a tarefa, sugeriu uma ação conjunta do India Office e Kew. O India Office, guardião da "joia da Coroa" entre as colônias britânicas, tinha certamente o poder de executar um projeto como esse e Kew possuía o conhecimento. Quando lhe apresentaram o plano, William Hooker abraçou a ideia aparentemente sem nenhuma hesitação, lançando a base de uma parceria de sucesso entre Kew e o India Office que duraria por décadas. Hooker deve ter percebido as vantagens imediatamente: com a cinchona, Kew entrava em um círculo mais amplo de autoridades coloniais, comerciantes e fazendeiros como nunca antes fora possível. Em um ano, o Tesouro sovina estava concedendo fundos a Kew para projetos como uma "estufa dupla" para a germinação de sementes, dinheiro que antes não estivera disponível. Juntar-se à Índia era um sábio caminho para o futuro.

O plano de ataque de Markham tinha três frentes. A região da cinchona se estendia pela curva dos Andes por cerca de 1.600 quilômetros. Como era um território grande demais para um grupo, ele sugeriu três.

Markham e John Weir, jardineiro de Kew, encarregariam-se da região sul — a província boliviana de Carabaya (que hoje é peruana) e o sul do Peru —, onde crescia a espécie de "casca amarela", ou *C. calisaya*. A espécie de "casca cinza" (*C. nitida, C. micrantha* e *C. peruviana*) crescia na porção central, nas florestas do norte do Peru, onde G. J. Pritchett, um inglês expatriado, era responsável pela coleta. O desbravamento da região montanhosa equatoriana, onde florescia a espécie de "casca vermelha", foi confiado a Robert Cross, jardineiro de Kew, e Richard Spruce, que desde 1849 coletavam novas espécies de plantas na América do Sul. Com exceção de Spruce, que ainda estava na selva, todos receberiam instruções minuciosas em Kew sobre como coletar e preservar a cinchona. Cada grupo recebeu um orçamento de quinhentas libras e foi encarregado de concluir a missão dentro de um ano. O grande obstáculo, temido por Markham, seria "a inveja tacanha" das autoridades sul-americanas, que poderiam se opor à perda nacional de uma fonte de renda importante.

Em dezembro de 1859, Markham partiu de Londres e passou um mês em Lima preparando provisões e planejando a estratégia. A revolução estava no ar. Desde 1853, 7 mil peruanos tinham morrido nos levantes e, na Bolívia, a vida era dominada por golpes e guerra civil desde que o país se tornara independente da Espanha, em 1809. Pelo menos no Peru, um contrabandista inglês podia recorrer ao ministro britânico ou ao vice-cônsul caso se envolvesse em algum tipo de problema. Na Bolívia, não havia representantes solidários para com a bandeira da Inglaterra. Não é de se surpreender que Markham tenha deixado a Bolívia de lado e concentrado sua busca na província de Carabaya.

No dia 6 de março de 1860, Markham e Weir se dirigiram para o interior, lutando para subir pelos Andes na região de Carabaya e chegando a um território fantástico com vulcões e alguns dos cânions mais profundos do mundo. Condores andinos sobrevoavam as nuvens e os vales. O lugar parecia pré-histórico, e na última parte da viagem atingiram a altura de 2.100 metros em 48 quilômetros de percurso até Sandia, vilarejo das montanhas, onde começaram a coletar mudas e sementes.

Mas Sandia não era um lugar hospitaleiro. Um certo dom Martel, ex-coronel do exército peruano, ficou sabendo das intenções de Markham e ordenou a todos os habitantes que fizessem o possível para detê-lo. No dia 6 de maio, o prefeito de Quiaca ordenou a prisão de qualquer *extranjero inglés* visto na região. Como o prefeito não tinha de fato nenhuma autoridade, dependia de pistoleiros. O grupo de Markham passava por deserções e motins. Ele ficou desesperado para defender suas plantas caso fosse necessário. Em uma ocasião, brandiu uma pistola inutilizada, pois sua pólvora estava úmida, mas o blefe funcionou. Precisava escapar com as poucas sementes que já tinha coletado e, para conseguir, enviou Weir para o norte, para desviar a atenção, e seguiu em direção ao sul, por cima das montanhas e em direção à costa. As mulas carregadas com as sementes pareciam determinadas a fazer o que as autoridades peruanas não conseguiram. Algumas vezes, quase caíram em desfiladeiros profundos ao passar por trilhas estreitas. No entanto, Markham de alguma maneira conseguiu levar as plantas até a província de Islay, onde se reencontrou com Weir.

Caiu então nas garras da burocracia latina. Em Islay, o superintendente da alfândega se negou a atender o pedido de Markham para embarcar seus quatro pacotes de sementes para a Inglaterra a menos que ele apresentasse uma ordem assinada pelo ministro das Finanças de Lima. Essa era uma má notícia. O presidente anterior havia emitido um decreto proibindo todas as exportações da cinchona, mas esta ordem jamais ultrapassara os limites de Lima. Markham tinha esperança de que talvez o ministro das Finanças não tivesse uma cópia. Como "todos os funcionários das repartições do governo são trocados a cada revolução", a maioria dos funcionários não tinha mais que dois ou três anos de serviço. Se conseguisse se insinuar por entre todas as camadas das rivalidades burocráticas oficiais, poderia ainda conseguir escapar; e se havia alguma coisa de que Markham entendia, eram os caminhos tortuosos da política.

Markham teve sorte. O presidente era um "índio grosseiro, analfabeto, embora astuto e valente", que se preocupava apenas com o poder de seu exército. Nomeara como ministro das Finanças um ex-coronel da cavalaria que entendia pouco sobre as leis alfandegárias. Markham subornou e ameaçou o homem, e a ordem foi assinada. Em 23 de maio de 1860, ele observou o embarque de suas preciosas sementes em um navio a vapor e sua partida para Londres.

Porém, seu triunfo se converteu em um fracasso. Apesar de as sementes terem chegado a Kew, uma das caixas caiu no mar na rota para a Índia.

As plantas restantes ficaram ressecadas por causa das temperaturas altas que atingiram 42ºC quando o navio teve uma falha no motor no Mar Vermelho. Quando as caixas chegaram à Índia, as mudas foram levadas às pressas para o ar fresco dos montes Nilgiri, ao norte, e replantadas rapidamente, mas já era tarde demais. Em dezembro de 1860, todas as plantas haviam morrido.

A maré de azar continuou. Quando as sementes da espécie de casca cinza chegaram da região central, seu conteúdo alcaloide mostrou-se muito fraco para qualquer uso médico. A Inglaterra depositava as esperanças no grupo do norte, encabeçado por um homem muito doente.

Richard Spruce já se tornara uma lenda, pelo menos no pequeno mundo da botânica. Em 1849, trocara a vida segura de professor de matemática na Inglaterra pela vida arriscada de coletar plantas na América do Sul. Uma década mais tarde, já tinha viajado 16 mil quilômetros fluviais, identificado milhares de plantas, reunido a coleção mais completa de musgos do mundo e escrito um glossário de 21 línguas indígenas. Ele era inquieto, desajeitado, magro e de pele escura. Aparentemente, não conseguia negar um pedido de Hooker. Em 1846, depois de passar dez meses coletando musgos nos Pirineus, Hooker o contatou e perguntou se ele levaria uma vida semelhante de desconforto no Novo Mundo a serviço de Kew. Spruce aceitou prontamente. Ele estudou botânica tropical em Kew de 1848 a 1849, e, em 7 de junho de 1849, partiu de Liverpool com destino ao Brasil.

Assim como os naturalistas Alfred Russel Wallace e Henry W. Bates, com quem se encontrou em Santarém, Spruce era um novo tipo de explorador. Os andarilhos do passado, como Condamine, tinham suas próprias riquezas das quais podiam depender, ou haviam sido financiados por um governo, como no caso de Charles Darwin a bordo do *Beagle*. Spruce vivia com uma ninharia, ganhando seu magro sustento com a venda de suas coletas, muitas vezes a três *pence* por amostra, e algumas vezes por menos — e de vez em quando por nada, quando as amostras secas estragavam a caminho de Kew. A ordem que recebeu de Hooker era para descobrir no-

A Natureza Pertence ao Homem

vas plantas que pudessem ser de uso para o Império, e a parte mais importante de sua missão era solucionar o mistério da *Pará fine*. Havia centenas de espécies de plantas produtoras de borracha na Amazônia, e todas as regiões chamavam a sua borracha de *Pará fine*. Será que procedia da maçaranduba, a "árvore-vaca", assim chamada devido a suas secreções abundantes de um látex doce que Spruce chamava de "leite potável"? Ele descobriu várias árvores perto do Pará e misturou o látex com seu café. "Tem a consistência de um creme bom", relatou ele, "e o sabor é agradável e cremoso". Ou será que a fonte da borracha era uma árvore ainda não descoberta, à espera nos confins verdes da floresta como uma espécie de Santo Graal maravilhoso?

Era uma missão impossível para qualquer homem sozinho. Mais de quinhentas espécies de planta produzem um látex leitoso que pode produzir borracha. Pertencem a várias famílias botânicas, e vários gêneros diferentes, distribuídos por toda a Terra. Todas têm em comum o leite de seus veios, um látex elástico que, estritamente falando, é uma mistura de componentes orgânicos produzidos nos dutos laticíferos, as células ou cadeias de células que formam tubos, canais e redes em vários órgãos da planta. O látex que flui nestes tubos varia de composição dependendo da espécie, mas todos são emulsões carregadas de hidrocarbonetos juntamente com outros componentes, como alcaloides, resinas, compostos fenólicos, terpenos, proteínas e açúcares. Apesar de a maioria ter propriedades elásticas, alguns, como o látex da papoula, que produz o ópio, são valorizados por outras qualidades. Ninguém entende de fato a função do látex na natureza. Enquanto alguns botânicos acreditam que ele evoluiu como uma forma de defesa contra os herbívoros, pois geralmente confere à planta um sabor amargo, outros acham que os dutos laticíferos se desenvolveram para servir de canal para os dejetos, e que formam o sistema de evacuação das plantas, e o látex, o excremento líquido.

No dia 8 de outubro de 1850 — enquanto Henry Wickham, aos 4 anos, estava apenas começando a enfrentar a vida sem um pai —, Spruce iniciou uma jornada solitária de canoa que durou quatro anos e cobriu quase 13 mil quilômetros fluviais. Hooker, seu mentor, via a Amazônia como um enorme depósito para uso econômico, uma mata a ser explorada e domesticada. Esta era uma ideia comum entre os naturalistas, uma nova ideia do Eldorado. Seu precursor fora o explorador alemão Alexander von Humboldt, cuja viagem pelo rio Orinoco entre 1799 e 1800, na região que hoje faz parte da Venezuela, demonstrou a veracidade da ligação lendária entre os sistemas hidrográficos do Orinoco e do Amazonas. Humboldt imaginava cidades prósperas e uma grande civilização entre as planícies fluviais alagadas e plantas trepadeiras entrelaçadas. O amigo de Spruce, Alfred Russel Wallace, partilhava da mesma empolgação. Em 1853, ele escreveu: "É um erro grosseiro achar que nos trópicos a vegetação abundante derrota os esforços do homem." Era justamente o contrário: a estação de cultivo nunca tinha fim, o clima era favorável à agricultura, e um homem conseguia produzir em seis horas de trabalho "mais das necessidades e confortos da vida do que em 12 horas de trabalho diário em sua terra natal". Duas ou três famílias poderiam transformar a floresta virgem em "terras ricas de pastagem, em campos cultivados, jardins e pomares" em um período de três anos, ele afirmava.

Spruce não partilhava da visão de Hooker. Preferia a Amazônia em seu estado primitivo, uma opinião incomum para a época. "Muitas vezes lamentei o fato de a Inglaterra possuir a Índia, e não o magnífico vale amazônico", escreveu em seu diário:

> Se o estúpido rei James I em vez de colocar Raleigh na prisão e depois cortar sua cabeça tivesse continuado a lhe fornecer navios, dinheiro e homens até ele ter estabelecido um assentamento permanente junto a um dos grandes rios da América, não tenho dúvidas de que todo o continente americano estaria neste momento nas mãos da raça inglesa.

Ele pagou caro por seu amor à natureza. Logo depois de iniciar a viagem, contraiu malária, e, a cada ataque da doença, ficava ainda mais debilitado. Próximo ao rio Negro, ele se viu em meio a uma tentativa de massacre de duas famílias de comerciantes portugueses, planejada pelos índios. Onde os ódios antigos persistiam, uma pele branca era uma lembrança dos escravos. Ele sobreviveu à noite quando os índios perceberam que tinham menos armas, e que seriam *eles*, e não os portugueses, que seriam assassinados. Mais acima no rio Negro, teve febre. Contratou uma mulher de idade mestiça chamada Carmem Reja para cuidar dele. Infelizmente para Spruce, ela também odiava estrangeiros. Durante os ataques da malária, ele era atormentado por episódios de suores intensos, uma sede insaciável e dificuldade para respirar. Estava convencido de que morreria dentro de poucas horas e passou instruções sobre o que fazer com as plantas e como contatar Hooker. Então se deixava cair em apatia em sua rede e esperava a morte chegar. Durante tais ocasiões, Carmen Reja ficava fora da casa por horas, na esperança de encontrá-lo morto quando retornasse. À noite, depois de acender o seu lampião e deixar uma jarra de água ao seu alcance, ela enchia a casa de amigos e passava a noite proferindo insultos, xingando-o e gritando: "Morra, cão inglês, para a gente poder ter uma noite de Natal feliz com seus dólares!"

Mesmo sendo castigado desta maneira, Spruce tentou descobrir a fonte da *Pará fine*. Em 1855, estava quase convencido de que a resposta estava em uma árvore gigante e imponente que tinha uma fruta singular com uma semente de três lóbulos. Reparou inicialmente na árvore crescendo junto ao rio ou elevando-se acima da planície fluvial. Prendia a atenção: a parte inferior do tronco era grossa, escura e rugosa, e a parte superior e a copa eram tão claras que pareciam brilhar. As folhas de tamanho médio eram divididas em três seções idênticas e emitiam uma linda luz verde-clara. À altura entre 2,5 e 3 metros do chão, o tronco era geralmente marcado por sulcos dos cortes dos seringueiros, incisões delicadas de onde um fluxo de látex escorria como sangue. Em um artigo escrito em 1855 para o *Hooker's Journal of Botany*, Spruce seria o primeiro botânico a descrever com precisão as técnicas de extração da borracha. Ele mencionou seu preço ascendente, o que para ele era um sinal da demanda crescente. Descreveu um jogo com bola que presenciara em um vilarejo, dois anos antes: as bolas eram feitas de borracha, e ele pediu que os jogadores guardassem duas ou três para ele depois que o jogo acabasse. "Mas durante a noite", escreveu ele, "todos ficaram gloriosamente bêbados e estouraram as bolas".

A árvore da qual ele suspeitava é hoje chamada de *Hevea brasiliensis*, e um corte transversal revela porque ela era tão valorizada. Diferentemente de outras fontes de borracha, seus grandes dutos laticíferos estão localizados logo abaixo da casca interna. Por este motivo, podia ser cortada repetidas vezes sem a necessidade de incisões profundas até a camada do câmbio, produzindo por décadas um fluxo constante de látex de alta qualidade e quantidade. Uma árvore gigantesca, muito comum na úmida bacia amazônica, parecia um recurso infinitamente renovável, uma fonte que nunca secaria. Ela se curava dos cortes e continuava jorrando látex como a "árvore da vida" das histórias indígenas. E quando morria, sempre era possível encontrar outra na trilha vizinha da selva ou no próximo afluente.

A hévea parecia ser a fonte lógica da *Pará fine*, e quando Spruce escreveu a Hooker sobre suas suspeitas, o diretor pediu que enviasse algumas sementes em boas condições. Se germinassem nas estufas de Kew, poderiam ser cultivadas e classificadas, e assim o mistério taxonômico seria solucionado de uma vez por todas. Spruce enviou várias amostras, mas o óleo das cápsulas das sementes se tornou tão rapidamente rançoso que elas não sobreviveram à longa viagem pelo mar, uma desgraça que arruinou todas as tentativas inglesas de conseguir as sementes valiosas nas duas décadas seguintes.

✺

Em 1859, Richard Spruce sentia-se cansado. Coletara 30 mil amostras para Kew, inclusive 2 mil novas plantas em floração. Tinha chegado mais perto de solucionar o enigma da *Pará fine* do que qualquer outra pessoa, e havia servido bem ao seu país, mas pagou o preço por uma década de serviços. Sofria terrivelmente por causa da malária e quase fora morto pelos nativos. O fato de ter sobrevivido de alguma maneira comprovava sua inteligência, bom-senso e sorte, mas muitos se perguntavam por quanto tempo mais ele resistiria. Estava se aproximando da nascente do Amazonas, o último presente que daria a si antes de deixar a América do Sul para sempre. Então, justamente quando achava que tinha o direito de dar a missão por encerrada, recebeu uma carta de Londres convocando-o para o plano de Markham:

> O secretário de Estado de sua majestade para a Índia confiou ao honorável Richard Spruce a missão de obter sementes e plantas da árvore de casca vermelha que contém o componente químico conhecido como quinina.

A Natureza Pertence ao Homem

Confiar esta missão significava uma ordem, e ele não tinha escolha: a carta o instruía a seguir até o Equador, pegar dinheiro em Guayaquil com o cônsul britânico e depois ir para o interior do continente para coletar a cinchona. Somente depois disso teria autorização para voltar para casa — com as sementes de cinchona.

Spruce teria a companhia de Robert Cross, jardineiro de Kew "muito competente e meticuloso", um escocês que carregava um guarda-chuva na selva para se proteger do sol, da chuva e de répteis mortíferos. Deviam se encontrar em Guayaquil. Os autores do plano não perceberam que o Equador estava no meio de uma revolução. "As coisas por aqui estão em uma situação muito instável, e os preparativos para a guerra contra o Peru são vistos em todas as partes", escreveu Spruce em seu diário. "Recrutamento — contribuições forçadas de dinheiro e cavalos —, pessoas se escondendo na floresta e nas montanhas para não serem separadas de suas famílias, escassez e preços altos das provisões."

Spruce chegou ao Equador antes de Cross e começou a escalar os Andes, partindo da bacia amazônica. Seguiu o rio Pastaza, que se unia ao Amazonas no norte do Peru. Continuou pelo curso do rio seguindo as gargantas dos Andes equatorianos até chegar à cidade de Ambata, com vista para o monte Chimborazo, o pico mais alto do Equador, com 6.300 metros de altitude. O tempo estava nublado e frio, e ele foi acometido por um ataque de catarro brônquico, uma tosse tão violenta que fazia sair sangue de sua boca e nariz. Mas de repente se viu em um dos lugares mais cobertos de musgos do planeta; e os musgos, a sua primeira e maior paixão botânica, de repente aliviavam todos os tipos de dores. O chuvisco penetrante numa clareira remetia ao clima de uma história celta antiga em que a própria floresta se enaltecia, coberta de musgos, e todas as rochas e arbustos eram verdes e musgosos. "Tenho motivos para agradecer aos céus, que me fizeram esquecer os meus problemas do momento pela contemplação de um simples musgo", disse ele.

O fascínio não durou muito. Ele se arrastava morro acima, e os condores atacavam. Montado em sua mula, acima do rio Pastaza, refletia sobre o fato de não mais conseguir sentir as mãos e os pés, e se perguntava se a morte finalmente não lhe encontrara. Atravessou uma planície ondulada açoitada pelo *paramero*, um vento carregado de gelo que "fazia perecer qualquer coisa em seu caminho". Havia cruzes fincadas nas rochas, e um peregrino apareceu e disse que aqueles eram os túmulos das pessoas que o vento matara. O peregrino se lembrou de que, quando criança, atravessara aquela planície com o pai. Quando avistou um homem com um sorriso largo assentado sobre uma rocha coberta de gelo, disse ao pai: "Veja como aquele homem está rindo de nós."

"Silêncio, ou reze pela alma dele", gritou o pai ao vento *paramero*. "Aquele homem está morto."

Robert Cross estava enfrentando seus próprios problemas no outro lado do país. Chegou a Guayaquil em maio de 1860, mas imediatamente caiu vítima da febre, e não pôde prosseguir até a guerra se abrandar. Em julho embarcou em um navio para o interior cheio de soldados e armas. Após dois dias de viagem ao sul de Ambato, encontrou Spruce encolhido sob o maciço coberto de neve do Chimborazo, onde as geleiras se destacavam como mármore contra o céu azul-claro. Spruce encontrara densas florestas de cinchona nas encostas abaixo das geleiras. Ficara acampado em um lugar chamado Limón, nada mais que um amontoado de palafitas. Nos dois meses seguintes, esta seria sua base, pois lá colheram milhares de mudas, coletaram potes de sementes e as compraram dos nativos. Cross semeou algumas para o caso de as sementes não sobreviverem à viagem pelo oceano. Logo que criaram raízes, foram atacadas por lagartas, e depois por exércitos de formigas de cor marrom-avermelhada. Em setembro, haviam coletado 100 mil sementes bem secas. Construíram uma jangada de 9 metros quadrados com 12 toras de pau-de-balsa e desceram pela correnteza turbulenta do rio até chegarem a Guayaquil em 13 de dezembro de 1860. No dia 2 de janeiro de 1861, Cross embarcou para Londres com 637 caixas de cinchona.

Spruce estava pronto para ir para casa. Esperava escrever suas conclusões nos periódicos científicos e estudar as milhares de espécimes na tranquilidade de Kew. Porém, assim que Cross partiu, faliu o banco de Guayaquil onde depositara suas economias (cerca de 700 libras, ou 6 mil dólares nos dias de hoje). Ele foi forçado a coletar sementes por mais três anos até ganhar dinheiro suficiente para voltar para casa. Nesta época, estava surdo de um ouvido e sofria de paralisia parcial da coluna e das pernas. Em maio de 1861, o governo equatoriano declarou ilegal a exportação de cinchona,

A Natureza Pertence ao Homem

mas já era tarde demais. A Inglaterra já tinha plantado as sementes na Índia, um fato lembrado com amargura por todos os países latinos. Todo o empreendimento custou à Inglaterra 857 libras, e, em 1880, a cinchona coletada por Spruce, replantada no norte da Índia e no Ceilão, rendeu em um ano milhares de libras ao governo indiano. Markham, que afirmava não ter transgredido nenhuma lei ao pegar as sementes, se tornaria mais tarde uma celebridade na sociedade inglesa. Em 1870, uma dose do quinina salvador de vidas era vendida à "metade de um centavo" nas agências postais das vilas em toda a Índia.

O verdadeiro vencedor foi Kew. Graças ao sucesso da expedição da cinchona, a quantidade de trabalhos que Kew prestava ao Império teve um aumento enorme. Uma nova rede de jardins foi construída nas colônias remotas. As autoridades coloniais consultavam Kew a respeito de uma variedade de assuntos cada vez maior. Hooker ganhou poderes de patronato que estavam muito além de tudo que havia sonhado.

No entanto, nem todos ligados à história da cinchona foram igualmente agraciados. Pritchett, que contrabandeou a variedade de casca cinza para a Inglaterra em 1866, agiu tarde demais para fazer alguma diferença e não é lembrado nos dias de hoje. O parceiro de Markham, Weir, ficou aleijado por causa de uma doença e foi forçado a viver dos ganhos da esposa. Cross sofria de malária e dormia com uma arma embaixo do travesseiro.

E Spruce, com a saúde debilitada e o pedido de pensão negado até 1877, passou o resto da vida em Yorkshire, vivendo com cem libras por ano.

CAPÍTULO 3

O NOVO MUNDO

Henry Wickham tinha 13 anos quando a missão em busca da cinchona começou e 15 quando Robert Cross voltou para Kew com as sementes roubadas da espécie de casca vermelha. Embora os jornais tenham feito a cobertura do triunfo, Henry não estava nem um pouco interessado nas implicações da domesticação da cinchona para o império. O que importava era a selva e os escritos de Spruce, Darwin, Bates, Wallace e outros. No calor e na umidade da Bacia Amazônica havia uma fertilidade que não se podia comparar a nada que um homem ocidental tinha visto, uma força de vida incontrolável. Havia um quê de hipnótico a respeito da floresta tropical amazônica. "Tenho passeado sozinho pela floresta brasileira", escreveu Darwin em seus diários do *Beagle*. "O ar é deliciosamente fresco e suave, carregado de uma sensação de prazer, e deseja-se fervorosamente viver em recolhimento neste mundo novo e grandioso."

O paraíso terrestre era um tema recorrente. Colombo foi o primeiro europeu a se encantar pela terra onde "o perfume bom e suave das flores e das árvores era a coisa mais agradável do mundo". Os nomes científicos da banana — *Musa paradisiaca e M. sapientum* — expressam essa ideia, o segundo nome remetendo à Árvore do Conhecimento do Bem e do Mal. Na mitologia sagrada, a árvore era o lugar da morada de Deus: o cipreste era sagrado, o freixo representava o universo na Escandinávia, e a figueira na Índia. Assim como Deus falou por meio de árvores na Bíblia, aos exploradores ele falava na floresta. Era na selva que o homem se encontrava mais próximo do Divino.

Mas a exuberância da natureza podia enganar os incautos. Nas florestas de Yucatán e Belize morava uma mulher sedutora chamada Xtabay, encantadora e ao mesmo tempo sinistra, que aparecia para os caçadores que passavam muito tempo na mata. Viam-na de relance por entre as folhas e, não conseguindo se conter, seguiam-na para dentro da floresta quando o céu escurecia durante o crepúsculo. Às vezes, chegavam tão perto que conseguiam sentir seu perfume silvestre ou o açoite de seus cabelos. Se conseguissem acordar, ficavam perdidos e desorientados. Se saíssem da floresta, passavam o resto de suas vidas na ruína.

Estas histórias eram irresistíveis para um sonhador, o que, por todos os relatos, Henry havia se tornado. Apesar de sua educação ter sido "medíocre", sentia na época da adolescência um amor intenso pela arte. Quando perguntavam na escola sobre suas aspirações, dizia que algum dia seria um artista. Aos 17 anos, começou um curso de arte de dois anos de duração, e "os seus vários desenhos a bico de pena, com toques de aguada, revelam um talento considerável e habilidade técnica", disse Edward Lane. Não era um capricho passageiro: no censo de 1871, aos 21 anos e prestes a embarcar na maior de suas aventuras, identificou-se como "artista viajante", e durante todas as viagens manteve o caderno de desenhos à mão.

Mas havia outro estímulo também. Seu status caíra muito, e isso o deixava contrariado. Como conseguiria se levantar diante do mundo? Não conseguia crer no que o lorde Palmerston havia dito, que a Inglaterra era uma nação "na qual todas as classes da sociedade aceitam com alegria o destino que a Providência lhes reservou". Discordava deste dogma. A queda de sua família fora rápida demais, e se não havia nenhuma maneira de reerguê-la no Velho Mundo, talvez houvesse alguma no Novo.

Os homens se recriaram nas Américas, conquistando a natureza, abrindo plantações do tamanho de pequenos impérios. Nenhum outro grupo na América Latina possuía uma aura mais brilhante do que os fazendeiros. Por todas as revoluções, continuavam sendo o pináculo da sociedade, destacando-se pela riqueza, pela nobreza e pelo poder. Os autores clássicos e medievais repetiam a visão de Cícero em *Dos Deveres*: "De todas as fontes de renda, a vida de um fazendeiro é a melhor, a mais agradável, a mais lucrativa e a mais apropriada a um cavalheiro."

O Ladrão no Fim do Mundo

Em 5 de agosto de 1866, aos 20 anos, Henry partiu de navio em direção à Costa do Mosquito, na Nicarágua.

Parece um destino inusitado. Edward Lane acreditava que a decisão de Henry era "típica de sua geração, quando o espírito pioneiro, movido pelo desejo de fazer parte do desenvolvimento do Império, levava tantos jovens a viajar para as Américas, para a Austrália e para a Oceania". Uma foto de estúdio feita pouco tempo antes de sua partida o mostrava já adotando a postura de explorador: vestido com calça e jaqueta cáqui, segurando um chapéu de safári na mão direita e sorrindo para si sem o menor traço de constrangimento. Tornara-se um jovem alto e magro, um pouco acima de 1,80 metro. Segundo Lane, "se dissessem que tinha 1,85 metro, lembrava às pessoas que sua altura exata era 1,82 e meio". Tinha cabelos negros brilhantes, olhos azul-acinzentados, um bigode bem fino e um nariz aquilino que na época era chamado de "wellingtoniano". Era um sujeito de boa aparência, e familiares falaram de sua "energia ilimitada" e de seu "ar de indolência e despreocupação".

Sob alguns aspectos, a Nicarágua oferecia vantagens a um jovem que esperava entrar nas fileiras dos exploradores-escritores. A Costa do Mosquito era uma faixa ignorada de areia, corais, selva e pântanos de frente para o mar do Caribe. Estendia-se do cabo Gracias a Dios ao norte até o rio San Juan na Costa Rica, uma faixa de 650 quilômetros de ondas brancas pontilhadas por pequenas enseadas e recifes, e com o perigo das correntes e baixios traiçoeiros. Blewfields (hoje chamada de Bluefields), ao sul, era a maior cidade e a capital provisória. Em todos os outros lugares, as bocas de rios e as lagoas eram cheias de bancos de areia movediça, e era possível saber a localização de muitos portos pela visão de um casco de navio a vapor apodrecendo em um baixio. A terra era um pouco mais elevada que o litoral, coberta por uma selva densa que continuava por uma distância de 50 a 100 quilômetros pelo continente até se abrir em uma savana extensa, forrada por uma grama grossa e áspera. Esta savana seguia para o oeste até se encontrar com as montanhas azuis do interior.

Pouco tempo antes, ninguém se interessava verdadeiramente pela Costa do Mosquito, a não ser os índios que viviam lá. Os espanhóis preferiam os terrenos elevados mais hospitaleiros do lado do Pacífico, embora uns poucos conquistadores tenham se aventurado pela área durante o sécu-

O *Novo Mundo*

lo XVI. Em 1512, Diego de Nicuesa fez uma tentativa, mas sua expedição naufragou perto da foz do rio Coco, e mais tarde os visitantes desanimaram de ir até lá por causa dos índios hostis, do terreno inclemente, das chuvas torrenciais e das nuvens de mosquitos e moscas que levavam à loucura. Estas nuvens de insetos eram tão terríveis, disse um aventureiro, "que nem a boca, o nariz, os olhos ou qualquer outra parte do corpo ficavam livres deles, e sempre que pousavam em nossa pele, picavam e ferroavam tanto que era insuportável". Daí o nome da costa, apesar de alguns atribuírem o batismo à presença dos índios misquitos, um subgrupo dos sumos, que tinha migrado da América do Sul.

A presença inglesa informal na Nicarágua refletia sua história em praticamente toda a América Latina. Onde não existiam possessões de fato, uma rede de interesses comerciais e interferências políticas asseguravam um ponto de apoio; com a queda do imperialismo espanhol em 1824, a porta se abriu de vez. No Peru, o cônsul inglês ajudou no roubo do quinina. Trinidad e a Guiana Inglesa provocaram um conflito com a Venezuela. As Honduras Britânicas atormentavam seu vizinho, a Guatemala, e o país era visto como o eixo de apoio do poderio naval e comercial da Inglaterra. A Nicarágua tinha sua própria intriga com a Inglaterra. De 1655 a 1850, a Inglaterra reivindicou a região dos misquitos como seu protetorado, mais isso não foi tentado de maneira agressiva, e existia principalmente como base de reivindicar o potencial da região como uma porta de acesso ao Oceano Pacífico.

Embora a Inglaterra tivesse oficialmente abandonado os assentamentos na Nicarágua em 1787, todos os reis misquitos estudavam em escolas inglesas, e a família real dos misquitos gostava de considerar a "Mosquitia" uma província do Império Britânico. Quando Henry chegou a Greytown, em 21 de outubro de 1866, a bordo da escuna *Johann*, ele entrou em uma terra onde os súditos britânicos eram adorados. Os ingleses na América Latina não trouxeram apenas armas e dinheiro, mas também ideias como o antiescravagismo, o capitalismo e o culto à figura do cavalheiro. A chegada a Greytown foi "fascinante", escreveu Henry. As montanhas ao redor eram "coroadas com árvores grandes em forma de guarda-chuvas". A *Heliconius galanthus*, uma "borboleta linda", voava na brisa e entrou em seu barco. Ele a guardou como recordação.

O *Ladrão no Fim do Mundo*

Logo depois, o capitão do *Johann* escapou por um triz de bater o navio em um banco de areia. Geralmente ocorriam mortes neste porto. Durante sua quarta viagem, Colombo perdeu a tripulação de um navio ali na foz do rio San Juan. Em 1872, um comandante de uma expedição americana de pesquisas e seis marinheiros se afogaram ao tentar atravessar o banco de areia. A entrada do rio estava repleta de tubarões enormes; soube--se o destino da tripulação pelos seus restos mutilados.

Henry desceu em terra firme no dia seguinte. Os visitantes descreviam Greytown como uma pequena cidade bem cuidada, de casas brancas escondidas entre palmeiras, árvores de fruta-pão e outras árvores tropicais, mas Henry era um viajante impaciente e desejava seguir seu caminho. Considerava Greytown "um lugar totalmente desinteressante em todos os aspectos", rodeado por florestas e água. Era chamado de o segundo local mais chuvoso do planeta, logo atrás de uma vila do Himalaia que resistia a 3.200 milímetros de chuva por ano. As chuvas não feriam a sensibilidade de Henry tanto quanto os habitantes. Embora fossem agradáveis e falantes, as mulheres eram bastante antivitorianas, passeando à noite com "charutos na boca, cuspindo de uma maneira que era muito aceita".

A floresta o atraía mais que a cidade. Em uma manhã, entrou na floresta pela primeira vez. As pessoas que foram criadas em florestas temperadas raramente estão preparadas para as tropicais. A floresta tropical é uma "estufa imensa, selvagem, desordenada e exuberante", escreveu Darwin, saturada tanto de silêncio quanto de som. Os insetos fazem tanto barulho à noite que é possível ouvi-los de embarcações ancoradas a certa distância da costa. Porém, dentro da floresta reina uma quietude absoluta. Abaixo do dossel, prevalece uma penumbra verde cortada por raios de luz no ponto em que uma árvore gigante caiu e abriu uma fenda na escuridão. A camisa e a calça do visitante logo ficam encharcadas. Tudo é úmido: vindo de centenas de lugares invisíveis, gotas caíam das pontas das folhas, e manchas de suor se formavam nas axilas. Na altura dos olhos, surge uma variedade infinita de árvores, seus troncos peludos de musgo, envoltos por cipós ou cobertos de espinhos. O cheiro de vegetais em decomposição é onipresente. Ao remover a camada de folhas caídas e outros materiais em decomposição, observa-se logo abaixo da superfície uma rede de filamentos brancos, um emaranhado de ramificações de raízes de árvores e micélios de fungos, que perfuram todo material orgânico quando caem, sugando os nutrientes, transformando o mundo da morte de volta ao da vida.

Henry, como a maioria dos visitantes novatos, ficou maravilhado pelos insetos voando densamente à sua volta. As borboletas eram "numerosas e lindas, e seus tamanhos variavam, sendo tão grandes quanto um morcego, e indo às dimensões das nossas menores espécies". As matas eram cortadas por "caminhos batidos" de formigas cortadoras de folhas, chamadas na América Central de *wee-wee*. Os gafanhotos e as esperanças produziam um som estridente e às vezes "metálico como o dos sinos", com o coro de sapos ao fundo, dentre os quais alguns produziam sons agudos e outros "um barulho de tímpanos". Jack, o cão terrier de Henry, ficou "completamente desnorteado" com a confusão de sons diferentes.

Num mundo como este, era fácil se esquecer do outro, de onde partira. Mais uma epidemia de cólera assolava Londres, matando 5.600 moradores em questão de dias. Pode-se imaginar a mãe de Henry aconselhando-o a partir enquanto era possível.

Harriette Wickham aparece como a presença tácita por trás desta primeira viagem, e por um motivo prático: Henry alvejava aves. Como tinha uma mãe chapeleira, seu mercado para penas e peles estava garantido. Esta não era uma viagem de férias: Henry estava sempre de olho em plumagens brilhantes e ficava profundamente frustrado quando errava o alvo ou danificava a pele. Ao redor de Greytown, papagaios verdes se aninhavam sob as folhagens, tucanos pulavam de galho em galho; e no limite da floresta viviam tiês lindos, de um preto aveludado com uma mancha bem vermelha acima da cauda. Os surucuás espreitavam, próximos às colunas de formigas-correição, atacando enquanto os insetos tentavam escapar. O macho era o mais brilhante, de uma linda cor verde-bronze nas costas e no pescoço, com asas manchadas de preto e branco, e de cor carmim na barriga. Havia pica-paus de cabeça vermelha e amarela, jacutingas de plumagem negra brilhante do tamanho de perus, juruvas verde-oliva com suas caudas de comprimento incomum, desprovidas de penas na ponta. A Nicarágua era o paraíso para as chapeleiras: era tão grande a demanda por "confecções de penas, cortadas e retorcidas em formas estranhas" que em 1889 seria fundada a Sociedade de Proteção às Aves para combater o modismo. A coincidência era grande demais: é difícil acreditar que a primeira expedição de Henry giraria em torno de plumagens e que sua mãe chapeleira não estaria envolvida.

Cinco dias após chegar a Greytown, Henry reservou uma passagem para Blewfields, ao norte, na escuna *Messenger of Peace*, da Morávia. Ao passar pela escuna *Johann*, o capitão fez um aceno com o chapéu. "Fiquei feliz em ver que você não guardou nenhuma lembrança da pequena divergência que tivemos durante nossa saída do barco", disse Henry. Não há nenhuma outra explicação a respeito da "divergência" que tiveram a não ser uma vaga menção de que fora obrigado a pagar os impostos alfandegários em dobro por causa de um erro do contramestre, mas esta *é* a primeira indicação da impaciência de Henry para com seu colega ocidental, uma impaciência que raramente se estendia aos nativos.

Na verdade, Henry aparentemente gostava dos povos indígenas que conheceu mais do que de seus colegas colonos. O primeiro exemplo disso ocorreu logo após a chegada a Blewfields. Ele estava no cais, olhando para o mar, à espera de sua bagagem, quando "um sujeito um pouco baixo, que estava ao meu lado, perguntou meu nome". Henry respondeu "de maneira satisfatória", e depois foi sua vez de perguntar ao jovem.

"William Henry Clarence", disse o garoto.

Henry conseguiu hospedagem em uma casa de missionários morávios, acompanhado de seu novo amigo. Os morávios estavam espalhados por toda a Costa do Mosquito. Na condição de primeiro movimento missionário protestante em larga escala a ir ao encontro dos escravizados e esquecidos do mundo, funcionavam como uma primeira Anistia Internacional, preferindo a educação às armas para lutar contra a injustiça, e optando pelo confronto indireto com os poderosos, em vez da confrontação direta. Uma história religiosa apócrifa contava sobre um fazendeiro morávio cuja mula se recusava a arar. Em desespero, o fazendeiro disse finalmente: "Irmã mula, não posso te amaldiçoar. Não posso te bater. Não posso te matar. Mas posso te vender para um metodista que pode lhe fazer tudo isso."

Na Costa, esta estratégia significava educar a realeza dos misquitos. "Vejo que você já conhece nosso pequeno chefe", disse um missionário, e quando Henry deu uma olhada em volta, lá estava William Henry Clarence, sorrindo para ele. Sem saber, fizera amizade com o 11º rei hereditário da Nação Misquita, e nos sete dias seguintes teria a presença da pequena

O Novo Mundo

majestade como uma sombra ao explorar a cidade tropical. "O pequeno chefe parecia ter uma grande afeição por mim", escreveu Henry, "e sempre me acompanhava quando eu saía para dar uma volta com minha arma. Ele tinha cerca de 10 anos de idade e parecia ser muito inteligente. Morava na casa da missão, e acredito que era bem aplicado em seus estudos".

Não era nem fácil nem saudável ser um rei. O primeiro rei, conhecido apenas como Velho, foi levado à Inglaterra pelo conde de Warwick em 1625 e apresentado ao rei Carlos I. Morreu em 1687, em idade avançada, algo que poucos conseguiam. Dois de seus sucessores morreram de varíola, espalhada pelos colonizadores; um morreu no ataque aos espanhóis em Yucatán em 1729. George II Frederic, o sétimo rei, foi assassinado em 1801 por amigos de uma de suas 22 esposas, a quem havia matado com uma barbaridade fora do comum, segundo se dizia. Seu sucessor, George Frederic Augustus I, talvez tenha sido estrangulado por sua esposa e seu corpo atirado no mar, ou assassinado por um certo "capitão Peter Le Shaw", em 1824. Na Costa do Mosquito, as lições dos professores morávios não eram de muita serventia para a família real e nem valiam por muito tempo.

O "pequeno chefe" fora coroado seis meses antes da chegada de Henry, em 23 de maio de 1866, após a morte natural de seu tio, o décimo rei hereditário. William Henry Clarence fora educado por professores particulares em Kingston, na Jamaica, e, segundo o relato de Wickham, parecia ser um garoto feliz e despretensioso. Reinaria em Blewfields sob um Conselho de Regência até sua maioridade em 1874, mas mesmo sendo maior de idade não ganhou o poder de seus predecessores. Seu reinado seria o primeiro em que os misquitos não teriam mais o controle sobre seus destinos, devido ao Tratado de Manágua de 1860. Seu reino como adulto seria curto: em 5 de maio de 1879, após cinco anos de intrigas na corte, o jovem chefe que se tornou amigo de Henry foi envenenado e morreu aos 23 anos de idade.

Apesar da atenção, Henry estava ansioso por partir. Contratou três homens e alugou uma grande canoa *pitpan*, de fundo plano, carregou-a com comida, pólvora e itens para escambo, e ao amanhecer do dia 5 de novembro de 1866 atravessou a lagoa e chegou ao rio que ele chamava de Woolwa. Hoje é difícil determinar com exatidão qual rio Wickham subiu, em parte porque mudaram os nomes dos fenômenos geográficos e em parte devido a sua própria confusão. Ele disse que entrou no rio pelo lado noroeste da lagoa, mas esta é a localização da foz do rio Blewfields, conhecido hoje como rio Escondido. Este é um curso de água largo e reto que segue diretamente em direção ao oeste, para o interior, e não é nem um pouco semelhante ao ribeirão sinuoso e estreito descrito por Henry. Ao sul se encontra um rio menor, que ainda hoje permanece sem identificação na maioria dos mapas. É estreito e faz curvas por entre as árvores, descrevendo uma parábola enorme, formando uma curva em direção ao norte e depois ao oeste — a mesma direção que Henry registrou. Aparentemente é este o rio de Wickham, o primeiro indício de uma longa série de evidências que faz supor que Henry nunca soube realmente onde estava.

Qualquer que tenha sido sua localização exata, Henry começou a viagem fazendo uma incursão em um campo de cana-de-açúcar. Um furacão havia assolado a margem no ano anterior, nivelando a mata em todas as direções. Ao longo do rio, as plantações de cana que utilizavam a prática da queimada foram abandonadas, e seus proprietários, mortos ou arruinados. Henry passou a noite em uma casa de sapê vazia e comeu carne de iguana e mandioca no jantar. Pela manhã, matou e despelou algumas aves antes de seguir para o interior. Depois de três dias, a jangada chegou a um local entre margens altas, onde a corrente era rápida. Nas elevações acima deles se erguiam as habitações comunitárias da aldeia indígena de Kissalala:

> Abaixando a cabeça, atravessei a pequena vala e passei por debaixo de uma construção com teto baixo de sapê. Encontrei-me no que pareceu ser um outro mundo de costumes e comportamentos, que causou uma impressão estranha em mim, porque tudo que eu tinha visto até então em minhas experiências anteriores era muito diferente. Desde aquela ocasião, aprendi a me sentir em casa em uma habitação indígena tanto quanto em qualquer outro lugar.

Assim começou a estadia de Henry entre os woolwá. Nos dois meses seguintes ele usou Kissalala como sua base, navegando rio acima até a próxima aldeia ou entrando em afluentes desconhecidos. Ele "se deitava e se levantava de novo com o sol", e às vezes trabalhava à noite despelando aves sob a luz fraca do lampião. Ele se estabeleceu na cabana do chefe da tribo,

O Novo Mundo

Nash; quando este foi para Blewfields, Henry tinha a casa só para si. "Ao ser deixado só", escreveu ele, "logo descobri que a vida de um viajante solitário não é ociosa, porque como tem de ser ao mesmo tempo mestre e servo, sua posição não lhe dá nenhuma folga". Ele caçava pássaros pela manhã e depois regressava à cabana para fazer sua refeição, geralmente arroz cozido com algumas gotas de manteiga de coco e misturado com banana-da-terra, mandioca e carne de qualquer ave que tivesse matado. Conversava com os woolwá, que o tratavam como uma criança divertida e um tanto infeliz. Não era um bom naturalista. Era "extremamente difícil" remover a pele de muitos pássaros, e quando eram atingidos por um tiro, "muitas vezes as penas se soltavam, formando uma nuvem". As aves que não eram desfiguradas irremediavelmente eram colocadas para secar ao sol, e depois cuidadosamente embaladas para serem enviadas pelo correio mensal de Blewfields para Liverpool. O dia terminava com uma "xícara de chá forte, preparado à maneira australiana", diretamente do bule, como o café dos cowboys americanos. Depois do chá, fumava seu cachimbo, que nunca fora "uma fonte tão grande de prazer quanto em uma ocasião como esta".

Mas os trópicos têm uma maneira de testar quem vem de climas temperados. A vida começa a se parecer com um ritual bizarro de tormentos. Deus aumenta o desconforto para ver se as pessoas aguentam. Chega um ponto em que é preciso decidir entre uma coisa e outra: ou se decide por suportar tudo o que os trópicos têm a oferecer, ou o desconforto enlouquece e a pessoa tem de partir. Os sinais são sempre evidentes: os que não conseguem suportar mais ficam completamente amuados ou sempre com os nervos à flor da pele, gritando toda vez que se irritam. Os que se aclimatam simplesmente ficam relaxados. Suportar o sol é um desses pontos de mudança: como o sol golpeia implacavelmente, ou se queima ou se aprende instintivamente a procurar uma sombra.

O outro grande teste são os insetos, que levam todos à loucura. "Foi um bom tempo até eu me acostumar com as formigas, grilos e baratas", escreveu Henry, "que se arrastavam, pulavam e zumbiam, mantendo-me acordado por longas horas". Baratas voadoras grandes e brilhantes voavam para seus cabelos, entrelaçando as patas: o único consolo era "saber que era fácil matá-las". Decidiu não mais passar a escova no cabelo pela manhã quando descobriu que ao bater de leve no cabo da escova sobre o fogo "fez com que uma infinidade de baratinhas caísse aos montes dos pelos da escova, onde tinham se aninhado confortavelmente durante a noite". O odor que impregnava a escova era "tão insuportável que tive de me contentar em passar apenas o pente em meu cabelo".

As formigas eram outra praga que quase fazia Henry perder a razão. Uma manhã ele acordou e viu que uma colônia havia depositado os ovos e larvas no cobertor enrolado que ele usava como travesseiro. Formigas-correição marchavam através de sua habitação, deixando-a livre de baratas, tarântulas e outras pestes. Esta era uma vantagem, mas a ideia de ser atacado, quando estivesse dormindo, por um bando delas causava arrepios, e ele estremecia com as histórias dos doentes que "foram atacados por estas legiões ferozes enquanto dormiam indefesos em suas redes e ficaram muito feridos". Uma defesa contra elas era a "aversão singular das formigas à água". Quando os índios queriam que uma fileira de formigas se desviasse de sua oca, jogavam "um pouco de água no começo da fileira". Ainda mais perigosa era a formiga da espécie *Paraponera clavata*, uma gigante de centímetros de comprimento, de cor negra reluzente, que ostenta um ferrão parecido com uma seringa hipodérmica possante na extremidade abdominal. Os woolwá a chamavam de "formiga-de-fogo" por causa dos efeitos de sua ferroada: uma subiu na camisa de Henry e um índio "a tirou com um leve tapa, dizendo que, se tivesse me ferroado, muito provavelmente teria causado uma febre intensa".

Em meados de novembro começou a estação das chuvas, e os temporais frequentes caíam sobre toda a região e abafavam todos os outros sons. Depois de meia hora, a chuva se acalmava e permanecia o som constante das goteiras. As fogueiras dentro das habitações iluminavam, e os índios faziam as últimas refeições do dia. Estas noites eram solitárias para ele. O canto do curiango, o *Nyctidromus*, ecoava por entre uma plantação de milho, e em inglês soava para ele como se a ave perguntasse: "Quem é você? Quem, quem, quem é você?" Henry se punha a pensar sobre essa questão. Quem era ele, um órfão de pai, sozinho em um mundo totalmente diferente? O que estava tentando provar? "Não conheço nada que provoque tanto a reflexão, marcada por uma tristeza benéfica", escreveu ele, "do que estar de repente em uma mata sem caminhos demarcados, relacionando-se com uma raça totalmente estranha". A lua prateava a floresta ao seu redor, e uma saracura grasnava nos juncos à beira d'água. Ele se sentiu face a face com "a Primeira Grande Causa de tudo". O coaxar dos sapos enchia o anoitecer, "mas depois não havia nenhum som, a não ser quando uma coruja piava de vez em quando, quebrando a quietude incomum".

As pessoas preenchem o silêncio com conversa, e Henry aprendeu os costumes dos anfitriões para passar o tempo. A Costa do Mosquito era povoada por diversas tribos aparentadas que tinham avançado em direção ao norte durante os séculos, saindo da costa da Colômbia e indo para a área onde hoje é Costa Rica, Honduras e Nicarágua. Eram um povo bonito, com traços delicados, cabelo espesso cortado em franja até a altura das sobrancelhas, cobrindo a testa, e uma "pele de tom moreno avermelhado intenso". Os braços e os peitorais dos homens eram bem desenvolvidos, mas as pernas não. Henry teorizava que era provavelmente porque remavam o tempo todo, indo de canoa a todos os lugares. Nash, o chefe, e Teribio, que tinha duas esposas e viajou de barco com Henry de Blewfields, tinham bom conhecimento de inglês. Henry dava tabaco para os homens da aldeia, e as conversas noturnas eram longas e agradáveis. Os woolwá, ou sumos, como se denominavam, pareciam um povo guerreiro, e muito do que falavam era sobre histórias de guerra. Os espanhóis da Nicarágua não aceitavam a reivindicação dos misquitos de se governar, e por isso previa-se uma invasão. Gostavam de falar sobre as batalhas entre a Marinha inglesa e a espanhola, e ainda contavam histórias sobre Horatio Nelson (oficial da Marinha britânica) e o ataque a Greytown.

O tema destas histórias era óbvio: os invasores seriam repelidos. Então, pela primeira vez, Henry ouviu falar sobre a violência associada ao comércio da borracha. Os woolwá não sangravam o caucho, nome que davam à árvore na região. Isso ficava a cargo dos estrangeiros que conheciam a necessidade mundial da borracha e lucravam com ela. Poucos meses antes da chegada de Henry, alguns espanhóis de Honduras subiram o rio Rusewass, afluente do Woolwá, e construíram várias casas de sapê. Planejavam sangrar a *Castilla elastica*, a principal fonte de látex da Nicarágua. Estes hondurenhos formavam um bando cruel. Nas florestas ao sul do lago Nicarágua, raptavam mulheres e crianças guatusas para vender como escravos domésticos. Quando os woolwá exigiram pagamento pelo uso de sua terra, irrompeu uma luta. Um seringueiro cortou um índio com seu facão, e naquela noite a tribo voltou e matou os intrusos a pauladas, "não deixando nenhum vivo para contar a história".

Mas no geral, os anfitriões de Henry pareciam ser um povo pacífico, e seu tempo entre eles passava calmamente. Sua atitude em relação aos outros povos era uma mistura singular de racismo vitoriano e uma admiração que beirava a proteção. Quando se encontrou pela primeira vez com os woolwá, teve um choque: todos estavam quase nus, exceto por uma tanga que ia da cintura ao meio das coxas, e quanto às mulheres, apenas mencionou "seus trajes inquestionavelmente leves". Assim como muitos de seu tempo, preferia a pureza racial à "mistura". Porém, diferentemente de outros, não colocava os brancos no topo da criação. Aparentemente não nutria nenhuma hostilidade para com os crioulos meio-negros ou meio-índios, apesar de achar que eram uma raça inferior e que os mestiços com mistura de sangue espanhol eram sórdidos e degenerados. Mas, à medida que passou a conhecer os índios, tecia os mais altos elogios. Eles demonstravam uma "honestidade escrupulosa" em todas as negociações com ele, e uma etiqueta digna de louvor nas relações entre si. Certa vez, devido à ignorância, violou um tabu tribal da separação dos dois sexos. Surpreendeu uma mulher sozinha enquanto lavava os potes. Após o primeiro choque, ela recuperou o autocontrole, "provavelmente por se lembrar que eu era nada mais que um estrangeiro de uma terra distante de bárbaros, desabituado aos costumes de uma sociedade educada". Embora falasse de modo irônico, gostava verdadeiramente destes povos e sempre os defendia: "Tenho certeza de que se alguns dos que taxam os índios de raça de preguiçosos os vissem em seu trabalho mudariam de opinião."

Em 25 de novembro, sua solidão foi interrompida com a chegada do comerciante Hercules Temple, em uma canoa cheia de homens que ele contratara para coletar borracha. Como Temple era conhecido dos woolwá, seu bando não corria o mesmo perigo que os hondurenhos assassinados. Todos os seringueiros eram crioulos, descendentes de escravos fugidos das Índias Ocidentais, e o "próprio Temple era quase negro e tinha cabelo crespo assim como muitos crioulos de Blewfields, mas me garantiu que sua mãe era uma índia de Tonga". Henry começou a compreender a estranha constituição do mundo onde entrara, um mundo no qual populações inteiras estavam em movimento. Havia refugiados hereditários como Temple

O Novo Mundo

e os crioulos, grupos indígenas como os misquitos e os woolwá e intrusos como os hondurenhos, que vieram sonhando com enriquecimento rápido e escravos. Cada um deles era até certo ponto o que o sociólogo Everett Stonequist chamou nos anos 1930 de "homem marginal", o indivíduo que subitamente se vê "suspenso em uma incerteza psicológica entre dois ou mais mundos sociais". Equilibrava-se à beira de um precipício — ao deixar uma vida, era incapaz de entrar em outra, e encontrava-se "à margem de todas sem pertencer a nenhuma".

O Novo Mundo não era apenas físico, mas também psicológico, e locais remotos como este eram um campo de provas para o futuro. Henry ponderava se povos tão diferentes poderiam coexistir, e caso não fosse possível, se a selva era grande e profunda o bastante para conter a todos. Apesar de Temple e os crioulos serem amigos dos woolwá, eram muito diferentes de seus anfitriões. Na noite de sua chegada, tocaram viola e contaram piadas até a madrugada, "um contraste à calma da parte do acampamento onde ficavam os índios". Na manhã seguinte, logo após o nascer do sol, "a população inteira saiu como um bando de pássaros, alguns rio acima e outros rio abaixo, deixando apenas o comerciante de Blewfields, seu filho e eu".

Temple era falador, curioso, autoconfiante e às vezes autoritário. Se não era um rei neste rio esquecido, considerava-se um príncipe mercador, seguro por saber que era o único que fornecia aos woolwá facões, panelas de ferro fundido e tabaco, produtos que no começo eram artigos de luxo e depois passaram a ser gêneros de necessidade. Talvez tenha trazido outro subproduto da civilização: as doenças. Os historiadores acreditam que a malária acompanhou os exploradores e mercadores de escravos através do Atlântico. A chegada de Temple, vindo de Blewfields, pode ter repetido este fenômeno em uma escala reduzida, pois a fêmea do mosquito anófele, que carrega o plasmódio da malária no estômago e o transmite a um novo hospedeiro a cada refeição de sangue, é uma especialista em clandestinidade. O parasita em forma de ovo ataca as células vermelhas do sangue e vai diretamente para o fígado ou para os rins, e depois de instalado no fígado, a malária pode persistir por anos. A picada é a parte mais agradável da experiência. Três a oito dias após ser picada, a vítima começa a vomitar e a apresentar febre de 39ºC a 40ºC, suores intensos e tremores incontroláveis. A febre diminui por um dia enquanto o parasita se transforma em um gameta não patogênico, o que o permite se multiplicar e se espalhar. Logo a febre volta, e as células vermelhas do sangue são rompidas em grandes quantidades. Neste ponto, um indivíduo não tratado pode entrar em coma e morrer. A morte depende do número de parasitas. Em casos graves, pode haver entre oitenta e cem por campo microscópico.

Duas semanas após a chegada de Temple — aproximadamente o fim do tempo de latência do plasmódio —, Henry começou a sentir o começo de um "leve estado febril e de fraqueza". De três em três dias, à noite, era tomado por calafrios violentos quando o sol se punha. Fizera uma fogueira e se assentava junto a ela, e "estando com sede e sem fome, preparava e bebia uma boa quantidade de chá forte, o mais quente possível", na esperança de suar e fazer a febre passar. Passava a noite enrolado no cobertor e acordava pela manhã banhado em suor e cansado. Após cada ataque da doença, consumia grandes quantidades de cana-de-açúcar, a única coisa que despertava seu apetite. No dia do Natal, estava deitado na cama alta de bambu observando os cupins "avançando em suas trilhas encobertas ao longo das vigas de apoio acima da minha cabeça". Sentia saudades de casa, dos amigos e da família. Pela primeira vez desde sua chegada, desejava voltar.

Temple regressara a Blewfields antes do Natal, mas antes de partir Henry fez um acordo com ele para que levasse um carregamento de peles de aves; e depois, quando voltasse, para que o levasse "para o interior". Henry planejava subir o rio até sua nascente, depois seguir em direção ao norte ao longo dos limites da savana até chegar ao rio Patuca e ir por ele de volta ao litoral. Ele tinha um estoque de uma grande variedade de colares, anzóis e facas para escambo. Havia rumores de que naquela região existiam tribos ainda desconhecidas, e ele podia ser o primeiro a descobri-las.

Porém, quando Temple retornou em 22 de janeiro de 1867, trouxe algo bem mais mortal do que o correio ou colares para escambo. Ele se atrasara devido a uma epidemia de cólera que assolou a costa de uma maneira extremamente medonha, começando pelo sul. Em dezembro, ela irrompera a bordo de um barco fluvial a vapor pertencente à Cornelius Vanderbilt's Accessory Transit Company (Companhia Auxiliar de Tranportes de Cornelius Vanderbilt), que navegava pelo rio San Juan. A doença atacou com tanta fúria que o capitão encalhou o barco em uma das enseadas e todos, tomados pelo medo, abandonaram a embarcação.

O Novo Mundo

Alguns homens misquitos ouviram falar do desastre e subiram a bordo do navio para saquear, mas antes que chegassem em casa, um deles foi tomado pela cólera e morreu. Os outros jogaram seu corpo no rio e continuaram em direção ao norte, para a lagoa de Blewfields. Quando outro homem morreu, pararam junto a uma elevação em frente ao rio para enterrá-lo. O serviço foi feito com tanta pressa que as pernas do morto se esticavam da cova, mas "continuaram sua jornada rumo ao norte, certamente deixando no local as sementes do que colheriam mais tarde", disse Henry. Um garoto de uma aldeia próxima foi até a ribanceira para cortar cana-de-açúcar, mas quando chegou, sentiu o cheiro de cadáver em decomposição. Foi verificar, imaginando que era a vaca de alguém que tinha morrido. Porém, viu as pernas de um homem esticadas para fora do chão, parecendo raízes, e voltou correndo para a aldeia para contar sobre a descoberta. "Como era a semana do Natal, ele foi dançar à noite; e era costume desse povo ir de casa em casa para dançar, até quando já tivessem dançado em todas as casas. [...] Enquanto estava em uma dessas casas, adoeceu e morreu antes do amanhecer." Foi assim que a doença se espalhou pelas aldeias, e por fim chegou a Blewfields.

As notícias viajavam rápido no rio, até mesmo para lugares distantes como Kissalala. Quando Temple regressou a Blewfields antes do Natal, levou consigo um jovem da aldeia, e então suas duas irmãs partiram na jangada da família para buscá-lo. Todas as pequenas aldeias ao longo de todos os afluentes remotos temiam a "doença", como chamavam a cólera. Ela matara milhares durante as expedições dos "flibusteiros", ou invasões, da Nicarágua entre 1855 e 1860 realizadas por William Walker, aventureiro americano: a doença vinha nos navios do mundo dos homens brancos. As duas irmãs chegaram justamente quando Temple estava para voltar a Kissalala, e retornaram todos juntos à aldeia, aparentemente sem maiores danos. Porém, na tarde de seu regresso, uma das irmãs teve diarreia e piorou à noite. Um parente dela foi com pressa ao encontro de Henry para pegar remédios, mas tudo que ele tinha era uma essência de gengibre, que misturou com chá forte.

Quando as duas irmãs retornaram de Blewfields, estava acontecendo a grande festa da *mishla*, com convidados de aldeias acima e abaixo do rio, e por isso Henry estava com muito medo. A *mishla* era a principal bebida

O Ladrão no Fim do Mundo

fermentada dessas festas, a causa de muitas brigas e discussões entre os bêbados, e como precaução as mulheres costumavam esconder todas as armas até que os efeitos da embriaguez causassem sono e ressaca. Porém, a *mishla* já tinha se tornado muito mais perigosa. Sua fabricação era um evento coletivo, descrito por Henry como um "procedimento de dar náuseas", no qual as mulheres faziam uma grande pilha de raízes de mandioca e as mastigavam, e depois cuspiam o suco em um grande pote ou jarra de barro. Quando os maxilares cansavam e elas não conseguiam continuar, ferviam as raízes restantes e misturavam tudo, mexendo e retirando a espuma, esperando por um dia ou dois até que a bebida fermentasse. Quando as irmãs regressaram, sua aparência ainda era saudável, e por este motivo também ajudaram a mastigar a mandioca para colocar no pote. Quando a primeira das irmãs ficou doente, Henry foi até as cabanas e tentou persuadir os amigos a jogar fora os potes com *mishla*.

Foi então que ficou totalmente claro que a opinião de Henry não tinha nenhum valor. Ele era um estrangeiro, um animal de estimação divertido, que agia de maneiras aparentemente incompreensíveis para os woolwá, como atirar em aves e enviar as peles pelo correio. A insistência súbita de jogar fora o motivo principal da festa era apenas mais um exemplo da irracionalidade do homem branco. O que Henry conseguia entender dos costumes antigos? Sua raiva e seu sentimento de impotência crescentes ficam claros em seu diário: sentiu-se novamente como um menino com 4 anos de idade, com o pai morrendo no quarto ao lado e sem poder fazer nada. Desde sua estadia em Kissalala, foi a primeira vez que se sentiu tão frustrado a ponto de vê-los como selvagens ignorantes, apesar de gostar dessas pessoas e ter se tornado amigo delas. Houve então um momento de alívio quando seu chá de gengibre aparentemente aliviou a dor da menina. Talvez fossem poupados, e *este* paraíso não seria destruído. Mas naquela mesma noite, a família da garota deu a ela mais um gole de *mishla*, e "pouco antes do amanhecer", escreveu Henry, "ouvi o choro das mulheres, e então soube que ela tinha morrido".

O pânico se alastrou. Em todas as habitações eles alimentaram as fogueiras, na crença de que a fumaça espessa agiria como antisséptico. Os convidados de outras aldeias carregaram suas canoas "e ouvi o som de seus remos na água enquanto ainda estava escuro". Ao amanhecer, a outra irmã

O Novo Mundo

começou a vomitar e "ao descer a margem íngreme até a beira do rio com grande dificuldade, com a ajuda de um cajado, morreu lá depois de quase duas horas". Outra mulher que bebera do mesmo pote de *mishla* começou a vomitar. Enterraram todos os potes de *mishla*, mas era tarde demais. Teribio, companheiro de Henry desde sua chegada, "estava pálido e reclamava de estar se sentindo muito mal". O pânico tomou conta deles de tal maneira que a única coisa na qual pensavam era fugir. Henry já havia arrumado as malas, e ele e Temple subiram em uma canoa e seguiram os outros em direção ao norte. Os amigos estavam gritando, cortando os cabelos em sinal de dor, cambaleando até a margem do rio e vomitando. Outros se dispersaram, pegando suas canoas e deixando para sempre o local amaldiçoado. Ao olhar para trás, Henry viu o corpo da segunda irmã estendido sobre a areia. Junto dela, choravam sua mãe e seu irmão mais jovem, cuja visita inocente a Blewfields trouxera morte e ruína a todos eles.

Henry, Hercules Temple e os woolwá remaram bastante para o interior para salvar suas vidas. A floresta parecia acalmá-los. Estavam imersos em um mundo primitivo de árvores imensas e altíssimas unidas por um "emaranhado denso e selvagem de cipós floridos e por uma infinidade de outras plantas parasitas, que uniam tudo em uma linda massa de flores e folhas". A profusão do verde era tamanha que arrebatava os sentidos. Henry fez uma comparação estética rara e se perguntou se a natureza não seria mais agradável se fosse bem cuidada como na Inglaterra, onde "nossos carvalhos, olmos e faias se destacam individualmente em sua completude e beleza de forma".

Em 28 de janeiro, estavam a cinco dias de viagem de Kissalala, rio acima, e ninguém mais havia morrido. O restante da aldeia se dividira, subindo riachos diferentes: a comunidade de Kissalala não existia mais. Wickham, Temple, Teribio e os outros dois woolwá continuaram a viagem país adentro e avistaram pela primeira vez naquela noite outro acampamento indígena habitado, as primeiras pessoas que encontravam depois da fuga. Pelos cinco dias anteriores a desolação fora completa. "[E]m todos os outros lugares por onde passamos os índios tinham fugido, subindo os pequenos riachos ao ouvirem a notícia da 'doença', e geralmente deixavam na boca da enseada uma vara com um pedaço de pano branco flutuando na extremidade para indicar a direção que haviam tomado."

Nos 12 dias seguintes, apertaram o passo em direção ao norte, subindo o rio que se estreitava pouco a pouco, gastando mais tempo para fazer o transporte do barco entre cascatas e corredeiras rochosas e sinuosas do que para remar a canoa. O mundo ao redor era silencioso, exceto pelo voo de morcegos assustados que passavam rapidamente como flechas, saindo de fendas nas margens do rio para então desaparecer na escuridão das cavernas. A abundância da caça diminuía. Temple reclamava da falta de carne, e Henry tinha problemas físicos. Apareceu uma série de furúnculos supurantes em volta dos tornozelos, e a dor nos pés e nas pernas transformava a viagem em um tormento.

Em Kaka, o último assentamento ao longo do rio, ficaram sabendo da cidade mineradora de Consuelo, localizada além da floresta, nas montanhas próximas. Em 9 de fevereiro, Henry caminhou mancando com a ajuda de Temple por uma trilha quase imperceptível até a encosta de uma montanha íngreme. Passaram por entre a mata no topo, e diante deles se tinha "uma visão de grande extensão e beleza: a planície abaixo, quebrada por morros de altitudes diferentes, estendia-se ao longe até os pés de montanhas distantes". Conseguira chegar até a savana conforme tinha planejado, e próximo do morro à frente passaram por um vale estreito com cabanas de madeira, oficinas e máquinas espalhadas por todos os lados. Henry bateu em uma porta e perguntou se havia algum inglês nos arredores. O morador os guiou pela cidade e "Temple e eu vimos o bastante para nos convencer de que estávamos em um assentamento de mineração de importância considerável". À direita, a quase 50 metros da estrada, em uma encosta coberta por grama, havia uma casa de madeira caiada com uma varanda em volta, ligada a uma cozinha nos fundos por uma passagem coberta. Caminharam com dificuldade até a casa e o guia apontou para um homem sentado em uma rede. Duas mulheres, de pele clara e parecendo inglesas, "cozinhavam em um fogão algo que parecia mais com um bife de vaca do que qualquer outra coisa que tivesse visto por um longo tempo". Henry ficou com água na boca. Ele se virou para o homem na rede e tentou ficar ereto. "Você é inglês?", ele perguntou.

O homem se pôs de pé de um sobressalto. "Devo crer que sim!"

Assim terminou a primeira expedição de Henry no Novo Mundo. Ele não prosseguiu além da pequena cidade mineradora de ouro de Consuelo, parte da famosa Chontales Mining Company (Companhia Mineradora de Chontales). Suas feridas doíam tanto que ele não conseguia aguentar. Seu anfitrião inesperado era o capitão Hill, da Marinha Real, minerador transferido da Cornualha, parte da onda de investimentos britânicos que tiveram início na década de 1820 com o colapso do mercantilismo espanhol. Quando as novas repúblicas latinas abriram os braços para o dinheiro do Velho Mundo, poucos investimentos atraíram mais do que o ouro. A região montanhosa de Santo Domingo era cheia do metal precioso correndo em veios paralelos de quartzo aurífero tão numerosos que em uma extensão de um quilômetro e meio podia-se encontrar um novo veio aproximadamente a cada 50 metros. A quantidade do minério tratado pela companhia de Chontales era de aproximadamente 11 gramas por tonelada, o suficiente para que fossem criadas várias cidades de empresas mineradoras, que lá persistiram por cerca de cinquenta anos. Até hoje a região de Santo Domingo mantém um legado de crianças latinas de olhos azuis e a iguaria local, o *pasti*, o pastel da Cornualha.

O capitão Hill ficou ao mesmo tempo perplexo e contente por abrigar este inglês inesperado. A casa grande e quadrada era espaçosa e confortável, e tinha uma vista das zonas de exploração de minérios do outro lado do vale. O médico da companhia chegou, examinou as lesões de Henry e disse que ele estava sem condições de prosseguir até que se curasse. O capitão Hill "me levou até sua sala", disse Henry, "onde um jantar com bife de vaca e pão já estava sobre a mesa, o qual eu estava muito feliz de partilhar". O jantar com bife fez com que a probabilidade de encerrar sua jornada ficasse mais suportável. Ele acertou todas as contas com seus homens e aceitou a oferta para ficar. "Por isso eu não tinha condições de pegar muitos pássaros nos montes ao redor ou explorar tanto o país como eu desejava", lamentou Henry, mas a julgar pela velocidade com que se adaptou à sua nova vida, não parecia muito frustrado.

Permaneceu em Consuelo por um mês e meio, até 23 de março de 1867, quando fez o caminho de volta pelo rio da selva até Blewfields. O tempo que passou no campo de mineração foi tranquilo, estranho e triste. O capitão Hill entretinha seu jovem hóspede com histórias de suas viagens pelo Pacífico Sul e pelas costas da Nova Guiné, onde havia canibais, do tempo em que servia a Marinha Real. Henry guardou as informações em sua mente.

O Ladrão no Fim do Mundo

Uma noite, quando os dois contavam suas aventuras, um trabalhador da mina que chegou correndo e ofegante disse que um homem havia sido esfaqueado enquanto jogava por dinheiro na oficina do carpinteiro, local aonde sempre iam no dia do pagamento. Eles apanharam os revólveres e saíram apressados. A rua estava abarrotada de gente e a oficina tão lotada que mal conseguiram abrir caminho, empurrando com os cotovelos, até a bancada onde estava o homem ferido. "Eu o reconheci imediatamente", escreveu Henry:

[...] um espanhol alto e magro que eu tinha visto conversando com os mineiros nativos depois de receberem o pagamento [...]. Apenas [uma] olhada em seu rosto lívido foi o suficiente para perceber que seus minutos estavam contados; e foi isso o que aconteceu, porque antes que saíssemos do barracão, era um cadáver. Quando entramos, o médico estava fazendo tudo que podia por ele, mas apesar de sua ferida entre as costelas parecer admiravelmente pequena, e de haver pouquíssimo sangue à vista, a hemorragia interna deve ter sido grande, porque em pouco tempo ele tinha dificuldade de respirar. Não pude evitar pensar, enquanto olhava para este corpo forte à minha frente, tão silencioso, e por causa de uma coisa tão pequena (uma navalha de bolso, encontrada depois no meio da serragem da oficina), como era fácil se romper o "cordão de prata". Ao que parecia, ninguém havia testemunhado o golpe fatal, embora o capitão da Cornualha ao ficar sabendo do tumulto saíra com seu revólver para dispersar os desordeiros a tempo de ver o espanhol cair. No dia seguinte, um oficial, juntamente com alguns soldados nicaraguenses, chegou e fez interrogatórios sobre o assassinato; como consequência, cerca de 12 homens, testemunhas e praticantes de pequenos delitos, foram colocados nos troncos. Não prenderam o assassino, que, é claro, fugiu para dentro da floresta.

Seu diário, até então cheio de admiração, estava manchado pela mortalidade. Hercules Temple voltou para buscá-lo quando suas feridas se curaram, e refizeram o caminho pelo rio Woolwá abaixo. No dia 2 de abril, "passamos por Kissalala, e o local tinha uma aparência totalmente desola-

O Novo Mundo

dora. O sapê das casas caíra parcialmente, e a área toda estava tomada por ervas daninhas". Os habitantes da aldeia nunca retornaram ao antigo lar e o consideravam um lugar amaldiçoado. No local onde seus amigos índios pareciam tão animados e cheios de vida, seus comentários melancólicos eram então marcados por pensamentos sobre "um desfecho diferente". Retornou a Blewfields em 5 de abril, e dessa data até meados de julho visitou as aldeias dos misquitos em volta da lagoa, enquanto se hospedava com os amigos morávios. Em 10 de maio, assistiu a um serviço religioso no assentamento misquito de Haulover: "O missionário estava de pé, com o livro na mão, no centro de uma cabana rústica de sapê, rodeado por um círculo de ouvintes morenos, com os homens de um lado e as mulheres do outro, falando-lhes em tom de apelo na bela língua dos misquitos." Do lado de fora, ao sol, garotas espiavam pelas aberturas entre os troncos das palmeiras ou se apoiavam nos postes das entradas das cabanas. Era uma cena pacífica, mas sem vigor. "Apesar de nos tempos antigos os homens misquitos certamente terem sido muito superiores na guerra [...], para mim não parece que mereçam uma comparação muito favorável no presente", comentou ele.

A doença e a corrupção que se alastravam haviam sido os assuntos implícitos da jornada de Henry entre os woolwá, e então a situação estava explícita:

> Fiquei surpreso ao encontrar um dia, perto da cabana de Temple, um jovem woolwá bem-apessoado, que fizera parte da tripulação da minha canoa na viagem pelo rio. Estava com um machado pesado [...] e cortava algumas toras, que seriam usadas, acredito, na construção da nova casa de Temple. Tive um choque ao ver como havia mudado: sua pele, antes de um tom bronze uniforme, estava coberta por manchas ásperas, o suor jorrava e ele parecia muito cansado. Quando vi que não podia falar comigo nem uma palavra da língua dos misquitos, imaginei que ele deveria ter sofrido muito desde aquela época, pois os crioulos costumam ser tiranos, e quando têm a oportunidade transformam os índios em perfeitos burros de carga. Se soubesse que Temple o traria para Blewfields para fazer dele um criado, teria providenciado para que ele regressasse ao seu lar entre as corredeiras.

Em 12 de julho de 1867, Henry deixou Blewfields para sempre, partindo no *Messenger of Peace*, a mesma escuna morávia na qual chegara oito meses e meio antes. O capitão era o irmão de Temple e a conversa girava em torno da ameaça da Nicarágua de anexar a Costa:

[O] capitão lamentou ruidosamente a queda do espírito guerreiro dos misquitos. Antes, eram os únicos mestres da costa até o sul, até o ponto onde estavam os índios de San Blas, os únicos capazes de resistir à chegada de suas canoas de guerra. Mas ele expressou uma esperança de que, se os odiados espanhóis viessem, limpariam e amolariam novamente suas velhas lanças enferrujadas, e ergueriam-se da embriaguez causada pela bebida infame que os comerciantes lhes vendiam como rum, a qual, com a ajuda de sua própria *mishla*, causava tal desmoralização. [...] Enquanto continuávamos a navegar, ele apontou vários lugares onde estes índios lutaram [...] e contou como o rei costumava ir em sua grande canoa para receber tributos dos espanhóis de Greytown.

Mas todas essas glórias, esses conflitos e impérios antigos haviam passado e se transformado em uma paródia de vida e morte, como no funeral de uma criança espanhola que Henry testemunhou no dia 14 de julho, quando chegou a Greytown:

Era uma visão estranha: primeiro veio um rapaz com uma pá, depois dois homens, um de cada lado, carregando o caixão, pintado com cores alegres e enfeitado com flores. De um lado caminhavam os homens e do outro as mulheres, e algumas delas fumavam charutos. Atrás vinham homens tocando rabecas e violões e, por fim, várias pessoas, que estavam atirando busca-pé e se divertindo de várias maneiras. Um desses artefatos inflamáveis caiu no meio de um bando de galinhas-d'angola, o que parecia causar muita diversão entre o grupo.

Ele partiu no dia 15 de julho, reservando uma passagem para o navio *Tamar*, da empresa de navegação Royal West Indian Mail, com destino a Colón, no Panamá, e depois à ilha de Saint Thomas. Sua descrição de Colón

O Novo Mundo

retomou o clima de fascínio que sentira nove meses antes: "As montanhas ao fundo de Porto Bello eram muito lindas: tinham o tom azul mais profundo que era possível imaginar — em alguns pontos eram cortadas por nuvens densas e chuvas." A cidade era rodeada de manguezais, e a ferrovia do Panamá, que atravessava o istmo, cortava a cidade, e as locomotivas de bitola estreita "corriam de um lado a outro". No cais, índios em canoas carregadas de produtos vendiam bananas-da-terra e conchas aos visitantes. Tudo parecia tão perfeito como em um cartão-postal, e de algum modo era irreal.

Então, a morte novamente se intrometeu. Quando o *Tamar* estava no porto, ele recebeu a notícia de que o capitão Hill, seu salvador e anfitrião em Consuelo, morrera em Colón. Aconteceu durante a última parada de Henry em Blewfields, quando o velho capitão minerador da Cornualha estava regressando a Londres para visitar a família. Fora enterrado em um local chamado Monkey Hill, a uma pequena distância da cidade, ao longo da ferrovia.

Antes de partir, Henry tentou localizar o túmulo:

Caminhei por esta linha por certa distância e descobri que a primeira parte passa por entre um manguezal escuro. Até o ponto onde fui havia pouca terra em elevação. A quantidade de vidas humanas sacrificadas para construir esta linha deve ter sido imensa, pois os trabalhadores reviravam este depósito de sedimentos lamacentos de eras passadas sob um sol violento. Dizem [...] que um homem morria a cada dormente colocado.

Porém, ele jamais chegou ao túmulo do velho amigo. Quando resolveu voltar, fazia um calor muito intenso, mais forte do que jamais havia sentido, e, embora sua pele estivesse bronzeada e escura, sua nuca se queimou e criou bolhas. De alguma maneira, tudo estava errado, tudo era muito diferente do que imaginara. A natureza parecera sublime no começo de suas viagens, um mundo perfeito no qual o homem podia prosperar e imperar. Mas conforme prosseguiu a viagem para as profundezas da floresta, este mundo mudou. A natureza era furiosa e incontrolável. Sua exuberância era uma armadilha, um disfarce colorido e brilhante de um hino de morte. O sonho tranquilo de um Jardim do Éden transformou-se em um caos sem fim.

CAPÍTULO 4

O RIO MORTAL

A viagem de Henry ao Novo Mundo não fora um sucesso estrondoso. As encomendas de peles e penas enviadas à sua mãe não eram abundantes, seus desenhos e diários estavam desorganizados e confusos. Ele até tentou comprar um periquito para a irmã, mas não teve sucesso. Voltou para casa fatigado e desanimado, com uma malária persistente e cicatrizes feias nos tornozelos e pernas. Fez amigos na Nicarágua e os perdera, e vira definhar um povo que amava. Ele contemplara a beleza e encontrara a morte em seu lugar.

Considerando o tom das passagens finais de seu diário, é de se surpreender que tenha decidido voltar aos trópicos. A maioria dos jovens diria que passou por uma experiência ruim e que estava completamente curado da febre de viajar. Já Henry não pensava desta forma. Havia ocasiões em que se sentia arrebatado, como se os trópicos transcendessem a realidade e ele estivesse em um sonho de ópio. A porta de entrada de sua viagem fora Castries, base naval e capital da ilha de Santa Lúcia. Os penhascos desciam do alto e mergulhavam no oceano, e "as próprias rochas eram cobertas pelo verde mais intenso". Ele preferiu se lembrar disso, e não das mortes horríveis das irmãs woolwá, do homem esfaqueado em Consuelo ou de sua busca infrutífera pelo túmulo do capitão Hill.

Do outono de 1867 até o outono de 1868, Henry permaneceu em sua casa em Marylebone, e provavelmente ajudou a mãe em sua loja na Sackville Street. Fazia revisões em seus diários e desenhos, e provavelmente tentou publicá-los, sem sucesso. Isso em si teria dificultado o esquecimento dos trópicos, mas a arte popular e o entretenimento também se focavam naquela parte do mundo. Em fevereiro de 1868, o Palácio de Cristal abriu

O Rio Mortal

a Grande Exposição de Aves Cantoras e Falantes. Araras, mainás, periquitos e outras maravilhas tropicais aladas foram exibidas no recém-construído Departamento Tropical, "o lugar mais agradável para uma exposição dessa grandeza".

A escolha de Henry para o local de uma segunda expedição foi tão arriscada quanto a da Nicarágua, se não mais. Quando a Venezuela conquistou sua independência, em 1830, teve início um conflito de 74 anos entre liberais e conservadores, inclusive dos senhores feudais, chamados de caudilhos, que resultou na morte de 300 mil combatentes e 700 mil civis. A luta na Venezuela foi de uma virulência fora do comum, mesmo para a América Latina. Por atuarem em um país esparsamente povoado, dividido por obstáculos geográficos enormes, os caudilhos desenvolveram uma habilidade rara de retalhar a república para aumentar seu próprio poder, e a criação de vinte estados federados lhes deu a oportunidade de fazer o que bem entendessem. Então uma nova guerra havia começado. Em 1871, mais 3 mil seriam mortos.

A nova rota de Henry era mais ambiciosa que a longa trajetória circular que planejara fazer na Nicarágua. Para a primeira parte de sua viagem, tinha a intenção de viajar ao longo do rio Orinoco, o curso de água imponente que se estende entre 2.400 e 2.500 quilômetros e inclui 436 afluentes, e cuja bacia total cobre uma área de 880 mil a 1,2 milhão de quilômetros quadrados. Apenas o delta do rio se estende por 265 quilômetros, com cinquenta bocas se abrindo para o mar. O Orinoco era a principal via de acesso à mata do país e fora aberto à navegação somente em 1817. Era também a principal rota de fuga para os recrutados que se recusavam a prestar o serviço militar e para os negros e crioulos que fugiam da escravidão das Índias Ocidentais. Mas esta liberdade era precária, e um observador comentou que "tudo o que muitos crioulos desfrutavam ao longo das margens do rio era uma arma, uma rede, uma mulher e uma febre". As guerras de libertação deixaram grandes faixas de terra abandonadas e sem cultivo. Entre 1810 e 1860, milhões de pessoas deixaram a Europa por um novo lar, mas apenas 12.978 se fixaram na Venezuela. Era uma terra brutal que poucas pessoas desejavam, mas estava mesmo disponível para quem a quisesse.

Quando Henry partiu da Inglaterra em dezembro de 1868, tinha a esperança de se tornar o primeiro inglês a refazer a rota do explorador alemão Alexander von Humboldt e de seu companheiro Aimé Bonpland — e sobreviver para contar as aventuras. Humboldt foi provavelmente o maior explorador europeu da América do Sul de sua época: ele e Bonpland não faziam nada pela metade. Quando partiram para encontrar a nascente do Orinoco em fevereiro de 1800, começaram com uma caminhada pelos *llanos*, os campos de pastagens extensos e planos, que se estendem entre Caracas e o rio Apure, o maior afluente do Orinoco. De lá embarcaram em uma longa viagem de canoa, e em maio de 1800, acompanhados por um padre jesuíta, completaram o transporte terrestre até o rio Negro, principal tributário do Amazonas. Perto de São Carlos de Rio Negro, na fronteira disputada pelo Brasil e pela Venezuela, encontraram o lendário "canal" Casiquiare.

O Casiquiare é na verdade um afluente de 320 quilômetros de comprimento do alto Orinoco que também flui na direção sudoeste através de pântanos e desemboca no rio Negro, formando uma ligação natural entre o Orinoco e o Amazonas, o que faz dele a maior "bifurcação" do planeta. Até o relato de Humboldt, era apenas mais uma lenda da selva. Em 1639, o padre jesuíta Acuna relatou rumores a respeito do canal; e em 1744, outro jesuíta, o padre Roman, acompanhou alguns portugueses, comerciantes de escravos, quando retornaram da Venezuela para o Brasil, passando pelo Casiquiare. Desde Humboldt, nenhum outro explorador europeu havia navegado por ele, mas não por falta de tentativas. Alfred Russel Wallace tentou, partindo do lado brasileiro, mas foi vítima de um ataque de malária que quase o matou. Spruce pretendia subir o rio até que se viu no meio do impasse armado em San Carlos entre os comerciantes portugueses e os índios. Henry tinha a intenção de descer até San Carlos indo pelo Casiquiare, e depois navegar rio Negro abaixo até o Amazonas, e de lá para o Atlântico em uma viagem de aproximadamente 8 mil quilômetros.

Ele começou à sua maneira típica, com pouca preparação, levando consigo uma espingarda de caça de aves, produtos para escambo e o caderno de desenhos. Não havia nenhuma menção a um mapa e uma garrafa de quinina: dependeria da imagem mental que tinha da paisagem e da boa vontade de estranhos. O historiador Edward V. Lane acreditava que "a intenção principal de sua viagem era estudar o comércio da borracha", mas

O Rio Mortal

na realidade ele não mencionou a borracha até ficar sem dinheiro e tratar de encontrar uma fonte rápida de fundos. Se é que houve uma mudança em seu método de trabalho, foi o fato de ter levado um companheiro, Rogers, "um jovem inglês que me acompanhou". Aparentemente Henry sabia pouco sobre ele: Lane o chamava de marinheiro, o que sugere que se conheceram na viagem da Inglaterra. A viagem deles foi uma sequência de adversidades, e, em todas, o pobre Rogers quase nunca recebeu uma palavra gentil. O motivo de Henry tê-lo convidado permanece um mistério.

Algo mudara em Henry nesta segunda vez, e a mudança não era sempre agradável. Estava mais impaciente com os outros do que na Nicarágua: às vezes era absolutamente esnobe, um traço que levou um historiador a apelidá-lo de "inglês pedante e orgulhoso". Parte da mudança talvez se devesse às circunstâncias diferentes. Na Nicarágua, era um turista, contente por se deixar levar pelas novas experiências, e talvez tenha imaginado que seus desenhos dos trópicos lhe trariam algum reconhecimento. Desta vez era um aventureiro: seu desejo floresceu durante sua espera de um ano em Londres, e procurava, assim como outros antes dele, um Eldorado não especificado.

Henry estava também mais profundamente "inglês" agora do que fora um ano antes. Na Nicarágua podia facilmente criticar sua pátria por abandonar a Costa do Mosquito e deixar de proteger a seus amigos índios. Desta vez, a caminho de Santa Lúcia, quando sofreram um atraso por causa do navio de guerra britânico de três mastros, o *Royal Alfred*, para a inspeção rotineira de documentos, ele declarou: "Quanta diferença existe entre a aparência da tripulação de um navio de guerra inglês, em uma base estrangeira, e a dos marinheiros de qualquer outra potência!" A bordo do *Tamar*, ele tinha a companhia de um recruta do 4º Regimento das Índias Ocidentais, "um exemplar muito refinado de soldado das Índias Ocidentais", disse Henry com entusiasmo.

Henry descobriu que nenhum barco a vapor partiria para o Orinoco nas três semanas seguintes e demorou dois dias para conseguir uma passagem em um barco menor. No dia 11 de janeiro de 1869, Rogers e ele conseguiram uma carona em um barco cheio de contrabandistas. "Nossa pequena embarcação, mais ou menos do tamanho de um barco pesqueiro Margate, contava com uma boa equipe: a tripulação era formada por companheiros excelentes a seu modo, embora fossem contrabandistas confessos. De fato, posteriormente o barco foi confiscado pelas autoridades." O capitão, um crioulo de Trinidad, estivera em Londres e visitara o Palácio de Cristal. Um homem de Guadalupe pilotava o barco, e o cozinheiro de Trinidad "havia atravessado o mar espanhol desde os 12 anos de idade". Pedro, um mestiço da ilha de Margarita, escreveu os nomes dos peixes e das aves locais na língua nativa: "Dificilmente alguém esperaria encontrar um nível de educação como este em sujeitos com camisas como os trapos que nos restaram como relíquias das bandeiras de Waterloo!" Eles atravessaram uma linha bem definida "onde a água mais verde do mar é trazida de volta pela maré amarela do Orinoco". As barras de areia ao redor da desembocadura eram apinhadas de garças e guarás-vermelhos. O barco entrou nos canais estreitos do delta, ladeados por manguezais, e eles se viram envoltos por nuvens de moscas e mosquitos.

Por dois dias navegaram rio acima pelos canais labirínticos do delta. O sol queimava os viajantes do barco aberto, e até meio-dia o ar parado era sufocante e denso. Às vezes avistavam em um canal lateral as curiaras, as canoas pequenas dos índios guaranis, mas eles sempre desapareciam por entre a mata cerrada, "remando em desespero como se fosse para salvar a própria pele", disse Henry. Os membros das tribos eram raptados pelos espanhóis e vendidos como escravos, e contrabandistas como os anfitriões de Henry não viam nenhum impedimento em fazer a mesma coisa. Dizia-se que estes índios "conheciam um unguento que repelia os mosquitos, os quais paravam de atormentá-los depois que passavam a poção valiosa em seus corpos". Depois de dois dias passando por este tormento, entraram no canal principal do Orinoco e foram levados corrente acima por uma brisa refrescante da costa. Ao anoitecer de 22 de janeiro, nove dias após entrarem no delta, chegaram à Ciudad Bolívar.

Principal cidade do Orinoco, Ciudad Bolívar era pitoresca. Erigida sobre uma elevação baixa de frente para o rio, era flanqueada por uma lagoa profunda e pelos llanos secos e arenosos, que se estendiam por quilômetros em todas as direções. Simon Bolívar esperava que a cidade, chamada então de Angostura, se tornasse *o* grande porto da América do Sul, o principal. Isso não aconteceu, mas tornou-se a porta de entrada de uma fronteira que em muitos aspectos se parecia com o Oeste americano. O

O Rio Mortal

llano era cheio de cactos e sebes espinhosas e resistentes, e fazendas de gado se estendiam por milhares de quilômetros. Esta pradaria não era como as do Oeste americano, com leves ondulações de terreno, mas uma superfície plana e sem árvores, coberta por uma grama baixa e marrom, que se estendia do delta do Orinoco até os contrafortes dos Andes, onde o sol atingia uma temperatura média de 32°C. Rumores sobre a existência de ouro além das montanhas do leste atraíam um grande fluxo de prospectores em busca de suprimentos. Além do horizonte, ainda existia a ameaça de índios hostis. A cidade era um oásis, um povoado espanhol bem organizado de "ruas com calçamento rude, mas limpas". Era dominada por uma classe de comerciantes alemães que enriqueceram com o sal local. No porto havia navios alemães, holandeses e americanos, que vieram para buscar sal e carne bovina para vender no Caribe.

Ciudad Bolívar era também o lar do governador Antonio Della Costa, a quem Henry precisava pedir permissão para continuar no país. Henry e Rogers armaram suas redes em um quarto espaçoso com piso de pedra do único hotel da cidade, e no dia seguinte Henry foi à Casa do Governo, onde foi recebido com cortesia. Della Costa tinha orgulho de seu distrito. Afirmou que o ouro nas imediações das montanhas de Utapa traria riquezas como acontecera na corrida do ouro da Califórnia. Sua nação podia estar passando por uma turbulência, mas naquela região havia lei e ordem, e havia também oportunidades. Deu a Henry uma carta assinada que lhe concedia passagem livre rio acima e lhe desejou boa sorte.

Logo depois, Henry testemunhou a justiça da fronteira em ação. O trabalho prisional cuidava das estradas e dos serviços públicos. Todas as manhãs um grupo de prisioneiros acorrentados saía da prisão distrital sob vigilância, "um agrupamento de tipos diferentes de homens com a aparência mais perversa que acho que já vi":

> Entre eles estava um francês da classe baixa que, com um negro de aspecto repulsivo, há muito tempo tinha o hábito de assaltar e assassinar viajantes na estrada que vinha das minas de Caratel. Um dia, no cais, alguns soldados passaram correndo, carregando seus velhos mosquetes de pederneira à medida que prosseguiam. Paravam de vez em quando para atirar em um homem que acabara de sair de uma pulpe-

ria, e subiam a rua. O alvo da perseguição (que tinha acabado de ser libertado da prisão) encontrara uma ex-amante na pulperia em companhia de um rival e, dominado pelo ciúme, a transpassou com um facão. O miserável era um negro alto, que tinha a má reputação de ser um terror entre os colegas presidiários. Por fim, foi gravemente ferido e capturado.

Conseguir a permissão do governador era apenas o primeiro passo para deixar Ciudad Bolívar. Henry precisava encontrar um barco, e isso mostrou-se difícil. Apesar de Della Costa ter lhe dado um barco salva-vidas de ferro resgatado de um navio fluvial a vapor, o barco estava enferrujado nas soldaduras. Pela primeira vez, a falta de planejamento habitual de Henry teve consequências: a tarifa diária de dois dólares de seu hotel consumia suas magras economias, então os viajantes levaram as redes para a casa de uma americana, "uma das últimas pessoas do grupo de colonos do Sul dos Estados Unidos que chegara dois anos antes". Ela pertencia ao tipo singular de exilados americanos desesperançados que Henry encontraria espalhados pelos trópicos, um grupo de refugiados que causaria um grande impacto em seu destino.

Nos primeiros quatro anos após o fim da Guerra Civil Americana, entre 8 mil e 10 mil ex-confederados deixaram o Sul dos Estados Unidos e buscaram novos lares na América Latina. Acreditavam ser possível fugir da destruição e da ruína da antiga Confederação, que ia do Texas a Virgínia. Embora a maioria dos sulistas tivesse permanecido no país, uns poucos milhares partiram dos portos do sul para colonizar concessões de terra nas regiões remotas da América Latina. O sonho dos confederados de se espalhar ao sul para formar uma nova sociedade escravocrata começou antes da Guerra Civil. Seu principal porta-voz foi Matthew Fontaine Maury, um dos cientistas americanos mais renomados de seus dias, famoso internacionalmente por suas realizações nos campos da astronomia, geografia e hidrografia. Maury era superintendente do U.S. Hydrographical Office (Departamento de Hidrografia dos Estados Unidos) e astrônomo do Naval Observatory in Washington (Observatório Naval de Washington). O fato de ser também um expansionista sulista dava certa legitimidade à ideia de colonizar os trópicos em nome do Sul. De 1849 a 1855, Maury escreveu

O Rio Mortal

incessantemente sobre a transformação dos grandes rios da América do Sul em uma colônia escravocrata de propriedade do Sul. Era tão entusiasta quanto Clements Markham na Inglaterra, pintando a América Latina como uma terra de recursos ilimitados prontos para serem tomados. Na verdade, Maury entoava o mesmo hino imperialista da Inglaterra, mas com o elemento adicional da escravidão. Seu foco principal era, no entanto, a Bacia Amazônica. Era um "país de ouro e diamante" à espera do cultivo de algodão, café, açúcar e "outros inúmeros produtos agrícolas comerciais", mas os colonizadores simpatizantes usavam seus argumentos também em relação ao Orinoco. Maury disse que parecia simplesmente lógico que "os dedos do Destino Manifesto apontassem tanto para o sul assim como para o oeste".

Maury acreditava tanto nisso que em 1851 e 1852 usou sua influência para promover uma pesquisa científica da Bacia Amazônica empreendida por um parente, William Lewis Herndon, e o guarda-marinho Lardner Gibbon, oficial designado para acompanhá-lo. Em cartas aos dois, confidenciou que, embora o objetivo expresso da expedição fosse expandir "a esfera do conhecimento humano", deviam se lembrar de que isso era "de natureza meramente secundária". A intenção real era averiguar a possibilidade de transportar uma grande quantidade da população escrava do Sul dos Estados Unidos para a selva e conseguir concessões de terra para futuros fazendeiros sulistas.

Estes estratagemas só renderam frutos depois da Guerra Civil. A colônia confederada da Venezuela, estabelecida em 5 de fevereiro de 1866, foi uma das primeiras a ser fundada e uma das primeiras a fracassar. Chamada de Concessão de Price, por causa do líder colonial, o dr. Henry M. Price, a terra concedida aos ex-confederados para assentamento tinha a vasta extensão de 620 mil quilômetros quadrados ao longo da margem direita do Orinoco até a Colômbia, e depois prolongava-se até as terras comuns entre a Venezuela, a Guiana Inglesa e o Brasil. Os primeiros 51 colonizadores chegaram a Ciudad Bolívar em 14 de março de 1867 e foram recebidos pelo governador Della Costa. Estabeleceram-se em Borbon, uma cidadezinha a 32 quilômetros rio acima, mas não ficaram por muito tempo. Catorze partiram para buscar ouro a 200 quilômetros de lá, e todos ficaram doentes ou morreram. Em Borbon, Frederick A. Johnson, o líder, acordou uma manhã e se viu sozinho. Ao meio-dia os outros apareceram, disseram que tinham encontrado ouro em uma escarpa próxima e mostraram um balde cheio de uma areia escura e brilhante. Johnson levou a areia para ser analisada em Ciudad Bolívar. O teste identificou a substância brilhante como mica, e o único uso para o buraco aberto nas proximidades de Borbon era como túmulo para enterrar seus sonhos. Isso acabou com o ânimo dos colonos, e a maioria voltou para casa. Johnson permaneceu até 12 de abril de 1867, quando partiu para recrutar mais colonizadores. Seus recursos pessoais tinham minguado para 65 centavos e, até onde se sabe, ele jamais retornou.

Henry não se solidarizava com sua anfitriã americana ou com sua situação difícil. Ela "não fora abençoada com um temperamento particularmente amável", disse ele. Além disso, ela mantinha um estoque de "cerca de uma dúzia de papagaios barulhentos à espera para serem levados por um capitão ianque que fazia negócios em Nova York". Para se livrar da barulheira, ele e Rogers exploravam os llanos vizinhos e passaram a praticar natação no rio próximo da cidade. A caminhada diária era um ritual que Henry apreciava: "Acredito que o exercício físico é muito mais essencial para a saúde em um país tropical do que num frio", disse ele, uma indicação de que concordava com a crença vitoriana segundo a qual os hábitos regulares preveniam contra a malária. Por este motivo, dava um mergulho todos os dias ao amanhecer e ao anoitecer. Era também um destino tentador: um homem do local os alertou sobre os perigos dos *tembladores*, ou enguias-elétricas. "Um choque de uma enguia pode mandar o banhista para o fundo sem demora", disse Henry.

La Condamine foi o primeiro a chamar a atenção da Europa para o peixe *Electrophorus electricus*, mas foi Humboldt quem primeiro descobriu a natureza de sua descarga fatal. Quando seus guias conduziam uma tropa de mulas e cavalos para dentro de um pântano onde se sabia que existiam enguias, a agitação fez com que elas soltassem choques. Os animais assustados saíram da água em disparada, e os guias os conduziram de volta. Depois de a mesma cena se repetir várias vezes, o que provocou a morte de uns poucos cavalos, as enguias descarregaram suas baterias e eles puderam puxá-las para a terra com varas secas de bambu. Humboldt dissecou o peixe e descobriu que suas fibras geradoras de eletricidade tinham o mesmo peso do tecido muscular. Ele foi o primeiro a descrever minuciosamente os órgãos elétricos de Hunter e os feixes de Sacks — mas não sem antes pisar acidentalmente em uma enguia. "Não consigo me lembrar de ter recebido um choque mais terrível que esse", escreveu ele, ciente de que teria morrido se não fosse o sacrifício dos cavalos. Mesmo assim, sentiu dores violentas nos joelhos e em outras juntas durante o resto daquele dia.

Deixar de se banhar era "uma privação tremenda em um clima como esse", e então Henry passou a tomar banho nas manhãs frescas com uma cabaça, ou *tutuma*, em um córrego raso além da cidade. Durante um desses banhos, "o pobre Rogers foi ferroado por uma arraia enquanto caminhava nas águas rasas do rio próximo à margem e sofreu muito: sua perna inchou e ele ficou sem poder andar por cerca de 24 horas". Esta era uma das 25 ou trinta espécies da arraia manchada de água doce do gênero *Potamotrygon*, mais temida no Amazonas e no Orinoco do que a piranha ou a enguia. Os pescadores eram ferroados enquanto estendiam suas redes. Sabia-se que o ferrão grande e venenoso na base da cauda matava crianças e até mesmo adultos caso a arraia atingisse uma veia ou artéria importante, ao passo que outros narravam casos de membros afetados e dormentes por anos. Não se pode deixar de achar que Henry foi parcialmente responsável pelo ocorrido: estivera nos trópicos antes e devia estar ciente dos perigos. Como descrevia Rogers como um "jovem conhecido", ele era provavelmente mais jovem e menos experiente do que Henry. A partir deste momento, a saúde de Rogers começou a deteriorar, e retomaram a viagem antes que o jovem se recuperasse. Depois disso, Henry começou a demonstrar uma irritação crescente para com seu companheiro e parecia ter pouca paciência para os que, por algum motivo, provocavam algum atraso.

Além de atrasar ainda mais a partida, o ferimento de Rogers provocou outras consequências. Eles mudaram outra vez de acomodação e foram para um local ainda mais barato, a casa de uma velha de Barbados conhecida como Mãe Saidy, "que agia de maneira muito maternal em relação a Rogers" durante seu sofrimento. Mãe Saidy parecia compreender que determinação e coragem não eram suficientes neste ambiente brutal. Ela cuidava de todos os jovens desgarrados, brancos e negros, cuja má sorte levava até sua porta. Esta bondade se estendia também às crianças. Ela tinha uma inclinação por "pegar e cuidar de meninos errantes de origem duvidosa", comentou Henry, aparentemente sem perceber que ele também era um "menino perdido". Expatriados negros de todas as partes das Índias Ocidentais Britânicas se reuniam na casa de Mãe Saidy. "Era muito divertido ver o orgulho que sentiam de ser súditos britânicos, e o desprezo que demonstravam para com seus irmãos de pele escura" que não eram tão abençoados, disse ele.

Atrasaram-se por um mês, uma demora que deixou Henry com os nervos à flor da pele. Eles tinham perdido dinheiro sem parar, e quando finalmente partiram em 22 de fevereiro, em uma "lancha pequena e rápida construída pelos nativos" com um piloto chamado Ventura, Henry sentiu que tinham perdido também um tempo valioso. As chuvas viriam em abril, e com elas as enchentes, febres e doenças. Ele estava impaciente em relação a si mesmo e aos outros. Esta viagem *tinha* de render algo valioso, mas o que poderia ser?

Pode ser que tenha vislumbrado algo três dias antes de deixar a cidade. Naquele dia, pensou pela primeira vez em extrair borracha. "Sugeri que explorássemos o Caura, o principal afluente da margem sul que desembocava no Orinoco a cerca de 160 quilômetros acima de Ciudad Bolívar, para procurar borracha." Em nenhuma parte de seu diário ele parece estar dominado pela febre do ouro que consumia então os jovens de todas as nações, mas em relação a plantas comerciais de todos os tipos — bem, isso era outra história. Naquele momento, qualquer espécie serviria. Enquanto subia o rio, ele procurava pela árvore cumaru, a *Dipteryx odorata*, fonte da fava-tonca, uma semente aromática negra com cheiro semelhante ao da baunilha, usada como sua substituta em sabonetes, perfumes e para aromatizar o tabaco de cachimbos. Talvez Antonio Della Costa tenha alertado Henry a respeito destas possibilidades; ou talvez tenha sido um comerciante inglês de nome Derbyshire, para quem Ventura trabalhava. A fonte mais provável deste interesse comercial recém-descoberto, porém, era a Mãe Saidy, uma enciclopédia ambulante de conhecimento botânico. Talvez Rogers e Henry tenham se recuperado de febres virulentas pelo conhecimento que ela tinha de medicina da selva. Conhecia as plantas benéficas e as nocivas e sabia onde podiam ser encontradas.

A viagem rio acima parecia amaldiçoada desde o começo. O rio era raso, e muitas vezes eles ficavam encalhados. As curvas do Orinoco eram comprimidas entre margens altas, o vento estava contra eles e a lancha era volumosa demais para manobrar. Eles a abandonaram na vila de Maripe e a trocaram por canoas mais ágeis, uma para cada homem e seus equipamentos. Planejavam navegar até o rio Caura, nas proximidades, mas, logo antes de partirem, Ventura ficou completamente bêbado, então Henry o enfiou no fundo de uma canoa e prosseguiu viagem. A floresta os envolveu na foz do afluente. As cigarras cantavam nas árvores, e o som de algumas parecia um apito de trem e o de outras "o tinir de sininhos". Massas de nuvens se formaram além da floresta, e o acampamento encharcou-se por um dilúvio. Subiram ainda mais o rio à procura de uma situação melhor. A margem esquerda era dominada pelos agressivos índios taparito, e a direita, pelos agricultores ariguas, impressionados por seus inimigos selvagens. "Parece que não há de fato muitas lutas entre eles, pois o alarme da aproximação dos taparito causa uma fuga geral para dentro da floresta", observou Henry. "Os taparito então se contentam em apenas atirar umas poucas flechas nas casas abandonadas." Contudo, aonde quer que fossem, Henry levava a espingarda de cano duplo, e Rogers, um rifle Snider. Quando Henry tentou persuadir alguns ariguas a acompanhá-los para procurar borracha, nenhum se ofereceu. Prosseguiram sozinhos.

No dia 2 de abril, a febre chegou junto com a estação chuvosa. Várias espécies do mosquito anofelino que podem transmitir a malária enchem o ar nas bacias do Amazonas e do Orinoco, e todos são tão onipresentes quanto a chuva: a espécie *A. darlingii* prolifera nos pântanos, a *A. aquasalis* se reproduz na água salgada ao longo da costa, e a *A. cruzi* prefere as pequenas poças de água suja que se formam nas bromélias. Qualquer que fosse a espécie que atacasse, picava primeiro a Henry. Naquela manhã ele entrara na floresta para matar algumas aves quando "tive uma sensação de fraqueza e tontura, e também um sentimento desagradável de dúvida sobre se eu conseguiria voltar ao acampamento ou não". Ele resistiu. "Consegui chegar ao meu destino logo antes de a febre afetar o movimento de meus membros." Ele tentou se convencer de que sucumbira aos "eflúvios" de uma árvore que examinou, mas em 15 de abril todos os seus três companheiros foram atacados pela febre. Abandonaram sua busca e voltaram rio abaixo.

Foram necessários nove dias para retornar a Maripe, uma viagem que haviam feito rio acima em seis. Amarraram as canoas umas nas outras e

O Ladrão no Fim do Mundo

foram levados pela corrente. O sol os castigava nos barcos abertos, e apenas Ventura conseguia pilotar. Às vezes nem isso conseguiam fazer, então abicavam as canoas e se deitavam na água. Estavam agora na mesma situação em que se encontrou Alfred Russel Wallace, atacado pela febre no rio Negro em 1851: "Comecei a tomar doses de quinina e beber muita água com cremor de tártaro, mas estava tão fraco e apático que às vezes mal conseguia ter ânimo para me mexer e preparar os medicamentos", recordou-se Wallace. "Durante dois dias e duas noites, mal me preocupava se ia levantar ou cair. [...] Eu estava o tempo todo meio que pensando ou sonhando sobre todo o meu passado e minhas esperanças futuras, que tudo estava condenado a acabar aqui." Henry não estava nem tomando quinina, e o seu único alívio era uma toalha úmida em volta da cabeça. Depois de cada espasmo provocado pela febre, arrastava-se "até a beira do rio e me deitava na água ondulada".

Chegaram a Maripe no dia 24 de abril, apenas para descobrir que a lancha estava destruída. O cabo de proa que a amarrava fora roubado; ela tombara na corrente, e suas tábuas ficaram tortas e empenadas. Henry estava mortalmente doente, e seus companheiros estavam provavelmente em uma situação tão miserável quanto a dele. A única opção era flutuar de canoa de volta para Ciudad Bolívar. No dia 8 de maio, chegaram e foram hospedados por Mãe Saidy. A "bondosa mulher de Barbados" cuidou deles até recobrarem a saúde e provavelmente salvou suas vidas.

Henry teve de encarar a realidade: todos os planos tinham fracassado. Ele não tinha mais dinheiro, seu barco a vela estava arruinado e suas únicas posses eram as três canoas e tudo que conseguisse carregar. Retornar a Trinidad significaria admitir o fracasso, mas nem isso podia fazer porque não tinha dinheiro suficiente para a passagem.

Enquanto Henry refletia sobre seu futuro sombrio, um jovem confederado chamado Watkins entrou em contato com ele — e Watkins tinha um plano. Queria sair daquele país maldito, segundo disse, e pretendia fazê-lo subindo as cataratas do Orinoco e chegando ao Amazonas pelo canal de Casiquiare. Qualquer alternativa parecia melhor a Henry do que apodrecer em Ciudad Bolívar. "Watkins e eu estamos em boas condições", disse ele, com um certo excesso de otimismo, uma vez que sua febre nunca sumiu totalmente. Watkins "tinha passado por maus bocados na recente guerra americana e no Novo México" e acabara de chegar na cidade depois de atravessar a pé os llanos, vindo da costa. Henry se animou novamente: estava mais uma vez na companhia de um homem, não de um chorão como Rogers. Ele concordou sem ressalvas com a ideia de Watkins e "não temeu pelo resultado".

No dia 6 de agosto, três meses após retornar em farrapos, Henry partiu novamente para o interior, desta vez com Rogers, Watkins e um índio chamado Ramón, substituto de Ventura. A estação chuvosa estava em seu ápice, mas todos estavam felicíssimos por finalmente partirem. O governador dera a Henry cartas de salvo-conduto para entregar ao governador do Amazonas, seu colega, rio acima. Não lhes faltava mais nada.

Depois de quatro dias de viagem, as coisas deram novamente errado. Percorreram apenas 40 quilômetros rio acima e se aproximavam do primeiro povoamento confederado, Borbon, quando "afirmando estar indisposto, [Watkins] deixou a expedição e voltou para Bolívar". Isso pesou para Henry. "Como contava muito com ele, fiquei muito frustrado." Era como se todos os planos estivessem fadados ao fracasso desde o início. Entraram em Borbon com a esperança de contratar alguém para o lugar de Watkins, mas não conseguiram convencer ninguém e seguiram em frente. A essa altura, a floresta estava inundada. "Neste ponto, no auge da estação chuvosa, se vê ou pouca terra ou nenhuma [...] durante vários dias de viagem", e por isso amarraram o barco em um enorme tronco de árvore flutuante e terminaram o dia com uma refeição de carne-seca e chá.

A jornada rio acima piorou à medida que avançavam nas profundezas do mundo inundado. A malária de Rogers voltou com força total. Já ao meio-dia, todo o trabalho de pilotar e remar ficava a cargo de Henry e Ramón. Troncos enormes de árvores despontavam da água. A única vida animal que encontraram foram os insetos impiedosos e os *perros de agua*, bandos de lontras de rio enormes. Quando as estranhas bestas ouviam o som dos remos na água, "soltavam seu grito agudo característico [...] ou subitamente levantavam as cabeças e ombros acima da água para nos observar, e ao mesmo tempo mostravam um conjunto de grandes presas brancas e afiadas". Quando Henry encontrou terra em uma ilha pequena, o cheiro de terra úmida deu lugar ao odor fétido de urina e excremento de lontra. Observava as cabeças cobertas de pelo castanho-escuro brilhante, achatadas no topo, surgindo da água; o bando grasnava para os intrusos: "Uh! Uh! Uff! Uh!" Ramón imitou o som, e as lontras vieram à superfície ao lado deles, cada uma com quase 2 metros de comprimento. A água escorria por seus bigodes. Parecia que eram as representantes assassinas de algum Ministério da Loucura. Ele tinha entrado em um mundo estranho, bem diferente da Nicarágua, onde a vida ao menos guardava uma semelhança com o mundo conhecido.

Um dia entraram em um trecho da floresta dominado por *matapalo*, ou mata-pau, a figueira estranguladora. Para Henry, a árvore lembrava uma "anagonda (sic) vegetal":

> [D]epois que ela abraça o tronco de uma árvore da floresta, ela cresce cada vez mais alto até sua folhagem brilhante se unir à da árvore hospedeira, e depois a ultrapassa: suas raízes flexíveis então comprimem com força, se esticam e aos poucos se espalham por sobre todo o tronco de sua vítima, e a envolvem de tal maneira que tiram a sua vida.

Na realidade, a pressão exercida pelas raízes aéreas do mata-pau diminui a capacidade da árvore hospedeira de fazer circular nutrientes pela coroa. O que acontece de fato é que a hospedeira fica privada de alimento. Ela morre, e então o mata-pau "se mantém por conta própria; uma grande árvore, sustentando uma copa verde-escura".

Descansando sob sua sombra, Henry estudou a figueira parasita. Quando a árvore dava frutos, papagaios verdes, com seus gritos roucos, alimentavam-se ruidosamente no topo de suas copas. Uma tropa de macacos-aranha passava por ela em suas andanças diárias. Havia uma riqueza de vida em seu tronco, e todos os nichos estavam ocupados. Calangos e lagartos Anolis lutavam pela ocupação do território da casca, uma "terra de ninguém"; formigas-correição e marimbondos *Polistes* batalhavam por um espaço para construir ninhos nas grandes cavidades. As criaturas que vagavam pela floresta subiam por sua superfície na ausência de solo seco. As lesmas terrestres deixavam atrás de si um rastro prateado de muco; centopeias caçavam sem parar. Junto às raízes, os homens lançaram os anzóis e pegaram um "caribe", do tamanho aproximado de uma perca. Seus fortes dentes afiados se projetavam para fora da boca e arrancaram um pedaço da

O Rio Mortal

ponta do dedo de Henry quando ele o espetou para levar à grelha. Em outro dia Ramón soltou um grito quando um jacaré ia direto no rumo da proa da canoa onde Rogers dormia. Ouviu-se um som de algo caindo na água: o jacaré seguiu em frente.

O rio inclemente era como o mata-pau, espalhando-se pelo mundo visível. Afogava homens em suas águas brilhantes, estilhaçava suas esperanças como as abominações enlouquecidas que choramingavam e grasnavam nas bordas da canoa; ou arrancavam uma ponta de dedo mesmo quando devia estar morto. Este era o mundo moderno: Henry era um cidadão de um dos impérios mais prodigiosos que o mundo havia conhecido. Porém, aqui onde se encontrava, isso valia nada: era como se a natureza nutrisse um ódio contra a civilização e sentisse um prazer especial em reduzir seus representantes a pó.

Em 20 de agosto passaram pela foz do Caura; em 1º de setembro, na foz do Cuchivero; e em 4 de setembro, pelo Apure, o enorme afluente que segue rumo a oeste para dentro das planícies. Saíram do mundo alagado para a terra seca. Havia praias arenosas ao longo das margens, e as vilas pontuavam a orla. Seus impermeáveis estavam em trapos, graças aos espinhos por onde haviam passado. Tudo estava podre ou úmido, e fizeram uma parada para secar as roupas. Na terra seca veio uma nova praga: os *zancudos*, ou mosquitos-palha, e nuvens de pernilongos. Mas havia momentos de beleza também. Uma noite, quando acamparam em uma ilha para fugir dos insetos, um imenso bando de garças brancas pousou perto de onde estavam. "Elas faziam muito barulho", escreveu Henry, "enquanto o sol se punha em um céu magnífico". Sempre que chegavam perto do fim de mais um dia de viagem, Henry perguntava em espanhol: *"Bastante lejos, Ramón?"* — "Longe o suficiente, Ramón?"

E Ramón, em quem ele confiava, resmungava: *"Lejos."* — "Longe."

Ele chegara longe, de fato, e estava então prestes a descer ao abismo. Em 4 de setembro, a febre de Henry voltou, sua *calentura*, como a chamava; e ele ficou vulnerável aos ataques da coisa mais repulsiva que já encontrara: o onipresente urubu-de-cabeça-vermelha, conhecido como *zamora*, que sobrevoa descrevendo grandes círculos sobre os doentes e os mortos. Henry estava doente, sem sombra de dúvida, e escreveu: "Quando uma pessoa se sente mal, é particularmente desagradável ver uma multidão dessas aves repugnantes batendo as asas e grasnando nas árvores que você escolheu para abrigo e descanso." Em grandes números, tornavam um lugar insuportável por causa de seu mau cheiro. Às vezes ele não conseguia mais suportar sua presença, pegava o rifle e atirava "em um urubu mais intoleravelmente impertinente do que os outros". Eram "meio estranhos [...] quando esgueiram-se sobre o acampamento, escondendo-se atrás de pedras e arbustos, ou nos espreitando, sentados nos galhos acima de nós". Quando acertava um deles, a morte era sinistra e absurda: "Se a ave era atingida enquanto caminhava pelo chão, parecia que simplesmente se deitava de lado. A ave não se contorcia; a bala fazia um buraco no corpo e seguia seu trajeto." O urubu tombava e ficava parado, parecendo um velho de sobretudo manchado.

Com este segundo ataque de malária, a situação ficou um pouco fora de controle. Em 5 e 6 de setembro, a febre era tão forte que Henry não conseguia mais remar. Ele caiu em um sono profundo e acordou de sobressalto por causa de uma borrasca que ameaçava afogar a todos. A noite estava "escura como um breu", e ele só conseguia enxergar Rogers e Ramón "pelo clarão rápido dos raios. Ramón parecia realmente aterrorizado e gritava algo" que Henry não conseguia ouvir por causa da tempestade. Tudo que estava na canoa foi perdido, encharcado ou despedaçado. Chegaram a uma aldeia, e um índio velho chamado Cumane ficou tão alarmado pelo estado de Henry que "queria me levar para sua casa para ser cuidado por suas mulheres por alguns dias".

Mas Henry se recusou e insistiu que tinham de continuar a subir o rio. Quando partiram no dia seguinte, passaram pelo rancho de Cumane, no alto da margem do rio. Ele gritou, implorando que ficasse, mas Henry se recusou, concordando em beber um caldo de cana-de-açúcar antes de seguir em frente. Quase ao meio-dia a febre atacou de novo com força total. Ele parou em um local com sombra, mas parecia que a *calentura* o queimaria até as cinzas, e tentou voltar a pé para a casa de Cumane. "Consegui controlar minhas pernas apenas o suficiente até chegar tropeçando ao rancho, onde havia duas garotas bonitas com traços hispânicos." Ele caiu aos seus pés e elas gritaram, chamando o pai. "Não me lembrei de mais nada até a febre baixar", disse ele.

Ele ficou com Cumane por seis dias, até 15 de setembro, e todos os dias a febre voltava na mesma hora. Ele bebia líquidos quentes quando suava, e frios quando a febre abaixava. As garotas lhe davam sopa e uma solução feita com uma planta medicinal que ele chamava de *frigosa*. Provavelmente se tratava da *Mimosa frigosa* ou *Mimosa pudica*, nome da assim chamada planta sensível (dormideira em português), nativa da América do Sul, que fecha as folhas quando tocada. "Fique mais tempo, não tenha pressa", insistia Cumane, chamando a atenção para a riqueza do solo de sua fazenda, a abundância de caça na floresta e de peixes-bois no rio. "Tudo isso, mas estou velho", dando a entender também que tinha guardado muita prata. Henry percebeu o que ele sugeria: um sujeito jovem como ele poderia gostar de uma de suas filhas e ficar para sempre com ele, trabalhando e herdando esse pedaço de Éden.

No dia seguinte Henry disse adeus. Em dois dias seu grupo chegou a Urubana, abrigada ao pé de uma colina rochosa coberta de árvores. Várias rochas tinham inscrições apagadas gravadas em suas faces, um sinal de que entravam em uma terra de culturas antigas ou mortas. Na doca estava amarrada uma lancha grande o bastante para abrigar 24 homens e mulheres sob o toldo de folhas de palmeira, construído no convés. Pertencia ao governador do Amazonas, o estado além das cataratas, e seu destino era o rio Negro. Henry providenciou que o capitão o levasse, junto com seus equipamentos, para além das cataratas, enquanto Rogers e Ramón iriam na frente de canoa.

A terra assumiu um ar sinistro. As cataratas em Atures e Maipures marcavam uma grande mudança para pior, entre os llanos do norte da Venezuela e as florestas do sul. Os llanos abrigavam 2 milhões de cabeças de gado, os fazendeiros feudais e a cultura espanhola tradicional, representada por Della Costa, o governador em exercício; as florestas eram desconhecidas, e os postos avançados da civilização pareciam mais escassos e mais frágeis. Em 23 de setembro, atravessaram a foz do rio Meta, que desemboca no Orinoco vindo do oeste; nas pastagens estendidas até o horizonte, "uma infinidade de vaga-lumes brilhava como pedras preciosas bem perto da superfície, parecendo conferir um movimento ondulatório à planície coberta pela neblina". Mas ao se aproximarem do Atures e sua penosa travessia por terra de 5 quilômetros, o rio à sua volta se tornou brutal também. No dia 25, desembarcaram em um ponto onde um enorme bando de urubus se movimentava ao seu redor. Um remador colocou uma isca em um anzol e pegou um, e o que aconteceu a seguir foi muito estranho. O homem arrancou duas das longas penas da cauda do urubu e as enfiou nas narinas do bico da ave, formando "um par de bigodes de aparência feroz".

> A ave infeliz, libertada com um chute [...] tentou se juntar novamente ao bando de suas companheiras, que haviam ficado observando com ar sério; mas quanto mais ela tentava se aproximar, mais as outras se afastavam, e por fim foram embora de vez.

Em parte, a brutalidade foi causada pelo medo. Esse era o local frequentado pelos "temidos guahibos [ou 'guaharibos'], que pareciam ser perfeitos ismaelitas, cuja mão é contra todos os homens". Atualmente, a tribo é conhecida como ianomâmi, apelidada de povo mais violento da Terra. Hoje eles se encontram confinados no alto Orinoco e na floresta em torno do Siapa, um afluente do canal Casiquiare, mas nos dias de Henry seu território se estendia até as cataratas, e tanto os europeus quanto os índios locais tinham pavor deles. Eles tinham pele clara e olhos verdes, e alguns antropólogos acreditam que seus ancestrais foram os primeiros índios a chegar à América do Sul, vindo do Norte, e os associam aos belicosos índios caribe, das ilhas. Embora cultivassem banana-da-terra, eram primordialmente caçadores-coletores, e nem sempre havia comida suficiente para todos. Durante os tempos mais difíceis, matavam meninas recém-nascidas, o que criava um círculo vicioso: como nunca havia mulheres em número suficiente, sempre lutavam por elas. Dentro das tribos, essas lutas eram ritualizadas: os combatentes golpeavam uns aos outros na cabeça com paus de 3 metros de comprimento. Mas entre tribos diferentes, faziam incursões para roubar mulheres e matavam os rivais com flechas de 2 metros com a ponta embebida em curare. Não tinham o conceito de morte natural e a atribuíam à magia negra, a qual tinha de ser vingada.

Henry ouviu uma descrição deles que os comparava a uma espécie de formiga-correição humana, que nada conseguia deter. Saíam em marcha com o único propósito de saquear, construindo pontes de folhas de palmeira para atravessar um riacho em grandes grupos. Em 1853, Richard Spruce sugeriu que possuíam uma boa razão para sua ferocidade, considerando a devastação causada pelos escravizadores:

O Rio Mortal

> Pouco tempo depois de a Venezuela se separar da nação-mãe [...] enviaram o comandante de San Fernando com um grupo de homens armados de tamanho considerável para tentar firmar relações amigáveis com os guaharibos. Chegaram ao Raudal de los Guaharibos com sua pequena frota de 15 *piragoas*, e como o rio estava cheio, todas poderiam ter atravessado o *raudal*, mas não foi considerado necessário fazer isso, e somente a sua *piragoa* foi arrastada para cima, o resto ficando abaixo, à espera de seu retorno. A uma pequena distância rio acima, encontraram um grande acampamento de guaharibos, que os receberam amistosamente. Em troca, atacaram os índios à noite, mataram tantos homens quanto conseguiram e levaram embora as crianças. É claro que se planejou um tratamento como esse para confirmar a hostilidade desses índios, e talvez tenha sido sua causa original [...]

Henry logo testemunhou em primeira mão este tipo de escravidão informal. Em 27 de setembro, chegaram ao povoado desolado de Atures, uma missão espanhola abandonada sobre a qual pairava "um ar desagradável de mortalidade". A trilha antiga que ligava o alto e o baixo Orinoco passava por estas ruínas. As quatro últimas casas ainda habitadas estavam situadas em volta de uma praça enorme. Suas paredes laterais estavam tombadas, e as vigas dos telhados estavam expostas. Os habitantes da vila lembravam limpadores de chaminé de Londres, "seus rostos sendo cobertos de marcas negras, deixadas após o ataque de mosquitos". Os ossos da tribo, que davam nome à cidade, estavam enterrados em uma caverna nas imediações. Antes guardados em cestos grandes, ou *mapiri*, os ossos se encontravam espalhados pelo chão, junto com um crânio de cavalo. Henry olhou para as planícies abaixo, que se estendiam até sumir de vista, e reparou no silêncio. "Enquanto eu olhava para o túmulo", escreveu, "um beija-flor pequeno e lindo passou voando e pairou sobre o canteiro branco de ossos".

Naquela noite, a jornada tomou um rumo ainda mais brutal quando se encontraram com o "señor Castro", o governador do estado do Amazonas. Enquanto esperava pela lancha que o levaria acima das cataratas, o governador fazia uma livre distribuição de rum. Logo todos em Atures estavam embriagados, cantando elogios a ele em falsete. Castro cantou em

O Ladrão no Fim do Mundo

resposta, e sua própria voz saiu estridente. As festas continuaram até a noite seguinte, mesmo depois que partiram de Atures, e isso irritou Henry tanto quanto tudo que tinha enfrentado. "É impressionante", disparou ele, "que toda vez que essas pessoas tentam cantar, fazem o máximo para suas vozes soarem o mais ridiculamente efeminadas possível!".

A folia exagerada continuou na região das altas cataratas em Maipures, no povoado próximo e além. Quer tenha sido por tédio, medo ou desconforto, o comportamento de Castro assumiu um tom de desespero. "A ciranda de embriaguez continuou sem pausas", escreveu Henry. "Desejando [...] imprimir um ritmo forte à viagem, El Governador encheu seus homens com tanto rum" que eles perderam três remos e voltaram a Maipures para conseguir outros. "Depois de tudo isso, Castro se reduziu a tal estado de agitação nervosa [...] que achei recomendável dar-lhe um opiáceo, que surtiu o efeito desejado."

Na manhã seguinte, tentaram partir ao nascer do sol, mas os homens estavam de ressaca. O governador explodiu de raiva. "Achei lamentável ver Castro entortar sua espada de Toledo brilhante ao bater com sua lateral no primeiro infrator que apareceu", disse Henry.

Remaram por bosques de gigantes palmeiras espinhosas, pela foz do rio Vichada, indo em direção a San Fernando de Atabapo, o último posto avançado da civilização de tamanho considerável, situado na confluência de três afluentes, no ponto onde o Orinoco desviava-se para o leste entrando nas montanhas cobertas de florestas. Não houve pausa para descanso. Foi a primeira noite de vigília para os remadores, e Castro os incitava com um garrafão de vinho Málaga ao seu lado. "Remem!", gritava ele. Eles caíam no sono no meio da remada, e ainda assim seguiam o ritmo da toada, apesar de às vezes "remarem no ar". Um homem deixou o remo cair e continuou a fazer o movimento da remada até acordar do sono profundo e olhar "em volta com um sorriso estúpido".

Apareceu no rio uma canoa cheia de mandioca. Nela estava uma "senhora de boa aparência" sentada ao lado do produto de sua colheita e seus dois filhos, que remavam. Castro parou para comprar mandioca, mas de repente forçou os dois garotos a trabalhar como remadores e roubou a mandioca para si. A mãe pôs-se a chorar, mas de nada adiantou: foi deixada sozinha na *curiara*, um tipo de canoa.

O Rio Mortal

Mais tarde naquela manhã, Castro ordenou uma pausa para o desjejum. Quando desceram à praia, os garotos desapareceram para dentro da mata. "É impressionante que essas pessoas simples não se isolem mais ainda em suas florestas das montanhas", concluiu Henry. Tribos inteiras desapareciam como estes garotos. "Ninguém os viu partir e não foram encontrados em lugar nenhum."

Na manhã de 9 de outubro, a lancha passou por uma curva e, ali, no meio de um coqueiral, estavam os telhados de sapê de San Fernando de Atabapo. O ar estava pesado e abafado. Sem aviso, o céu ficou nublado e caiu uma tempestade. Castro estava em casa e instalou Henry em uma casa vazia próxima à sua. A porta e as janelas estavam crivadas de balas, sinal de que mesmo lá, no lugar que os venezuelanos chamam de *Ravo de Venezuela*, o rabo do país, as lutas intermináveis entre facções podiam irromper a qualquer momento.

Henry permaneceu em San Fernando por duas semanas e meia e, conforme relatou, ficou debilitado pelo ar pesado e pela dieta diária de "peixe, peixe e mais peixe". Ansiava por voltar para sua pequena *curiara* no rio com ventos suaves, abatendo com o rifle os ingredientes de um ensopado cozido em fogo brando. Pela janela via pássaros voando — um pintassilgo ágil de cor de canela intensa e azulões da cor do céu que pousavam nos galhos das goiabeiras e laranjeiras. Henry prestou pouca atenção neles. Ele estava em uma depressão profunda que o deixava incapacitado e com medo. A depressão ainda não fora mencionada em seus diários, mas se repetiria em sua história. Havia pensado em ir para o sul pelo rio Atabapo até chegar ao ponto de travessia terrestre de 14 quilômetros do Pimichim para o rio Negro, mas o que estaria realizando com isso? Não repetiria a rota de Humboldt: não faria nada além de sobreviver. Não tinha dinheiro suficiente para pagar a passagem de volta a Londres; suas roupas estavam em farrapos, seu futuro estava pior ainda. No Pacífico Sul, seria chamado de "vagabundo de ilha". Lá onde estava não havia nem as brisas suaves do mar para refrescá-lo ou mulheres dos trópicos para confortá-lo. A única coisa que podia dizer que possuía era um caso sério de malária.

O Ladrão no Fim do Mundo

Surgiu então outro estrangeiro, assim como Watkins, em Ciudad Bolívar, e este trazia histórias fantásticas. Embora Henry aparentemente nunca tenha se sentido tentado pela riqueza mineral, notamos neste ponto o início de um padrão de comportamento que duraria por toda a sua vida: ele se entregava a qualquer plano que pudesse transformá-lo em um fazendeiro, com todo o prestígio e poder que isso pudesse proporcionar. Um "espanhol venezuelano" chamado Andreas Level, jovem amigo do governador, contou a Henry sagas do alto Orinoco. Level viajara por três dias acima das cataratas de Maguaca, supostamente intransponíveis. Vira índios de cabelos ruivos e pele tão branca quanto à de Wickham. Casara-se com a filha de um chefe local e esperava monopolizar o comércio de bálsamo e redes indígenas, que venderia às firmas de exportação em Ciudad Bolívar e no rio Amazonas. Ele fundaria um império comercial neste canto da selva. Ficaria rico antes de completar 30 anos.

No entanto, mais do que qualquer outra coisa, Level falou de borracha, quilômetros de seringueiras virgens ao longo das margens do alto Orinoco entre a antiga missão espanhola de Santa Bárbara e Esmeralda, nas profundezas do território ianomâmi. Por séculos, os índios haviam extraído a borracha das árvores, mas eram preguiçosos. Um índio não era como um europeu, um homem ousado, cuja visão ia além daquele rio febril, até o coração comercial do mundo.

Henry se entregou. Em 24 de outubro, ele e Ramón partiram numa missão de reconhecimento, deixando Rogers para trás. "O ar estava pesado com o cheiro das flores da árvore *gica*, que gosta de água, quando o sol apareceu acima da massa de neblina que se formava", recordou-se. Seguiram rumo ao leste pelo cerro Yapacana, a cadeia de montanhas que de longe parecia atravessar o rio como uma imensa barreira azul. Passaram pelas ruínas da missão de Santa Bárbara, tomadas por goiabeiras, uma solitária cruz de madeira fincada junto à margem do rio.

Em 3 de novembro, o rio fez uma curva e entrou na sombra da montanha, dividindo-se em dois: o Ventuari, que seguia em direção ao norte, e o Orinoco, que rumava para o sudeste, em direção ao Brasil. Já havia várias pessoas trabalhando na área, coletando a borracha, ou goma, como era chamada no local. Esta não era a hévea da Bacia Amazônica, mas a *Siphonia elastica*, uma árvore similar que produzia látex de qualidade inferior.

113

O *Rio Mortal*

Após mais dois dias de viagem rio acima, chegaram ao acampamento de um tal "señor Hernandez", um crioulo branco que fugira para a floresta para escapar das guerras. Ele ficou contente de ver um rosto amigável, e demonstrou a Henry como extrair a borracha das seringueiras que pontilhavam a ilha onde ele vivia acampado. O fluxo de látex era lento, disse em tom de desculpa, mas ele vivia na esperança de que as coisas melhorassem quando chegasse a estação seca.

Henry se convenceu, e eles voltaram a San Fernando para buscar suprimentos. Chegaram em 12 de novembro ao meio-dia. A cidade estava deserta. "Descobrimos que todos os habitantes foram tomados por um tipo de obsessão pela goma, e tinham ido *al monto* [sic] para procurá-la", disse ele. Uma "loucura pela borracha" se apossou deles. "Parece que a ideia que lhes ocorreu foi de que isso devia ser mesmo uma coisa boa, já que um inglês, como eu, viera de tão longe com vontade de participar nesse negócio."

Partiram dez dias depois, na manhã de 22 de novembro. Henry, Ramón e Rogers levaram com eles dois garotos que contrataram em San Fernando. Manuel era muito esperto, "e em termos de caráter parecia um pouco com um garoto de rua de Londres", inteligente no sentido de atento e perspicaz. Henry fez dele uma espécie de empregado pessoal, mas do mesmo jeito dos moleques de rua, ele era "inclinado a furtar". Narciso era duas vezes mais alto que seu companheiro, mas "decididamente estúpido. Parecia que não entendia espanhol muito bem, e por isso era *trabajoso* (difícil) lidar com ele". Pelo caminho eles pegaram outros dois: Mateo, "um sujeito de idade, de aparência enrugada e estranha, que sempre que me olhava seu rosto assumia um sorriso forçado e muito bajulador, e que me fazia sentir como se meu rosto estivesse involuntariamente fazendo a mesma expressão", e Benacio, "um velho impassível", cuja característica mais marcante era sua demora para chegar onde quer que fosse. Henry chamava a Ramón de líder, porque já tinha extraído borracha antes. Fez isso contra a vontade de Rogers, que então já nutria uma antipatia por Ramón.

Passaram pelo ponto onde o Orinoco se encontra com o Ventuari, onde alguns amigos do señor Hernandez, provenientes de San Fernando, haviam se juntado a ele, e entraram nas profundezas da floresta até que, após remar por cinco dias, chegaram ao afluente chamado Caricia, ou Chirari, um ribeirão tão pequeno que raramente aparece nos mapas. Esta é uma área difícil, uma paisagem que se alterna tão bruscamente entre a floresta cerrada e os pântanos que é quase impossível viajar a pé. Havia poucas trilhas, e a viagem era feita principalmente em canoas. A vida selvagem era dominada por pássaros e insetos. Grandes bandos ruidosos de papagaios e araras planavam acima das copas de árvores, enquanto nuvens de mosquitos deixavam claro porque não havia outros seringueiros por perto.

Mas as seringueiras estavam em toda parte. No primeiro dia, ele deixou Mateo e Benacio em uma pequena língua de terra seca, e logo eles voltaram com 57 marcações entalhadas em seus bastões de contagem — havia esse número de árvores naquela pequena faixa de terra. Mais adiante, rio acima, descobriram uma ilha dominada pelas seringueiras. Dois ribeirões mais à frente abriam caminho por entre as sombras, e havia mais seringueiras. A depressão de Henry parecia ter ficado no passado remoto. Ele encontrara a cura que desejava, e isso se evidenciava em seus planos. Em 1º de dezembro, construiu um rancho em uma escarpa de frente para o rio de águas escuras e colocou os trabalhadores nas beiradas de pequenos riachos, em vários seringais. Ele coletaria a borracha em um triângulo formado pelo seu ribeirão e o Orinoco, abrindo trilhas entre as árvores com facões, enquanto Rogers foi buscar suprimentos. Calculou que no começo da estação seca teria mil árvores de onde extrair a borracha — um plano grandioso para um iniciante, mas que ele não considerava irreal. Ele estava construindo uma área de cultivo na floresta, um império diminuto "neste pequeno ribeirão bem no coração do continente".

✻

O dia típico de Henry como seringueiro começava às 5h30 ou seis da manhã. Ele tomava um café da manhã leve: café e uma porção de *chibéh* — farinha molhada com água fria corrente — e caminhava floresta adentro com a arma, a bolsa com munições, o frasco para pólvora e o facão a tiracolo. Seguia o caminho por duas ou três horas, pelas curvas que ele fazia por entre as árvores, sempre atento às cobras perigosas ou animais de caça que pudessem aparecer inesperadamente. Ele parava diante de uma seringueira e pegava um dos pequenos copos de latão empilhados a seus pés.

O Rio Mortal

Passava o dedo em volta de sua borda para tirar a sujeira e com uma faca curva própria para extrair borracha, examinava o tronco da árvore. Escolhia um ponto acima dos cortes feitos no dia anterior, e com a lâmina da faca desferia um golpe profundo e transversal num ângulo crescente, fazendo com que a lâmina quase atingisse o câmbio, a camada da árvore formadora das células que constroem as demais camadas. Esta é a verdadeira arte da extração de borracha: se o corte for muito raso, não atinge o látex; e se for muito profundo, fere a árvore. Depois de fazer este corte, fixava o copo de latão na casca sob o ângulo mais baixo do corte para que o látex que saía lentamente escorresse para dentro do copo. Fazia três ou quatro cortes profundos na árvore, e se a árvore fosse nova, até cinco ou sete por dia, uma rede de cortes perpendiculares que se estendia até 3 ou 3,5 metros de altura. Os seringueiros gananciosos faziam mais cortes, e os prudentes raramente faziam mais de cinco.

O que ele fizera exatamente? Ele cortou vários feixes de dutos vasculares que transportavam o látex através das camadas de células mais externas da árvore, fazendo com que ela sangrasse. Sua pequena faca fizera um corte de cerca de 3 ou 4 centímetros de comprimento e não mais que um centímetro de largura. Ramón explicou que se ele excedesse essas dimensões ou fizesse um corte mais profundo no tronco, destruiria seu meio de vida. A árvore sangrava por três ou quatro horas. Era muito parecido com passar uma navalha na pele. Os vasos sanguíneos cortados sangram profusamente, mas depois começam a se recuperar. As bordas das feridas se unem e fecham, deixando apenas uma leve cicatriz. Um corte muito profundo causa uma infecção, e o tecido em volta adoece. O mesmo acontece com uma árvore. O corte feito pela faca é frequentemente atacado por formigas e outros insetos e pelos fungos. Um corte muito profundo na árvore faz com que ela comece a apodrecer. Alguns seringueiros giram a lâmina da faca para aumentar o fluxo do látex, sem saber ou se importar que ao fazer isso os vasos ficam muito separados, criando assim uma ferida permanente. Ramón alertava que se a árvore fosse tratada com respeito, as riquezas continuariam a fluir. Era preciso ser um bom agricultor e dar tempo às árvores para se recuperarem.

Em um dia bom um seringueiro experiente conseguia sangrar entre 150 e duzentas árvores em sua ronda matinal. Isso por si já era impressio-

O Ladrão no Fim do Mundo

nante, considerando o trajeto tortuoso da *estrada*, como eles chamavam a trilha entre as árvores, que se dobrava sobre si mesma e atravessava troncos derrubados sobre abismos na encosta dos morros ou sobre os ribeirões. Por volta do meio-dia, ele já terminara a sangria e voltava ao seu rancho para pegar o *balde*, uma cabaça oca, usada para coletar o látex. Ele repetia sua rota da manhã, esvaziando o leite branco de todos os copos de latão no *balde*, e depois colocava o copo com o fundo virado para cima em uma pilha embaixo da árvore. Um copo de latão com 60 mililitros de látex era uma boa média por árvore. As árvores jovens e saudáveis podiam produzir de 85 a 110 mililitros, e as velhas e maltratadas talvez produzissem menos de 30 mililitros.

Henry almoçava — geralmente o mesmo que comia no café da manhã — e então dedicava a tarde a defumar o látex sobre uma fogueira. Todos os seringueiros tinham perto de seu rancho um *defumador*, uma cabana para defumar a borracha. O melhor combustível para defumar a borracha eram as cascas de nozes espalhadas ao pé da palmeira *cucurito*. Quando a fumaça subia num ritmo constante, Henry se dedicava à parte mais tediosa de seu dia. Ao lado do fogo e de uma bacia contendo látex, pegava um remo de madeira e o mergulhava no leite e o girava por sobre o fogo fumegante. Em poucos segundos o látex coagulava e ficava com a cor de creme. Após girar o remo 12 vezes, criava uma camada fina de borracha curada. Mergulhava de novo o remo, repetindo o procedimento até não haver mais leite. Podia obter uma borracha curada de 2,5 a 5 centímetros de espessura, dependendo da quantidade de látex coletada no dia. Pode não parecer muito, mas a operação levava ao menos três horas e exigia entre 1.200 e 1.500 movimentos de suas mãos e braços. Quando todo o leite havia sido defumado, apagava-se o fogo e apoiava-se o remo em varas, para que a bola de borracha flexível e escurecida mantivesse o seu formato ao endurecer, e não perdesse sua forma pela ação da gravidade.

Henry às vezes se sentia "isolado do resto do mundo". Passava pela foz do ribeirão e todos os traços de humanidade se perdiam, até mesmo aqueles em seu grupo. Era silencioso como um túmulo. Uma característica preponderante da floresta à sua volta eram os bejucos, cipós retorcidos que uniam toda a floresta. Eles ligavam o dossel em feixes, davam voltas ao redor dos troncos e se enrolavam pelo chão. Abrir caminho por entre eles o

O Rio Mortal

esgotava, mas essa exaustão lhe trazia paz. À noite em seu rancho, "observava as frias sombras da noite que deslizavam lentamente, vindas das águas do outro lado do ribeirão, e quando apenas os galhos mais altos das árvores da floresta tinham reflexos de luz dourada nas pontas, eu acendia o fogo para fazer o jantar".

Os psicólogos já levantaram a hipótese de que o *lugar*, agindo como uma força, pode ficar gravado na psique e agir como um crisol para criar uma sensação do sagrado. Eles falam de sensações de "pico" e de "fluxo", em que o indivíduo experimenta a perda do seu "eu" e são rompidas as distinções normais entre o sujeito e o objeto, entre o "eu" e "todas as outras coisas". Quando isso acontece, o observador fica imerso no presente: ele *transcende*. É quando as pessoas sentem o toque de Deus — a conexão com todas as coisas.

Henry então se sentiu tocado por essa mão. "Às vezes, durante a hora do descanso, eu me sentava e olhava para os arcos formados pelas folhas no alto, e enquanto eu observava, me perdia na beleza maravilhosa daquele sistema superior — um mundo de vida completa em si mesmo." Acima dele existia um mundo de aves de plumagem estranha e de "pequenos e travessos macacos zogue-zogue, que nunca descem ao chão úmido e escuro durante toda a vida, mas cantam e saltam nos jardins aéreos de samambaias delicadas e orquídeas de perfume doce".

Ele se sentia pesado e preso à Terra, enquanto tudo acima dele era leve. "Tudo que estava acima de minha cabeça parecia a própria exuberância da existência vegetal e animal", escreveu ele, "e abaixo, seu contraste: decadência e escuridão".

CAPÍTULO 5

OS AGENTES DO DEUS ELÁSTICO

Escuridão e decadência. Henry meditava sobre essas palavras enquanto o ano-novo passava e seu corpo começava a apodrecer. A primeira indicação de que faria bem deixar para trás sua utopia das mil árvores foram as picadas de mosquitos infectados que cobriam suas mãos e pernas. Sem conseguir deixar de se coçar, provocava feridas abertas em sua pele. "A irritação constante", reclamou ele, "fazia minhas mãos e pés incharem". As feridas ficaram tão inflamadas que os nós dos dedos e as costas das mãos se transformaram em retalhos vermelhos de pele, cheios de secreções. "Meus pés em particular ficaram tão inflamados que fiquei confinado à minha rede por alguns dias, enquanto Ramón e os outros dois garotos estavam construindo a cabana." Ele foi picado por um escorpião, mas aprendera a classificar os graus de sofrimento: A picada do escorpião "não doeu tanto como eu imaginara [...] [e] a dor aguda e a sensação de dormência que acompanha não foram tão fortes quanto a causada pela picada de uma vespa da floresta". O seu acampamento sofreu um ataque repentino de um urubu gigante, o urubutinga, que roubou um pedaço grande de peixe salgado quando Henry voltava da floresta. Sua munição estava se acabando, e gradualmente todos ficavam com fome, então ele não podia gastar balas com nada que não fosse comida. O seu único consolo foi imaginar "a aflição para matar a sede que ele sentiria depois de se empanturrar de peixe salgado".

Depois Henry passou a ser a morada e a refeição de outra criatura. A culpada foi a mosca-do-berne, a *Dermatobia hominis*. As moscas eram uma praga. Primeiro ele lamentou que as gamelas de borracha líquida descobertas se enchiam em um instante de "moscas-varejeiras azuis que se autoimo-

Os Agentes do Deus Elástico

lavam", estragando os esforços de um dia. Em questão de horas a carne ficava toda infestada de massas de ovos. Em 2 de janeiro de 1870, uma larva se alimentou dele. Começou com uma simples coceira, assim como a de uma picada de mosquito, mas formou-se uma pequena saliência em sua pele. Apareceram outras saliências, como pequenos vulcões. "A primeira vez em que eu senti as saliências, não fazia nenhuma ideia do que estava acontecendo comigo. Parecia que tinha alguém fazendo uma série de furos no lado do meu corpo com uma agulha bem quente." Ramón examinou suas costas, onde Henry não conseguia ver e deu seu veredicto: vários vermes de cabeça grande se contorciam dentro de sua pele.

Ambrose Bierce escreveria 11 anos mais tarde em seu *Dicionário do Diabo* a definição de "comestível": "Bom para comer, saudável para digerir, como, por exemplo, um verme para um sapo, um sapo para uma cobra, uma cobra para um porco, um porco para um homem, e um homem para um verme." Mais uma vez foram os mosquitos que causaram sua desgraça. Os bernes são grandes e lentos demais para parasitar alvos como macacos e homens, e por isso optam por agir furtivamente. A fêmea do berne captura uma fêmea de mosquito, fixa um ovo em seus pelos e depois a liberta. Quando um desses mosquitos, com um ovo preso ao corpo, pousou em Henry, o calor de seu corpo fez o ovo chocar. A larva minúscula caiu de seu hospedeiro original e abriu uma cavidade em Henry, maior e mais palatável.

Ramón pronunciou a verdade desagradável: suas costas eram o abrigo de várias larvas de berne, todas se mexendo felizes em suas pústulas. A larva evoluiu com dois ganchos anais para mantê-la firme no lugar, e se forem arrancados ela se rompe, enchendo a cavidade de toxinas e liberando uma infecção mais perigosa do que a larva original. Ela respira por meio de espiráculos, orifícios respiratórios semelhantes a respiradouros de mergulhadores, que se projetam da pele. Henry e o berne poderiam ter coexistido pacificamente, exceto quando o verme começou a se alimentar, e foi neste momento que a dor começou. Ramón disse que havia duas curas. A primeira era a "cura com carne", que consistia em apertar um pedaço de bife macio e cru sobre o espiráculo com força suficiente para que o berne fosse forçado a sair da cavidade para respirar. Mas como tinham pouca carne, Henry escolheu a alternativa dolorosa: matar a larva com uma massa de látex ou suco de tabaco, e depois Ramón retirou todos os cadáveres com uma lâmina esterilizada.

Em 8 de janeiro, Henry já havia sangrado cem árvores, aprendendo os segredos dos seringueiros pelo método de tentativa e erro. Nunca mais falou em sangrar mil árvores. A produção de látex era muito pequena e a borracha defumada era impura e decepcionante. As árvores estavam carregadas de frutos verdes, algumas eram jovens demais para serem sangradas e outras estavam no período de entressafra. Ramón e os outros estavam tendo o mesmo azar: o fluxo de látex era fraco, e as árvores, verdes.

Não haveria enriquecimento rápido neste pedaço de terra triangular onde havia a goma. Sua frustração se tornou maior com a doença que aos poucos se abatia sobre cada homem. Mateo e Benacio estavam pálidos e fracos, e Rogers tão debilitado pela febre que mal conseguia conduzir a canoa rio abaixo para buscar suprimentos. Ramón tinha uma perna manca que inchou tanto que ele não conseguia se levantar de sua rede. Narciso se recusou a trabalhar e fugiu para a floresta quando Henry o pegou vadiando. Manuel se voltou para o roubo em grande escala. O único homem saudável e honesto nem fazia parte do grupo. Era um jovem crioulo espanhol chamado Rojas Gil, que, juntamente com suas duas esposas jovens, acompanhara Henry desde San Fernando e construíra um rancho rio acima, perto da curva. Primeiramente Henry sentiu-se mal pela intrusão, mas Gil demonstrou ser uma salvação. Qualquer punhado de mandioca que conseguiam era dividido entre todos, e qualquer peixinho que pegavam era repartido. Rojas matou a tiros uma preguiça enquanto ela nadava no ribeirão. A carne foi mal cozida, mas estava deliciosa, porque ao menos era algo diferente.

Em 8 de fevereiro, a febre recorrente que Henry temia por tanto tempo atacou novamente, sem aviso, abatendo-o com uma onda de náusea enquanto ele estava fora de casa sangrando árvores. Ele voltou se arrastando para sua canoa: "[C]ada vez que o ataque de náusea voltava, eu ficava muito enfraquecido, e tinha de deitar no chão úmido e esperar até passar o paroxismo." Quando conseguiu se levantar e ficar em pé, tropeçou em seu facão e teve sorte de não se cortar, pois teria sido o fim. Chegou até a canoa e tentou remar até seu rancho, "mas o sol estava forte demais para mim", e subiu engatinhando a terra fresca da margem. Sua pele ardia por dentro.

Os Agentes do Deus Elástico

Ele continuou engatinhando, "o restante de minhas forças se esgotando rapidamente". Chegou ao acampamento e subiu na cama elevada. "Lembro pouco do que aconteceu durante os quatro dias em que durou a náusea e o vômito constantes", disse ele.

Estes dias se fundiram em uma nuvem de alucinações. Lembrou-se do tormento de ser comido vivo pelas moscas e mosquitos-palha, e de se sentir tão fraco para fazer algo que não fosse ficar deitado em sua cama e preparar uma refeição. Ele estava perto de morrer, e nenhum dos outros de seu grupo podia ajudá-lo porque ou estavam longe, como Rogers, ou também lutavam por suas próprias vidas.

Algot Lange, um aventureiro americano que escreveu vários livros sobre suas expedições no Alto Amazonas, documentou o estado psicológico de quem sofre dessa maneira em detalhes lancinantes. Lange viajou pelos seringais do rio Javari, um importante afluente do Amazonas que forma a fronteira entre o Brasil e o Peru. Visitou um acampamento de borracha onde todos os seringueiros estavam prostrados, e em poucos dias a doença o abateu também. "Por cinco dias fiquei delirando", escreveu Lange, "ouvindo vozes misteriosas da floresta e sonhando com visões de bifes suculentos, pães enormes e xícaras de café cremoso". Logo a fome se transformou em uma "sensação quente de entorpecimento" que "se espalhava por todo o seu corpo", e ele ouvia "a voz da floresta" — a voz noturna das pererecas. Imaginava o "murmúrio da multidão de uma cidade grande" e sentia conforto.

Mas logo suas visões mudaram. A selva não era mais um lugar agradável. "Eu me vi imerso em um mar verde venenoso, preso por trepadeiras vivas que nos puxavam para baixo num abraço mortal de polvo." Seus sonhos e ações se tornaram indistintos. Ele saltou da rede, gritando e falando coisas sem sentido, ou estava tendo alucinações? Ele fugiu da selva e seu "muro de vegetação impenetrável, suas sombras escuras, e solo úmido, traiçoeiro". Lange e Henry chegaram ao mesmo ponto: não consideravam mais a selva transcendente, e sim claustrofóbica, um mundo parasita de sombras e de verde. Era um "lugar de terror e morte", cheio de selvageria.

As histórias da selva quase sempre se concentram nesta selvageria. É um tropo, um tema literário, e nos relatos de cada sobrevivente a questão é sempre a mesma: a selvageria é um elemento onipresente da floresta ou

O *Ladrão no Fim do Mundo*

algo que o homem trouxe consigo? Nos anos 1920, o padre capuchinho Francisco de Vilanova enfrentou o mesmo problema. Vilanova e seu grupo fizeram uma famosa excursão apostólica ao rio Putumayo, no norte do Peru, um lugar que se tornara sinônimo de borracha e assassinato. Surgiram para salvar a tribo nativa huitota dos vorazes barões da borracha, mas no final mal conseguiram se salvar. Vilanova testemunhou um guia cair doente, insistindo numa cura de xamã que o matou. Ele perdeu o ânimo quando tratava das feridas dos índios açoitados pelos chefes da borracha.

É algo quase inacreditável para quem não conhece a selva. É uma realidade irracional que aprisiona quem vai para lá. É um redemoinho de paixões selvagens que domina a pessoa civilizada que confia demais em si mesma. É uma degeneração do espírito em uma embriaguez de circunstâncias improváveis, mas reais. O homem civilizado e racional perde o respeito por si mesmo e seu lugar doméstico. Atira seu patrimônio na lama, de onde ninguém sabe ao certo quando será recuperado. O coração se enche de morbidez e de um sentimento de selvageria. Torna-se insensível às coisas mais puras e grandiosas da humanidade. Sucumbiram até mesmo os espíritos cultivados, de boa educação e formação refinada.

Logo, a realidade de Henry se fundiu com sonhos estranhos. Suas memórias se mesclaram com incidentes alucinatórios que não estão registrados em seu diário, mas aparentemente foram transmitidos para a família. Ele ficara inconsciente, sem saber por quanto tempo, e quando acordou "viu vários urubus esperando tranquilamente por sua morte", relatou Edward Lane. Um deles estava particularmente próximo, e era mais ousado do que os companheiros. Henry fixou por um instante os olhos pálidos e imóveis, a cabeça escura e rugosa. Ele odiava essas aves, seu caminhar arrastado e lento, seu grasnado e seu cheiro de carniça. A lembrança do índio pegando um urubu com um anzol voltou de relance à sua mente. Ele riu e deu uma investida rápida e violenta, agarrando seu bico e as penas oleosas de suas patas. Sua risada ecoou pelo rancho silencioso enquanto arrancava as penas e as enfiava nas narinas da ave, assim como o índio tinha feito. O urubu ficou parecendo um comediante de um teatro londrino de

Os Agentes do Deus Elástico

variedades, com as penas presas nas cavidades do bico como bigodes esquisitos. Ele arremessou a ave para longe e caiu na cama. O urubu infeliz foi mancando até os companheiros, que se assustaram com a aparição estranha e louca, e alçaram voo grasnando.

Ele foi salvo por Rojas Gil e suas esposas. "Eu me lembro de uma tarde em que eu estava prostrado e incapaz de me mexer, com parte das minhas costas expostas aos enxames de mosquitos-palha [...] e uma das mulheres de Rojas entrou e, vendo meu estado, passou suas mãos frias e macias suavemente em minhas costas e minha testa ardente, espantando as pragas." Ele nunca gravou o nome dela, mas sempre se recordou do momento: "É extraordinária a impressão que causa em uma pessoa a menor expressão de bondade e de solidariedade humana em uma situação extrema como essa. [...] Apesar de não ter como agradecer-lhe, acho que nunca me senti tão grato por algo."

A salvadora anônima relatou a situação de Wickham, pois logo Rojas levou Henry para seu rancho, onde o ar não era tão pesado e havia uma brisa leve. Outro vizinho ajudou, sangrando as árvores de Henry enquanto ele não tinha condições, alimentando-o com garapa, o caldo fermentado de cana-de-açúcar, a única coisa que conseguia manter no estômago. Apesar de banharem e limparem suas feridas, já o consideravam condenado, porque ele vira o curupira, "o homenzinho pálido da floresta" que aparecia para os que fossem tolos a ponto de perambular sozinhos sob o dossel verde. O curupira surgia das raízes escuras e retorcidas que se misturavam com a vegetação rasteira. Ele era o som profundo na floresta que não tinha nenhuma explicação, a sombra no limite da visão que era "indiscutivelmente o precursor do mal, ou talvez da morte, para quem teve o azar de vê-lo". As almas dos que morreram nas mãos do curupira vagavam para sempre pela floresta. Os sobreviventes deixavam uma parte de si sob o dossel e nunca mais eram os mesmos.

Havia uma crença entre os índios do alto rio Negro e do rio Orinoco segundo a qual a melhor cura para a maldição do curupira era a Oração do Sapo Seco. Um dia Henry ouviu alguns exorcismos estranhos, mas ele perdia e recobrava a consciência e nunca ficaria sabendo mais sobre eles. A oração do Sapo Seco era usada como último recurso, e poucos europeus tiveram a permissão de testemunhar seu poder. Eles enterravam um sapo-

-cururu grande até o pescoço e o forçavam a engolir brasas ardentes. "Na poeira do solo virá meu descanso", dizia em tom baixo o pajé ao enterrar a criatura que se contorcia. "Vós, anjos da minha guarda, sempre me acompanhem, e Satanás não terá força de me prender." Uma semana depois, o sapo desaparecera, consumido por dentro pelo fogo. Dizia-se que em seu lugar brotava uma árvore de três galhos, cada um de uma cor diferente: branco para o amor, preto para o luto, e vermelho para o desespero.

Henry sobreviveu, mas ficou fraco e vulnerável, e passou todo o mês de março se recuperando. A febre aumentava e abaixava, mas não foi mais tão virulenta quanto nos primeiros dias, quando tinha medo de que perdesse a razão. Ele tentava livrar os outros da mesma agonia. Um dia ele voltou de uma caminhada curta pela floresta e encontrou "um cavalheiro francês em minha cabana". O francês estava viajando rio acima até La Esmeralda, a última grande missão no Orinoco e porta de entrada para o Casiquiare. Ele queria passar pelos pequenos postos avançados de Ocamo e Manaco e ir até o grande pico de Duida na cadeia de serras do Parima. "Em um local tão remoto parece que todos os europeus são compatriotas", disse Henry, tentando dissuadir o francês de seu plano suicida. Estava indo sozinho para dentro do território ianomâmi, algo que poucos viajantes viveram para contar. Mas o francês estava inflexível, "com a ideia fixa em sua mente de que devia existir uma mina de ouro naquela direção". Henry quase perdera a vida e sabia o que esses sonhos do Eldorado causavam a um homem. Henry implorava para ele voltar e tentou lhe contar sobre a doença, as cobras e a fome que o aguardavam. Mas o francês riu e disse que retornaria em um mês e que juntos "fariam uma incursão" nos bares. A visita de Henry remou rio acima e acenou uma última vez ao sumir de vista. Não voltou em "um mês ou menos" e, até onde se sabe, jamais regressou.

O francês malfadado foi a gota d'água. Na Sexta-feira Santa Henry reconheceu que era hora de pôr um fim em seus planos. A perna de Ramón estava tão mal que ele se apresentava "sem condições de trabalhar já havia algum tempo". Não precisaram jejuar para a Quaresma porque já estavam passando fome havia muito tempo. O nível das águas subiu em abril. Pegaram enguias-elétricas nas estradas submersas, o que significava que sangrar as árvores era na certa um suicídio. No final de abril, ele decidiu abandonar o acampamento e subir o rio até o Casiquiare, mas quando tentou, em 28 de abril, restavam apenas o pequeno Manuel e Ramón. Todos os outros tinham partido ou vagavam pela floresta, e Rogers jamais regressou de sua última viagem em busca de suprimentos. Todos estavam extremamente fracos e "doentes vulneráveis". O melhor que puderam fazer era flutuar na correnteza de volta para San Fernando de Atabapo.

Ele retornou à vila, fez o transporte terrestre do barco ao sul através da selva, e durante o mês de maio de 1870 chegou finalmente ao rio Negro. Lá ficou um tempo, exaurido, se recuperando na vila de Maroa "nas águas frescas e límpidas do rio Negro" que o levariam ao mar.

No mês de agosto, desceu a corrente do rio Negro em uma lancha comercial de propriedade de seu amigo Andreas Level. A viagem durou quase um mês. O rio sinuoso, profundo e sem vida se estende por quase 2.500 quilômetros por entre florestas campinaranas, por centenas de ilhas e praias de areia branca que aparecem quando a água abaixa. A água na verdade é uma infusão preta que passa pelo leito arenoso do rio. Nesse ponto faltam detalhes nos diários de Henry. Ele estava exausto e sentia-se com sorte por estar vivo.

O rio Negro termina onde se encontra com o Amazonas em Manaus. Dois barcos a vapor ingleses estavam ancorados lá, "bastante sugestivos de uma volta à civilização". Era 3 de setembro de 1870, e ele estivera viajando por um ou outro rio tropical neste continente vasto por um ano, oito meses e 13 dias. Henry ficou boquiaberto ao ver o tamanho da cidade. Esquecera-se de que Manaus, antes a lendária localização do Eldorado, se tornara sua versão moderna. No que se referia à borracha negra, lá era o centro do mundo.

Em Manaus, Henry chegou numa terra onde as pessoas estavam enriquecendo e construindo fortunas fabulosas com a borracha. Era o começo do que os investidores de Nova York e Londres chamavam de Era da Borracha. Henry chegou quatro anos antes de a borracha começar a ser usada em cabos de telégrafo e cabos transatlânticos, mas já em 1860 se tornara evidente para Thomas Hancock que, com a descoberta da vulcanização, a borracha seria o material flexível mais útil do mundo. "Ainda não se descobriu nada que possa ser um substituto", disse ele. Uma ameaça ao seu acesso livre seria uma ameaça aos interesses nacionais da Inglaterra, e o controle dela era "a moeda forte de troca definitiva".

Na década após a declaração de Hancock, a borracha se tornara fundamental para a guerra. Além das várias utilidades em ferrovias e motores a vapor, catálogos militares da época mostravam novas criações feitas com borracha: sapatos e botas, cobertores, capacetes, casacos, barcos pontões, porta-baionetas, barracas, forros impermeáveis para acampamentos, cantis, frascos de pólvora, bornais e botões. A seda emborrachada foi usada em balões militares. A guerra provocou também um aumento repentino de cirurgias reconstrutivas com a utilização de dentes de ebonite, peças para o nariz, e próteses personalizadas. A Guerra Franco-Prussiana de 1870 a 1871 estava em seus estágios iniciais, e toda a Europa observava. Já nas primeiras campanhas ficou claro que a vitória dependeria da mobilização rápida das tropas pelo meio mais rápido possível. Este meio era a ferrovia, que dependia da borracha.

Na ocasião em que Henry saiu da floresta, a *Hevea brasiliensis* era o Santo Graal. Assim como na história do Cálice Sagrado, ninguém sabia exatamente onde podia ser encontrada. Será que cresciam ao longo dos rios, onde foram encontradas as primeiras árvores, pois as sementes podiam flutuar, ou mais adentro na floresta tropical, no terreno mais elevado? A hévea não crescia em bosques de uma única espécie, como as árvores dos climas temperados, mas se encontrava dispersa através da floresta na média de duas ou três árvores por acre, como se um Johnny Appleseed* gigante as tivesse espalhado do alto das nuvens. Localizar as árvores e percorrer as estradas sinuosas para coletar aquele copo de látex diário era lento e ineficiente demais para as demandas modernas. Por que ninguém havia tentado domesticar algo tão valioso, como Hancock havia sugerido em 1850?

Na verdade, alguém já tinha tentado, mas seus esforços iniciais foram ignorados. Em 1861 e 1863, o explorador e botânico brasileiro João Mar-

---

* Johnny Appleseed (Johnny "Semente de Maçã", apelido de John Chapman) foi um lendário pioneiro americano que, enquanto seguia rumo ao oeste, espalhava sementes de maçã ao acaso pelas estradas e em pomares. (N. do T.)

tins da Silva Coutinho andou pelos seringais. Ao final de suas viagens, recomendou ao governador do Pará que, em vez de depender dos caprichos da natureza, devia-se cultivar seringueiras. Suas sugestões foram consideradas insensatas. A floresta era abundante e generosa. Por que interferir em algo bom? Logo um pacote com sementes de seringueira foi enviado anonimamente (provavelmente por Silva Coutinho) ao Museu Nacional do Rio de Janeiro, onde foram plantadas. As autoridades federais reconheceram que havia uma oportunidade de fazer dinheiro rápido, ao contrário de seus representantes das províncias. Entretanto, seus esforços pareciam estar concentrados em atrair investidores estrangeiros.

Em 1867, o Brasil enviou Silva Coutinho à Exposição Universal em Paris, onde foi nomeado presidente do júri avaliador das amostras de borracha de várias partes do mundo. Ele demonstrou que a hévea brasileira era superior em todos os aspectos e calculou os custos da produção em plantações, em um relatório publicado no ano seguinte.

Uma pessoa que prestou atenção ao relatório foi James Collins, curador do London's Museum of the Pharmaceutical Society (Museu da Sociedade Farmacêutica de Londres). Por anos, Collins lia os relatos dos viajantes da Amazônia e se correspondia com eles. Visitava com frequência as docas de Londres, inspecionando os carregamentos de borracha para aprender mais sobre as diversas espécies das quais era derivada. Em 1868, depois de ler o relatório de Silva Coutinho, Collins publicou um artigo no *Hooker's Journal* revelando o que aprendera. Em seguida, um ano depois, publicou o artigo mais detalhado "On India-Rubber, Its History, Commerce and Supply" (Sobre a borracha: sua história, comércio e fornecimento) no conceituado *Journal of the Society of Arts*. Este artigo delineou a história de tudo relacionado à borracha e fez citações tanto de Juan de Torquemada, cronista da Conquista Espanhola, como de la Condamine, Bates e Richard Spruce.

Duas coisas impressionaram Collins. Conforme Silva Coutinho demonstrou, a melhor fonte de borracha do mundo era a *Hevea brasiliensis*, tão difícil de ser encontrada. Não seria possível cultivar seringueiras nas vastas fazendas do império na Ásia Oriental? Pela primeira vez no meio impresso, ele estabeleceu a relação lógica: "A introdução das cinchonas de valor inestimável na Índia resultou em um sucesso maravilhoso." Se a expedição de contrabando da cinchona fora um sucesso, por que não fazer o mesmo com a borracha?

❈

Os anos trataram bem Clements Markham depois de suas aventuras no Peru. Em 1870, ele tinha 40 anos, estava casado, encarregado do India Office's Geographical Department (Departamento Geográfico do India Office) e secretário da Royal Geographical Society (Sociedade Geográfica Real). Dentro de um ano ele receberia o grau de cavaleiro do Império, e três anos mais tarde seria eleito membro da Royal Society of London (Sociedade Real de Londres). Movido pela ambição, alcançara tudo que imaginara, e havia mais honras a caminho.

No entanto, o caso da cinchona não foi o triunfo absoluto que se pensava. Em 1865, Charles Ledger, um aventureiro inglês que contrabandeara alpacas do Peru para a Austrália, apareceu na Índia com a melhor variedade de cinchona até então vista. Ledger coletara as plantas na Bolívia, justamente o lugar evitado por Markham, e trouxe consigo a *C. ledgeriana*, uma variedade de casca amarela até então desconhecida, cujo teor de quinina demonstrou ser mais concentrado do que qualquer outra espécie — em alguns casos, chegava até a 13,7%. Mas Markham não estava no India Office quando Ledger chegou, e nenhum outro funcionário britânico quis se envolver com as plantas novas, para não causar problemas. Ledger partiu contrariado e vendeu suas sementes de qualidade superior para os rivais holandeses, que compraram todas as 20 mil e as plantaram em Java. Por volta de 1870, as Índias Orientais Holandesas começaram a concorrer com a Inglaterra, e no final dos anos 1880, os holandeses monopolizariam o mercado mundial de quinina, limitando a espécie inglesa ao comércio local.

Na década que se passou desde que contrabandeara a cinchona de casca vermelha dos Andes, tem-se a impressão de que Clements Markham se tornou entediado e irrequieto. É difícil imaginar que ele não reagiria ao desafio do artigo de Collins. Em 1870, Markham resolveu que "era necessário fazer pelas árvores produtoras de caucho e de borracha o mesmo que já fora feito pela árvore da cinchona com resultados tão satisfatórios". Se quisesse continuar sendo uma grande potência, o império tinha apenas uma escolha:

> Quando se considera que todas as embarcações a vapor no mar, todos os trens e todas as fábricas em terra que fazem uso da energia a vapor têm necessidade de usar a borracha, é praticamente impossível superestimar a importância de assegurar um fornecimento permanente, em relação à indústria mundial.

Markham imaginou vastas plantações de seringueiras se estendendo pela Índia e tinha mais influência então do que uma década antes, quando era um funcionário desconhecido. Sabia que o India Office estava sempre à procura de possíveis cultivos para exportação de valor comercial significativo. E tinha um amigo em uma alta posição.

Joseph Dalton Hooker fora nomeado diretor do Jardim Botânico de Kew cinco anos antes, logo após a morte de seu pai em 1865. Poucos pareciam criados para a sinecura como o jovem Hooker: a casa de seu pai em Woodside Crescent, próxima do Jardim Botânico, tinha um museu e um herbário. Ele cresceu em um ambiente em que chegavam plantas de todas as partes do mundo para serem estudadas. Quando era estudante, sua primeira tese tratava de três novas espécies de musgo. Fez a primeira viagem científica, em 1839, na condição de cirurgião-assistente e botânico a bordo do navio imperial *Erebus,* na viagem de quatro anos de sir John Clark Ross à Antártica.

Contudo, foi com sua segunda expedição que Joseph Hooker começou a construir uma reputação na botânica. De 1848 a 1850, viajou a pé pelas montanhas do Himalaia com seus óculos e jaqueta xadrez. Não tinha nenhum equipamento de montanhismo a não ser meias de lã e uma "viseira antirreflexo" feita de um véu pela esposa de um amigo. Assim como Robert Cross e seu guarda-chuva, havia algo tipicamente inglês a respeito de Hooker: ele se alimentava de bolachas, chá e conhaque. Seus carregadores transportavam sua escrivaninha portátil de madeira maciça de carvalho e sua sacola com presilhas de latão por entre geleiras e fragmentos de rochas. Tanto ele quanto seu companheiro, o dr. Thomas Thomson, jamais conseguiam dormir muito, porque os iaques que usavam como animais de carga enfiavam as cabeças dentro das tendas e resfolegavam até eles acordarem. Ao fim da viagem, ele e Thomson tinham subido mais alto do que qualquer europeu antes deles no Kanchenjunga, a terceira montanha mais alta do mundo, e regressaram com 7 mil amostras para Kew.

A carreira do filho parecia abençoada. Em 1851, se casou com Frances Harriet, filha mais velha do professor de Darwin em Cambridge. Hooker e Darwin se tornaram íntimos. Além de defender o livro *A Origem das Espécies*, publicado por Darwin em 1859, seguiu seu conselho de dar clorofórmio à esposa durante o trabalho de parto, como Darwin fizera para sua própria esposa, Emma. Quando a filha de 6 anos de Hooker morreu, em 1867, ele se lembrou de que Darwin passara por uma infelicidade semelhante uns 12 anos antes com a morte de sua própria filha Annie e escreveu: "Vai passar muito tempo até eu deixar de ouvir sua voz no jardim, ou sentir sua mãozinha entrar de leve na minha." Sua reputação científica e seus contatos pessoais eram impecáveis, e a influência de seu pai assegurou sua ascensão à diretoria. William Hooker convenceu o governo de que a área de atuação de Kew crescera tanto que ele precisava de um assistente, e em 5 de junho de 1855, Joseph fora nomeado diretor-assistente do Jardim Botânico. Como William se aproximava do fim da vida, propôs deixar seu herbário particular para o país caso Joseph fosse nomeado seu sucessor.

Mas mesmo com essas vantagens, Joseph Hooker tinha a má fama de ser "nervoso e temperamental", segundo seu genro, e "impulsivo e um tanto irascível", conforme reconhecia seu bom amigo Darwin. Ele era famoso por seu empenho: ao final de sua vida, a lista de suas publicações enchia vinte páginas, os jardins sob os cuidados do pai e do filho aumentaram de 11 para 300 acres, havia vinte "casas de vidro" abrigando mais de 4.500 plantas vivas, o herbário continha 150 mil espécies, permitindo comparações abrangentes entre espécies novas e velhas sem paralelo em qualquer outro lugar. Apesar disso, Joseph Hooker olhava para o mundo e via inimigos. Com 1,80 metro de altura, era alto, magro e musculoso. Em todas as fotografias ele franze as sobrancelhas espessas, com rugas de expressão profundas em seu rosto. Ele se ofendia com muitas coisas. Insistia que o objetivo principal do jardim era científico e utilitário, "não recreativo", e desprezava quem visitava o jardim nos fins de semana, entrando em seu império com o objetivo de "mero prazer" e "jogos e brincadeiras grosseiras". Resistia a todas as tentativas de estender as horas de visitação do público e se preocupava com a reputação científica de Kew e da botânica em geral. A botânica era tremendamente popular entre os leigos, especialmente entre as mulheres, em uma época em que a ciência vitoriana era quase exclusivamente dominada por homens. Todos esses jardineiros, pintores de flores e os que faziam "brincadeiras grosseiras" diminuíam o status de seu campo.

E havia o perigo real de perder tudo isso. Em 1870, Hooker já entrara em conflito várias vezes com Acton Smee Ayrton, o primeiro comissário do Office of Works, departamento nacional responsável por obras e edifícios públicos, em relação a tentativas de cortar gastos públicos em instituições científicas. Em 1872, sua guerra particular se tornaria pública quando Ayrton propôs a transferência do herbário de Kew para as instalações mais novas de propriedade de Richard Owen, diretor da coleção de história natural do Museu Britânico. O que se tornou conhecido como a "Polêmica Ayrton" seria algo extremamente político e de baixo nível: Ayrton queria mais controle sobre Kew; Hooker estava enfurecido por uma ameaça direta; e os dois lados juntaram suas forças. Na eleição geral de 1874, Hooker e seus simpatizantes conseguiram por maioria de votos tirar Ayrton do cargo para sempre.

Mas, ainda em 1870, Hooker sentia o que estava no ar. Quando Clements Markham apareceu com sua proposta, Hooker se lembrou bem da parceria histórica de seu pai com ele, que consolidara o lugar de Kew nas ciências e no império. A transferência da borracha poderia ser tão decisiva para Joseph Hooker como a da cinchona fora para seu pai. Seria um golpe político.

E assim, enquanto um abatido Henry Wickham retornava à civilização, a notícia se espalhou no pequeno mundo dos botânicos e diplomatas de que, de algum modo, por qualquer meio possível, o Império Britânico desejava o domínio da fonte de borracha.

Manaus era logicamente o lugar por onde começar. Localizada no centro da Bacia Amazônica, a cidade no meio da selva era o ponto de coleta de borracha vinda do interior, e por isso seus comerciantes fixavam os preços para o mundo. Em 1870, os visitantes ainda consideravam Manaus um lugar pequeno e miserável. Em 1865, o visitante inglês William Scully estimou a população da cidade em 5 mil, com 350 casas e repartições públicas, a maioria delas "em um estado muito dilapidado". Manaus era parecida com uma cidade americana de mineração de ouro começando a se estabelecer nas Montanhas Rochosas. Havia uma sensação de marginalidade e um indício vago de possibilidades, mas no momento todo o dinheiro era usado para fazer mais dinheiro, não para divulgar o sucesso para o mundo.

Em 1853, quando Richard Spruce chegou a Manaus após uma viagem de quatro anos rio acima, ficara tão admirado quanto Henry estava então. Quando Spruce partira para a floresta, a pequena vila sonolenta ainda era chamada de Barra, um lugar onde pequenos comerciantes carregavam barcos de poucos em poucos dias com estrados de borracha com destino à Europa e aos Estados Unidos. Quando regressou, Barra se chamava Manaus e contava com vinte barcos no porto. O ancoradouro fervilhava de canoas, lanchas e barcos a vapor de outros países.

"O que aconteceu?" — gritou Spruce.

"Aconteceu a borracha!" — um amigo gritou de volta.

Spruce testemunhou a fase inicial do ciclo da borracha, que se considera geralmente o período entre 1850 e 1880, antes da invenção do aro pneumático e do apetite sem fim da indústria automobilística. No tempo que estivera fora, o Brasil abrira o rio ao comércio internacional. Houve uma debandada de habitantes da cidade e agricultores que abandonaram suas posses pela borracha, deixando tudo para viver em um rancho na floresta e percorrer diariamente uma trilha de seringal. Somente na província do Pará, 25 mil pessoas deixaram tudo para subir os rios da selva em barcos a vapor. A agricultura local foi abandonada, e esgotaram-se as fontes locais de farinha, açúcar e bebida alcoólica, que tiveram de ser importados. À medida que os comerciantes de Belém do Pará e Manaus adiantavam o dinheiro e bens para os novos seringueiros, deram início a um sistema de servidão por dívida que ainda existe nos dias de hoje.

Embora o seringueiro ocupasse o degrau mais baixo da cadeia de produção da borracha, a sua existência autônoma foi uma atração para muitos,

Os Agentes do Deus Elástico

ao menos nos primeiros anos. Ele viajava até um seringal sem dono, voltava com uma canoa carregada de borracha e negociava diretamente com o comerciante, fazendo geralmente uma troca de mercadorias. Foi isto que Henry presenciou; porém, o negócio já estava se transformando em uma hierarquia com mais níveis de intermediários. Manaus era o centro e um exemplo geral dessa mudança. À medida que os coletores mais ambiciosos estabeleciam direitos mais amplos de propriedade de seringais virgens, eles se tornavam intermediários, recebendo mercadorias a crédito dos comerciantes do atacado, os quais por sua vez financiavam mais seringueiros em um clássico esquema de pirâmide. Os seringueiros recém-contratados recebiam o direito de trabalhar no seringal do proprietário, a quem reconheciam como patrão. O lucro real do patrão provinha da venda de mercadorias a seus empregados, e os preços eram tão acima de seus custos que um seringueiro podia terminar a temporada de extração de borracha no vermelho. Apesar disso, o seringueiro tinha certa independência: a temporada de sangria das árvores era de apenas seis meses, e era ele sozinho quem determinava o modo e a intensidade do trabalho.

À medida que o comércio mundial de borracha se expandia, surgiu um segundo tipo de intermediário. Henry os viu em Manaus em seus novos armazéns de borracha. Embora estivesse no topo da cadeia no Brasil, o comerciante atacadista de borracha, conhecido como aviador, ou "expedidor", também era um intermediário. Vendia ao exportador, geralmente um inglês, a fonte direta de capital estrangeiro. Enquanto entrava mais dinheiro nos cofres do aviador, ele enviava uma frota de barcos fluviais para entrar mais profundamente na Bacia Amazônica. Dizia-se que lá havia árvores menos espalhadas com troncos mais grossos, e o mais importante, intocadas.

Embora os aviadores se tornassem fantasticamente ricos, o patrão, que era proprietário ou administrador das "plantações de borracha" na selva, era o elo mais importante da cadeia. Ele fazia a ligação entre a mão de obra e o capital. Como enriquecia com o número de árvores que eram sangradas, seu sucesso dependia da quantidade de seringueiros que conseguia empregar. Na teoria, seu controle era paternalista. Ele resolvia problemas, oferecia orientação e fornecia recursos, assim como um pai fornecia o sustento diário. Em troca, esperava obediência, trabalho duro e bolas de borracha defumada. Quem era considerado preguiçoso era corrigido, primeiro por meio de dívidas e diplomacia, e depois, quando altas somas de dinheiro circulavam sem controle, por meio de intimidação, castigos físicos, escravidão e tortura.

A borracha também servia a um propósito imperial. À medida que os seringueiros se espalhavam nas partes mais distantes do interior, levavam consigo as reivindicações territoriais do Brasil. Ao se estabelecer na floresta, um seringueiro validava as reivindicações brasileiras do princípio de *uti possidetis*, ou "como possuís, assim possuais", o direito de possuir uma terra simplesmente por tomá-la — uma prática comum em todo o mundo. Os colonizadores do Oeste americano e do interior da Austrália reivindicavam o direito de posse de seus assentamentos com base no mesmo princípio, e os países europeus anexavam ilhas com depósitos de guano no Pacífico e arrogaram-se o direito de dominar vastas extensões da África. A Terra inteira estava à disposição.

Em Manaus, Henry presenciou um aspecto do comércio bem diferente de qualquer coisa que tinha visto no Orinoco. Nas ruas, mercadores vestidos de ternos de linho branco se misturavam com os comerciantes do rio com facões pendurados no cinto. Era possível jantar patê de foie gras, geleias da Cross & Blackwell's e vinho importado. A borracha chegava a Manaus da Venezuela pelo rio Negro, da Colômbia pelos rios Içá e Japurá, do Equador pelo Solimões, da Bolívia pelos rios Acre e Madeira, e do Peru pelo Juruá, Purus e Javari. A cidade era construída sobre quatro colinas. A catedral jesuíta era a estrutura mais imponente da cidade, e na colina oposta se erguia a mansão do governador. Quando o zoólogo Louis Agassiz e sua esposa, Elizabeth, visitaram Manaus entre 1865 e 1866, a mansão do governador era o centro social da elite. Havia inúmeros bailes, nos quais as mulheres usavam vestidos "de toda variedade, de seda e cetim a tecidos de lã, e as cútis mostravam todas as tonalidades de pele, do negro genuíno aos tons mais claros de índios e negros, aos brancos".

Mas não era na mansão do governador onde se encontrava o verdadeiro poder da cidade. O poder reinava nos armazéns dos aviadores, que eram enormes galpões para recebimento, inspeção e embalagem da borracha, com escritórios, escriturários e assistentes no andar de cima. As firmas mais antigas e mais prósperas tinham os galpões perto do rio Preto, que

Os Agentes do Deus Elástico

corria ao lado da cidade e desembocava no rio Negro. Uma lancha carregada de borracha podia entrar na doca e ser descarregada a uma distância curta da firma. Eram feitos montes de bolas e pelotas de borracha, enfileiradas para se determinar seu grau de pureza. Do lado de fora, ouvia-se o som das rodas de carroças carregadas de borracha.

Cada armazém era um oásis de tranquilidade na cidade barulhenta. Os compradores inspecionavam os lotes e faziam suas escolhas em silêncio. O vendedor redigia um contrato e o entregava, e se o comprador continuasse em silêncio, era sinal de que aceitava o acordo. Era no lado de fora onde se ouvia a gritaria do comércio de proporções menores: as castanholas de madeira do comerciante de miudezas, as flautas de bambu do vendedor de bolos, e o som metálico da colher de ferro do latoeiro. Atrás das paredes de barro, galos cantavam. No meio da barulhada, ouviam-se os gritos dos vendedores ambulantes de bilhetes de loteria, fazendo promessas:

"Fiquem ricos, fiquem ricos!", gritavam eles.

PARTE II

A FONTE

Maçãs roubadas são sempre mais doces.
— Provérbio medieval

CAPÍTULO 6

O RETORNO DO FAZENDEIRO

A borracha significava coisas diferentes para pessoas diferentes. Para Henry, quase significara sua morte, mas também se tornara um vício. Para Joseph Hooker, era um meio de manter o poder; para Clements Markham, uma porta para as glórias passadas. Para Charles Goodyear, um chamado religioso; para Thomas Hancock, uma commodity internacional a ser comprada e vendida. Os governadores de Manaus e Belém do Pará e o imperador no Rio de Janeiro enxergavam nela uma fonte futura de grandeza. Para os seringueiros espalhados pela Bacia Amazônica, era a fuga de uma existência miserável; e para seus patrões, um sonho de riqueza e conforto. O leite branco que escorria como sangue se tornava um espelho: na superfície escorregadia e vítrea da borracha, cada homem via o que necessitava.

Surgiram histórias estranhas sobre pessoas que sumiam na floresta em busca de borracha e voltavam renascidos. A mais famosa era a de Crisóstavo Hernández, um mulato colombiano que fugiu para a região densa do rio Putumayo, que separa a Colômbia do Peru. A informação a respeito dele é superficial, na melhor das hipóteses. Na mesma década em que Henry viajou de barco a Manaus, Crisóstavo arrancou um império de borracha da floresta e o manteve até os anos 1880. Com a ajuda de uma tribo de índios huitotos como seu exército pessoal, escravizou uma região inteira para coletar a borracha. Em meados do século XX, surgiu uma história oral dos huitotos, contada por um homem cuja mãe era huitota e o pai um seringueiro branco. Segundo esta história, Crisóstavo era um caucheiro do sul da Colômbia que matara um homem em uma briga e fugira para escapar da prisão. Ele desceu o rio Caquetá em uma jangada até avistar telhados de sapê. Quando entrou na aldeia, os índios ficaram paralisados de medo. Seria esta criatura negra uma pessoa? Um espírito? Jamais tinham visto um negro. Ele foi levado ao chefe da tribo, que concluiu que Crisóstavo era um refugiado inofensivo. Ele aprendeu a língua daqueles índios, foi honrado com uma esposa e se tornou membro da tribo. Tempos depois, porém, apaixonou-se pela esposa de outro homem. Eles consumaram seu romance e fugiram para a selva.

Após seis dias de viagem, o casal chegou a outra aldeia huitota. A história se repetiu: os habitantes da aldeia ficaram amedrontados, mas concluíram que era, afinal de contas, um homem. No entanto, desta vez Crisóstavo trouxera consigo um machado de ferro, uma espingarda de caça e um facão, maravilhas que eles nunca tinham visto. Estas coisas, juntamente com sua cor negra distinta, tornaram Crisóstavo especial e poderoso, e ele teve uma ideia. Ele se mudaria de novo, mas desta vez com duzentos aliados huitotos de sua nova tribo, e assim prosseguiu, formando um exército, até finalmente chegar à aldeia grande e poderosa do chefe Iferenanuique. Ele se estabeleceu lá, aumentando o poder e o prestígio do chefe, mas depois de quatro anos disse a Iferenanuique que desejava ir para casa e visitar amigos. Mas ele não podia partir de mãos vazias. O chefe perguntou o que ele queria. Crisóstavo marcou um espaço de três metros de comprimento que chegava acima de sua cabeça, e disse que desejava esse espaço cheio de borracha. Isso foi conseguido em três meses, e quando Crisóstavo retornou da civilização, trouxe consigo uma montanha de tamanho semelhante de presentes mágicos: machados de metal, facas, roupas, facões e espingardas, agulhas, colares de contas, pentes, sal, espelhos e aguardente de cana. Havia coisas para todos, e assim seu poder aumentou. Apesar de ele se tornar conhecido como um conquistador, temido em toda a região do Putumayo, o cerne de seu poder estava no comércio e na tentação.

O modo de agir de Crisóstavo era o mesmo dos ingleses: o uso da borracha como alavanca para ganhar influência mais abrangente. A Inglaterra não tinha na América do Sul o poderio político ou militar que possuía na África, na Ásia e no Oriente Médio. As primeiras tentativas de expansão na Argentina levaram a uma guerra civil, e tentativas desastradas de pressionar o Rio de Janeiro a abolir a escravidão enfraqueceram a influência inglesa no Brasil. Mas a Inglaterra tinha peso econômico, o que tem sido chamado desde então de "império informal". Depois de 1856, este peso econômico se tornou notável quando as ferrovias brasileiras — construídas e operadas por empresas britânicas — ganharam concessões generosas do imperador. A São Paulo Railway Company Ltd. operava uma ferrovia que descia de São Paulo ao porto de café de Santos. A empresa existiu de 1876 a 1930, cresceu de 2 milhões para 3 milhões de libras em ações totais, e pagava um dividendo médio de 10,6% ao ano. O negócio era bom. Embora a ferrovia fosse o investimento inglês mais aclamado, os ingleses compraram ações de minas, bancos, firmas de exportação de café, serviços públicos e gás natural do Brasil. Entre 1825 e 1890, preferiram o Brasil a todos os outros países da América Latina como campo de investimento por causa de sua estabilidade política. Em 1856, a Grã-Bretanha entrou no comércio da borracha ao comprar a Companhia de Navegação a Vapor do Amazonas e cerca de 400 mil hectares de terras na Amazônia. A descoberta de Goodyear e a abertura do rio ao comércio internacional tornaram a borracha barata *e* acessível. Foi como se o mundo tivesse descoberto a borracha subitamente. Com uma participação sólida na sua comercialização, o poder da Inglaterra na região talvez não tivesse limite.

Uma pessoa que percebeu isso claramente foi James de Vismes Drummond-Hay, o cônsul inglês em Belém do Pará. O posto de "cônsul" era antigo: era natural que comerciantes em terras estrangeiras, negociando em cidades desconhecidas e às vezes hostis, nomeassem um porta-voz para conduzir as questões com as autoridades locais. De sua parte, as autoridades locais consideravam mais fácil negociar com um representante do que com uma multidão de homens de negócios. Em uma cidade portuária como Belém do Pará, a primeira responsabilidade de um cônsul era a proteção e a regulação dos navios e marinheiros ingleses, mas especialmente na América Latina ele se via forçado a assumir o papel de "homem do momento", o personagem inglês estratégico que ia além de suas atribuições e dava tudo de si pelo império, quando os interesses da Inglaterra estavam em jogo. Para os cônsules em particular, isso significava ficar atento a novas oportunidades e atuar como agentes da expansão do comércio britânico. Esse papel passa a impressão de ser importante, mas na prática os cônsules ingleses eram os afilhados esquecidos do Foreign Office, o Ministério das Relações Exteriores. Eram considerados de "dignidade mais baixa" do que

O Retorno do Fazendeiro

os embaixadores porque seus deveres mercantis faziam mais parte "de interesses individuais do que daqueles do Estado". O uniforme de cônsul tinha bordados de prata e não de ouro como o dos diplomatas, e o salário podia estar abaixo do nível de subsistência. Os diplomatas não os visitavam: eles não pertenciam ao mesmo clube.

Poucas dessas restrições se aplicavam à família Drummond-Hay. James Drummond-Hay vinha de uma extensa linhagem de cônsules-gerais ilustres, todos nomeados para o Marrocos. Por causa de seus interesses em Gibraltar, a Inglaterra estava ansiosa para que este país do norte da África continuasse independente, e nasceu um relacionamento extraordinariamente íntimo entre o Império Britânico e o sultão do Marrocos, graças em grande parte a dois cônsules sucessivos, Edward Drummond-Hay (1829-1845) e seu filho John (1845-1886). O segundo foi tão eficiente que recebeu o título de cavaleiro em 1862. Em conjunto, tomaram medidas para que a Marinha Real levasse os filhos do sultão para a peregrinação à Meca, facilitaram o caminho para que os príncipes marroquinos recebessem a educação inglesa e organizaram o treinamento militar dos oficiais marroquinos em Gibraltar e na Inglaterra. James era o irmão mais jovem de Edward, e, em 1856, o vice-consulado de Tetuan passou para ele. Ele permaneceu no Marrocos por dez anos, casou-se, teve um filho e, em 1866, foi nomeado vice-cônsul de Belém do Pará, com a intenção de que isso o levaria ao cargo de cônsul-geral em algum lugar no Novo Mundo.

Para alguém vindo de um país do norte da África, a Amazônia deve ter parecido um lugar de outro planeta. Tânger era seca e exótica, refrescada por brisas marítimas, e Belém do Pará era úmida e decadente, atormentada por ataques periódicos de febre amarela. No Marrocos, ele estava a poucos dias de viagem de Londres em um veleiro rápido; do Pará a viagem levaria duas semanas e a passagem custaria a quantia assombrosa de sessenta ou setenta libras, uma porção considerável de seu salário anual. Embora a chegada ao Brasil pelo mar fosse fascinante, passando por águas que iam de um azul-escuro a um verde-claro, Belém do Pará estava localizada a 130 quilômetros rio acima, em um largo estuário lamacento, com árvores arrancadas flutuando e grandes ilhas de capim provenientes do interior arrastadas pela correnteza por milhares de quilômetros. A cidade travava uma batalha constante com a vida vegetal. A selva era como um exército invasor, e nos telhados e cornijas cresciam plantas e árvores pequenas que invadiam as construções para daí balançar como se fossem bandeiras inimigas. Todos os cônsules descobriam que eram herdeiros de pelo menos um caso de súdito britânico em apuros. Ao se deparar com um caso digno de compaixão à sua porta, o cônsul não tinha outra escolha a não ser ajudá-lo. Um cônsul no Sião encontrou um desses sujeitos dormindo em sua cama, depois de se encher do que encontrou em seu armário de bebidas. Na Amazônia eles chegavam da selva repletos de parasitas e loucura. Pareciam-se mais com animais do que com ingleses. Estavam pobres e exigiam a passagem de volta para casa.

Mas então um homem perdido particularmente interessante se materializara: chamava-se Wickham, e Drummond-Hay ficou intrigado. Em setembro, o cônsul escrevera seu "Report on the Industrial Classes in the Provinces of Pará and Amazonas, Brazil" (Relatório sobre as classes industriais nas províncias do Pará e do Amazonas, Brasil), no qual concluiu que o trabalhador inglês médio poderia prosperar no local, caso estivesse disposto a se dedicar cientificamente à domesticação da seringueira. Apesar disso, nenhum dos moradores locais parecia levar a sério esta possibilidade: "O trabalho de extrair a borracha é pequeno, mas é tão rentável", escreveu ele, "que é simplesmente natural" continuar a sangrar a seringueira por poucos meses ao ano. Em um bom distrito um homem podia extrair 15 quilos de borracha por dia, mas ainda não havia sido feita nenhuma tentativa real de se extrair a borracha em uma escala maior. O potencial de investimento era fenomenal. "A região produtora de borracha é tão vasta", mas os habitantes do local não tinham pensado sobre "a ideia de plantar a seringueira ou cuidar de seu crescimento".

Então entrou em seu escritório este inglês de 24 anos, exausto, chamado Henry Wickham, que embarcara em um barco a vapor em Manaus e viajara rio abaixo. Ele se parecia com qualquer outro andarilho infeliz até que Drummond-Hay folheou seus diários e viu pela primeira vez um desenho taxonômico preciso da hévea, algo que nem mesmo o tão famoso Richard Spruce havia desenhado. Este desenho estava no meio de outros e mostrava um índio em pé ao lado de uma seringueira, um pôr do sol no Orinoco e um rancho na selva. Além disso, o jovem aprendera a sangrar a seringueira, e tinha de fato conseguido dinheiro suficiente com seu trabalho

O *Retorno do Fazendeiro*

para pagar passagem de volta para Belém do Pará e Liverpool. Outra novidade: era a primeira vez, até onde sabia o cônsul, que um inglês agira como um nativo, ele mesmo extraindo borracha. Richard Spruce descrevera o processo, assim como Wallace e Bates, mas ninguém passara uma temporada como seringueiro. Até onde ele sabia, isso nunca havia sido feito.

Por isso Drummond-Hay fez algo incomum para um cônsul. Depositou confiança em Wickham, levantou seu moral e mudou o rumo de sua vida. Contou-lhe que um jovem disposto a suar e sofrer um pouco poderia se transformar ali. O segredo era a borracha. Se um homem chegasse com capital ou alguns companheiros esperançosos, e estivesse disposto a trabalhar muito, ele se tornaria em dois ou três anos o *único* plantador de seringueiras de toda a Bacia Amazônica. Sua fortuna seria tão grande quanto a dos fazendeiros de cana-de-açúcar das Índias Ocidentais, dos cafeicultores da Malásia e dos plantadores de chá do estado de Assam, na Índia. O lugar onde isso seria feito estava a 800 quilômetros rio acima em uma região que tinha a melhor hévea da Bacia Amazônica, segundo o que se dizia. Era em algum ponto da selva desconhecida, próximo da cidade de Santarém.

Na verdade, parecia que Wickham já conhecia o local. Foi uma das poucas excursões que fizera fora do barco, embora estivesse aparentemente mais interessado no grupo reduzido de americanos sulistas da cidade do que nos arredores ou na selva vizinha. O cônsul insistiu para que o jovem publicasse suas "notas preliminares" como um diário de viagem e fez algo sem precedentes: deu a Henry seu próprio relatório para incluir no livro, como um tipo de posfácio.

Wickham parecia inspirado pela confiança deste homem importante. Depois de uma história de privações, fracassos, doenças e quase morte, de repente escreveria:

> Cheguei à conclusão de que o vale do Amazonas é o maior e melhor campo para qualquer um de meus compatriotas que tiver a energia e o espírito de empreendedor, e também uma vontade de ser independente, e de ter um lar com ao menos um espaço para respirar, e onde ninguém é obrigado a pisar nos pés de seu vizinho. Pretendo no futuro construir a base de minhas operações no planalto no triângulo entre o Tapajós e o Amazonas, por trás da cidade de Santarém.

O Ladrão no Fim do Mundo

Sabemos quem o colocou neste curso, uma pessoa que mudou tanta coisa e influenciou a tantos. Pois quando suas notas foram publicadas, Henry dedicou o livro a James de Vismes Drummond-Hay, cônsul inglês, "em memória de tantas gentilezas, pelas quais o autor se sente muito grato, por terem levado a um final agradável sua jornada um tanto árdua".

✠

Henry chegou a Londres no outono de 1870 totalmente transformado. Sua mãe jamais o tinha visto dessa maneira. Quando regressara da Nicarágua, parecia perdido. Desta vez falava como se houvesse uma nova vida à espera de todos eles na selva, e quanto mais falava, mais convincente soava. Além disso, realizava as coisas com uma energia que antes não fora parte de sua natureza. Dentro de poucos meses após sua volta, revisou suas notas e encontrou uma editora. E também ficou noivo.

O nome da noiva era Violet Case Carter, filha de um livreiro da Regent Street, cuja loja ficava a apenas poucos quarteirões da chapelaria de Harriette, na Sackville Street. Era quatro anos mais jovem que Henry, e é possível que tivessem se conhecido antes de ele partir para o Orinoco. Embora os livreiros não fossem os lojistas mais requintados na Regent Street, eram os mais interessantes e os mais controversos. Como exibiam em suas vitrines litografias e gravuras de todos os temas, de paisagens tranquilas a obras de arte contemporâneas e nus clássicos, eram uma atração para quem ia olhar vitrines e um bom indicador de gostos populares e intelectuais. O pai de Violet, William H. J. Carter, abriu sua loja no número 12 da Regent Street, bem próximo da Piccadilly Circus. Carter morava no local com a esposa Patty e a filha Violet. Como a maioria dos livreiros da época, era um faz-tudo em termos literários. Publicava livros, vendia obras de arte e dava palestras.

William Carter publicou também os diários das aventuras de Henry na Nicarágua e na América do Sul, unindo-os em um volume: *Rough Notes of a Journey through the Wilderness from Trinidad to Pará, Brazil, by Way of the Great Cataracts of the Orinoco, Atabapo, and Rio Negro* (Notas preliminares sobre uma viagem pela selva, de Trinidad ao Pará, Brasil, pelas grandes cataratas dos rios Orinoco, Atabapo e Negro). O livro continha 16 desenhos feitos por Henry, inclusive esboços de um seringueiro na selva e a folha e o fruto da *Hevea brasiliensis*, desenhos que exerceriam em seu futuro um impacto maior do que as narrativas diárias.

A produção parece elementar e feita às pressas. Os diários não foram editados e não seguem a ordem cronológica. O leitor sofre com Henry ao passar pelo Orinoco antes de chegar a conhecer o Henry Wickham mais jovem na Nicarágua. As pessoas entram e saem da narrativa sem qualquer apresentação ou descrição, sobretudo o pobre e desventurado Rogers, cujas origens não são explicitadas e de cujo destino nada se aprende. A voz autoral de Henry é totalmente presa às sensações imediatas. Esta pode muito bem ter sido sua postura em relação à vida, e apesar de toda cordialidade e coragem física, parecia incapaz de demonstrar compaixão para com os outros. Torna-se difícil chamar esta característica de egoísmo, porque isso implica ter consciência dos desejos e necessidades dos outros. A falta de empatia de Henry é mais elementar. Os vitorianos a chamavam de força masculina de vontade. Naturalistas literários como Jack London e Joseph Conrad a descreviam como uma "força da natureza", geralmente destrutiva. Freud nomearia essa força de id.

Pessoas como Henry são de um entusiasmo ardente, e ele deve ter se sentido incandescente como uma estrela nova. Durante aqueles nove meses, desde a chegada em Londres no outono de 1870 até a volta à Amazônia no verão de 1871, ele convenceu a mãe, a irmã Harriette Jane e o noivo dela, Frank Pilditch, o irmão John e uma quantidade desconhecida de trabalhadores ingleses a retornar com ele para Santarém para começar novas vidas como fazendeiros. John Wickham estava tão tomado pela visão de Henry que no censo de 1871 declarou que sua ocupação era a de "fazendeiro". Henry convenceu o pai de Violet a publicar suas *Rough Notes* apesar de que o livro seria lançado depois de sua partida. As histórias da família indicam que Carter também custeou muitas das aventuras futuras de Henry. Ele entrou de repente na vida de uma garota que vivera cercada de histórias de viagens e gravuras exóticas, e que com certeza sonhava com lugares remotos. Ele a tomou de súbito em um namoro-relâmpago, e se casaram em 29 de maio de 1871, quando Henry completava 25 anos.

Ela se dizia "nascida ao som dos sinos de Bow" (da igreja de St. Mary--le-Bow), na zona leste de Londres, o que a fazia "uma *cockney* legítima". Violet jamais viajara para fora da Inglaterra. Uma fotografia do grupo tirada quatro anos depois em Santarém mostra uma mulher pequena, com queixo bem marcado e testa pronunciada, a pessoa mais pálida e frágil das seis que posaram. Na ocasião, três do grupo original haviam morrido; em um ano, mais dois sucumbiriam à malária ou febre amarela. Seus traços angulosos e cabelo castanho-claro faziam-na a menos atraente das três mulheres sentadas na foto, mas demonstrou ser a mais resistente de todos, mais adaptada aos lugares selvagens para onde Henry a levou do que o próprio Henry, e capaz de enfrentar adversidades com um humor simples e direto que ele jamais teve.

Por ser uma garota da classe operária, desde pequena esperava se casar algum dia. "Ser casada significa, talvez para a maioria das mulheres, entrar na vida", declarava o artigo "Old Maids" (Titias) em julho de 1872 na *Blackwood's Edinburgh Magazine*. O casamento era "o ponto em que elas assumem a responsabilidade de realizar suas ideias e objetivos". Havia também uma crença de que por trás de todo homem de sucesso havia uma mulher inteligente e sensível que fazia tudo transcorrer sem tropeços — de que, na verdade, um homem *precisava* de uma mulher dessas para ter sucesso. "O objetivo geral das esposas inglesas é praticamente convencer seus maridos do quanto são mais felizes na condição de casados", assegurava o autor de um manual sobre saúde feminina em 1852, mas Henry não precisava ser convencido. Sentia então uma necessidade tão grande de melhorar sua posição no mundo e aceitou tão incondicionalmente a fórmula vitoriana para o sucesso que a "boa esposa" do livro de Provérbios fazia parte de sua equação interna — ela se identificava com ele e ele com ela. Merecia os benefícios de seu sucesso. O que não se explicitava era que ela partilharia também da realidade de seus fracassos.

Diferentemente dos americanos de hoje que apoiam ideias imperiais, os vitorianos acreditavam que precisavam não só civilizar e dominar, mas também povoar o mundo. Os jovens não eram os únicos recrutados para habitar os lugares selvagens do mundo. Grupos de famílias eram estimulados a estabelecer pequenas ilhas de valores ingleses. Muitas coisas foram atribuídas a estes postos avançados da civilização, escreveu Herman Meri-

O Retorno do Fazendeiro

vale em sua obra popular *Lectures on Colonization and Colonies* (Aulas sobre a colonização e as colônias): "O sentimento de honra nacional, [...] orgulho do sangue, espírito perseverante de autodefesa, o apoio das comunidades semelhantes, os instintos de uma raça dominante, o desejo vago mas generoso de espalhar nossa civilização e nossa religião por todo o mundo." Acreditava-se que estas eram todas as características que faziam dos ingleses um povo imperial e asseguravam um império sempre em expansão. Os homens iriam desmatar a terra, enfrentar os perigos e dominar ou converter os que não fossem ingleses, brancos ou cristãos. O papel de uma mulher era mais sutil. Gerar filhos obviamente se prestava a funções imperiais, mas as mulheres eram necessárias para civilizar os homens. Temia-se que os homens sem mulheres tomariam o rumo dos nativos e passariam a se satisfazer com amantes locais. Uma esposa personificava os padrões morais do império, e os maridos tinham de "protegê-las com ternura como se fossem a plantação da humanidade".

Por isso é compreensível, mas ainda extraordinário, o número de mulheres que Henry convenceu a acompanhá-lo ao Amazonas. A mãe de Henry iria, e também a irmã Harriette Jane e o irmão John Joseph. Harriette Jane estava acompanhada do noivo, Frank Slater Pilditch, advogado londrino de 25 anos de idade. John Wickham trouxe a noiva, Christine Francis Pedley, que trouxe também a mãe, Anna Pedley, de 52 anos.

As mulheres mais velhas podem ter achado que não tinham outra opção a não ser ir junto. Uma foto do grupo tirada em 1875 em Santarém mostra Christine Pedley de perfil. Com tranças longas e escuras e olhar cândido, era a mulher de beleza mais clássica do grupo. De acordo com o censo de 1871, era filha de James Pedley, arquiteto de 59 anos, que construiu seu lar em St. Georges Square, Marylebone, próximo da residência conjunta dos Wickham. Era um local confortável, uma vida que não se abandona facilmente, e o fato de Anna Pedley ter partido para a Amazônia indica ou uma devoção incrível à sua filha com traços de princesa ou a morte repentina de James Pedley nesse meio-tempo. Se foi essa a causa, e sua filha única estava indo para a selva, ela estava diante da possibilidade de levar uma vida de viúva solitária.

A mãe de Henry estivera diante dessa possibilidade por um longo tempo. Estava então com mais de 60 anos, e seu filho mais velho tinha convencido a todos da casa a começar uma vida nova na Amazônia. O que Harriette podia fazer? A chapelaria na Sackville Street nunca fora um grande sucesso. Há um indício de que ela a passara para a filha e que vivia em um estado de semiaposentadoria com os filhos quando não precisavam dela na loja. Não havia nenhuma rede de segurança para Harriette se os filhos partissem — nenhuma seguridade social, pensão ou plano de aposentadoria. A vida em um asilo de pobres era seu destino, à medida que envelhecesse e sua saúde se debilitasse.

Entretanto, foi a irmã de Henry quem deixou mais para trás. O censo de 1871 listou Harriette Jane como "chefe do lar" da residência dos Wickham e uma mulher de "recursos independentes". É quase certo que ela tenha herdado a chapelaria de sua mãe. Ela estava destinada a uma vida confortável de classe média, a mesma da qual a cólera a privara quando criança. Estava retomando o que a mãe deixara. Frank Pilditch, seu noivo, era uma escolha conservadora e segura, assim como seu pai. A foto de 1875 o mostra com uma corrente de relógio saindo do bolso do colete, segurando um charuto com ar de confiança entre os dedos indicador e médio da mão direita. Ele era seguro, desinteressante, e tinha um rosto sem atrativos e esquecível, bem adequado em um tribunal, mas não no meio do bando de piratas de pele escura com os quais os Wickham se pareciam. Harriette Jane olha direto para a câmera, e é o centro do grupo, firme com uma rocha. Ela era a sensatez que servia de contraponto aos voos de imaginação do irmão Henry.

E o que Henry oferecia em troca por este futuro de privilégios? Aventuras, riquezas e regiões exóticas. Uma possibilidade de trabalharem juntos como família por um novo começo. Poderiam construir um mundo da maneira como quisessem. Henry prometeu o paraíso, e eles entraram de corpo e alma na ideia.

Era um paraíso que eles achavam que iriam reconhecer. O paraíso quase sempre é tropical, com uma vegetação exuberante e abarrotado de frutas suculentas, onde os homens e mulheres são lindos e usam pouca ou nenhuma roupa. Em suas primeiras cartas a Fernando e Isabel, Colombo descreveu o Novo Mundo como um paraíso; Gauguin e Rousseau povoaram o paraíso com uma vegetação fantástica, habitantes sensuais e tigres e leões pacíficos. Morar em um local como esse significava ter uma vida feliz e indolente.

O Retorno do Fazendeiro

Partiram de Liverpool em um navio a vapor no final do verão de 1871 e um mês depois estavam em Belém. A capital do estado do Pará, na floresta tropical, na verdade não está localizada junto ao Amazonas. Está situada na baía de Marajó e se liga ao curso de água que atravessa o continente pelo rio Pará e uma série de canais naturais. Seguir rumo à foz do Amazonas por si só era uma tarefa trabalhosa para um navio a vapor marítimo. Novos bancos de areia e baixios se formavam e se dissolviam, e uma corrente poderosa em direção ao leste jogava um navio de um lado para o outro.

Passara-se quase um ano exato desde que Henry partira deste lugar, e ele foi às pressas ao consulado britânico para anunciar seu retorno. Com exceção de cartas e um processo judicial, Henry não escreveria mais a respeito de si até 1908. A partir desse ponto, a história é retomada por registros públicos, correspondências escassas, observações casuais de outras pessoas e as memórias não publicadas de Violet. Suas observações são curtas, incisivas e diretas. Ela não poupa ninguém, e muito menos o marido. Então, seu primeiro contato com os trópicos enquanto caminhava por entre as ruas estreitas e avenidas arborizadas de Belém com esse bando dos Wickham "era como ser jogada na água sem nunca ter aprendido a nadar".

Belém era uma porta de entrada e uma amostra de toda a beleza surreal e dos absurdos mortais que um recém-chegado aos trópicos enfrentaria. Havia uma mistura inter-racial de portugueses, índios e negros; os nobres se vestiam com seus ásperos ternos de lã e colarinhos altos e duros; a catedral imponente e a alfândega; a construção lenta do Teatro da Paz, um dos maiores da América do Sul, iniciada em 1869. Enfileiravam-se nos telhados os urubus-perus, velhos amigos de Henry. Henry sussurrou algo quando os viu. Violet conhecia a história e compreendia o pavor do marido. Depois de uma pancada de chuva tropical, ficavam de pé com suas asas estendidas, em uma imitação blasfema de um crucifixo, as penas estalando ao vento. Às vezes pareciam estar cometendo suicídio, pois voavam pelo espaço aberto da praça e se chocavam contra um prédio grande e branco. Estavam repletos de parasitas, um "singular inseto parasita alado de aparência repugnante", comentou um observador mais tarde, "semelhante a uma mosca doméstica achatada".

Eles se transferiram para um barco fluvial a vapor em uma questão de dias. A navegação a vapor começou na Amazônia em 1853; em 1871, quarenta barcos a vapor de propriedade da Amazon Steam Company (Companhia de Navegação do Amazonas) viajavam pelas hidrovias. Todos eram embarcações de vários conveses, abertos por todos os lados e conhecidos popularmente como gaiolas. O convés superior era reservado aos oficiais e passageiros de primeira classe, e o inferior para o motor, cargas, passageiros de segunda e terceira classes, animais e a tripulação. As cargas eram distribuídas em camadas: mercadorias, mulas e cachorros ficavam na parte inferior, os passageiros balançando em suas redes acima deles, com espaço nas vigas para os macacos, caixas de insetos e aves que soltavam seus cantos estridentes.

Violet nunca vira nada como esta modalidade de viagem. As redes eram amarradas em todas as vigas; ela não sabia o que pensar sobre a rede que balançava suavemente, mas logo passou a achá-las agradáveis para o clima quente e descobriu que não conseguia dormir de outro jeito. "Elas tem de estar quase retangulares", escreveu ela, "e você se deita em diagonal, não ao comprido". Elas também deviam estar a uma altura suficiente para se poder colocar o pé no chão e manter o movimento. "O balanço e o som ritmado das cordas da rede logo te fazem dormir."

Cerca de 160 quilômetros acima de Belém eles entraram em um canal chamado de estreito de Breves. Ele tem 145 quilômetros de extensão, menos de 90 metros de largura, e passa por um labirinto de mil ilhas de vegetação densa. O canal principal faz um caminho sinuoso a oeste de Marajó, a ilha aluvial central de tamanho semelhante ao da Suíça. Depois de passarem pelo canal, entraram no próprio rio Amazonas, cuja foz passa a impressão de que se entra em um mar no interior do continente. Violet viu uma vasta extensão de água, uma mistura leitosa verde-amarelada que se estendia de 5 a 10 quilômetros de uma margem a outra. Grandes leitos de grama aquática cresciam nas margens ou se soltavam para formar ilhas flutuantes. Estas ilhas tinham de ser evitadas a todo custo, pois poderiam quebrar a hélice, tornando-os parte da ilha, a serem carregados de volta ao mar. Por eles passavam flutuando frutas, folhas e troncos de árvores gigantes em uma quantidade tão grande que se tinha a impressão de que o interior devia ser desprovido de vegetação. As margens planas eram cobertas pela floresta imponente e ininterrupta, e os troncos retos e escuros das árvores formavam um muro verde e vivo nas margens do rio. Uma cadeia de colinas baixas que se unia às montanhas da Guiana ao norte se elevava ao fundo por cerca de 320 quilômetros. Tudo estava coberto pela floresta, com bandos frequentes de papagaios e grandes araras vermelhas e amarelas grasnando do alto.

Violet entrara em um dos maiores rios e em uma das maiores bacias fluviais do mundo. Segundo o cálculo mais preciso, o Amazonas tem uma extensão aproximada de 6.400 a 6.750 quilômetros, se houver a consideração de que a nascente do rio fica na cordilheira dos Andes, aproximadamente a 50° de longitude a oeste. O comprimento do Nilo é geralmente calculado em 6.600 quilômetros. O fluxo do Amazonas é cinco vezes maior que o do Congo e 12 vezes maior que o do Mississipi, e todos os dias despeja tanta água no Atlântico quanto a vazão anual do Tâmisa em Londres. Os hidrologistas brasileiros acreditam que a descarga anual do rio seja de mais de 200 milhões de litros por segundo. Segundo este cálculo, o Amazonas poderia abastecer em duas horas toda a água usada pelos 7,5 milhões de habitantes de Nova York em um ano.

O vale tem o formato de leque. No delta, Violet navegou pelo seu vértice de 320 quilômetros de largura. A partir desse ponto, ele se alarga até chegar aos Andes, onde a largura do vale ultrapassa 2.400 quilômetros. Ele drena uma área de 6,2 milhões a 7 milhões de quilômetros quadrados — quase todo o norte e centro do Brasil, metade da Bolívia e da Colômbia, 2/3 do Peru, 3/4 do Equador e parte do sul da Venezuela. Até os anos 1970, a floresta tropical cobria 2/3 de toda essa extensão. Desde então, foram desmatados de 10% a 15% de sua área, embora parte tenha retornado como floresta secundária. O rio passa em terreno praticamente plano: o rio principal tem uma queda de apenas 65 metros entre o Peru e o Atlântico, em uma distância de 3 mil quilômetros; enquanto 11 de seus principais afluentes correm por mais de 1.600 quilômetros sem a interrupção de uma única corredeira ou cachoeira. Contudo, a corrente mantém uma velocidade média de 2,5 quilômetros por hora durante a estação seca e ultrapassa o dobro dessa velocidade durante a cheia do rio, e em alguns lugares o nível da água varia em 15 metros ou mais. Tanta água flui por Manaus e Santarém que o rio funciona como um arado, abrindo o solo e formando um canal abaixo de Manaus que as sondagens já calcularam ter até 100 metros de profundidade. Deposita-se tanto sedimento que os terrenos baixos começaram a afundar sob seu próprio peso, e já foram registradas profundidades de sedimentos de mais de 5 quilômetros. Violet ouviria o rio ser descrito como o sistema de evacuação da bacia, o meio pelo qual os detritos da enorme floresta à sua volta se eliminavam, como se a paisagem ribeirinha fosse nem tanto um ecossistema, mas bem uma criatura, uma *coisa* enorme, implacável e inconsciente.

Richard Spruce via a floresta como uma árvore monstruosa. Seus afluentes eram os galhos maiores, e os riachos e córregos eram os galhos menores e os brotos. Em seus diários, ele imaginou uma região escura onde o rio se ramificava sem fim, se perdendo dentro de um muro impenetrável de verde. Quem entrasse neste mundo verde desaparecia: a floresta densa se fechava sobre quem saía do caminho. Era como se nunca tivesse existido a ideia da civilização, nem mesmo por um breve instante na mente de Deus. Somente a floresta tinha importância: ela era a única realidade desde o começo do tempo.

Mas lá o tempo não tinha nenhum significado real. Horas e horas se seguiam, e no começo foram os detalhes domésticos que causaram a impressão mais forte em Violet. O pão, por exemplo, era fatiado e assado novamente para poder ser levado para o interior, e o gosto de pão velho foi o primeiro presságio que ela teve dos problemas futuros. "Nós viajamos com algumas poucas pessoas na segunda classe que queriam trabalhar em nosso novo empreendimento", escreveu ela. "Uma delas veio como um porta-voz do resto para nos mostrar o pão que lhes deram para comer, mas ao ouvir que comíamos do mesmo pão, ficaram um pouco mais quietos."

Mas até o pão velho era artigo de luxo. O "pão verdadeiro", que ela logo descobriria, era a farinha, feita de raiz de mandioca — pequenas pelotas secas de fécula que os habitantes do local pegavam com as pontas dos dedos e punham na boca como se fosse pipoca. Foi preciso se acostumar a isso. Violet comparou a farinha ao pó de serra e só conseguia comer depois de molhá-la em uma sopa ou caldo.

Na loja de seu pai, Violet lera sobre as tribos selvagens que habitavam os milhares de riachos do país. Em 1541, Francisco Pizarro, seguro de que derrotaria os incas na costa do Pacífico, "recebera a informação de que além da cidade de Quito havia uma vasta região onde crescia a árvore da canela". Ordenou que seu irmão Gonzalo e seu tenente Francisco de Orellana encontrassem a terra da canela.

O Retorno do Fazendeiro

Eles atravessaram as montanhas com quinhentos espanhóis, 4 mil carregadores indígenas e rebanhos de lhamas e porcos. Desceram os Andes e entraram na selva seguindo o rio Napo, mas logo ficou evidente que não havia canela, muito menos provisões para o exército. A expedição foi atormentada pelas deserções, fome e doenças, e o rio se estendia em direção ao infinito. Orellana recebeu ordens de construir um bergantim e continuar a exploração mais adiante. Logo se tornou mais fácil continuar rio abaixo do que retornar, e por isso Orellana tomou a "estrada flutuante" que o levou através do continente e meses depois para o oceano.

Foi durante esta viagem acidental que a floresta tropical se tornou o lugar para fantásticos sonhos ocidentais. Logo depois de seguirem rio Napo abaixo, um chefe indígena contou a Orellana sobre o Eldorado, uma cidade fantástica de ouro situada a poucos quilômetros de distância, história que provavelmente nada mais foi que uma tentativa de se livrar desses estrangeiros malucos. "Foi aqui que nos informaram sobre as amazonas e a riqueza rio abaixo", escreveu Gaspar de Caraval, o padre jesuíta do grupo de Orellana. Havia uma certa tribo que vivia junto a um lago cujas margens eram cobertas de ouro. Todas as manhãs os índios cobriam o chefe com uma camada fina de ouro, e todas as noites ele se banhava no lago para remover o ouro, preparando-se para o dia seguinte. *Ele* era El Dorado. Embora não tivessem descoberto o ouro, outras ilusões imperavam. A mais famosa era a do "encontro" de Orellana com as mulheres guerreiras em um local próximo da foz do rio Trombetas. Estes nativos de cabelos compridos, mais provavelmente homens, e não mulheres, inspiraram o nome do que os próprios índios chamam de *Paranaguassu*, ou "rio grande".

Haviam-se passado trezentos anos e o Amazonas ainda era um misterioso rio de sonhos. Calculava-se que 332 mil pessoas moravam na região, um aumento em relação às 272 mil da década anterior. As fronteiras do Brasil foram legalizadas em 1750; em 1807, quando Napoleão invadiu Portugal, a rainha Maria I e o príncipe regente dom João preferiram transferir toda a corte para o Rio de Janeiro com a ajuda da marinha inglesa a se render e abandonar a aliança com a Inglaterra. Após a derrota de Napoleão, dom João regressou a Lisboa, mas em 1822, seu filho, dom Pedro I, que se recusara a partir, declarou a independência do Brasil. Em 1840, dom Pedro II se tornou imperador aos 14 anos de idade. Continuava então como regente, e seu governo era uma monarquia constitucional. Falava-se de políticas progressistas, como a abolição da escravatura.

Mas na remota Amazônia as tendências históricas tinham pouca importância. A história era marcada pelas riquezas extraídas da floresta. O primeiro destes "ciclos extrativistas" foi o do pau-brasil, iniciado em 1503 e encerrado no século XIX, interrompido pela quase extinção da espécie e pela descoberta de corantes sintéticos. Conhecida também como pau-de--tinta, a árvore era abundante ao longo da floresta tropical que acompanhava a costa atlântica. Para extrair a tinta vermelha da cor de tijolo, o cerne era amassado antes de ser cozido. Quando as árvores de uma área se esgotavam, derrubavam-se outras mais para o interior, cada vez mais distantes do litoral. Durante as três primeiras décadas da colonização portuguesa, a colheita era estimada em 3 mil toneladas métricas por ano. Nos dois séculos seguintes, o Brasil foi considerado uma mina inesgotável de pau-brasil, uma cornucópia de árvores vermelho-escuras.

O próximo ciclo extrativista, o da cana-de-açúcar, teve início no século XVI e atingiu seu apogeu na primeira metade do século XVII. O chá, o chocolate e o café estavam se tornando produtos da moda na Europa, e entre 1600 e 1700, o açúcar brasileiro usado para adoçá-los dominou os mercados do mundo. Para quebrar o monopólio, os holandeses ocuparam o nordeste do Brasil de 1630 a 1661, mas foram finalmente expulsos e os portugueses retornaram. Enormes plantações de cana-de-açúcar, ou engenhos, se espalharam ao longo da costa por causa do solo mais fértil e acesso mais fácil à Europa. Era necessário o uso de lenha para manter as fornalhas de cana-de-açúcar. Funcionavam 24 horas por dia por sete ou oito meses, e cada engenho usava até 2.560 carroças carregadas de madeira por colheita. A indústria criava uma terra devastada. Um historiador lamentou que o cultivo da cana-de-açúcar "nos deixou com um Nordeste saqueado de suas florestas muito ricas, [com] solos empobrecidos e uma população servil e miserável, possuindo apenas sua cultura popular e a humildade e a humanidade que apenas muitas gerações de sofrimento podem ensinar".

Quando a produção brasileira de açúcar enfraqueceu, abriram-se minas. A mais importante descoberta de ouro aconteceu em 1693 onde é hoje o estado de Minas Gerais. Descobertas posteriores causaram corridas do ouro tão intensas como as da Califórnia e do Klondike. Os trabalhadores abandonaram os campos de cana-de-açúcar e foram para as minas de ouro, desferindo um golpe mortal na indústria açucareira. O fluxo de ouro permitiu a Portugal um padrão de vida muito acima de seus recursos. Entre 1500 e 1800, as Américas enviaram à Europa 300 milhões de libras em ouro; deste total, 200 milhões saíram do Brasil. Calcula-se que 300 mil portugueses participaram da corrida do ouro, despovoando o país a ponto de se decretar leis de restrição às viagens. A fome e a doença atingiram os campos de mineração, forçando os exploradores a procurar novos campos de ouro. Queimavam florestas e escravizavam índios. Em 1700, a produção de ouro chegou a 2.750 toneladas por ano; em 1760, 14.600 toneladas. Quando o ouro se esgotou, a depressão que atingiu o centro-sul do Brasil foi tão grande quanto a da região nordestina, então um depósito de resíduos de cana-de-açúcar.

O ciclo do algodão veio a seguir, na parte sul do país, mas no norte coberto pela floresta, o gado imperava. Cerca 1,3 milhão de cabeças de gado pastavam na Amazônia e ao seu redor em 1711. Árvores foram cortadas e cerrados queimados para "fortalecer" os pastos. Desertos se formaram ao longo do rio São Francisco, em Minas Gerais, Goiás e Mato Grosso.

Começou então o ciclo da borracha. Em uma manhã fria, Violet acordou e viu que o barco deles estava ancorado em um pequeno porto na selva. Segundo se dizia, lá se encontrava a melhor borracha da Amazônia. Santarém parecia agradável o suficiente. Era assentada sobre uma subida leve no encontro dos rios Amazonas e Tapajós, com uma praia de areia fina, uma igreja bonita de duas torres, e casas pintadas de branco ou amarelo, as portas e janelas de verde brilhante. Nas colinas além da cidade, subia uma neblina da floresta. "Então esse é meu novo lar", pensou ela, e esperou que passasse a gostar dele. Ela rezou para que a vida fosse gentil para com eles, a prece inocente de toda jovem noiva.

CAPÍTULO 7

A SELVA

Violet gostou de Santarém desde o começo. Era uma cidade pequena e bonita, com um porto fluvial e fileiras de casas brancas rodeadas de jardins verdes, erigida em uma subida leve próxima da foz do rio Tapajós. Havia uma praia de areia branca em sua extensão e uma colina pequena e rochosa marcava seu limite ocidental. Situada na junção de dois rios colossais, o ar não era estagnado, mas agradável e fresco. Pela margem avistavam-se fileiras de canoas, e além delas umas vinte embarcações maiores. Como não havia um cais em Santarém, os passageiros e a carga eram transportados de barcaça, ou então o barco parava perto da praia e os passageiros saltavam na água rasa. A beira da praia estava cheia de lavadeiras de todas as cores. Quem por acaso passasse por lá abria caminho entre as roupas estendidas para secar.

Quase todas as cidades amazônicas, assim como Santarém, eram divididas em uma parte chamada de cidade e outra de aldeia. A primeira era a parte moderna, e a segunda, a aldeia indígena a partir da qual a cidade se desenvolvera. As avenidas da cidade eram paralelas ao rio, mas cobertas por vegetação porque havia poucos veículos e todos andavam a pé. Três ruas longas percorriam a extensão da cidade, e além delas ficava uma das extremidades da floresta, de onde se podia ouvir bramidos de onça. Nas partes mais remotas da cidade, na aldeia, as pessoas ainda trancavam suas portas à noite com medo do felino. Além da aldeia ficava o campo, uma planície coberta de grama cujo terreno se elevava até chegar a um planalto coberto pela floresta. Apesar de os Wickham terem alugado uma casa vazia, Henry deu a entender que dentro de poucos dias eles estariam indo para aquele interior remoto.

A Selva

Santarém era uma cidade comercial de aproximadamente 5 mil habitantes, cujo sustento dependia do rio Tapajós, não do Amazonas. Os moradores locais o chamavam de rio Preto. Na verdade, as águas não eram negras, mas de um azul profundo e opaco. O Tapajós nascia a 2.650 quilômetros ao sul, nas selvas do Mato Grosso, e embora sua bacia de drenagem cobrisse 489 mil quilômetros quadrados, era apenas o quinto maior afluente do grande rio. No ponto onde os rios se encontravam, o Tapajós formava um lago enorme. Chamadas de rias pelos geólogos, são comuns na Amazônia. Neste local, o Tapajós tinha uma profundidade tão incrível que navios a vapor transatlânticos podiam subir o rio até logo abaixo das vilas comerciais de Aveiro e Boim. Durante a maré alta podiam ir além, passando pela mina de cal da pequena Boa Vista e às vezes indo 240 quilômetros adiante, até as cachoeiras de Itaituba. Algumas casas comerciais de Santarém tinham filiais em lugares bem distantes como esses. As canoas e lanchas traziam a borracha rio abaixo, junto com remédios da selva, cacau, pequenas caixas de pó de ouro e ocasionalmente uma cabeça encolhida.

Parecia que o próprio espírito da paz repousava sobre a vila, e Violet desconfiava de que sentiria falta disso quando partissem para o interior. Mas Santarém não fora sempre pacífica e continha muitos fantasmas. No passado, a região garantira o sustento de uma das populações mais importantes das Américas antes da conquista, com os povoados e aldeias dos tapajós, ou tupaiús, uma civilização que se estendia por quilômetros ao longo das margens dos rios. Segundo a tradição, os tupaiús descendiam de tribos que emigraram do Peru e da Venezuela. Extraíam sua subsistência das ricas reservas de peixes do rio e das plantações de milho nos ricos solos aluviais, renovados todos os anos com as cheias do Amazonas. Havia algumas colinas de topo plano ao redor de Santarém, e nelas encontrava-se a "terra preta do índio", um composto rico formado por gerações de agricultores índios. Era sobre este solo negro que Henry tinha ouvido falar em sua primeira viagem. Assim como outros recém-chegados, ele cometeu o erro de achar que este composto feito pelo homem era o estado natural do solo da floresta. Os primeiros relatos europeus, do início do século XVI, falam de multidões de canoas de guerra saindo para guerrear e de habitações indígenas ao longo das margens. "Sessenta mil flechas podem ser atiradas só destas aldeias", escreveu um cronista jesuíta, "e como o número de índios tapajós é muito grande, eles são temidos pelos outros índios e nações, e assim se tornaram soberanos desta região". Eles eram guerreiros "corpulentos", muito "grandes e fortes", as pontas de suas flechas eram envenenadas e "é por isso que os outros índios têm medo deles", disse o padre jesuíta.

A cidade moderna teve início quando os jesuítas reuniram os índios para convertê-los ao cristianismo. Construíram um forte de pedra, e Santarém se tornou uma aldeia de missão. Em 1773, a cidade foi invadida pelos índios guerreiros mundurucus. Os habitantes da cidade e os soldados se reuniram no forte e rechaçaram os atacantes com fogo pesado de mosquetes. Os mundurucus lutaram bravamente, e suas mulheres carregavam suas flechas, mas sua superioridade numérica foi repelida com as armas de fogo modernas.

As primeiras décadas da independência não foram mais pacíficas. Uma guerra civil assolou toda a Amazônia de 1835 a 1841. Conhecida como Cabanagem, ou Guerra dos Cabanos, o que começou como um levante dos escravos logo se transformou em uma guerra racial. Quando foi brutalmente suprimida, entre 30 mil e 40 mil estavam mortos. Eram mortos os que não sabiam falar a língua geral ou tinham algum vestígio de pelo facial. Os cabanos arrancavam todos os pelos de suas faces para não serem confundidos com os europeus. Os ataques noturnos empreendidos pelos cabanos às casas dos colonizadores eram precedidos pelo toque forte e estridente do toré, uma trombeta feita de bambu comprido e grosso. Naquela época, uma vez por ano, seus descendentes, também chamados de cabanos, reuniam-se no carnaval e marchavam à luz de tochas até o bairro europeu de Santarém, tocando o toré enquanto caminhavam. Eles dançavam diante das portas dos cidadãos mais importantes, mas os que tinham idade suficiente para lembrar se arrepiavam, como se a morte descesse sobre a floresta mais uma vez.

Mesmo nessa época, as questões raciais continuavam a moldar a vida de Santarém. Calcula-se que 1/3 de todos os escravos africanos trazidos ao Novo Mundo vieram para o Brasil, e no século XIX este número se aproximava de 60%. Embora o tráfico de escravos do país tenha sido abolido em 1817, ele só acabou de fato em 1850, quando a Inglaterra, motivada pela moralidade recém-descoberta da política externa, ameaçou o Rio de Janeiro com um bloqueio naval. Mesmo assim, a escravidão não acabou.

A Selva

Na verdade, como observou Violet, ainda existia no Amazonas. "Todas as crianças nasciam livres, mas os lares ainda tinham uma proporção grande de escravos, de uma maneira ou de outra." Ela ficou admirada com a resistência das mulheres escravas. Desenvolveram a arte de executar tarefas múltiplas quando passavam pela cidade carregando várias coisas, com "uma jarra grande de água em suas cabeças, um prato de farinha em uma das mãos, com a palma voltada para cima logo acima do ombro, e uma criança sentada em seu quadril, do outro lado".

O afrouxamento das leis escravagistas fez com que Santarém se tornasse o lar de dois grupos de exilados diametralmente opostos. Escravos fugidos das plantações de cana-de-açúcar de Barbados haviam se estabelecido ao longo dos afluentes Trombetas e Maicuru, do outro lado do rio, na margem norte do Amazonas. Havia também um grupo remanescente dos duzentos refugiados confederados originais que vieram a Santarém com a esperança de plantar algodão e fundar uma nova sociedade escravocrata. Os confederados estavam espalhados por todas as partes: na margem norte do Amazonas, e assim seus barcos comerciais ultrapassavam os dos barbadianos negros quando vinham à cidade; na própria Santarém; e em uma comunidade rural ao sul do outro lado do campo, no planalto coberto pela floresta. "É para lá que nós vamos", disse Henry a ela. Seus novos vizinhos não seriam lojistas da Regent Street, mas colonos da Confederação derrotada.

O último grupo e o maior deles, trazido para a condição corrente de escravidão, era formado pelos índios. Ainda perduravam antigas animosidades depois da Cabanagem e das depredações dos escravizadores. A escravidão indígena nem sempre foi conhecida por este nome. Havia um orfanato para crianças indígenas perto da residência dos Wickham. As crianças eram "levadas para famílias diferentes para serem criadas", uma forma de adoção que ainda existe nas áreas ao longo do rio, embora no Tapajós essa prática pareça mais informal, entre vizinhos e famílias estendidas. Na época de Henry, porém, essas "adoções" tinham um motivo econômico. Todas as donas de casa de Santarém "juntavam dinheiro para manter a casa ao mandar seus escravos para a rua para vender coisas", escreveu Violet, "sendo que um dia eram verduras, em outro bebidas feitas de vários tipos de frutos de palmeiras, e em outros rendas de bilros que essas meninas índias

Henry Wickham, 1899.

Henry Ford, 1934.

Desenho de Henry Wickham da folha, do fruto e da semente da *Hevea brasiliensis*.

Desenho de Wickham dos túmulos na região de Santarém.

Santarém, 1875. *Em pé, da esquerda para a direita*: Henry Wickham; seu cunhado Frank Pilditch; e John Joseph Wickham, seu irmão mais jovem. *Sentadas, da esquerda para a direita*: Violet Wickham; Harriette Jane, irmã de Wickham; e Christine Wickham segurando o filho, Harry, nascido em Santarém.

Desenho de Wickham mostrando Violet no primeiro acampamento fora de Santarém.

Desenho de Wickham mostrando a sangria de uma seringueira no Orinoco.

Defumando a borracha no Brasil.

Desenho de Wickham de seu rancho no Orinoco.

Charles Goodyear, descobridor do
processo de vulcanização.

Joseph Dalton Hooker, segundo
diretor do Kew Gardens
(Jardim Botânico de Kew).

Sir Clements Markham.

Uma seringueira em Belterra, com cicatrizes das incisões feitas por seringueiros.

Casa da fazenda de Taperinha, onde Spruce, Wallace e Bates se encontraram em 1849, e onde Henry Wickham pode ter se recuperado de uma ferida quase fatal entre 1873 e 1874.

Taperinha vista do alto.

Retrato de sir Henry Wickham, depois de ter recebido o título de cavaleiro e pouco antes de sua morte.

Henry Wickham ao lado da árvore mais velha do Ceilão, em 1905.

Uma das sementes originais trazidas da Amazônia.

faziam sob a orientação de suas senhoras". As crianças pareciam felizes e "não havia casos de crueldade flagrante, apesar de muitas vezes se ouvir o som da palmatória — uma peça de madeira no formato de uma raquete — com a qual a dona da casa mantinha a ordem, batendo na palma da mão de quem se comportava mal". Talvez Henry e Violet tenham adotado uma criança logo nos primeiros dias após sua chegada, pois mais tarde Violet se referiu a "um garotinho índio que fora entregue a H para ser criado". Não há nenhum indício do uso da palmatória em suas memórias, e o garoto aparentemente era dedicado, acompanhando Henry para todos os lugares.

Violet também acompanhava Henry por onde ele ia, e este lugar era o campo. O caminho que saía da cidade subia por 2 ou 3 quilômetros, passando por uma faixa estreita da mata, e depois entrava na pradaria que se elevava gradualmente até chegar a um vale extenso banhado por riachos. A vegetação do campo fez Spruce, que visitara o local 22 anos antes, se lembrar de "uma área verde inglesa" como Hampstead Heath. Henry talvez tenha feito a mesma comparação, pois acelerou o passo, o que Violet interpretou como um sinal de seu estado mais entusiasmado. Enquanto os outros tentavam manter alguns vestígios da moda inglesa, Henry se tornara um nativo, ou ao menos a interpretação que fazia deles: usava camisa de linho, calça cáqui, jaqueta de safári, cinto de couro baixo e uma faca na bainha balançando ao lado da perna. Parecia o mais rude do grupo, com os cabelos negros e despenteados, bigode de morsa negro e uma barba sempre por fazer, aparada de três em três dias. Ele gostava muito de sua aparência, e Violet parecia estar admirada porque o excêntrico bem-humorado com quem ela se casara em Londres se tornara um personagem ainda maior na Amazônia. Pela planície que atravessavam, espalhavam-se algumas árvores baixas, que raramente ultrapassavam a altura de 9 metros, e de vez em quando apareciam arbustos com flores coloridas. Para além desta paisagem, as colinas com cobertura densa de vegetação se estendiam até se perderem de vista. Algumas colinas isoladas eram picos em forma de pirâmides, com terra preta do índio e fragmentos de potes no topo, os últimos vestígios da grande civilização tupaiú. A solidão total reinava sobre os campos enquanto iam em direção ao sul. Os moradores da cidade tinham pouco interesse em uma terra que consideravam um covil de onças e demônios da floresta. Os poucos caminhos que saíam da cidade levavam a fazendas

A Selva

pobres, e com exceção desses, não havia nenhuma outra estrada, nenhum sinal de civilização.

A viagem da cidade até o local durava um dia, com as mulheres a cavalo e os homens a pé. Violet nunca fornece uma lista completa das pessoas do grupo, mas os trabalhadores ingleses devem ter ido com eles para desmatar o terreno da fazenda, enquanto as mulheres mais velhas — a mãe de Henry e a sogra de John — devem ter ficado para trás. Logo Violet teria uma dura lembrança de que não estava mais em sua casa. As selas que trouxeram foram feitas para os cavalos ingleses robustos, não para a espécie de cavalo pequeno da Amazônia: "Eu não tinha ido muito longe quando a minha sela inglesa escorregou pela barriga do cavalo", fazendo-a cair abruptamente no chão. Foi um prenúncio do que viria a seguir. Henry avisara o seleiro para encurtar a cilha, mas as coisas nunca aconteciam do jeito que ele planejava.

Deixaram os campos e entraram em uma trilha na selva que para Violet parecia ser basicamente "emaranhados de cipós", e depois subiram uma colina. No topo, Henry abriu um sorriso de triunfo. "Aqui estamos nós", disse ele. Estavam no alto de uma escarpa do planalto coberto pela floresta a quase 10 quilômetros da cidade, em um lugar chamado Piquiatuba, ou "lugar das árvores piquiá". O naturalista Henry Walter Bates, que morou por uns tempos em Santarém na mesma época que Richard Spruce, chamou estas árvores que davam nome ao local de "Pikia", coisas colossais tão altas quanto as gigantescas castanheiras-do-pará. Elas produziam um fruto com polpa comestível com uma semente no meio e eram "cobertas de espinhos duros que causam feridas graves se entrarem na pele". Embora Bates achasse que a fruta tinha gosto de batata crua, os moradores da cidade gostavam muito dela e "faziam viagens muito cansativas a pé para encher um cesto de frutas".

Eles pararam em frente ao que Violet achou que fosse um celeiro com teto de sapê, e na frente desta construção um velho barbudo de botas de cano alto apoiava-se sobre um ancinho e sorria. Ela imaginou que fosse um peão, e esta não foi a última vez que seria enganada pelas aparências. O "peão" era o juiz J. B. Mendenhall, líder dos confederados, e o celeiro era sua casa. Henry decidira se estabelecer entre essas pessoas de aparência excêntrica até que pudesse construir sua própria casa e capinar sua própria terra.

O Ladrão no Fim do Mundo

A estranha história dos confederados da Amazônia começa com o homem que alguns culpam pela tragédia do Grupo de Donner, o grupo de pioneiros que foi para a Califórnia e cujo nome se tornou sinônimo de canibalismo de sobrevivência. Lansford Warren Hastings sonhava com um império. Nascido em 1819 no estado de Ohio, viajou em 1842 para a cidade de Independence, no Missouri, juntou-se a um dos primeiros comboios de carroças com destino ao território de Oregon e foi escolhido como um de seus líderes. No ano seguinte se encontrava na Califórnia, onde teve a visão de uma nova república com ele no comando. Isso exigia seguidores, e por isso Hastings escreveu o *The Emigrant's Guide to Oregon and California* (Guia dos emigrantes para o Oregon e a Califórnia). Nele Hastings exaltava as virtudes da nova terra e estimulava as viagens de carroça para a Califórnia através de um caminho no deserto que ele encontrara e chamava de Atalho Hastings. Centenas de famílias tomaram o atalho. Uma delas era o Grupo de Donner, com 87 membros. Eles ficaram presos nas montanhas de Sierra Nevada durante o inverno de 1846 a 1847, e no final se viram forçados a se alimentar dos que haviam morrido recentemente. O número de seus sobreviventes mal chegou à metade. Um deles teve de ser contido para não matar Hastings depois do resgate.

A tragédia do Grupo de Donner foi um acontecimento tristemente célebre que acabou com os sonhos de Hastings de um império no Oeste. Mas sua ambição podia se adaptar a outros contextos. Casou-se com a filha do juiz Mendenhall e foi adotado como confederado. Depois da guerra, escreveu um novo livro, *The Emigrant's Guide to Brazil* (Guia dos emigrantes para o Brasil), no qual retratava uma Amazônia paradisíaca, "um mundo de verde eterno e primavera perene". Assim como Matthew Fontaine Maury, imaginava um império no sul na floresta tropical e, antes de morrer de febre amarela em 1868, organizara e enviara um grupo de duzentos confederados esperançosos para uma concessão de terra no planalto da selva atrás de Santarém.

Mas o império não estava se tornando realidade conforme planejado. A maioria dos recém-chegados era como Henry, pessoas com mais esperança do que experiência prática. Quando Wickham chegou, restava apenas metade do grupo original de duzentas pessoas. Os outros haviam voltado para casa ou estavam mortos. Nenhum deles tinha imaginado que trabalhar com agricultura na selva seria tão difícil, e os espíritos mais inquietos do grupo voltaram para Santarém para beber e vagabundear. Eram tão desordeiros que o governo cortou o apoio financeiro prometido a todos. Os que ficaram na floresta descobriram que o solo não era tão fértil quanto imaginaram. Quando rasparam a camada superior do solo, havia apenas argila. Se fosse por isso, poderiam ter ficado na Geórgia, e lá ao menos era possível arar a terra. Na Amazônia esta era uma tarefa impossível porque a floresta era obstruída por cipós e arbustos difíceis de serem removidos. Os confederados eram pobres demais para comprar equipamentos e animais de tração, e por isso eles próprios puxavam seus arados. A esperança de cultivar algodão se transformou em piada, e passaram a plantar a cana-de--açúcar, destilando seu suco e fazendo um rum que vendiam em Santarém. As esposas e filhas trabalhavam com eles até caírem de cansaço e sucumbirem à febre, e todos os anos aumentava o número de cruzes de madeiras fincadas no cemitério dos confederados.

Eles ainda estavam claramente lutando para sobreviver. Os últimos cinquenta estavam reunidos no topo de uma escarpa de 150 metros de altura acima do rio Tapajós. De todo o grupo apenas um prosperara, e ele tinha se estabelecido em outro local. R. J. Rhome chegara com muito dinheiro e investira em uma parceria na administração de Taperinha, a fazenda de propriedade do barão de Santarém, 32 quilômetros abaixo no Amazonas. Os outros eram interioranos do Tennessee, Alabama e Mississipi, "homens rudes e pobres com suas esposas e filhos [...] que vieram para ficar", disse um observador. O juiz Mendenhall assumira a liderança da colônia depois da morte do genro, Lanford Hastings. R. H. Riker, presidente de uma ferrovia na Carolina do Sul, tinha fundado, com Clements Jennings, James Vaughan e outros, uma colônia-satélite junto ao Diamantino, afluente do Tapajós, onde anos antes diamantes foram descobertos. Não havia então mais riquezas instantâneas.

Eram estes os amigos de Henry. Pela primeira vez, Violet duvidou da sensatez do marido, e talvez de sua sanidade. Deixara a vida em Londres por *aquilo*? Ela poderia ter se derramado em lágrimas e gritado com Henry, mas em vez disso respirou fundo e determinou: "nunca chegaríamos a ser como eles". Disse a si mesma que ao menos usaria seu melhor vestido aos domingos, algo que essas mulheres de colonos não faziam. Porém, logo que o vestiu, surgiu a ideia de uma visita a um campo de cana-de-açúcar no alto de um planalto próximo. Depois de uma subida de meia hora, ela olhou para baixo e viu as "meias brancas, pernas e pés quase da mesma cor do rico solo negro que estávamos explorando". Ela reavaliou seus conceitos de moda e reconheceu: "Isso joga um balde de água fria nas minhas ideias sobre refinamento."

Isso seria uma boa metáfora de sua vida futura. "Coitada de mim!", escreveu ela. "Passei a ser tão completamente descuidada em relação a essas coisas quanto qualquer mulher nascida no interior, de qualquer lugar."

Este seria o lar deles nos três anos seguintes.

Piquiatuba ficava no limite da escarpa, com vistas da cidade ao norte e do Tapajós a oeste. O planalto era conhecido como "a montanha", mas não tinha nada de montanhoso. Era apenas uma parte subsidiária da região mais elevada do Brasil central. A localização aproximada ainda pode ser feita. Até 1997 e o advento do desmatamento para a instalação de fazendas de arroz e soja, o planalto se manteve como havia sido nos dias de Henry, uma elevação da floresta primária, lar de centenas de espécies de árvores gigantescas. Enquanto se pode encontrar no máximo 25 tipos de árvores em uma floresta temperada, uma área do mesmo tamanho nos trópicos pode abrigar até quatrocentos. A diferença é que crescem isoladas, separadas a uma grande distância, para se proteger dos parasitas, enquanto nas zonas temperadas uma única espécie pode crescer em um grupo de centenas ou milhares. Em Piquiatuba, além da seringueira e da piquiá nativa, algumas das árvores mais comuns incluíam o imponente ipê-amarelo ou ipê-ferro, conhecido hoje em dia nos Estados Unidos como a madeira usada no deque da mansão de Bill Gates à beira-mar; o ipê-roxo, cuja casca pode ser uma possível cura para o câncer; a colossal castanheira-do-pará, que se eleva a pelo menos 60 metros, com os galhos mais baixos a nada menos que 36 metros do chão; e o pau-rosa, ingrediente essencial do perfume Chanel nº 5. Para onde quer que Violet olhasse, via massas esplêndidas de vegetação — cacaueiros, limoeiros, grandes bananeiras claras e arbustos de café saindo dos limites do campo e entrando na mata.

A Selva

Por que havia tantas árvores? Calcula-se hoje que a Reserva Florestal Adolfo Duche — área protegida da floresta tropical de 100 quilômetros quadrados a nordeste de Manaus — tenha 1.300 espécies. Embora cubra uma área 2 mil vezes menor do que a da Inglaterra, tem quarenta vezes mais o número de árvores nativas. Cerca de 120 teorias tentam dar conta deste problema, mas duas aparentemente prevalecem. Primeiro, as eras glaciais que varreram as zonas temperadas repetidas vezes destruíram a vegetação, deixando um terreno duro em um clima rigoroso que fez com que apenas as plantas mais resistentes sobrevivessem. Em segundo lugar, nos trópicos as pressões são biológicas, não físicas ou climáticas. Uma espécie com um número menor de árvores, mais afastadas uma das outras, tem uma probabilidade maior de resistir aos parasitas e insetos, o que ajuda a explicar a diversidade exuberante.

A floresta tropical era estranha para Violet sob muitos aspectos. Ela nunca tinha estado em um lugar silencioso como a floresta. O silêncio era uma força por si só, quase hipnótica. Podia seguir uma enorme borboleta seda-azul dentro da mata, fascinada por suas asas brilhantes de um azul cerúleo, quando de repente percebia que até mesmo seus passos não faziam nenhum barulho. O chão não era o mesmo chão que ela conhecia, era um composto escuro que exalava um cheiro forte e amargo. As árvores pareciam estar quietas por séculos. Nenhum vento soprava as folhas, e nem mesmo um só pássaro cantava. A luz da manhã era estranha e difusa, como a luz de uma catedral escura. Havia um verdor no próprio ar, tão denso que parecia que ela podia apertar com os dedos. A vida real da floresta existia em profusão no alto das árvores, onde os pássaros cantavam em tom irritante e produziam sons secos, e macacos-guaribas negros uivavam em um tom estranho de solidão e tristeza que ecoava por quilômetros. Pareciam gritos de um louco. Uma vez ela avistou um macaco-prego com a face e o bigode brancos, segurando com força contra o peito sua fruta esmagada, olhando de soslaio para ela como uma gárgula.

A noite também era um mundo diferente. Depois do pôr do sol, o silêncio da floresta era substituído por sons dissonantes: o uivo do macaco-guariba, "o clamor ensurdecedor dos sapos em todas as variações de rouquidão" e o voo rápido do morcego gigante por entre as árvores. Surgiam estranhas formas de vida à noite: gafanhotos de 30 centímetros com espinhos semelhantes a placas de armaduras e mandíbulas que perfuravam couro, e morcegos-vampiros que chegavam perto à noite e mordiam dobras da pele para lamber as gotas de sangue. Estes morcegos eram especialmente problemáticos em Piquiatuba. Apesar de Henry e Violet nunca terem sido mordidos, outros foram, e quem mais sofria eram os animais domésticos. Os morcegos mordiam os pobres cavalos noite após noite no mesmo lugar, e "não só os enfraqueciam como também provocavam uma ferida tão grande que eles não podiam ser selados", enquanto todas as manhãs as galinhas saíam do galinheiro "cambaleando de fraqueza e com as cristas tão brancas quanto o resto de seus corpos". Os prediletos do grupo sofriam mordidas no dedão. Eles nem ficavam sabendo do ataque até acordarem pela manhã "banhados de sangue".

Violet gostava de fazer passeios a cavalo à noite, um de seus poucos prazeres. No caminho havia cupinzeiros e algumas partes deles brilhavam como brasas. Os vaga-lumes e "outros pontos de luz nas árvores em decomposição" conferiam à selva um ar sobrenatural. Henry ia com ela, carregando a arma, porque ainda havia onças vagando pelas colinas, e quando se sentia seu bafo, a morte estava praticamente certa. Em algumas manhãs ela via pegadas ao redor da casa. Os felinos eram atraídos por suas galinhas. Havia seis caçadores de onça morando nos campos ou na cidade. Em Santarém, todos contavam a história da onça e os três homens, fato ocorrido poucos anos antes da chegada de Richard Spruce. Um dos homens estava armado com um mosquete, outro com um terçado (espada curta e grossa) e o terceiro, alto e forte, estava desarmado. Estavam caçando na "montanha" quando a onça saiu do mato e se lançou sobre o terceiro homem, mas ele era forte e agarrou as patas dianteiras do animal. Lutaram até que o felino conseguiu soltar uma das patas e arrancar seu couro cabeludo, que caiu sobre seus olhos. O homem com o terçado correu em seu socorro, mas a onça se virou para ele e o feriu gravemente. O felino se sentou no meio deles, olhando para os dois homens mutilados como se refletisse sobre quem iria devorar primeiro. Neste ponto o homem com o mosquete chegou e a batalha se reiniciou. O "tigre" foi morto, mas não sem antes ferir também o terceiro homem. O homem que foi escalpelado ainda vivia em Santarém, e as pessoas sempre o apontavam. Ele usava uma carapuça preta para cobrir a parte de seu couro cabeludo que ficou fragilizada. Violet ti-

A Selva

nha visto este homem e ouvido as histórias; não precisava ser lembrada quando Henry a alertava para ficar perto dele.

Às vezes parecia que o lugar era sobrenatural. Henry ria quando ela dizia isso, mas ela lera seus diários e sabia que em certas ocasiões ele também fora tomado por sentimentos estranhos. Era como se estivesse sendo observada. Mais de uma vez ela perturbou o repouso de uma mariposa do bicho-da-seda e ela abriu as asas: nas grandes asas de cor clara fitavam dois enormes olhos falsos, esferas de um azul profundo com gradações de cor até chegar ao ébano, enfeitadas com brilhantes gotas prateadas. Depois do choque inicial, percebeu que os "olhos" existiam para assustar os predadores, mas isso deixou claro para ela que na floresta havia olhos escondidos por todos os lados. Os homens que salvaram Henry no Orinoco acreditavam que ele tinha sido amaldiçoado pelo curupira, o espírito da floresta. Na região do Tapajós acreditava-se que o curupira vagava sob as árvores com sua mulher. Ele tinha um olho no meio da testa, dentes azuis e orelhas enormes. Sua mulher era ainda mais feia, com uma sobrancelha no meio de sua cabeça e seios embaixo dos braços. Violet se perguntou se não ficaria com a mesma aparência depois de um ano na floresta.

Havia também as herbolárias nativas, as "feiticeiras", que viviam em cabanas solitárias nos limites da floresta, e cujas especialidades principais eram as poções do amor e os remédios da floresta. Henry Bates chegou a conhecer uma, de nome Cecília, e embora ela fosse sempre muito educada com seu grupo de cientistas, explicou que algumas feiticeiras eram mulheres sórdidas, conhecedoras de várias plantas venenosas e favoráveis à ideia de administrar uma dose debilitante a uma rival apaixonada.

Tudo parecia possível em um lugar onde a floresta respirava como um par de pulmões gigantes. O dossel fornecia sombra de 20 a 50 metros acima do chão, funcionando como um sistema de refrigeração e umidificação para toda a vida sob ele. Na transpiração, as árvores bombeavam a água do solo de volta à atmosfera, tornando gradual o escoamento da água da chuva acumulada na superfície. A floresta era um grande sistema de reciclagem. As árvores absorviam potássio, fósforo e outros nutrientes para dentro do tapete de raízes e fungos presos a elas ao sugar a água por meio das raízes. Esta vegetação luxuriante sugeria abundância, mas isso era uma ilusão. O solo era tão pobre que a única opção era não deixar que nada fosse desperdiçado.

E havia também as tempestades. Os temporais com trovões violentos eram frequentes, especialmente à noite. Grandes quantidades de nuvens passavam rapidamente em direção ao oeste. Uma calma sufocante precedia o ataque furioso da tempestade, e então o céu desaparecia e rajadas de ventos arrancavam árvores apodrecidas. Explosões elétricas e estrondos fantásticos de trovões reduziam tudo a luz, barulho e água. Quando o céu se unia à terra, Violet tinha a impressão de que devia ter sido esta a experiência que Noé passou durante o fim de seu mundo.

Após as chuvas, vinha uma umidade sufocante tão opressiva que os médicos da época acreditavam que enfraquecia os pulmões, criando um "campo fértil" para o bacilo da tuberculose. Uma coisa era certa: a umidade estava em toda parte: nas paredes, no piso e até mesmo nas roupas de cama. Nada ficava seco, especialmente as roupas, a não ser quando eram secadas sobre o fogo. Um fungo branco semelhante a cabelo cobria os livros e papéis, e as ferramentas eram atacadas pela ferrugem inevitável. A umidade infiltrava-se entre todas as dobras da pele e nas partes íntimas, causando erupções de uma coceira insuportável e que nunca curavam.

Henry disse que isso passaria, que os desconfortos eram temporários. Eles construiriam sua casa, plantariam as sementes, se acostumariam ao clima assim como milhares de colonos antes deles em todos os lugares onde o Império Britânico fincou sua bandeira. Violet queria muito acreditar nele. Sua primeira casa era feita de sapê, o que soava exótico, mas na verdade não era nada mais que folhas de palmeira. Com a esposa e a filha do juiz Mendenhall, Violet aprendeu a pegar uma folha de palmeira jovem e sem frutos, de 1,5 a 2 metros e, com uma sacudida e um giro dos dedos polegar e indicador, rasgar os folíolos em ângulos retos em relação ao talo da folha "até que se parecesse com uma franja verde gigante". As folhas eram amarradas às vigas em grupos de três ou quatro, uma sobre a outra. "Enquanto estava verde era bonito", escreveu ela, "mas logo fica com uma aparência de coisa gasta, embora possa durar alguns anos se for bem-feito e bem grosso".

A primeira cabana era uma construção simples, com 4 metros de comprimento por quase 3 de largura. Era dividida em dois cômodos por uma divisória e feita de folhas de palmeira amarradas a estacas e vigas. Henry lhe prometeu uma casa de madeira em uma parte vizinha da floresta

A Selva

com um piso legítimo de tábuas de madeira e telhas sobrepostas para protegê-los da chuva. Para cumprir este objetivo, ele "começava cedo pela manhã e eu não o via mais até a noite". Como não havia serrarias por perto, ele derrubava as árvores no local onde a casa seria construída e as cortava em tábuas. Podia-se gastar horas para derrubar uma única árvore gigante, e quando ela caía, outras caíam junto. Como cabos, os cipós que ligavam as árvores umas às outras pareciam amarrar juntas todas as árvores da floresta. Caíam em uma massa emaranhada, arrastando epífitas e orquídeas. A salsaparrilha-do-campo era um desses cipós, e quando caía em sua cabeça, Henry podia vender na cidade e conseguir algum dinheiro, do qual tinham muita necessidade. Em outras ocasiões não tinha tanta sorte: vinha abaixo a jacitara, o "espinho-do-diabo", cheia de espinhos grandes e afiados, capazes de causar feridas graves. Nunca se sabia o que havia lá no alto. Ninhos de cupins podiam cair como vasos de barro, ou formigas que picavam podiam pingar como uma chuva ardente. A solução era cobrir a cabeça e correr. A queda de uma árvore causava pandemônio: os macacos pulavam de galho em galho, os papagaios gritavam e os tucanos, os observadores mais curiosos, voavam para baixo para observar a devastação.

Violet tinha seus próprios problemas na fazenda dos confederados. Cozinhar era um tormento diário. Henry lhe ensinou como fazer uma fogueira, com três toras unidas pelas extremidades, e todos os dias ela se agachava no chão e soprava para acender o fogo. "Eu faço o fogo pegar, coloco a panela ou a chaleira e vou cuidar de alguma coisa na casa, e quando eu volto a madeira já se consumiu e derrubou-se a panela e o que havia dentro", escreveu ela. "Isso acontecia sempre, às vezes arruinava a chaleira, e o fogo apagava sempre."

Buscar água era outra tarefa igualmente cansativa. A fazenda deles era em um local elevado para escapar das nuvens de insetos e dos efeitos miasmáticos do "ar ruim", mas as minas de água eram no vale, a quase um quilômetro de distância, em um declive acentuado. Não havia nenhum poço ou bomba de água, e qualquer tentativa de escavar para achar água acabava criando um poço de água escura e salobra. Todos os dias os homens carregavam água morro acima no que pareciam os trabalhos de Sísifo. As mulheres iam até as minas de água para tomar banho, mas a caminhada de volta na floresta úmida as deixava "tão cansadas, sem vigor e com calor como antes". Caminhar até o Tapajós tomava mais tempo, e no rio era preciso se prevenir contra a piranha. Em 1852, 19 anos antes, Henry Bates constatara que as piranhas de Piquiatuba eram vorazes: "atacavam as pernas dos banhistas próximos da praia e causavam feridas graves com seus dentes fortes em forma de triângulo". As coisas que antes eram de praxe — água limpa, um banho, e sem peixes assassinos na banheira — se tornaram um luxo.

Logo se tornou evidente para Violet que a promessa de Henry sobre o "'temporário' seria estendida". Ela pode ter sido a última pessoa a admitir publicamente o fato; sem dúvida ouvia queixas dos outros sobre o inferno para onde seu marido os tinha levado. Sabia que Henry ouvia também. Apareceram feridas purulentas em seus braços e pernas, algumas tão profundas que não saravam, deixando cicatrizes que duraram até a velhice. A estação chuvosa chegou subitamente, e apesar de não haver enchentes na colina, as chuvas e as idas diárias até o local de plantação deixavam todos irritados. Eles se mudaram para a casa que Henry construiu bem antes de ela ser terminada "para economizar tempo nas idas e vindas". O quarto de dormir foi construído meio metro acima do solo e ganhou um piso, exceto por um buraco grande, que eles esconderam com a cama. Como não havia chaminé, a fumaça saía pelas portas e janelas. Henry e os trabalhadores ingleses plantaram mandioca, açúcar e tabaco na terra preta de índio, mas as sementes morriam antes de germinar ou se recusavam a crescer.

Mas isso era brincadeira de criança comparado à primeira grande crise. Os trabalhadores ingleses nunca sonharam com uma vida como essa, "e logo nos deixaram, um após o outro", disse Violet. É difícil dizer se algum evento particular precipitou a saída deles. Uma das primeiras mortes relatadas em seu grupo foi a de George Morley, de Dorset e Londres, um homem de idade, como Violet dá a entender, embora sua idade não seja registrada. Os trabalhadores partiam abertamente ou à noite, sozinhos ou aos pares, de volta para Santarém, de volta pelo rio até Belém, de volta pelo navio mercante a vapor mensal para Liverpool e então para casa. A falta de mão de obra poderia acabar com uma fazenda tão rapidamente quanto a violência ou a doença. O "problema da mão de obra" estava presente em todo o império, se estendendo das pequenas propriedades no interior de Queensland e na savana da Rodésia até as ricas plantações da Índia e do

Ceilão. Quando os trabalhadores ingleses iam embora, os fazendeiros passavam a usar a mão de obra nativa, mas a concepção indígena de trabalho era diferente da existente nas ilhas britânicas. Henry tentou contratar índios locais ou camponeses mestiços, os caboclos, mas eles eram "independentes e preguiçosos", reclamou Violet, sem dúvida refletindo a frustração de Henry. Este era um choque mundial de culturas, e também de classes, a luta entre proprietários e trabalhadores que com tanta frequência gerava abusos, violência ou escravidão. Não há indícios de que Henry maltratava seus trabalhadores, mas ele nunca teve sucesso com eles, um problema que o afligia sempre em todos os lugares do mundo onde esteve.

Sem que percebesse, Violet aos poucos se tornou insensível. Em Londres ela se considerava da classe trabalhadora, mas então ela e Henry eram proprietários, pessoas com capital, não importava o quão limitado ele era, e que eles podiam perdê-lo todo de um momento para o outro. As posses exercem certa influência sobre as pessoas, mesmo na selva. Mudaram suas afinidades, embora ela nunca tenha percebido o quanto. Os comentários das esposas dos fazendeiros e das europeias casadas em todo o império demonstraram repetidas vezes o quanto a atitude da mulher era decisiva para o sucesso de uma plantação: "Se lidava com as 'instruções' matutinas e com os outros encontros com paciência, compreensão e interesse, surgia um entrosamento verdadeiro" entre os dois mundos, do proprietário inglês e do trabalhador nativo, como observou a historiadora Deborah Kirkwood em um estudo sobre as fazendas da Rodésia. "[Uma] disposição em se interessar pela saúde" e problemas dos trabalhadores e suas famílias "era sem dúvida valorizada". Violet administrara com sucesso o primeiro sinal de crise — a reclamação sobre o pão no barco a vapor —, mas sua solução foi constranger discretamente o porta-voz, e isso demonstrou ser um erro. Ela então não tinha nenhum meio de reconquistar a simpatia dos trabalhadores e, por isso, ela, Henry e sua família ficaram sozinhos para roçar os campos.

Porém, Henry foi derrotado mais pelo solo do que pelos trabalhadores. Apesar da exuberância da floresta tropical, os solos amazônicos são mais frágeis do que os das zonas temperadas. Diferentemente do solo encontrado nas florestas temperadas, na Amazônia não há uma camada espessa de húmus. Os índios antigos tentaram combater este problema ao

O Ladrão no Fim do Mundo

juntar gerações de terra negra, mas não puderam vencer a ecologia. O sistema de raízes das árvores é raso, geralmente concentrado entre os 20 e 40 centímetros da camada superior do solo, e é três vezes mais denso que o encontrado na zona temperada. Se parece com a bola de raízes que vemos ao tirar uma planta de crisântemo de um vaso comprado em um viveiro. Os nutrientes raramente ficam depositados na matéria orgânica que se acumula no solo, pois são reabsorvidos imediatamente; essa decomposição rápida da camada de resíduos é efetuada por fungos. Enquanto nas zonas temperadas a reciclagem se processa no interior do solo, na Amazônia ocorre na superfície. Pesquisas demonstram que quase todo nitrogênio e fósforo estão armazenados na camada superior. Um estudo de 1978 demonstrou que 99,9% do cálcio 45 e do fósforo 32 espalhados sobre o tapete de raízes próximo da superfície era absorvido imediatamente, enquanto apenas 0,1% penetrava o solo. O crescimento rápido de pequenas raízes e filamentos brancos dos fungos micorrízicos estavam por trás desse processo: a floresta dependia do solo não para crescer, mas simplesmente para se erigir. O solo não era a fonte principal de nutrição, apenas um motor de pouca profundidade para circulação e trocas.

Quando Henry limpou a terra para o cultivo, expôs o solo à força total do clima. As chuvas diárias compactavam a superfície, diminuindo sua permeabilidade. Quando a absorção decresce, aumenta o escoamento da água da chuva acumulada na superfície, causando maior erosão. O sol, por sua vez, elevava a temperatura do solo a um ponto que cozinhava as bactérias destruidoras dos resíduos orgânicos, o que inviabilizava a formação de húmus. Os raios ultravioleta, antes bloqueados pelo dossel da floresta, produziam então alterações químicas no solo, convertendo em gás o nitrogênio e o dióxido de carbono que sobravam da decomposição. Em vez de permanecer no solo, onde eram necessários por sua ação de fertilizante natural, os dois elementos escapavam para o ar.

Logo depois, aconteceu a segunda crise, mais terrível. Começou a primeira onda de mortes. Violet parece insensível em suas memórias, mencionando apenas o "enterro de duas ou três das pessoas mais velhas do grupo" sem dizer seus nomes, mas talvez quando escreveu ela já concluíra que esta insensibilidade era a única maneira de sobreviver. Conhecemos os mortos pelo desenho que Henry fez das cinco cruzes no cemitério dos

A Selva

confederados "feitas de madeira pau-brasil bem sólida", segundo escreveu, e "erigidas na floresta atrás da cidade de Santarém". A primeira cruz era a do trabalhador George Morley; a segunda para Anna Pedley, de 55 anos, a mãe de Christine, noiva de John Wickham; e a terceira era para a própria mãe de Henry, Harriette, de 58 anos, que sobrevivera por tanto tempo e acabou morrendo no lugar que a fascinava. Ela enchera seu filho com sonhos sobre os trópicos, ele a trouxera consigo para o paraíso, e ela morreu quase um ano após a chegada, em 6 de novembro de 1872.

Henry nunca escreveu a respeito da morte da mãe. Violet tampouco tocou no assunto. Mas a morte de Harriette marcou um ponto de mudança, depois do qual os outros começaram a se afastar de Henry e de seus sonhos loucos, e ele se voltou cada vez mais para dentro de si. Depois de 1872, ele se tornou um fantasma solitário, um homem melancólico. Ele deve ter se torturado de culpa por ter levado Harriette para morrer na selva. A partir dessa época, passou a ser mais atencioso e protetor com Violet, ao mesmo tempo em que ele a arrastava cada vez mais profundamente em seus planos irrefletidos. A partir de então, até não ser mais capaz de suportar, ela tentou fazer com que sua própria resistência correspondesse à dele.

O que foi a causa dessas mortes tão rápidas, que depois mataria mais duas pessoas em 1875 e 1876? Nunca se mencionou a causa das mortes, mas certamente foram devido às doenças. Todos os tipos de parasitas e assassinos microscópicos habitam os trópicos, mas nesta região há três culpados mais prováveis: a febre amarela, a esquistossomose e a malária, velha amiga de Henry. A esquistossomose, doença do fígado que ataca as pessoas que se banham em águas onde os caramujos de água doce, com pleópodes, estão presentes, era a menos provável porque suas principais vítimas eram as crianças, mas deve ser levada em consideração porque tem apenas duas procedências conhecidas na Amazônia: em Belém do Pará e no Tapajós. A febre amarela era mais provável que a esquistossomose: a doença que em 1850 levou muitos dos amigos de Richard Spruce reincidia com força em intervalos de dez anos, e vinha com os mosquitos e a chuva. O vírus atacava rapidamente, começando com os efeitos da depressão e inquietação, e depois passando a dores ardentes nas juntas, coluna e cabeça. O rosto da vítima ficava vermelho, a pulsação irregular e os olhos com aparência vítrea. Era bem provável que dentro de cinco dias a vítima estivesse morta.

Às vezes um fluido escuro escorria em abundância da boca da vítima e este era o golpe final e terrível. Uma pessoa podia contrair a febre amarela e sobreviver, mas depois que o vômito negro aparecia, a morte era certa.

A maior possibilidade, porém, era a malária. Henry deve ter ficado ao lado da mãe, como fizera seu próprio salvador, espantando as moscas e levando goles refrescantes de caldo de cana-de-açúcar aos seus lábios, lembrando-se como era apreciado o mais simples ato de carinho e atenção. Mas desta vez isso não foi suficiente. O parasita plasmódio em forma de ovo a matou em cinco ou sete dias, rompendo grandes quantidades de células vermelhas de sangue, ricas em oxigênio. Logo começam as alucinações. É quase uma bênção quando o enfermo entra em coma e morre.

Em 1874, três anos após a chegada, Henry estava arruinado. O grupo original se dividiu. Dos sobreviventes, a irmã e o irmão de Henry e seus cônjuges passaram a morar em Santarém. Sonhavam em voltar a Londres, mas isso exigia dinheiro. Eles fundaram uma escola na cidade, juntaram dinheiro para a passagem e contavam os dias.

Apenas Henry e Violet permaneceram na selva. "Do grupo original, apenas nós dois nos recompomos e recomeçamos mais uma vez", escreveu Violet. Mas recomeçar significava ir mais para dentro da floresta. Não haveria em quem se apoiar se cometessem erros. Eles estariam sozinhos.

CAPÍTULO 8

AS SEMENTES

Henry talvez tenha se sentido só, mas pela primeira vez na vida estava prestes a ser utilizado por um poder superior: Kew. Ele seria transformado em um instrumento e aceitava essa transformação de braços abertos. Se é que Henry e Violet tinham alguma esperança, ela veio do outro lado do mundo.

A mudança começou com a publicação. No começo de 1872, Henry recebeu a notícia de que seu livro estava pronto para chegar às prateleiras das livrarias de Londres. Seu *Rough Notes of a Journey Through the Wilderness* nunca seria um grande sucesso como os diários de Livingstone ou de Burton, mas o livro incluía os desenhos de Henry da vida na selva, e um desenho em particular mostrou ser importante: o da folha, da semente e do fruto da *Hevea brasiliensis*. Mais do que qualquer outra coisa, este desenho seria a chave do futuro de Henry.

A notícia da publicação parece ter impulsionado Henry. Isso era ainda no começo, quando ele podia sonhar que o pequeno pedaço de terra em Piquiatuba seria um dia uma fazenda enorme, e ele, um senhor feudal. Ao que parece, ele informou Drummond-Hay sobre seu "sucesso" no Tapajós, mas mais importante que isso foi que em março de 1872 ele contatou Joseph Hooker em Kew. Em uma carta enviada de Santarém, disse ao diretor que sua casa era localizada em "uma elevação subsidiária junto ao planalto coberto pela floresta ao sul de Santarém que ocupa o triângulo formado pela junção do Tapajós com o Amazonas". Ele sempre descrevia suas possessões em termos estratégicos: um triângulo de terra por onde se observa todos os caminhos de acesso, uma vista das alturas que se estendia por suas terras ancestrais. "As águas dos dois rios, ilhas e estuários podem ser vistos

O Ladrão no Fim do Mundo

do novo lar", escreveu ele. Era, em essência, o senhor de tudo que visse e, portanto, tinha condições de enviar amostras preciosas a Kew. Embora Hooker não tenha se dado ao trabalho de responder, Henry estava animado pela sua própria confiança. Depois da carta, enviou um pacote cheio de tubérculos e sementes de palmeira.

Se Henry fez uma coisa certa durante os anos desastrosos de 1871 a 1874 foi manter sua correspondência com Londres. Aparentemente ele percebia que a sua melhor chance para ter sucesso na Amazônia estava em alguma forma de aliança com Kew. O fato de ele ter se voltado para Hooker indica que o vendedor que existia dentro dele procurava se sobressair. Ele achava que poderia se tornar um fazendeiro, mas seu verdadeiro talento era a autopromoção. Em Hooker ele identificou o único homem que poderia salvá-lo da ruína tropical que criara e talvez dar algum sentido a ela. Assim como fizera com o jovem Watkins e depois com James Drummond-Hay, Henry depositou toda a sua fé em um homem.

E Hooker prestou atenção. Em algum momento entre 1872 e 1873, ele leu o livro de Henry e viu seu desenho da hévea. Apesar de existirem então muitas evidências anedóticas que associavam a hévea à *Pará fine*, nem mesmo Spruce havia chegado à conclusão botânica absoluta de que a *Hevea brasiliensis* era o tão procurado Santo Graal. Chegou então este livro mal organizado no qual um inglês desconhecido e pretensioso não só observava a coleta de borracha como também se envolvia no trabalho de sangria e cura da borracha. O desenho da folha, da semente e do fruto foi o primeiro a ser feito. Ele convenceu Hooker (e logo depois Clements Markham) de que Henry tinha condições de identificar a hévea na selva, algo nada fácil de se fazer no caos da floresta tropical. Henry sempre se imaginara com potencial de artista. A ironia seria que a importância de seu trabalho se daria bem longe do mundo da arte.

Porém, por mais importante que este desenho e os outros relacionados a ele fossem para o destino de Henry, continham também um grau de mistério que caracteriza grande parte de sua carreira. O desenho simples e sombreado que Henry fez da "folha e do fruto" da hévea deixou claro para Hooker que ele conhecia o assunto em questão, e suas descrições da sangria da seringueira no Orinoco estabeleceu sua reputação como um especialista em borracha, o mais recente na linhagem acidental de "homens no local" de quem as fortunas do império dependiam com tanta frequência. Mas até que ponto ele sabia de fato do que estava falando? Embora não se soubesse em Londres na ocasião, posteriormente se demonstrou que a *Hevea brasiliensis* não crescia muito ao norte. Henry e seus ajudantes deviam ter extraído a borracha de outra variedade no Orinoco. Outro desenho do livro mostrava a remoção de toda a casca do tronco, prática jamais descrita na Amazônia na infinidade de relatos de viajantes, além de ser mortal para a árvore. "Se é que seus desenhos da folha e das sementes representam mesmo a *H. brasiliensis*, devem ser de amostras encontradas ao longo do Amazonas em sua viagem de volta para casa", talvez durante sua breve parada em Santarém, supôs o historiador ambiental Warren Dean. Inocentemente, Hooker agiu exatamente como a família de Henry — depositando sua fé em alguém que tinha bem menos conhecimento do que se supunha.

Mas Hooker sabia que outro golpe vitorioso como o da cinchona o ajudaria politicamente. Já haviam se passado três décadas desde que Charles Goodyear patenteara a vulcanização, e a cada ano a indústria descobria mais aplicações para este material elástico, impermeável e não condutor. As guerras na Crimeia, no sul dos Estados Unidos e a Guerra Franco-Prussiana demonstraram sua necessidade estratégica e até mesmo geopolítica. Os sapatos com solas vulcanizadas ligadas à parte superior de tecido de lona, conhecidos como *brothel creepers* (rastejadores de prostíbulo, proveniente de seu uso por soldados), eram um grande sucesso nos Estados Unidos. Na Inglaterra, ficaram conhecidos como *plimsolls*. Em 1870, B. F. Goodrich fundou uma fábrica de borracha em Akron, no estado do Ohio; em 1871, entrou em atividade a Continental Kautschuk und Gutta Percha Co., em Hanover, na Alemanha; e em 1872, a Itália entrou na corrida com a G. B. Pirelli and Co.. Em 1849, quando Spruce chegou pela primeira vez a Santarém e percorreu a selva em busca da borracha, o preço nos Estados Unidos era de três centavos por libra. Em 1872 e 1873, o preço ficou em torno de sessenta centavos e prometia subir. A Inglaterra sabia que seu poder dependia de navios, mas desde a primeira batalha dos encouraçados em 8 e 9 de março de 1862, entre o *Monitor* e o *Merrimac*, a Era das Velas estava inevitavelmente se transformando na Era do Vapor. Então veio uma mudança de matérias-primas, de madeira e cânhamo para carvão e aço — e a borracha.

O Ladrão no Fim do Mundo

Clements Markham percebeu isso com mais clareza do que os outros. Em 1870, despertara para a necessidade da borracha depois que o artigo de Collins comparou sua obtenção ao roubo da cinchona. Em 1871 e 1872, enquanto Henry lançava os planos que puseram em andamento a tragédia pessoal e regional, Markham começou a pôr em ação seus próprios projetos. Nomeou Collins para escrever um relatório ainda mais pormenorizado comparando as utilidades das várias espécies conhecidas de árvores laticíferas. O relatório de Collins considerava a hévea superior à *Castilla elastica*, guta-percha ou *Ficus elastica*, apesar de terem mais conhecimento científico sobre todas as outras e de serem de obtenção mais fácil. Markham não precisava de muito mais estímulo. Munido do relatório, atraiu para o projeto o duque de Argyll, secretário de Estado para a Índia, e lorde Granville, secretário de Estado para Assuntos Estrangeiros. Em 10 de maio de 1873, o relatório de Collins foi enviado a James Drummond-Hay, em Belém do Pará, com o pedido para que encontrasse alguém disposto a coletar as sementes. A carta mencionava "um sr. Wickham, em Santarém, que poderia fazer o serviço".

Um ano após sua primeira carta ser ignorada por Hooker, Henry estava atraindo atenção. Em 7 de maio de 1873, três dias antes do envio das instruções oficiais a Belém, Markham pediu conselhos a Hooker. Informou a Hooker sobre as ordens do Foreign Office a Drummond-Hay para que "tomasse medidas para conseguir um suprimento de sementes da hévea", e depois perguntou se as sementes deveriam ser enviadas primeiro a Kew "para serem cultivadas lá, com o objetivo de enviar posteriormente as plantas jovens para a Índia". Oito dias depois, em 15 de maio, Hooker disse que cultivar as sementes em Kew era uma ótima ideia. Ele acrescentou:

> Tenho um correspondente em Santarém, na Amazônia, que está envolvido no negócio da coleta de borracha, e vou escrever a ele para saber os detalhes sobre o crescimento da árvore e os métodos de coleta. Solicitarei que envie a Kew uma quantidade considerável de sementes.

Em maio de 1873, um redemoinho de atenção se voltava para Henry, mas ele só ficaria sabendo disso seis meses depois. Quase ao mesmo tempo,

As Sementes

Hooker escreveu uma carta a Henry enquanto James Drummond-Hay recebia a instrução do Foreign Office para tirar Wickham da selva e contar-lhe a notícia. Mas as duas cartas foram aparentemente extraviadas, e houve uma mudança de personagens. Drummond-Hay partira de Belém para Valparaíso; e embora isso fosse uma promoção, a mudança foi acelerada por sua interferência na política local. O novo cônsul era Thomas Shipton Green, gerente em Belém do Pará da filial da Singlehurst & Brocklehirst, firma de exportação de Londres. Na confusão, as cartas só apareceram cinco meses depois, em setembro.

Enquanto todos esperavam, sementes de seringueira de uma fonte inesperada apareceram em Londres, graças ao incansável James Collins. Ele escrevera muitas cartas aos coletores de borracha em todo o mundo, inclusive para Charles Farris, em Cametá, no Brasil, uma cidade a cerca de 100 quilômetros ao sul de Belém. Em 2 de junho de 1873, enquanto as ordens de Kew e do Foreign Office para Henry ficavam perdidas em alguma gaveta de diplomata, Farris chegou a Londres para se recuperar de uma febre, e trouxe consigo um pacote de sementes de seringueira "bem frescas e com condições de plantio", segundo disse Collins. Markham se pôs em ação quando ficou sabendo. Fixou para as sementes um preço de 4,6 libras esterlinas por quilo e disse a Collins para comprar todas. Como Farris tinha 2 mil sementes, o Império pagou aproximadamente 27 dólares. "Achei importante adquiri-las imediatamente", disse Markham a Hooker, "e entregá-las a você sem demora". Desta vez não houve nenhum entrave burocrático, provavelmente porque, segundo Markham acrescentou, os consulados dos Estados Unidos e da França já tinham feito ofertas. Foi um alerta real das intenções das outras potências mundiais, e dois dias depois as sementes foram plantadas em Kew.

Mais tarde Farris contou ao lorde Salisbury como tirou às escondidas as sementes do Brasil. Quando partia, os funcionários da alfândega entraram em sua cabine e viram que ele levava dois crocodilos empalhados. Perguntaram: "Isso é tudo que você conseguiu matar?" Farris respondeu: "Foi uma viagem muito frustrante." Logo que o navio deixou o porto, Farris trancou a porta, abriu os crocodilos com uma faca, e as 2 mil sementes ficaram à vista.

Mas não estavam tão frescas quanto Farris alegava: apenas 12 germinaram. Kew guardou metade para estudos, e em 22 de setembro de 1873, enviou as outras para o Jardim Botânico Real, em Calcutá. Apesar dos grandes esforços da equipe, todas as mudas morreram.

Com essa frustração, Collins saiu da história. Ele seria amaldiçoado por sua busca pela borracha, assim como muitos outros. Seu trabalho não seria reconhecido. Existe o registro de sua contribuição apenas porque ele nunca foi pago. Em 1878, ele enviou uma segunda conta e um memorando extenso ao India Office cobrando dez libras pelos seus serviços. Estava claramente ressentido por não ter seu mérito reconhecido e escreveu: "Gostaria de aproveitar a oportunidade para incluir no registro oficial o fato de que se cabe alguma homenagem por ser a primeira pessoa por cujo intermédio plantas vivas da borracha do Pará foram introduzidas na Índia, esta honra indubitavelmente cabe a mim." Mas suas dez libras continham um acréscimo indevido, e isso selou seu destino. Não havia pecado mais grave no parcimonioso sistema vitoriano do que o desperdício, e Collins trapaceara por umas poucas libras. O subsecretário Louis Mallet rejeitou o pedido. Ele acusou Collins de ter feito uma "tentativa grosseira de pressionar o secretário de Estado", e acrescentou que ele "já recebera oitenta libras deste departamento por um relatório completamente inútil sobre a guta-percha". Não há nenhuma menção de que este era o relatório que classificava a hévea como superior à guta-percha e nem que as perguntas de Collins deram o pontapé inicial para a tentativa de obter a árvore. Collins estava então desempregado. Em poucos anos, estaria arruinado financeiramente e se tornaria um alcoólatra. Em 1900, morreu na pobreza.

No entanto, o azar de Collins foi a sorte de Henry. Se as sementes de Charles Farris tivessem vingado, Kew poderia ter abandonado Wickham à própria sorte. Quando, então, reapareceram as correspondências de Hooker e do Foreign Office, para que Henry finalmente recebesse suas ordens? Deve ter sido em algum momento no final do verão de 1873, um ano após a morte da mãe de Henry. Em 23 de julho de 1873, Harriette Jane Wickham se casou com Frank Pilditch, e John Wickham desposou Christine Pedley em uma cerimônia dupla do Consulado Britânico em Belém do Pará, provavelmente celebrada pelo cônsul Green. Na ocasião, o cônsul não mencionou a borracha, pois as cartas deviam continuar extraviadas. Em setembro de 1873, isso já havia sido corrigido.

As Sementes

Como a carta de Hooker para Henry aparentemente não existe mais, só podemos supor seu conteúdo pela resposta entusiasmada de Henry. O diretor parecia propositadamente vago e disse a Henry que havia uma missão oficial do Foreign Office à sua espera em Belém do Pará. A carta de Hooker o deixou cheio de esperança e alegria. Ele assegurou ao diretor que estava "feliz em aceitar sua oferta de me colocar em contato com a parte a quem você se refere em sua carta", um ar de conspiração sempre presente em suas memórias deste período. Mais importante que isso foi que a missão de Kew se tornou um meio de justificar todos os seus atos equivocados. Deu sentido à sua vida e impulso à sua imaginação. Não era mais Henry Wickham, sonhador iludido, mas Henry Wickham, um espião no campo do inimigo, agente da Coroa.

Isso também lhe deu confiança para negociar os termos. Em meados de setembro, Henry finalmente conversou com o cônsul Green, de maneira que, em 23 de setembro, Markham disse a Hooker que:

> O cônsul do Pará escreveu para dizer que o sr. Wickham se propõe a estabelecer um viveiro de seringueiras, e depois embarcá-las diretamente para a Inglaterra [...] diz que dessa maneira haveria a garantia de um grande número de saudáveis plantas jovens de tamanho e resistência uniformes. A localização será na margem direita do Amazonas [...] onde está no momento fazendo uma plantação de café. Ele evidentemente pede uma remuneração pelo tempo e cuidados necessários. Como você nos aconselharia a responder?

Seis dias depois, o cônsul Green disse ao Foreign Office que pedira que Wickham desse uma estimativa de custo. Henry o alertou que as sementes de hévea eram muito perecíveis. Os frutos continham um óleo que rapidamente ficava rançoso. Ele achava mais prático começar com um viveiro em sua fazenda e enviar as mudas a Kew quando estivessem mais resistentes. Green aparentemente considerou a ideia cara. Ofereceu-se na carta para "conseguir qualquer quantidade que pudesse ser necessária a pouco custo", na realidade uma contraproposta ao preço de Henry.

Porém, o caso de Farris demonstrara a fragilidade da hévea, e tinha mérito a sugestão de Henry de deixar as sementes germinarem e depois embarcá-las em estufas portáteis chamadas de *Wardian cases*, ou caixas de Ward, precursoras do terrário moderno. Aparentemente, compreendia que sua sugestão enfrentava a oposição do parcimonioso Foreign Office, pois em 8 de novembro, um mês e meio depois, apelou diretamente para Hooker:

> Acabei de receber uma carta do cônsul de sua majestade no Pará perguntando a que preço eu forneceria ao governo as sementes (por cada 100 libras) da seringueira para introdução na Índia. Tendo analisado a questão, apresento as seguintes sugestões. No momento estou fazendo uma plantação de café e outros cultivos na margem direita do Amazonas, acima da foz do rio Curvá e abaixo da cidade de Santarém. Estaria disposto, com a assistência do governo, a estabelecer um viveiro para cultivar plantas da semente de *ciringa* [sic]. Acho que o local onde estou agora fazendo minha plantação seria admiravelmente adequado para o propósito. O Amazonas navegável permitiria à planta ser colocada imediatamente a bordo de uma embarcação sem a necessidade posterior de remoção ou transplante. É possível plantar as sementes e cultivar as plantas até ficarem suficientemente grandes e fortes, e desse modo poderíamos garantir um número grande de plantas saudáveis. [...] Minha experiência com a árvore de *ciringa*, adquirida por tê-la explorado nas florestas do alto Orinoco, na Venezuela, me fez pensar que este é o melhor plano para a introdução bem-sucedida na Índia. Por outro lado, tenho dúvidas se o plano de introduzi-las por meio de sementes teria êxito devido ao componente oleoso das sementes, que provavelmente se tornariam rançosas em um curto período de tempo.

Passaram-se oito meses até que se acusasse o recebimento da proposta de Henry, em julho de 1874. Oito meses pareciam uma vida para um homem como Henry. Nesse período, sua vida mudou mais uma vez. Ele então se considerava feliz por estar vivo.

As Sementes

Henry tinha então dois senhores: a obsessão com o sucesso e o "mestre dos espiões" em Kew. Em algum momento entre o final de 1873 e o começo de 1874, ele e Violet carregaram seus pertences em uma canoa e rumaram para Santarém. Se alguém os observasse da margem, jamais imaginaria que Henry era um espião. Violet não sabia, e ela o conhecia mais do que ninguém.

Henry estava transformado, não pelo sucesso mas pelo fracasso. Até a morte de sua mãe, sonhava com uma glória pessoal. Depois, entretanto, ouvimos um novo tom: "Tudo pelo Império." Passou então a acreditar piamente na doutrina inglesa da transformação do mundo, em que os segredos da natureza podiam ser obtidos e replantados — tudo para o desenvolvimento do homem, do império e da rainha. Porém, apesar da lealdade expressa à Inglaterra, tornara-se brasileiro na maneira de ver a vida e o mundo. Absorvera o elemento da língua portuguesa conhecido como saudade. O termo é intraduzível para o inglês e se refere a uma tristeza de caráter que pode ser entendida como uma mistura de desejo e anseio, mas anseio pelo quê, Violet não entendia.

A saudade era algo profundamente ligado à vida neste rio: os ribeirinhos acreditavam em milagres e no golpe da sorte, e a sorte era o deus pessoal de Henry. "Em uma terra radiosa vive um povo triste", escreveu Paulo Prado, escritor brasileiro, e esta era de fato uma terra melancólica. Violet ouvia quando os remos mergulhavam no rio ao anoitecer, nas canções dos canoeiros que passavam por eles. Uma de suas canções mais comuns era muito rústica e bela. Seu refrão era "Mãe, mãe", e falava das florestas melancólicas sem fim, dos rios e canais que ecoavam os sons de macacos e pássaros:

> A lua está saindo,
> Mãe, mãe!
> A lua está saindo,
> Mãe, mãe!
> As sete estrelas estão chorando,
> Mãe, mãe!
> Por se acharem desamparadas,
> Mãe, mãe!

À medida que a canção sumia no anoitecer, Violet imaginava que ela e Henry eram as últimas almas na Terra.

Há dúvidas hoje quanto ao destino do casal. Henry mencionou o rio Curvá, mas não existe um lugar com este nome. Alguns sugerem o Curuá, mas na região há dois locais com este nome. O mais conhecido é o maior deles, um curso de água largo a cerca de 80 quilômetros a oeste de Santarém, que desemboca na margem norte do Amazonas. Nesse caso, Henry e Violet teriam que ter remado contra uma correnteza forte, e não havia reservas significativas de hévea na margem norte. Henry então já estaria ciente disso e teria concentrado a atenção nas áreas de seringais.

A segunda opção é o Curuá do Sul, um ribeirão pequeno a cerca de 30 quilômetros rio abaixo de Santarém. O indício principal é uma nota no diário de Violet que cita sua estadia com um "sr. e sra. R—", administradores de uma fazenda brasileira situada na foz do rio. Nesta época, o confederado Romulus J. Rhome e a esposa administravam a fazenda do coronel Miguel Antônio Pinto Guimarães, o barão de Santarém — o mesmo barão que hospedou Wallace, Spruce e Bates em 1849. Rhome foi o único confederado a ter sucesso imediato. Chegou com muito dinheiro, entrou em uma parceria com o barão e administrava Taperinha como uma plantação de cana-de-açúcar. Construíram um alambique e destilavam um rum do caldo de cana-de-açúcar. Taperinha fica próxima do Amazonas, no curto rio Maicá, em forma de cimitarra, chamado então de rio Ayayá; e não muito longe deste ponto o Curuá do Sul desemboca nele.

Apesar da tentadora elegância desta opção, esta resposta também apresenta problemas. Violet disse que ficaram "vários dias" no rio depois de deixarem Santarém, e não se gasta mais de um dia de canoa para se chegar a Taperinha. Henry era terrível no que se referia a direções e lugares, conforme atesta sua desorientação na Nicarágua. Além disso, os colonos geralmente deturparam os nomes indígenas dos locais ao transcrevê-los foneticamente. Nos relatos dos viajantes, o Curuá às vezes aparece como Cuvari, que se transformou em Cupari ou Cupary. Esta confusão indica um terceiro destino, um que se encaixa com mais exatidão na descrição de Violet e tem mais sentido se considerarmos o objetivo de Henry.

Os historiadores da ciência costumam achar que a busca de Wickham pela borracha ocorreu ao longo do Tapajós. Por volta de 1873-1874, acre-

As Sementes

ditava-se que a *Pará fine* de melhor qualidade vinha desta região, porém a fonte permanecia um mistério. Vinha da margem leste, próxima da vila de Aveiro? Do outro lado do rio na margem oeste, da vila comercial de Boim? Ou nas profundezas rio acima, além do futuro império de Henry Ford na selva? Depois de Aveiro há de fato um tributário chamado rio Cupari, e junto à sua foz estava assentada uma enorme fazenda agropecuária de propriedade da empresa "Francisco Bros. and Co.", a qual empregou por anos uma sucessão de administradores imigrantes americanos e ingleses. Uma viagem de barco de 24 horas pelo Cupari levava o viajante até a aldeia dos índios mundurucus, conforme descrito no diário de Violet. Além da aldeia ficava a catarata que dividia o rio alto do baixo (também mencionada no diário de Violet), e ainda mais além disso havia rumores da existência de seringais virgens. O fato mais convincente de todos é que o Cupari está na margem do Tapajós oposta a Boim, que ficaria muito ligada à lenda de Henry.

Portanto, pode-se defender com embasamento que foi este o destino do jovem casal. Assim, teriam remado em direção ao sul ao longo da margem leste do Tapajós. Por 30 quilômetros eles seguiram a margem elevada e rochosa, as escarpas de arenito vermelho de 30 a 45 metros de altura, ondas se chocando estrondosamente contra as paredes rochosas perpendiculares. O topo era coberto pela luxuriante floresta verde. Nas ravinas havia cabanas de telhado de sapê. O clima se tornava mais úmido. Caía uma forte pancada de chuva uma ou duas vezes por semana, com intervalos de sol abrasador e nuvens brilhantes. À noite as chuvas voltavam, e depois vinha o frio.

Depois de dois ou três dias eles teriam chegado a Aveiro, a vila que se espalhava desordenadamente na entrada do braço de rio, onde o Tapajós se estreita até 3 a 4 quilômetros de largura, e o rio é pontilhado de ilhas rochosas. A vila estava localizada em uma margem alta e parecia uma cidade fantasma. A igreja estava coberta de mofo e em ruínas, e muitas casas pareciam abandonadas. Por determinação de um decreto real construíra-se uma escola primária, mas havia poucas crianças na cidade.

As pessoas afugentaram-se. Dizia-se que Aveiro era "o próprio quartel-general" das formigas-de-fogo, e os visitantes que passavam por lá corriam risco. Em 1852, Henry Bates visitou Aveiro. Poucos anos antes a vila fora completamente abandonada por causa da praga, e só então as pessoas estavam voltando. O solo abaixo da cidade estava esburacado pelos ninhos, as casas completamente invadidas. As formigas disputavam com os habitantes "cada fragmento de comida" e destruíam as roupas por causa de seu apetite pela goma usada nelas. A comida era guardada em cestos suspensos, amarrados nas vigas com cordas embebidas em bálsamo, o único elemento conhecido que as detinha. As pernas das cadeiras e as cordas das redes eram untadas também para dar um pouco de sossego aos moradores. A picada parecia uma agulha em brasa: "Parece que elas atacam por pura maldade", escreveu Bates. "Se ficássemos na rua, mesmo a uma certa distância de seus ninhos, com certeza viriam para cima de nós e nos castigariam gravemente, pois quando uma formiga tocava a pele, ela se fixava com suas mandíbulas, arqueava o abdômen e ferroava com toda a força." Mesmo então, Aveiro tinha um ar melancólico.

A 13 quilômetros ao sul de Aveiro, Henry e Violet chegaram ao rio Cupari, e lá Henry mudou de direção. Ouvira falar que a hévea selvagem crescia nas profundezas do interior. O Cupari não tinha mais que 90 metros de largura na sua foz, mas era muito profundo. As paredes da floresta se erguiam a 30 metros nos dois lados, e o silêncio se fechava sobre eles. Dezesseis quilômetros adiante as margens do rio se tornaram acidentadas. Outro rio se uniu vindo do leste, e chegaram a uma fazenda de propriedade de um dos velhos senhores portugueses. As casas estavam tão distantes umas das outras que a hospitalidade era livremente estendida aos estranhos de passagem.

Henry deixou Violet com o administrador americano e continuou a viagem: mais 24 horas rio acima, passando pelas cachoeiras baixas e depois pelo trecho onde o canal tinha apenas 35 metros de largura, até chegar à tribo dos índios mundurucus; os quais, segundo se dizia, ainda guerreavam com os vizinhos. O clima era mais úmido do que no Tapajós: o ar era mais pesado e úmido, e as pancadas de chuva eram frequentes. Ele fez uma parada e, escreveu Violet, "mais uma vez fez um buraco na floresta primitiva para construir sua casa".

Se Henry e Violet estavam nas margens da civilização em Piquiatuba, se encontravam então nos pontos extremos das margens, no que o sociobiólogo E. O. Wilson chama de "ambiente marginal", um pesadelo de

As Sementes

habitat com escassez de comida, água ou outros recursos, onde ninguém escolhia viver de bom grado. Os ambientes marginais eram "as pensões baratas que a natureza oferece aos marginais", mas eram importantes porque as condições severas forçavam as espécies a se adaptarem rapidamente ou a morrerem. Wilson estudou as formigas tropicais e notou que quando as colônias marginais se tornavam fortes o bastante, invadiam o mundo confortável e luxuriante das formigas privilegiadas e as expulsavam para um exílio, transformando a velha guarda em exilados. As planícies arenosas e secas ao redor de Aveiro eram um bom exemplo. Lá a formiga-de-fogo resistira ao ambiente selvagem até conquistar a própria vila, e hoje já invadiu com sucesso as Américas Central e do Norte, indo cada vez mais em direção ao norte com o passar dos anos.

Henry e Violet também estavam se tornando marginais. Na verdade, era difícil deixar de reparar no número de exilados que viviam por lá. Os confederados eram um exemplo perfeito, pois a maioria não conseguia se adaptar a lugar nenhum. Uns poucos deles, porém — as famílias Riker, Rhome, Mendenhall, Vaughan e Jennings —, sobreviviam por um triz, e um dia figurariam entre as famílias mais ricas de Santarém. Da mesma maneira, os escravos fugidos de Barbados descobriram uma nova vida como pescadores e lenhadores na margem norte do Amazonas. As tribos indígenas que Henry encontrou, embora dizimadas pela doença e impelidas para dentro da floresta pelas conquistas ou pelos povoamentos, também lutavam para sobreviver: os woolwá e os misquitos na Nicarágua, os mundurucus e os tupis-guaranis no Tapajós, e os míticos e aguerridos maias na península de Yucatán. Mercadores judeus navegavam pelo rio, e Henry ouvia falar de casas de comércio fundadas por famílias de judeus sefarditas de Tânger, no Marrocos. No Orinoco, encontrara venezuelanos vivendo na clandestinidade e os filhos de padres jesuítas que morreram muito tempo antes.

Nos trinta anos seguintes, histórias estranhas de pessoas como essas surgiram nas cabeceiras de pequenos rios como o Cupari. Alguns personagens das histórias estavam isolados por ter a cabeça a prêmio; outros eram impelidos por uma necessidade interior de rejeitar para sempre a civilização. Na Colômbia, no final do afluente do rio Negro chamado Içana, dizia-se que um assassino da Córsega, fugitivo da Ilha do Diabo, próxima à costa da Guiana Francesa, escravizara um povoamento de fugitivos e criara um império da borracha. No rio Uapés, igualmente remoto, o explorador Gordon MacCreagh encontrou um líder negro que governava o curso de água onde estava até muito tempo depois do ciclo da borracha ter acabado. Seus escravos índios tinham fugido, subindo os ribeirões inacessíveis; seu palácio de ladrilho, madeira e gesso estava em ruínas. Sua banda mecânica patenteada estava paralisada pela ferrugem e não tocava mais. Ele vivia em um antigo depósito de borracha rodeado de seus súditos leais restantes: as famílias estendidas de suas várias esposas.

Henry simplesmente não era impiedoso o bastante para construir um império desse tipo. Levou consigo trabalhadores índios rio Cupari acima, mas conseguia administrá-los pouco melhor do que a seus trabalhadores ingleses. Em breve, assim como acontecera antes, estava trabalhando sozinho. Na verdade, tornava-se um caboclo, um camponês do interior da selva que era dono de sua terra até que alguém mais poderoso a tomasse. Adquiriu um gosto por guaraná e açaí, forrava as gavetas com folhas aromáticas da floresta e frutas secas chamadas de cheiros, se alimentava de tartaruga da Amazônia, mandioca, arroz, feijão, bananas, bananas-da-terra, laranjas, abacaxi, peixe, frango e ovos. Seu meio de transporte principal era a canoa feita de um só tronco. Duas vezes por mês ele visitava o barracão, ou posto de comércio, para buscar suprimentos. Exceto pela companhia de Violet, Henry era um homem solitário.

E essa vida solitária quase o matou, sendo o mais próximo que chegou da morte desde a febre que teve no Orinoco. Enquanto estava desmatando, seu machado se soltou e ele quase perdeu o pé. "Ele tirou a camisa e enfaixou o pé e foi para a aldeia indígena a alguns quilômetros de distância o mais rápido que conseguia", escreveu Violet. Quando chegou à aldeia, estava em estado de choque pela perda de sangue. "Tudo ficou escuro e ele caiu", disse ela. Um homem que trabalhava nas proximidades o viu cair e correu para ajudar. Os índios o carregaram até a aldeia em uma rede, e depois o puseram em uma canoa e "o trouxeram até a fazenda onde eu estava". Mas ele sobreviveu graças aos cuidados do administrador americano e de sua esposa, e quando estava forte o bastante para ficar de pé, voltou mancando para a selva.

Desta vez Violet foi com ele, primeiro a uma habitação desocupada na aldeia mundurucu, depois com o marido até o terreno em que estava

As Sementes

trabalhando. Henry achou que "podia transformar o ponto num belo lugar no futuro". Ele queimou o mato para limpar o local e represou o ribeirão para ter energia hidráulica. Mas Violet pensava diferente. O ribeirão era um bom lugar para se tomar banho, e "então eu disse tudo o que se pode dizer", afirmou ela. "Conheço poucas coisas menos bonitas do que uma nova plantação. Os troncos e os galhos das árvores espalhados, completamente escurecidos pelo fogo."

Houve novos tormentos ali que ela não havia enfrentado antes. Havia bichos-de-pé, carrapatos, centopeias e escorpiões em abundância. Ela odiava especialmente os bichos-de-pé, pois depositavam suas bolsas de ovos em seus dedos. Os ovos tinham de ser removidos antes que o dedo se infectasse e ficasse tão inchado e mole como uma ameixa que passou do ponto. E havia também cobras. No Cupari, a mais impressionante era a sucuruju, ou sucuri. A serpente era abundante neste rio. Vivia muitos anos e atingia um tamanho enorme. Bates viu uma com quase 6 metros de comprimento e 23 centímetros de diâmetro na parte mais larga de seu corpo — e esta era considerada pequena. Ele mediu a pele de uma que tinha 6 metros e meio de comprimento e 60 centímetros de diâmetro, e ouviu falar de uma "que media quase 13 metros". Os nativos desta região acreditavam em uma serpente d'água monstruosa chamada mãe-d'água. Sucuris de 13 metros de comprimento podiam ser chamadas de monstros por legítimo direito, e ele se lembrou da história da sucuruju que "uma vez quase comeu" um menino de 10 anos:

> Um pai e seu filho foram [...] colher frutas silvestres e desembarcaram em uma arenosa praia de uma leve descida, onde o menino ficou para tomar conta da canoa enquanto o homem entrava na floresta. [...] Enquanto o menino brincava na água [...] um réptil enorme dessa espécie começou furtivamente a se enroscar nele em espiral, sem que ele percebesse, até que já era tarde demais para escapar. Os gritos do menino fizeram o pai vir rapidamente em seu socorro, e segurando com ousadia a cabeça dela, rasgou suas mandíbulas.

Apesar de Violet nunca ter se encontrado frente a frente com esta besta, a sucuruju tinha a má fama de atacar os animais de criação — e ela gostava em especial de suas galinhas.

Apesar de todo o esforço de Henry, ele fracassou mais uma vez: jamais terminou a construção da casa. A casa nunca foi mobiliada. A nova tentativa de plantar café foi calamitosa. Embora a hévea que crescia no Cupari frustrasse as expectativas, é muito provável que ele tenha ouvido falar da existência de grandes concentrações de seringueiras na margem oeste do Tapajós, no outro lado do rio, em Boim. Escolheu uma época ruim: é melhor queimar a floresta e a vegetação rasteira para abrir novos campos em outubro, seguido imediatamente pela coivara, a derrubada das árvores maiores que o fogo não consome. É importante fazer isso antes da estação chuvosa. Nos solos tropicais parece haver um "pulso de nitrato", que ocorre nas primeiras duas semanas de chuvas. O nitrato é a forma de nitrogênio mais útil para as plantas, e se o pulso for ignorado pelos fazendeiros, as colheitas serão frustrantes.

Por mais que Henry adotasse o estilo de vida dos caboclos, ao que parece ele nunca aprendeu a lição central: o caboclo não era um homem de uma só vocação. Para sobreviver na selva, era forçado a ser um pouco de tudo. Segundo o antropólogo Emilio Morani, ele trabalhava como "horticultor, coletor de borracha, peão, canoeiro, vaqueiro, coletor de castanha-do-pará, pescador, e o caboclo geralmente ganha a vida desempenhando várias destas atividades ao mesmo tempo". Sobreviver no Amazonas significava usar todos os recursos disponíveis, assim como os filamentos brancos de fungos que absorvem todo o material orgânico que cai no solo da floresta. Enquanto procurava pela borracha, Henry fez uma coisa: plantar. Ele nunca trabalhou como empregado, nunca coletou ou vendeu nada a não ser a borracha. Era um especialista, não um generalista, e por isso fracassou neste ambiente marginal.

No verão ou no outono* de 1874, Henry e Violet voltaram ao ponto de partida. Os confederados espalhados em Santarém também estavam fracassando e decidiram resolver seus problemas de mão de obra com a formação de uma comunidade para trabalharem juntos nos campos. Quando Henry ficou sabendo disso, uniu-se a eles novamente; mas quando eles regressaram a Piquiatuba, sua antiga casa havia sido depredada. "Meu piso de madeira foi removido e usado" na construção de outra casa,

---

* Do hemisfério norte. (N. da E.)

queixava-se Violet. Metade das bagagens dela nunca voltou do Cupari; pareceu ter desaparecido no meio das árvores. Continuaram em seus esforços, roçando uma faixa de terra vizinha, construindo uma casa nova, uma "mais confortável do que qualquer uma" de suas tentativas anteriores, acima do chão, com assoalho de madeira e uma cozinha contígua. Talvez Henry estivesse finalmente pegando o jeito desta vida de pioneiro, e como se para batizar esta terceira tentativa, chamaram a construção de "Casa Piririma", em referência à palmeira piririma.

O pai de Violet logo enviou outra família de trabalhadores para trabalhar para eles, mas estes, assim como o primeiro grupo, logo ficaram "tão descontentes quanto os outros e se juntaram aos membros do grupo [que viviam então em Santarém] que se instalaram confortavelmente às nossas custas", reclamou Violet. O que ela queria dizer? Será que o grupo reuniu todos os seus fundos em Londres e depois se recusou a dividir o dinheiro igualmente quando a maioria voltou para Santarém, deixando Henry e Violet não apenas sozinhos, mas também sem nenhum tostão? Ou era simplesmente a expressão de seus sentimentos de raiva e abandono? Ela nunca diz, e Henry também não, mas a família Wickham se tornou mais uma vítima da selva, e o distanciamento entre seus membros era grande demais para ser transposto. Ao menos o pai de Violet ainda os apoiava. Enviou junto com a família não identificada uma empregada de 13 anos chamada Mercia Jane Ferrell, de West Moors, em Dorset. Ela ficou na selva com Violet, sendo sua única companhia feminina por aproximadamente um ano.

Durante este período, o jovem David Riker entrou em suas vidas. A mãe de Riker viera a Santarém com a primeira onda de confederados, mas não suportou as privações. Em 1872, ela levou David e Virginia, sua irmã mais jovem, de volta a Charleston, na Carolina do Sul, mas todos regressaram em 1874. "Eu fiquei muito feliz e pedi à minha mãe para comprar uma arma para mim", escreveu ele em suas memórias. "Ela comprou para mim um arcabuz, e quando chegamos, passei a ir à selva e me tornei um excelente caçador." Sua educação estava então ficando para trás. "Meu pai colocou Virginia e eu para estudarmos na cidade com a família Wickham, que tinha aberto uma escola para ensinar inglês." O irmão e a irmã de Henry moravam em uma casa revestida com tijolos vermelhos na rua

O Ladrão no Fim do Mundo

Quinze de Agosto, em Santarém. Harriette Jane "dava aulas de inglês em casa para umas poucas crianças e senhoras bem jovens"; e Frank Pilditch, seu marido, ia pela cidade para ensinar inglês nas casas das pessoas. John, o irmão de Henry, estava quase sempre doente. Apesar de o pai de David Riker morar e trabalhar na plantação em Piquiatuba com os outros confederados, David e a irmã hospedavam-se na casa da família Wickham. Quando estavam na cama, os jovens da família Riker conseguiam ouvi-los conversando na varanda, depois do jantar.

Durante esta época, Riker se encontrou pela primeira vez com Henry e Violet, que moravam às vezes em sua nova casa em Piquiatuba e às vezes com o resto da família em Santarém. Henry era um mistério para o jovem. Ele "tinha uma fala mansa e um aspecto melancólico e solitário". Às vezes ele ficava com um ar pensativo, montava seu cavalo e "cavalgava para o interior". Todos imaginavam que ainda procurava por novos locais para plantações, ainda incapaz de abandonar suas visões de glória, mesmo depois de ter fracassado tantas vezes. Entretanto, nessa época ele estava coletando sementes de seringueira ou procurando novas áreas onde elas se encontravam.

As negociações para o contrabando foram retomadas quando Henry voltou a Santarém. Em julho de 1874, Markham disse a Joseph Hooker que o India Office estava disposto a pagar a Wickham dez libras por mil sementes, e Hooker passou essa informação a Henry em uma carta de 29 de julho de 1874. Henry respondeu quase três meses depois. Com diplomacia, salientou que sairia muito caro para ele coletar tão poucas sementes. Ainda não encontrara as árvores lendárias das quais tanto ouvira falar. Coletar essas sementes significava descer novamente o Tapajós e se embrenhar na selva por um período de tempo considerável. Em vez disso, ofereceu seu próprio plano:

> Já é tarde demais para se conseguir as sementes da borracha nesta estação, mas, se for possível, enviarei algumas para você com o maior cuidado. Apesar de a soma oferecida pelo governo parecer suficientemente generosa, você entenderá que não cobre minhas despesas para ir aos melhores distritos e coletá-las em pequenas quantidades. Mas se eu tiver a garantia de um pedido de uma quantidade maior, estou

preparado para coletá-las frescas, nos melhores locais, e enviá-las diretamente a você durante a estação seguinte. Neste caso, você gostaria que eu fizesse minhas observações quanto aos locais onde as árvores crescem, condições do solo etc.?

Ele deixou a carta de lado por alguns dias, e em 19 de outubro de 1874, acrescentou um pós-escrito:

Reabro esta carta para acrescentar que, como a semente germina e começa rapidamente a estragar, eu me disporia a levar pessoalmente o pacote de sementes frescas até Belém do Pará e entregá-las aos cuidados do capitão do navio a vapor para Liverpool que esteja prestes a partir, para termos a vantagem de o pacote viajar (em) sua cabine e sob seus cuidados.

Henry talvez tenha achado que, por ser o único "homem no local", estava em uma posição favorável para negociar. Talvez ele finalmente estivesse enfrentando as duras realidades de sua posição e percebeu o quanto necessitava desesperadamente de fundos. De qualquer maneira, Hooker e o India Office parecem ter ficado irritados. Em outubro, Markham enviou a Hooker um bilhete dando a entender que os altos escalões do India Office estavam perdendo a paciência com as exigências de Henry:

Em relação à proposta do sr. Wickham de cultivar plantas jovens de borracha e enviá-las para cá em caixas de Ward, o lorde Salisbury diz: "Qual seria o custo de enviar um jardineiro para supervisionar a embalagem e o transporte de um único lote? [...] Não precisamos nos comprometer além disso. [...] Se a experiência tivesse a probabilidade de dar certo, poderia ser repetida de tempos em tempos." Me parece que se isso fosse feito, o envio de plantas seria o suficiente.

As elites de Londres tinham pouca tolerância para com subordinados que exigiam tratamento justo, conforme testemunha o destino de James Collins. E tampouco davam valor a arrivistas que pediam favores aos superiores. Henry era um oportunista *e* um intruso. A primeira condição poderia ser justificada pela ambição, mas não quando combinada com a segunda. Não fazia parte do clube, e sua sugestão de implantar um viveiro foi rejeitada, apesar de seus méritos.

Na mesma época, entretanto, cederam em relação à questão do pagamento de Henry. Em dezembro, Markham propôs que o deixassem coletar "*qualquer quantidade* de sementes pelo mesmo preço proporcional: dez libras por mil sementes". O secretário de Estado logo autorizou Wickham a coletar 10 mil sementes ou mais pelo preço de dez libras por mil unidades. Markham disse a Hooker que seu departamento planejava dar carta branca a Wickham e que lhe pagaria por todas as sementes que conseguisse. Markham acrescentou: Envie esta oferta a Santarém.

Começou então o ano de 1875, e deveria ter começado bem. Henry e Violet tinham uma casa nova, viviam em uma comunidade em que se dizia que todos trabalhavam em conjunto. Henry acertara sua comissão com Londres a um preço generoso. Suas cartas transpiravam confiança, como se soubesse onde era possível encontrar milhares das melhores sementes. A volta a Piquiatuba parece ter feito os Wickham se reconciliarem um pouco. Eles ao menos se davam bem o bastante para se reunir a fim de tirar uma foto do grupo em algum momento durante o início daquele ano.

Porém, um olhar atento a esta foto revela indícios de uma tragédia. No começo de 1875, a comunidade dos confederados estava se desfazendo, e Violet escreveu que "mais uma vez cada um deles batalhava sozinho". Os cultivos de Henry não estavam vingando, e o jovem David Riker se lembrou de ver Henry desaparecer mata adentro sem explicação: ele estava procurando pelas sementes. Não apenas mais sementes, e sim aquelas das árvores *perfeitas*. A confiança que demonstrava quando escrevia a Kew era uma farsa. Sim, tinha condições de fornecer as sementes no começo de 1875, mas não as da fabulosa fonte da *Pará fine*. Não podia falar sobre seus medos. Adotara a imagem do aventureiro colonial confiante, uma imagem que manteria de uma maneira ou de outra pelo resto de seus dias. A imagem era seu capital, uma força à qual os outros reagiam. Na fotografia da família, ele olha com ar ousado para a câmera, com um sorriso forçado nos lábios, mãos na cintura, bigode escuro e barba por fazer, e com uma faca na bainha presa ao cinto. Ele se parece vagamente com sir Richard Burton e certamente atrai muito mais a atenção do que seu irmão e seu cunhado,

As Sementes

vestidos com roupas convencionais. Violet está sentada na frente de Henry, e sua aparência é pálida, cansada e frágil. Frank Pilditch, marido de Harriette Jane, parece estar achando alguma graça. John Wickham está de pé com ar orgulhoso, atrás de sua esposa Christine e seu filho Harry, de 1 ano de idade, nascido em Santarém em abril de 1874.

Harriette Jane, a irmã de Henry, está sentada no centro do grupo, e seus olhos comandam a lente. Ela está com a pele queimada, como Henry, e é poderosamente atraente, com um rosto longo e queixo bem marcado. Está toda vestida de branco. Suspeita-se que foi ela quem começou a escola de inglês e a manteve em funcionamento, e não Violet, como Riker escreveria em suas memórias. Mas Harriette também tem uma postura caída na cadeira. Seu rosto tem um ar de cansaço, e as maçãs do rosto estão descarnadas. Ela era como Henry, jamais admitindo a derrota, mas diferentemente dele, não ficará para sempre nas garras da ilusão. Sua mãe morrera; também um trabalhador que ela conhecia; e a mãe de Christine. Ela está cansada, e há um motivo. A doença de novo os ataca.

Em algum momento entre 1875 e 1876, uma segunda onda de doença se abateu sobre o grupo dos Wickham, e desta vez levou os jovens. A primeira a morrer foi Mercia Jane Ferrell, a empregada de 14 anos de Violet. Mais uma vez, Violet é lacônica: "Ela ficou comigo até sua morte" um ano após sua chegada, relatou, e com essa afirmação simples é possível notar uma solidão profunda. Ela é uma exilada como o marido, mas sem uma atitude para se proteger.

Depois Harriette Jane morreu, aos 28 anos. Não se faz nenhum comentário sobre sua morte. A sua cruz é simplesmente uma das cinco no cemitério da colina que Henry desenhou. Na verdade, sempre se falou pouco dela. Mas se Henry era o coração e a imaginação da família, Harriette era a espinha dorsal. Ela era a "mulher de recursos independentes", segundo o censo de 1871, que administrava a loja da mãe em Sackville Street e cuidava da casa em Marylebone. Com sua morte, o grupo familiar começou a se desfazer. Dentro de um ano, o grupo mantido unido por sua austeridade se desmembraria, espalhando-se aos confins mais distantes do globo, para nunca mais se reunir.

Com a doença e a morte da irmã, parece que Henry finalmente começou a entender uma verdade: *essa selva o mataria se ele ficasse.* Em 18 de abril de 1875, escreveu a Hooker de Piquiatuba, dizendo que a estação estava no fim e que era tarde demais para coletar as sementes de seringueira. Seu tom era de desculpa:

> Recebi umas poucas (sementes) a mais de um comerciante do alto do rio, mas quando as peguei, já estavam cheias de brotos grandes. Então agora não há nada a fazer a não ser esperar pelos frutos da próxima estação, e eu me proponho ir a um bom local logo no começo da estação para eu mesmo coletar e embalar as sementes para atender seu pedido.

Com essa declaração sem rodeios, os planos do império foram adiados por mais um ano. Então, abrindo uma exceção, Henry permite um breve olhar sobre suas esperanças:

> Caso você tenha a oportunidade de me recomendar para uma nomeação para o serviço de seleção, plantio e cuidado das "ciringas" jovens no Oriente, posso lhe pedir que me favoreça com sua influência?

As sementes não eram simplesmente uma maneira de ganhar dinheiro: eram seu meio de fuga. Já vira muitas mortes e fracassos na Amazônia. Estava desesperado para partir, e a borracha era a solução.

CAPÍTULO 9

A VIAGEM DO *AMAZONAS*

No começo de 1876, David Riker e a irmã começaram a ouvir fragmentos curiosos das conversas dos Wickham à noite, vindos da varanda. Era para os dois jovens confederados estarem dormindo, e acabaram ouvindo o que não deviam. "Depois do jantar a família se reunia", escreveu ele, "e eu conseguia ouvi-los conversando e discutindo sobre uma viagem rio Tapajós acima". A viagem era um segredo e nunca era discutida na frente dos dois hóspedes. Mas se Wickham tentava manter os planos em segredo para os habitantes locais, deixou-os muito claros para Hooker em uma carta datada de 29 de janeiro de 1876:

> Prezado senhor:
> Estou prestes a partir para a região da árvore da "ciringa" para conseguir-lhe o maior suprimento possível de sementes de borracha. A época em que as (sementes) frescas caem está começando agora. Acredito que o mais seguro é evitar a geada europeia. Por este motivo, vou despachá-las com todo o cuidado logo que puderem partir em segurança.

As correspondências de Wickham transpareciam um tom de urgência que não existia anteriormente. Talvez tenha temido que Hooker e Markham perdessem a confiança. Os acontecimentos de 1875 e 1876 de fato sugerem esta conclusão. Hooker era um homem que se irritava facilmente, e Henry punha defeito em quase tudo: no pagamento, no método de envio e em quando coletar as sementes. O diretor não estava acostumado a lidar com a impertinência. Seria fácil se cansar deste homem importuno na Amazônia.

Henry Wickham era apenas outro aventureiro infeliz, não era um profissional formado em Kew. Depois da carta de abril de 1875, levantaram-se suspeitas de que Henry poderia não ser o homem certo para o trabalho.

Existia uma estrutura de classe no meio científico vitoriano assim como na sociedade em geral. Um botânico como Hooker estava em perfeita sintonia com as questões de status profissional e consciente da hierarquia dentro do campo. Um simples coletor como Henry situava-se na parte mais baixa do mundo botânico. Joseph Banks, o patrono da botânica inglesa, escrevera: "[O]s coletores devem ser instruídos a não assumir o papel de cavalheiros, mas se colocar, no que se refere à hospedagem e alimentação, na condição de criados."

De fato, Londres estudara outros meios de furtar a hévea. Menos de um mês depois da carta frustrante de Henry de abril de 1875, Markham fez contato com o comerciante boliviano Ricardo Chávez, provavelmente com a ajuda do cônsul Green. Logo depois disso, Chávez se mudou para a parte alta do rio Madeira com duzentos índios moxos, para o remoto vilarejo da selva de Carapanatuba. O boliviano era um patrão da nova ordem corporativa, com a mão fechada para os custos e uma força móvel de mão de obra que extraía o látex, curava a borracha e seguia adiante. Ao se estabelecer na beira do rio Madeira, entrara em uma região que se comprazia em engolir vidas, uma rota para o estado remoto de Rondônia e para o Acre, território em disputa, onde se acreditava existir a maior reserva inexplorada de seringueiras do mundo. Chávez coletava borracha na extremidade leste desta floresta, e sem dúvida procurava por alguma grande fonte ainda não descoberta. Quando voltou de Carapanatuba, fez uma visita ao cônsul Green e disse que tinha pouco mais de 200 quilos de sementes de seringueira prontas para o embarque. Em 6 de maio de 1875, Green escreveu que os quatro barris de sementes estavam a caminho.

Mas quando os barris chegaram a Londres, em 6 de julho de 1875, tudo deu errado. Markham não estava presente para inspecionar a entrega. Partira no dia 29 de maio com a Expedição Naval ao Ártico, para a Groenlândia, e só retornou em 29 de agosto, excedendo sua licença em um mês. Perdera prestígio no India Office. Em 1874, a nomeação de sir Louis Mallet como subsecretário permanente de Estado a cargo do India Office pôs um fim no ambiente informal no qual Markham maquinava novos proje-

A Viagem do Amazonas

tos. Logo depois de sua chegada, Mallet reclamou do "relaxamento" que "se deixou proliferar no ministério"; a personalidade de um funcionário público "deveria ser suprimida de forma sistemática e vigorosa", ele decretou. Se Markham estivesse presente para cuidar do carregamento de Chávez, poderia ter tido outro triunfo como no caso da cinchona. Em vez disso, o funcionário que recebeu os barris não sabia o que fazer e procurou alguma orientação. Dez dias após a chegada, em 16 de julho de 1875, enviou umas poucas sementes para Hooker. O diretor enviou uma requisição imediatamente, mas então os barris já estavam a caminho da Índia. Quando foram desembaladas, as sementes estavam imprestáveis — rançosas ou mortas. O mesmo India Office que ficou enfurecido quando Collins pediu o pagamento de dez libras por seus serviços foi então forçado a pagar 114 libras para Chávez, além do preço do frete para a Índia, por quatro barris de sementes estragadas.

Henry não chegou a saber o quão perto esteve de perder tudo. Foram duas vezes, na verdade. A primeira foi no caso de Farris e depois com Chávez, e ele se salvou apenas porque as sementes apodreceram quando transportadas ao exterior. Ele não fazia nenhuma ideia das políticas intra e interdepartamentais que teriam tanta influência em seu futuro. Mas em janeiro de 1876, percebeu que mais algum atraso de sua parte seria fatal para seus projetos; e, por isso, escreveu Violet, "mais uma vez subimos de barco" o braço do rio Tapajós. Desta vez o segredo era maior: "[E]le decidiu que ele próprio coletaria as sementes, mas não nas áreas vizinhas", disse ela. Além de Henry e Violet, seu grupo incluía o "garotinho índio dado a Henry para criar, prática muito comum lá". Levar a família era uma boa camuflagem. Os que o conheciam imaginariam que Henry partira em outra procura quixotesca pelo local perfeito para uma plantação.

Qual a necessidade de segredo? Apesar de não existirem restrições em 1876 proibindo a exportação da hévea, as autoridades sul-americanas ainda se ressentiam do roubo da cinchona. Algo valioso como a borracha poderia ficar preso na burocracia se um funcionário astuto percebesse o que estava acontecendo. Um atraso desta natureza mataria as esperanças de Henry, enquanto as sementes ficavam rançosas ou morriam.

As autoridades brasileiras também se ressentiam do descaso das grandes potências, e Santarém era um local na Amazônia onde aconteciam

O Ladrão no Fim do Mundo

enfrentamentos. O famoso caso de Allie Stroop acontecera pouco antes de Henry chegar. Quando um confederado morreu logo após a chegada, deixou órfã a filha jovem. Em seu leito de morte, implorou aos amigos para que mandassem a menina de volta à família nos Estados Unidos, mas ele era pobre demais para lhe comprar uma passagem. Os outros americanos cuidaram dela por mais de um ano até que apareceu no rio um navio do governo americano em uma missão de coleta de dados. O capitão se ofereceu para levá-la para casa de graça, e todos apreciaram seu gesto de caridade. Mas quando o navio chegou a Belém do Pará, o cônsul americano foi intimado pelo governo a entregar "uma menor que fora tirada ilegalmente da jurisdição do Juizado dos Órfãos de Santarém". Quando o capitão se recusou a entregar a menina, as autoridades brasileiras atrasaram a partida de seu navio do porto até extraírem a promessa de que ele entregaria pessoalmente a menina aos parentes. Por ignorância, os americanos deixaram de tomar as medidas legais apropriadas. O juiz do caso conhecia todas as partes envolvidas, e falava-se muito na cidade sobre o que os confederados planejavam. Mas nenhum funcionário do tribunal de Santarém se apresentou para mencionar as medidas legais necessárias, e o juiz não voltava atrás. Se um ato de caridade podia causar um incidente internacional, não havia como prever as consequências de ser pego no ato de contrabando.

Por isso Henry decidiu confiar apenas em Violet e no menino índio. Em fevereiro, viajaram rio acima por dois ou três dias até chegarem à "casa da fazenda de um inglês que morou lá quase toda a vida e era praticamente mais brasileiro do que inglês". A casa ficava perto de Boim, a vila comercial na margem oeste do Tapajós, a cerca de meio caminho do braço do rio, ao norte de Aveiro. "Uma vez corremos um grande perigo quando uma ventania forte chegou de repente", recordou-se Violet, "mas nem percebi direito o perigo e por isso ganhei mais 'elogios' pela minha coragem do que eu talvez merecesse".

O período de fevereiro e março era quando as sementes de três lóbulos da hévea começavam a amadurecer na árvore. No começo de março, o grupo estava instalado no sítio do inglês no rio Tapajós, e aparentemente eles usavam o local como uma base para a coleta. Henry "me deixava lá", disse Violet, "quando ele e o menino entravam na mata para coletar as sementes, e voltavam aos sábados e recomeçavam na segunda, e também comprava todas as sementes que traziam para ele". No dia 6 de março, escreveu a Hooker: "Agora estou coletando as sementes da borracha nos 'ciringais' do rio e estou tendo o cuidado de selecionar somente as de melhor qualidade. Estou embalando as sementes com cuida [sic]. Espero poder partir em breve com um grande carregamento para a Inglaterra."

Menos de um mês depois, no dia 1º de abril de 1876 — aparentemente antes que qualquer pessoa lesse a mensagem de Henry —, Clements Markham escreveu um bilhete para Hooker informando-lhe que o secretário de Estado enviaria Robert Cross à Amazônia para coletar a hévea.

Cross era um veterano da expedição de cinchona e sempre estivera ansioso por voltar à América do Sul. Em uma de suas últimas viagens, encaminhou a Markham uma bolsa grande com sementes de borracha, e isso ajudou a convencer Markham de que Cross era o homem para essa missão. A mensagem de Markham a Hooker dizia que o jardineiro recebeu quatrocentas libras "para cobrir todas as despesas e incluir a remuneração". Antes de partir, Cross deveria visitar o velho e doente Richard Spruce para aconselhamento. Hooker deveria também fornecer ao jardineiro uma carta de apresentação para Wickham. Se os dois se encontrassem, Wickham basicamente abriria mão do controle do projeto da hévea. A maneira como foram escritas as ordens de Cross praticamente admitiam que Londres não confiava mais em Henry.

Por dois meses e meio, do início de março a meados de maio, Henry e o menino coletaram sementes sozinhos, e ele comprava sementes diretamente dos coletores caboclos e índios, assim como Markham e Spruce agiram no caso da cinchona. Isso não seria suficiente para a grande quantidade que ele precisava para obter lucros e garantir a germinação. Um fato que nunca se ressaltou é que Henry então já conhecia a região do Tapajós o suficiente para procurar em uma área mais restrita, e que ele maximizou seu lucro ao comprar de intermediários.

O centro de sua busca estava localizado no planalto além de Boim. A fonte das sementes se tornaria uma questão de importância econômica cinquenta anos mais tarde quando Henry Ford entrasse em cena, mas Henry Wickham nunca guardou segredo sobre isso. Já em 1902, escreveu que "o local exato da origem estava a três graus de latitude sul [...] na floresta que cobria os planaltos extensos que dividiam os rios Tapajós e

Madeira". Henry se dirigiu para o oeste, para as terras altas além de Boim, que se estendem a oeste por 80 quilômetros e chegam a alturas de 75 a 90 metros acima da planície fluvial. Em todo o seu relato, Henry enfatizou um ponto: as melhores sementes eram encontradas no planalto, e não junto às margens dos rios.

Entretanto, "três graus de latitude sul" cobrem uma porção grande de território e não explica nem um pouco como ele coletou uma grande quantidade de sementes. A resposta está na aldeia de Boim e em sua história, da qual poucos se lembram. Boim era a vila mais antiga desta parte do vale amazônico. Foi fundada em 9 de março de 1690, poucos dias antes de Santarém. Assim como Santarém, fora uma missão jesuíta fundada em uma aldeia indígena, e em 1841, na escarpa arenosa acima do braço do rio Tapajós, foi construída uma nova igreja consagrada a Santo Inácio de Loyola, fundador da ordem jesuíta e padroeiro dos soldados e dos retiros espirituais.

O fato de Boim estar localizada abaixo de um planalto elevado era importante, mas algo ainda mais importante para Henry era sua infraestrutura. Quatro famílias de judeus sefarditas vieram para a aldeia, procedentes do Marrocos em meados do século XIX, e abriram casas de comércio. Os índios e os caboclos que moravam por todo o rio e também os do interior remoto vinham aos seus armazéns com todo tipo de produtos, mas as especialidades da região eram a borracha e a castanha-do-pará. As casas de comércio das famílias Cohen, Serique, Azulay e outra cujo nome se perdeu eram tão bem-sucedidas em sua época que, embora Santarém possa ter sido mais famosa ao mundo exterior por conta de sua localização mais visível na junção do Amazonas e do Tapajós, Boim era mais importante comercialmente. Os cargueiros transatlânticos em viagem de volta à Europa, vindos de Manaus, ancoravam no braço do rio, ponto aonde veleiros portugueses velozes iam ao seu encontro carregados de produtos da selva.

Assim como os confederados, os seringueiros e os ingleses, os judeus sefarditas do Amazonas eram mais um exemplo da redistribuição, ocorrida no século XIX, dos "homens marginais" para os lugares mais remotos do mundo. As quatro famílias de comerciantes de Boim vieram de Tânger, no Marrocos. Ficaram por um breve período na Guiana Francesa e depois desceram rumo ao sul, até Belém do Pará, onde fundaram uma sinagoga

A Viagem do Amazonas

em 1824. Lá os mercadores judeus chamavam a si próprios de *klappers*, ou "batedores de portas", pois vendiam seus produtos batendo de porta em porta. Em pouco tempo o mercado ficou difícil, e a melhor possibilidade de ganhar a vida era encher uma canoa com um estoque de produtos e partir para o interminável interior da Amazônia. "É preciso ter muito cuidado ao entrar na selva porque é muito fácil se perder", escreveu o comerciante veterano Abraham Pinto. "Alguns viajam com uma bússola, outros se guiam pelo Sol, pois às vezes não se consegue ver nada porque as árvores são muito altas. A melhor coisa é fazer uma marca nas árvores com um machado ou cortar os galhos para indicar o caminho para poder voltar."

No começo, seu papel no mercado da borracha era o de pequenos intermediários, trocando facas, tecidos e panelas por bolas de látex defumado, os quais depois trocavam por mais produtos de escambo com os aviadores de Belém do Pará. Alguns se tornaram um misto de aviador e patrão, um nicho ocupado pelas casas comerciais de Boim. Quando os jovens ficavam ricos, voltavam para casa — um dos proprietários da fazenda pecuária "Franco & Sons" (Franco e Filhos), na foz do Cupari, enfeitou a frente da casa com duas palmeiras ornamentais cujas sementes trouxera de Tânger. Negociavam com qualquer pessoa que parava por lá. A insistência de Henry em comprar sementes e não bolas de látex pode ter parecido estranha, mas vários imigrantes compravam sementes para iniciar plantações: os confederados da margem oposta fizeram o mesmo. Nem eles nem os fornecedores índios perceberam que ao vender para Henry decretaram sua própria ruína.

Henry coletava sementes rapidamente e de todas as maneiras possíveis: nas casas de comércio de Boim, comprando e com suas próprias mãos. Alguns comentaristas argumentaram que a velocidade com a qual trabalhava impossibilitava o controle de qualidade e que ele não podia garantir a procedência de suas sementes, mas todas as sementes e o látex coletado nas casas sefarditas vinham do planalto além de Boim. Uma trilha para mulas saía da cidade e levava diretamente ao oeste por uma elevação gradual e arenosa, e depois de aproximadamente 4 quilômetros se tornava um planalto coberto pela selva e por algumas seringueiras, mas não da mesma qualidade das encontradas na parte mais elevada do planalto, mais adiante. Depois de quase 10 quilômetros, Henry e o menino começavam a subida

O Ladrão no Fim do Mundo

de uma longa inclinação chamada de serra de Humaitá, que finalmente se abria para um planalto elevado a 90 metros acima do rio. Neste local a cobertura florestal era densa, mas havia aberturas. Tinha uma leve vegetação rasteira e pouquíssimas palmeiras, e o clima era tão seco, algo incomum, "que as pessoas que entram uma vez por ano nessas florestas para o trabalho da temporada da borracha têm de usar certos cipós que retêm água como seu suprimento de água, porque não é possível cavar poços para obtê-la", escreveu Henry. O planalto cobria mais de 4 mil quilômetros quadrados, ou mais de um milhão de acres, mas Henry aparentemente se encaminhava para os locais antigos cobertos pela terra preta do índio, firme e profunda, semelhante ao solo do alto das colinas em forma de pirâmide próximas de Santarém. Este solo era tão fértil que os fazendeiros de Boim caminhavam longas distâncias para cultivar suas plantações no local, e era lá que Henry procurava por suas sementes.

O centro de sua área de coleta era uma vila chamada Agumaita, a uma distância entre 14 e 15 quilômetros planalto adentro. As árvores de hévea de lá eram grandes e retas e, segundo Henry, chegavam a ter troncos de "3 a 3 metros e meio de diâmetro". Trabalhando com tantos índios tapuias quanto conseguia contratar às pressas, "todos os dias eu percorria a floresta e colocava nas nossas costas os balaios indígenas cheios da maior quantidade de sementes que conseguíamos carregar morro abaixo". Assim como a maioria das árvores tropicais, a casca da hévea era cinza na superfície. Para conferir se uma árvore era realmente uma hévea, ele raspava até ela ficar com "uma cor de cavalo baio claro". Essa raspagem da casca tomava tempo, mas era fundamental, porque em regiões úmidas como aquela "a casca é coberta por uma espessa camada de musgo, samambaias e orquídeas". As próprias flores da árvore são pequenas e verdes, ou de um tom amarelo aveludado, e as folhas verdes jovens secretavam um néctar e atraíam as abelhas, que voavam ao redor.

Quer tenha sido fruto do cálculo ou da sorte, Henry coletou as melhores sementes que existiam. As árvores do local eram perfeitas. Seus troncos prateados, bem semelhantes ao álamo, se elevavam até 30 metros. Nos galhos mais altos cresciam pequenas folhas trilobadas com a parte inferior de um tom branco prateado, em cujas pontas abriam-se flores verdes, de cheiro doce. Um estudo posterior revelou que "de 17 variedades, (Henry) escolheu sementes da árvore negra, ou seja, da melhor qualidade", disse William C. Geer, ex-vice-presidente da B. F. Goodrich Company. Os seringueiros distinguiam as espécies de árvore pela cor: as variedades negra, vermelha e branca, diferenciadas pela cor da casca dura abaixo da periderme. Dizia-se que a espécie de casca negra produzia mais látex e uma borracha de melhor qualidade do que a de casca vermelha ou branca. Porém, para Henry, mais importante que isso era o fato de que, segundo se dizia, Agumaita era o lar da "árvore-mãe", uma produtora de sementes colossal que crescia diretamente na terra preta e era rodeada por sua prole, árvores com todo o direito de serem chamadas de gigantes se não estivessem ao lado desse leviatã.

Parece bom demais para ser verdade, uma história fantástica que traz à memória os mitos de uma árvore-mãe, crença de muitas tribos amazônicas. Há ao menos uma árvore que serve como testemunha do que restou dela. Há uma testemunha de ao menos o que restou dela. Elisio Eden Cohen, escritor, historiador e diretor do serviço de correios de Boim, é também o herdeiro de uma das antigas casas sefarditas. Hoje com mais de 60 anos, quando criança lhe mostraram o que restava do tronco da árvore-mãe. A árvore estava na colina acima de Boim, cercada por seus descendentes, crescendo na terra preta, como contavam as histórias. Cohen observou quando sete homens mal conseguiam se tocar com a ponta dos dedos, estendendo os braços em volta dela. "A árvore-mãe tinha morrido", diz ele, "porque os caboclos costumavam usar querosene quando cortavam a casca para extrair o látex. O querosene fazia com que o látex escorresse livremente e em grandes quantidades", mas ao passá-lo no corte feito na árvore, os seringueiros "com o tempo a mataram".

Uma catedral de árvores como essa fazia Henry perder a respiração. "[D]urante os períodos de descanso, eu me sentava e olhava para os arcos de folhas acima", disse ele, "e enquanto olhava, me perdia na beleza maravilhosa da parte mais alta". Era o mesmo tipo de experiência transcendente que vivenciara nos seringais do Orinoco, mas era também uma época extremamente perigosa para coletar sementes. O fruto da seringueira era uma cápsula com três partes como a castanha-da-índia. Cada segmento continha uma semente matizada, parecida com uma noz-moscada levemente achatada. Quando as sementes amadureciam, o invólucro externo secava e esticava até arrebentar, com o som semelhante ao de um disparo de pistola. O fruto se rompia e as sementes ricas e oleosas saltavam para fora, voando a uma distância entre 20 a 30 metros antes de chegar ao chão.

O som do estalo era o sinal de uma corrida de vida e morte no chão da floresta. A base do tronco colossal ficava cheia de sementes caídas, e assim como a árvore do Gênesis, havia por perto uma serpente em posição de ataque. O estalo das sementes atraía a paca para o banquete; e a jararaca, a cobra venenosa mais comum da Amazônia, esperava por seu próprio banquete. Os coletores de sementes precisam ficar atentos nessas ocasiões. Cada mordida das presas da cobra contém uma quantidade impressionante de um poderoso veneno amarelo, e ela ataca rápido. Cada fêmea tem de sessenta a oitenta crias, todas com suas máquinas mortíferas em bom funcionamento. Naquela época, não se conhecia nenhum antídoto para o veneno, e uma picada era morte certa.

Assim trabalhavam, subindo lentamente até os terrenos altos como uma fileira de formigas-carpinteiras, correndo pela mata ao som de cada estalo, e depois descendo a escarpa aos tropeções, curvados como escravos carregadores de pedras. Na base de Henry, as mulheres da aldeia teciam cestos grandes e abertos com o mesmo formato dos encontrados na Amazônia hoje em dia:

> Convenci as moças da aldeia tapuia a fazer cestos com a técnica de trabalho aberto e caixotes de hastes cortadas de cálamo para guardar as sementes. Porém, antes era preciso ter o cuidado de deixá-las secando lentamente em esteiras na sombra. Depois eram estocadas com camadas de folhas secas de banana-nanica entre cada camada de sementes, porque sabíamos que uma semente tão rica em óleo secante facilmente se torna rançosa ou seca demais, e com isso perde todo o poder de germinação. Também pedi que os caixotes fossem pendurados nas vigas das habitações indígenas para garantir a ventilação.

Foi neste ponto que a experiência de Henry na selva foi útil. Todos conheciam a tendência da hévea a se tornar rançosa, mas ninguém tinha descoberto uma maneira de evitar que isso acontecesse. Se Kew e o India Office tivessem enviado as estufas portáteis como Henry pedira, o proble-

A *Viagem do* Amazonas

ma teria sido solucionado. Mas os mestres de Henry eram econômicos demais, e o fato de que enviariam estas caixas de Ward por meio de Robert Cross revela que não confiavam em uma pessoa de fora.

Assim, Henry foi entregue à sua própria sorte em circunstâncias adversas. As sementes da seringueira contêm linamarina, um derivado da glicose, que fornece o impulso de energia necessária à germinação. A linamarina é um composto tóxico encontrado também na mandioca, a principal raiz cultivada na Amazônia. Se não é secada, colocada de molho na água, e depois lavada ou cozida, a mandioca é certamente uma última refeição — de cianeto. Quando a linamarina se decompõe por meio da hidrólise durante o armazenamento, produz o ácido hidrociânico (HCN), uma solução incolor e venenosa de cianeto de hidrogênio na água, com cheiro que lembra o de amêndoas amargas, e que é mais conhecido como ácido prússico. O ácido hidrociânico é também explosivo e usado em muitos processos industriais. Embora não existam relatos de sementes de seringueira que explodem, é fácil entender por que se decompõem tão rapidamente quando entram em contato com a água. Um aguaceiro forte teria destruído o estoque de Henry, ou feito suas sementes germinarem antes da época certa ou iniciarem o processo implacável de decomposição. A estação chuvosa ainda não tinha acabado, e por isso ele tinha todos os motivos para se preocupar. Mas desta vez ele teve sorte e de algum modo evitou as tempestades, provavelmente por tê-las coletado nestes planaltos mais secos. Quando Henry desceu com as sementes para perto do rio, ele as secou suavemente no ar, armazenado-as entre folhas de bananeira para absorver o excesso de óleo, e as deixou balançando e secando à brisa refrescante do rio, presas às vigas — o único recurso possível para evitar o acúmulo de umidade que causaria uma germinação precoce ou bolor. Os cuidados que tomou eram meticulosos e engenhosos, e demonstraram um conhecimento da borracha pelo qual ele nunca recebeu crédito.

Em meados de maio ele já tinha coletado 70 mil sementes, uma quantidade incrível se considerarmos todas as circunstâncias que lhe eram desfavoráveis. Isso parecia garantir o sucesso — caso conseguisse manter as sementes vivas. Mas foi exatamente esta quantidade que criou um novo problema. O historiador John Loadman calculou em seu livro *Tears of the Tree* (As lágrimas da árvore) que as sementes pesavam 3/4 de uma tonelada.

Se acrescentarmos o peso das folhas de bananeira e dos balaios, o peso bruto chega a quase uma tonelada e meia. Baseado neste volume, Loadman calcula um total de cinquenta cestos em forma de meia esfera com um diâmetro de 50 centímetros, suspensos nas vigas. Henry deve ter olhado para eles, pendurados como sinos, e percebido que tinha um problema.

Como levaria esta carga enorme para seu país?

A selva tinha um modo de apresentar soluções quando menos se esperava, e neste caso a salvação veio na forma de um transatlântico de carreira. Estava ancorado no meio do rio em Santarém, e o capitão convidou os fazendeiros locais a bordo.

O navio era o *SS Amazonas*, "o primeiro da nova linha de navios a vapor da empresa Inman Line, que ia direto de Liverpool ao Alto Amazonas". Esta era sua segunda viagem, e ambas foram sob o comando de George Murray, de trinta e poucos anos, capitão da empresa Inman. A viagem anterior indica que o navio aportou em Belém do Pará no meio de abril de 1876, e voltou lá na segunda semana de maio. Os registros da tripulação indicam uma equipe de 32 homens: dois desertaram ou não apareceram no porto nos primeiros dias de viagem, mas foram substituídos em Lisboa. Não se permitia subir a bordo com bebidas alcoólicas, e, além disso, os registros não indicam nenhum conflito ou problema. Os documentos de liberação demonstram que a tripulação recebeu o pagamento integral quando voltaram da Amazônia em 2 de junho de 1876: aparentemente nenhum membro da tripulação desaparecera, mas não havia menção dos oficiais, e nem seus nomes.

A versão de Henry é muito mais notável do que qualquer coisa sugerida pelo manifesto da tripulação ou pelos registros do navio, porque girava em torno das intrigas de bordo. No começo, a aparição do navio no rio tinha todas as marcas dos sonhos febris de Henry no Orinoco. Lá estava o ápice da tecnologia oceânica, bem em frente a Santarém. O navio soou seu apito forte, e dele saíram botes com os oficiais uniformizados, inclusive dois comissários de carga gentis, convidando a elite maltrapilha de Santarém a subir a bordo. "A coisa era bem-feita", recordou-se Henry. Remaram

A Viagem do Amazonas

à noite sob a sombra do navio colossal envolto por luzes azuis. Serviu-se um jantar suntuoso no salão de madeira e latão, presidido pelo simpático capitão Murray. Violet com certeza imaginou que morrera e fora para o céu. Era como se tivesse voltado para Londres e estivesse em um dos restaurantes elegantes onde seu pai a levava em Covent Garden ou na Regent Square.

Na manhã seguinte o navio levantou âncora e seguiu rio acima em direção a Manaus. Estava programado para encher o porão com um carregamento de borracha e transportá-lo para Liverpool. "Então não pensei mais a respeito do episódio, ao ruminar sobre qualquer meio possível de efetuar o meu propósito de levar para fora do país um estoque de sementes da seringueira", continuou Henry. O jantar no navio foi uma distração agradável e "inesperada", nada mais.

Mas então, disse ele, "surgiu uma daquelas oportunidades, uma das que um homem tem de agarrar com todas as forças ou perder para sempre".

Desceu o rio a notícia surpreendente de que o nosso belo navio, o *Amazonas*, fora abandonado e deixado nas mãos do capitão, depois de ser liberado de sua carga pelos dois comissários cavalheiros (nossos recentes anfitriões hospitaleiros!), e com isso ficou sem nem um quilo de carga para a viagem de volta a Liverpool. Resolvi me atirar de cabeça. Parecia que eu estava em uma situação de "ou vai ou racha". Era verdade que lá eu não tinha nenhum dinheiro em mãos; e vender uma plantação incipiente, naquele lugar e naquela situação, estava fora de questão. As sementes já estavam então começando a germinar nas árvores no *Agumaita*, a parte elevada da floresta. Sabia que o capitão Murray estava numa enrascada, e por isso lhe escrevi, e corajosamente fretei o navio em nome do governo da Índia, e escolhi como local de encontro a junção dos rios Tapajós e Amazonas em uma data determinada.

Henry redobrou os esforços, cruzou de novo o Tapajós, subiu a trilha além de Boim e entrou na floresta alta, trazendo as sementes com dificuldade para a parte baixa. "Não havia tempo a perder", repetia ele como se fosse um mantra. Deve ter sido difícil conviver com ele então, mas Violet se mantém em silêncio a respeito disso.

O capitão Murray também era um homem difícil, ou, como Henry dizia, "amargo". Em Manaus, seus comissários tinham despojado o navio e fugido com a carga que trouxeram. Em vez de vendê-la para comprar um carregamento de borracha fresca da estação, sumiram depois de efetuar a venda, e Murray ficou esperando no rio Negro até finalmente entender o que tinha acontecido. Ele enviou funcionários do navio a Manaus para procurar por seus homens, mas tinham desaparecido na selva. Ao levantar âncora, percebeu como fora completamente ludibriado. A Inman Lines poderia demiti-lo por causa do desastre.

Segundo o historiador ambiental Warren Dean, Henry não precisava ter esperado por um navio a vapor de viagens esporádicas como o *Amazonas*, porque em meados dos anos 1870 Santarém era visitada a cada dez dias por navios a vapor de uma companhia inglesa, e quase diariamente por barcos a vapor de propriedade dos importadores e transportadores locais. Havia também uma lancha a vapor em Santarém de propriedade de um morador suíço que a arrendava para viagens até Belém do Pará. Porém, esta afirmação está fundamentada em uma interpretação equivocada dos medos e motivos de Henry. Já que ele estava muito preocupado de que vazasse a informação sobre as sementes, Santarém, com seus homens de negócio e autoridades governamentais, seria o último lugar onde ele as embarcaria. Os transatlânticos já chegavam a ancorar no braço do rio Tapajós para fazer negócios em Boim. Henry, apesar de dar detalhes vagos em seu relato, planejou se encontrar com o *Amazonas* próximo desses dois rios, não em lugar tão público como Santarém.

Pode ser que tenha havido um motivo real para este artifício, além da paranoia de Henry e de seu amor por planos secretos. Dois artigos escritos em 1940 e 1967 por W. A. Wilken, membro da Associação Internacional de Fazendeiros, afirmaram que Wickham fora alertado pelas autoridades brasileiras em Santarém a não exportar sementes de seringueira. Wilken encontrou-se com Wickham em 1925, três anos antes de sua morte. Henry contou que no começo de 1876, quando começou a coletar as sementes, recebera a permissão das autoridades brasileiras para coletar e exportar a hévea. Mas depois, quando o carregamento estava embalado e pronto para

A Viagem do Amazonas

o embarque — ou pelo menos quase pronto —, os brasileiros voltaram atrás e lhe disseram que "não teria" ou "talvez não conseguiria" a permissão para embarcar as sementes, no final das contas. "Isso indica que o fretamento rápido [do *Amazonas*] foi para se adiantar a uma possível mudança de ideia por parte das autoridades brasileiras", supôs Wilken.

É fácil entender o que estavam pensando. Santarém era um lugar pequeno, e as autoridades brasileiras ficaram sabendo dos planos de Henry apesar de todos os seus esforços para manter segredo. No começo, provavelmente nem se importaram com o plano do miserável Wickham de enviar umas poucas sementes a Londres, mas quando ouviram os relatos de sua persistência, de seus planos de começar a implantar um viveiro, ou de quando pediu o envio de estufas portáteis, sem dúvida se lembraram do desastre do caso da cinchona no Peru. Foi então que começaram a voltar atrás. A única chance de Henry de embarcar as sementes sem ser visto era fazer seu carregamento no Tapajós, longe de Santarém e das autoridades locais.

Não só não há nenhum registro da parada do *Amazonas* em Santarém, como também nenhuma menção às sementes de seringueira no manifesto de carga, fato descoberto pelo historiador John Loadman. De fato, o conhecimento de entrada assinado na alfândega de Liverpool, em 12 de junho de 1876, tem detalhes intrigantes. Na verdade, o *Amazonas* não estava vazio quando chegou à Inglaterra. Transportava uma carga de madeira, "castanhas" e "*capini*", uma resina usada em vernizes e perfumes, e 171 caixas de borracha enquanto ainda estava no porto em Manaus. Ou a história dos comissários era falsa ou o *Amazonas* pegou a carga a crédito baseado na força do nome da companhia Inman. Esta prática não era desconhecida na Amazônia. A maioria das transações comerciais envolvendo a borracha era feita a crédito, e esta seria a causa fundamental do colapso econômico de 1913. Na viagem de volta, em Óbidos, o navio carregou "819 sacos de castanha-do-pará". Talvez o lançamento contábil tenha sido uma camuflagem conveniente feita pelo capitão Murray quando ele percebeu no que estava se metendo, ou talvez imaginou que seria mais prudente não mencionar nada sobre as sementes.

Em oposição a estas dúvidas há duas novas fontes: a história oral na aldeia de Boim e um comentário incidental no recém-descoberto diário de Violet. Segundo Elisio Cohen, historiador de Boim, o *Amazonas* ancorou perto de Boim e Wickham foi de barco ao seu encontro. Isso não é inconcebível: um navio mercante como o *Amazonas* teria tomado conhecimento das casas comerciais de Boim, e Murray teria se informado sobre até que distância do braço do rio ele poderia navegar com segurança naquela época do ano. Um plano como esse tinha a vantagem adicional do segredo: naquele local, não havia nenhuma possibilidade de o *Amazonas* ser visto de Santarém.

Violet também trata do mistério de uma maneira muito incidental: "Quando [Henry] coletou e embalou cerca de 70 mil [sementes], partimos para a Inglaterra a bordo do primeiro navio a vapor que passou por aqui." Para ela não havia nenhum mistério: era simplesmente uma questão de agarrar a primeira oportunidade. O próprio Henry, em sua carta a Hooker do dia 6 de março, disse: "Espero partir com um grande carregamento para a Inglaterra", o que indica que os navios a vapor paravam com frequência abaixo de Boim. Seja como for, Henry, Violet, o menino adotado e as sementes se encontraram com o *Amazonas* em local e horário determinados, e agiram às pressas. Apareceram como uma mancha na água, e Henry convenceu um estranho a confiar nele em uma aventura perigosa, como já fizera muitas outras vezes. "O que parece mais provável", especulou Warren Dean, "é que Wickham conseguiu persuadir o capitão a aceitá-lo a bordo, junto com a esposa e a bagagem, a crédito, e mais tarde pagou a empresa com o dinheiro pago pelo India Office pelas sementes".

Mais espantosa do que a decisão do capitão Murray de participar do plano arriscado de Wickham foi a maneira súbita com que Henry deixou para trás os membros restantes da família. Somente Violet poderia estar a par do que estava acontecendo, e talvez até mesmo ela tenha sido totalmente informada apenas no último minuto de que iriam junto com as sementes. Ela deve ter ficado exultante, pois estaria finalmente deixando aquele lugar infernal e voltando para sua família. Nos cinco anos anteriores, arriscaram tudo por uma nova vida e quase morreram. Arriscaram de novo então, apostando tudo nas sementes.

Imagina-se o que foi o choque para os sobreviventes da família de Henry quando chegou a notícia de que ele e Violet os abandonaram. Henry, que os tinha levado a esta armadilha de morte nos trópicos, ao que parece não lhes ofereceu a chance de voltar para casa. O rompimento foi to-

A *Viagem do* Amazonas

tal, e a família que uma vez fora íntima e esperançosa se desintegrou por completo para nunca mais se reunir. John Joseph Wickham, sua esposa Christine e seu filho Harry deixaram a Amazônia dois anos depois. Em 1878, ele se estabeleceu no Texas e se tornou um fazendeiro de gado. Em 1881, Frank Pilditch, viúvo de Harriette Jane, irmã de Henry, se estabeleceu em Londres com seus pais, onde retomou a profissão de advogado. Em 1882, casou-se com Alice Molson Symon, uma mulher cerca de vinte anos mais jovem que ele, com quem teve pelo menos cinco filhos. Tudo o que resta das covas dos outros são as imagens apagadas do desenho que Henry fez do cemitério. O desenho é de 1876. Ele estava envolvido em sua aventura arriscada quando fez esta última parada. O desenho foi sua única maneira de pedir perdão e dizer adeus.

Mas os problemas de Henry não acabaram quando ele e as sementes embarcaram no *Amazonas*. As sementes foram "penduradas em seus caixotes em toda a extensão da parte dianteira do porão espaçoso e vazio", mas Henry sentiu-se aliviado por pouco tempo. O capitão Murray estava "ranzinza e irritado por causa dos acontecimentos envolvendo os dois comissários canalhas", mas ao se aproximarem de Belém do Pará, "eu ficava cada vez mais alarmado e preocupado com uma nova ansiedade, tanto que nem me incomodava mais com o mau humor de Murray". Eles tinham a obrigação de se apresentar em Belém para obter a autorização oficial antes que o *Amazonas* pudesse prosseguir legalmente para o mar. "Na minha mente eu tinha toda a certeza de que se as autoridades descobrissem o objetivo do que eu tinha a bordo, seríamos detidos sob a alegação de que necessitavam de instruções do governo central do Rio, se é que não seríamos interditados." Qualquer atraso poderia aumentar a probabilidade de as sementes começarem a germinar ou se decomporem em uma massa rançosa de cianeto; e depois que este processo começasse, ele estaria arruinado. As boas intenções não eram suficientes nesta empresa arriscada; e como dizia para si mesmo, o acordo que fizera com Kew e o India Office era "uma oferta convencional de executar o serviço e depois receber o pagamento".

À medida que o *Amazonas* se aproximava de Belém, ele fechou e trancou as escotilhas. Quando chegaram ao porto, o navio não deu indicação de embarcar qualquer carga. Segundo um historiador, a informação que se tinha era que o navio não tinha carga; e embora o conhecimento de entrada mostre o contrário, "muitos brasileiros se divertiram bastante com o embaraço causado à empresa Inman", o que indica que alguma coisa aconteceu em Manaus, apesar de os detalhes ainda não serem claros. Os papéis foram liberados e não foi necessária qualquer inspeção.

Foi em Belém que aconteceram os acréscimos mais fantasiosos à história de Wickham. Parte deles pode ser creditada aos fervores imperialistas de contadores de histórias posteriores, mas em grande parte a culpa é de Henry, sua memória falha e sua tendência à linguagem bombástica. Embora Belém fosse "um obstáculo de dimensão assombrosa", como descreveu um comentarista, Henry tinha um "amigo na corte", o cônsul Thomas Shipton Green. O cônsul honorário trabalhara contra os interesses de Henry ao planejar o embarque fracassado das sementes do patrão boliviano Ricardo Chávez e provavelmente estivera envolvido na tentativa frustrada de Charles Farris de contrabandear sementes em seus crocodilos. Porém, ele também cuidava da correspondência entre Wickham e Londres, e sua obrigação maior não era baseada em suas impressões pessoais, mas em promover os interesses da Inglaterra. Nada na esfera de influência de Green era mais importante do que conseguir uma fonte independente de borracha para o império, e ele agarrou a oportunidade quando Wickham apareceu como num passe de mágica. Green "[entrou] completamente no espírito da coisa", escreveu Henry:

> [Ele] foi comigo em uma visita especial ao barão de S___, chefe da "Alfandiga" [sic], e me deu respaldo quando apresentei "para sua excelência minha dificuldade e ansiedade por estar a cargo de amostras botânicas extremamente delicadas, a bordo de um navio ancorado no rio, e especialmente selecionadas para entrega no Jardim Botânico Real em Kew, de propriedade de sua majestade Britânica". Quando me concedi o privilégio desta visita à sua excelência, já dera ordens ao capitão do navio para manter os motores ligados, e me arrisquei a confiar que sua excelência consideraria possível me fornecer um despacho imediatamente.

Em outras palavras, Wickham e Green conseguiram o que queriam por meio de um engano. Não chegaram exatamente a mentir sobre a carga do

A Viagem do Amazonas

navio, mas também não contaram de fato toda a verdade. Para dar mais peso ao pedido, apelaram para o nome de sua majestade Britânica como se as plantas fossem ser colocadas diante do trono. O nome da rainha Vitória tinha prestígio em um país onde a Inglaterra era o maior investidor estrangeiro.

Parece haver poucas dúvidas de que o encontro com as autoridades em Belém do Pará aconteceu, apesar de mais uma vez os detalhes serem nebulosos. O único barão com a inicial "S" que morava na Amazônia era o barão de Santarém, um cavalheiro idoso e respeitável que fora um dos vizinhos de Henry e que, por saber da história recente, teria desconfiado do estratagema. Afinal de contas, sabia-se que Wickham pretendera plantar seringueiras. O diretor do porto de Belém do Pará era um cidadão comum chamado Ulrich. Green teria estado lá, uma vez que os navios, a alfândega e os portos estavam sob a sua esfera de responsabilidades, e ele logo depois ajudaria Robert Cross em sua própria busca por sementes.

No início do século XX, tinha credibilidade uma história de que Henry também fizera uma visita ao governador enquanto estava em Belém do Pará. Antes de partir, supostamente disse a Murray para levantar âncora e começar a descer o rio lentamente. Foi um evento social noturno tranquilo no palácio do governador. Estavam presentes outros convidados, e Henry foi bem recebido. Ele era uma "figura" conhecida na Amazônia, e por isso deve ter sido uma atração em um evento como esse. Na cidade estavam curiosos a respeito das escotilhas fechadas do *Amazonas*, e conta-se que Henry uma vez mais falou sobre sua preocupação com as "amostras botânicas delicadas" destinadas ao jardim pessoal de sua majestade em Kew. Se havia algo com o qual Henry estava sempre em sintonia, isso era o seu público e o efeito que exercia sobre ele. Sabia representar, e este toque de fanfarrice sem dúvida divertiu o pequeno grupo de nobres brasileiros e portugueses. O encontro foi agradável e cordial, e Henry partiu num espírito de boa vontade. Embarcou em um cúter e foi a toda velocidade em direção ao *Amazonas*. Ele subiu no navio rio abaixo e entrou no mar. "Pude respirar aliviado", disse ele. As sementes e os Wickham estavam livres.

A cena na alfândega levanta a dúvida sobre se Henry violou a lei ou não. O seu pedido era bem específico: estava transportando "amostras botânicas delicadas" a Kew, um apelo fundamentado no artigo 643 da legislação alfandegária brasileira, o qual afirma:

O Ladrão no Fim do Mundo

Os produtos destinados aos Gabinetes de História Natural, coligidos e arranjados no Império por professores para este fim especialmente comissionados por governos ou academias estrangeiras, ou devidamente acreditados pelos respectivos agentes diplomáticos, ou consulares, nacionais ou estrangeiros, serão despachados sem se abrirem os volumes em que estão acondicionados, bastando a declaração jurada do naturalista, e serão cobrados os direitos pelo valor que se lhes der, à vista das relações em duplicata que deve o mesmo apresentar.

Esta é uma regulamentação extremamente liberal, pois é baseada na confiança científica, qualidade que desapareceu em meio aos medos atuais da biopirataria. A interpretação mais generosa que pode ser feita é a de que, na melhor das hipóteses, Wickham e Green deturparam a lei. É verdade que o destino das sementes era para Kew, mas apenas como um ponto de parada. E estas sementes não eram para estudo, mas destinavam-se às fazendas inglesas na Índia e no Extremo Oriente para fins puramente econômicos. Seu envio a Kew e outros jardins reais em outras partes do mundo era para serem plantadas e cuidadas até atingirem a maturidade, e assim se produziria um estoque para vender aos fazendeiros e viveiros comerciais.

Com Wickham, uma nova ideia foi acrescentada: a biopirataria. Os minerais e os metais podem ser retidos e vendidos pelos países nos quais são extraídos, mas os cultivos podem ser transferidos a outros locais. Mesmo quando o habitat original de uma planta se encontra totalmente dentro das fronteiras de um país, ela pode ser cultivada em condições mais favoráveis. O golpe da cinchona de Markham era um grande exemplo, mas houve centenas de outros. O abacaxi, encontrado na América do Sul, vingou no Havaí. O fracasso das batatas do Peru nos anos 1840 causou a desgraça para a Irlanda durante a Grande Fome. A ex-colônia de Virgínia, o Zimbábue e dezenas de outros países dependiam da renda do tabaco. O próprio Brasil já foi tanto vítima como agressor. Em 1747, o aventureiro brasileiro Francisco de Melo Palheta conquistou a confiança da esposa de um governador francês na Guiana e conseguiu dela uma amostra das cobiçadas sementes de café, ainda hoje um dos mais lucrativos produtos brasileiros de exportação. Embora não estivesse expressamente escrito "o que Vitória quer, Vitória consegue", a essência do colonialismo de todas as grandes potências era a garantia dos mercados e a expansão dos recursos e riquezas. Henry sabia que o Brasil podia detê-lo, porque estes movimentos táticos faziam parte do Grande Jogo. Porém, jamais passou por sua mente que poderia estar fazendo algo errado. No que dizia respeito às plantas, o mundo inteiro era um território aberto.

De fato, é de se duvidar que Henry teria retrocedido em seu plano por algum motivo. Não era particularmente incompassivo, mas também não se preocupava muito com questões éticas. Era um homem prático, como disse posteriormente. Tentava sobreviver na selva, e esta era sua última maneira de sair do que se tornara um lugar amaldiçoado. Seu guia ético, o mesmo do seu império, era a ética protestante: "Deus ajuda a quem se ajuda."

O roubo de Henry não foi diferente de dezenas de outros antes dele; porém, de certa maneira, foi o primeiro. Ele não roubou uma semente ou mesmo uma centena: roubou 70 mil. Assim como a sucuri, o enorme tamanho do objeto chamava a atenção. Passados 34 anos após o roubo de Henry, a borracha inglesa cultivada no Extremo Oriente a partir das sementes de Henry inundaria o mercado mundial, fazendo a economia da Amazônia ruir em apenas um ano e colocando um grande recurso mundial nas mãos de uma única potência. Em 1884, o estado do Amazonas passou a cobrar um imposto pesado de exportação de sementes de seringueira; e em 1918, o Brasil proibiu completamente sua exportação. Em 1920, quando Henry foi nomeado cavaleiro e chamado de "pai da indústria da borracha" na Inglaterra, os brasileiros o apelidaram de "carrasco do Amazonas", "príncipe dos ladrões", e diziam que seu roubo era "dificilmente defensável no direito internacional".

A biopirataria em seu sentido moderno se refere à apropriação, sem pagamento e geralmente por patenteamento, de componentes do patrimônio genético e do conhecimento biomédico indígena feito por corporações, instituições ou governos estrangeiros. A vinca rósea de Madagascar* é citada com frequência como um caso clássico no direito internacional moderno. As pesquisas sobre a planta foram impulsionadas nos anos 1950 por seu uso na medicina nativa e levaram à descoberta de vários componentes químicos biologicamente ativos — sendo o mais notável a vincristina —,

---

* Conhecida no Brasil como maria-sem-vergonha. (N. da E.)

que contribuíram na luta contra vários tipos de câncer infantil. Quando a empresa farmacêutica gigante Eli Lilly patenteou e comercializou a vincristina, lucrou bilhões, mas Madagascar nunca recebeu um centavo. Entretanto, havia uma complicação. As propriedades médicas conhecidas localmente não eram as mesmas descobertas pela Eli Lilly, e quando a empresa registrou sua patente, a flor havia sido replantada em muitos países tropicais. Como os pesquisadores não necessariamente obtiveram o conhecimento local e as amostras de plantas de Madagascar, este fato conturbou a questão das reivindicações jurídicas.

Em um sentido mais amplo, porém, a biopirataria tem a ver com o poder e seu desequilíbrio: o fato histórico de que os países mais pobres são ricos em recursos, enquanto as nações mais ricas desejam — e podem tomar — o que eles têm. Neste sentido, o roubo de Henry tornou-se um símbolo de todos os atos de exploração que o Terceiro Mundo sofreu. As questões estão ligadas aos direitos de propriedade. Quem possui as riquezas da Terra? O direito internacional atual sustenta que as nações possuem seus próprios recursos, mas o contra-argumento é tão antigo quanto o de Markham por ter se apossado da cinchona: a natureza e seu "melhoramento" pertencem à humanidade.

Henry foi um contrabandista, auxiliado por seu governo, um saqueador moderno ou um corsário? O Império Britânico tinha um histórico destas práticas, especialmente quando o alvo era um regime latino-americano. Esta questão da lei, tanto em seu sentido literal quanto em seu espírito mais amplo, geraria muitos debates acalorados nos anos seguintes, especialmente nas primeiras décadas do século XX, quando o empenho dos governos em controlar a borracha era tão intenso quanto o furor semelhante pelo controle do petróleo nos dias de hoje. As interpretações do ato de Henry mudaram com os tempos e os ventos políticos, econômicos e ambientais. Em 1913, ano em que o Brasil perdeu o monopólio da borracha para a Inglaterra, O. Labroz e V. Cayla, do Brasil, afirmaram que as autoridades tinham conhecimento dos planos de Wickham, mas isso parece ser um exercício para limpar a honra de seu país. Em 1939, o Departamento de Comércio dos Estados Unidos pediu ao Brasil um relatório sobre as circunstâncias envolvidas na façanha de Wickham, e a resposta de Belém do Pará salientava que, como ninguém previa a possibilidade de estabelecer planta-

A Viagem do Amazonas

ções da hévea em outro local, não existia então nenhuma lei que proibia especificamente a exportação da semente. O roubo de Henry poderia ser visto como um triunfo da imaginação. O relatório do Brasil chegou quando a Primeira Guerra Mundial surgia no horizonte. O império de Ford no Tapajós já estava estabelecido, e o Brasil esperava por vastas plantações na floresta — e por um segundo ciclo da borracha por causa das necessidades estratégicas mundiais. À medida que o século avançava e o Brasil finalmente entendeu que a riqueza do vale amazônico necessitava de administração federal, Roberto Santos, o primeiro historiador brasileiro da Amazônia, afirmou que, mesmo na ausência de leis específicas, ninguém tinha o direito de se "apropriar dos bens dos outros quando há claramente um dono ou uma jurisdição definida". Os críticos zombaram de Santos porque ele aparentemente possuía "uma visão mais elevada de propriedade, da natureza como constituinte de um patrimônio nacional". Porém, foi este o consenso a que se chegou na Cúpula da Terra, realizada em 1992 no Rio de Janeiro, a qual produziu uma convenção que conferiu às nações o direito a partilhar dos lucros obtidos das substâncias produzidas por sua flora e fauna, que resultou diretamente nas rigorosas leis atuais contra a biopirataria. Tudo começou com Henry, na alfândega em Belém do Pará. Segundo as definições contemporâneas, Henry Wickham e sua esposa foram contrabandistas que agiram sob o comando de contrabandistas em posição mais elevada — e que acreditaram ter agido em nome do império.

E assim Henry, Violet e suas sementes preciosas partiram de navio do Amazonas para nunca mais voltarem. Assim, entraram nos registros da história. Passaram pelo enorme navio-farol nas águas rasas de Bragança. Perderam-se de vista no Atlântico, que nesta viagem seria calmo e azul. Henry abriu as escotilhas do porão onde estavam armazenados seus caixotes de sementes suspensos no ar. Certificou-se de que os caixotes estavam bem presos nas cordas de uma ponta a outra, balançando ao vento e livres dos ratos do porão do navio. Lidou com as mudanças de clima ao cruzarem o Equador. Estava agindo um pouco como uma mãe protetora, mas Violet o achou mais tranquilo do que em muito, muito tempo. Henry achou, com razão, que tinha feito seu nome e que o império seria grato. A partir de então, disse ele, a vida seria fácil. Mal sabia que seus tormentos — e os da paciente e prática Violet — tinham apenas começado.

PARTE III

O MUNDO

Eu trabalharei ainda mais.
— Upton Sinclair, *A selva*

CAPÍTULO 10

OS CONFINS DO MUNDO

Henry entregou as sementes quase três meses depois de Alexander Graham Bell conseguir fazer sua primeira chamada telefônica. Dez dias antes da chegada das sementes, um trem chamado Transcontinental Express (Expresso Transcontinental) chegou a São Francisco, 83 horas e 39 minutos após partir de Nova York. Henry entregou as sementes no ano em que o dr. Nikolaus Otto e seu assistente, Gottfried Daimler, construíram com sucesso o primeiro motor de combustão interna de quatro tempos. Todos estes fatos foram presságios das forças que transformariam a borracha, de 1880 a 1910, no mais "novo" e procurado produto primário, sensível em termos de preço às necessidades do mercado. Entretanto, a entrega das sementes recebeu pouca atenção da imprensa, foi ofuscada na Inglaterra pela "Questão Oriental" e nos Estados Unidos pelo massacre em Little Big Horn.

Ele chegou certamente como um herói conquistador. O *Amazonas* atracou em Lisboa, Le Havre e finalmente em Liverpool em 10 de junho de 1876, mas Henry não conseguiu esperar. Ele e Violet deixaram o capitão Murray em Le Havre com a promessa de ressarcimento, e então cruzaram o canal e viajaram de carona até Londres, carregando uma pequena sacola de sementes. Henry chegou a Kew de carruagem de aluguel às três da manhã do dia 14 de junho.

Hooker sofria de insônia, e todas as noites recitava poesia para si mesmo quando se deitava em seu quarto, no andar superior de uma mansão georgiana de tijolos vermelhos, com vista para Kew. Ele já estava quase adormecido quando subitamente ouviu pancadas em sua janela. Levantou-se de um salto, abriu as cortinas brancas e avistou uma figura solitária sob a fileira de castanheiras no entorno do jardim. Não conseguia acreditar no que estava vendo: o sujeito rude parecia estar atirando pedrinhas na janela.

Quando Hooker abriu a janela e repreendeu o homem impertinente, pedindo para parar, o estranho saiu das sombras e gritou algo sobre sementes. Vestido de pijama, Hooker desceu rapidamente as escadas e correu para abrir a porta. O intruso noturno, que usava um chapéu tropical largo e segurava uma maleta Gladstone junto ao peito, se apresentou como Henry Alexander Wickham. O nome foi um susto para Hooker. Ele levou Henry a um gabinete repleto de raras gravuras florais e medalhões Wedgewood e lhe perguntou o que tinha na maleta.

"Uma amostra de sementes de seringueira que você pediu. São 70 mil ao todo." Henry começou a contar sua história e o diretor precisou se sentar.

Uma testemunha foi William Turner Thiselton-Dyer, o diretor-assistente em Kew. Tempos depois ele se tornaria genro de Hooker e seu sucessor como diretor, com fama de ser pomposo. Mas durante os primeiros anos como assistente de Hooker, serviu de intermediário entre o diretor irritadiço e o resto do mundo.

A chegada do aventureiro da selva caiu como um raio sobre Kew: a estrada sinuosa antes de chegar a Kew era pavimentada com tijolos, e ouviu-se o barulho da carruagem a um quarteirão de distância. As últimas notícias de Wickham haviam chegado quatro meses antes. Hooker e seu assistente imaginaram que tinha fracassado ou perdido a estação dos frutos mais uma vez; não o levavam mais a sério. Robert Cross já partira para Belém do Pará em sua missão de coletar sementes. Estava em trânsito, em algum ponto entre uma visita final a Richard Spruce na Escócia e seu navio, ancorado em Liverpool, que logo partiria com destino ao Brasil. Na euforia pela chegada de Henry, Cross foi completamente esquecido. Ele partiria de Liverpool em 19 de junho e chegaria ao Pará em 15 de julho. Literalmente cruzou o caminho do *Amazonas* e provavelmente assistiu ao seu descarregamento.

"Nem mesmo a imaginação mais delirante poderia ter previsto" as consequências da chegada de Henry, lembrou-se Thiselton-Dyer. Hooker ordenou o envio de um trem especial de carga noturno para Liverpool, e em 15 de junho todas as 70 mil sementes haviam sido plantadas em uma estufa ampla, chamada de *seed-pit* ou "fosso das sementes", aos cuidados de R. Irwin Lynch, superintendente veterano do departamento de plantas tropicais. Por causa do histórico de Kew com a hévea, Lynch estava preocupado, assim como Thiselton-Dyer, que inspecionou a estufa várias vezes. "Sabíamos que os resultados eram incertos", lembrou-se Thiselton-Dyer, "porque a probabilidade era de que as sementes não germinassem. Lembro-me bem de ter entrado no terceiro dia na casa de criação de plantas [...] e ter visto que por sorte as sementes estavam germinando". Um memorando interno sem assinatura, ainda encontrado nos arquivos de Kew e datado de 7 de julho de 1876, descreve o triunfo de Henry: "Foram recebidas 70 mil sementes de *Hevea brasiliensis* do sr. H. A. Wickham em 14 de junho. Todas foram plantadas no dia seguinte, e algumas poucas germinaram no quarto dia."

A germinação aconteceu rapidamente. A hévea brota geralmente de três a 25 dias após o plantio, mas os primeiros brotos romperam o solo em 19 de junho, no quarto dia. Henry deve ter rondado as sementeiras como uma mãe preocupada; não era apenas o seu futuro que estava em jogo, mas a prova do valor de todas as decisões desastrosas que tomara. Após o plantio, as sementes absorvem a umidade, e em poucas horas sua concentração de líquido passa de 13% a aproximadamente 50%. Uma vez começado, este processo, chamado embebição, é rápido. A semente de seringueira incha e rompe sua película de cor de noz-moscada. A infusão repentina de água dissolve o ácido giberélico, um hormônio vegetal contido no endosperma, muito semelhante aos esteroides. Ele ativa os genes do DNA nuclear que desencadeiam a hidrólise das grandes reservas de amido da semente. O amido se transforma em açúcar, e, com o auxílio deste combustível interno, logo a primeira radícula desponta na casca. O primeiro par de folhas geralmente aparece em oito dias.

Em 7 de julho, mais de 2.700 sementes tinham germinado e foram plantadas em vasos. Segundo um memorando sem assinatura, "muitas centenas já estão agora com 40 centímetros de comprimento e todas com uma saúde vigorosa". O fato de que as 2.700 sementes que germinaram representavam apenas 3,6% de todo o carregamento aparentemente não provocou críticas. Afinal de contas, significavam 2.700 seringueiras a mais do que Kew tinha cultivado em estufas anteriormente.

Os Confins do Mundo

No segundo mês, entretanto, começaram a surgir pequenos indícios de que Henry tinha deixado Joseph Hooker contrariado. Além das sementes de seringueira, Henry trouxera consigo outras plantas que achou ter algum valor, inclusive sementes de piquiá. Ele descreveu estas sementes para Hooker em uma mensagem, indicando seu possível uso. Tentou se descrever como botânico amador, na esperança de acompanhar as sementes de seringueira ao Ceilão, como mencionara na carta de abril de 1875, mas os botânicos amadores eram uma raça de pessoas que Hooker desprezava. Henry escreveu que "fizera algumas experiências de plantio" da seringueira que poderiam ser valiosas. O tempo mostraria que ele estava certo, mas Hooker não se convenceu. O diretor friamente escreveu os nomes latinos das amostras de Wickham nas margens "como se quisesse enfatizar sua ignorância em relação à botânica e a familiaridade total de Kew em relação a elas".

Em 20 de agosto de 1876, o *Evening Herald* publicou um relato breve sobre as sementes. A matéria dizia que os brotos jovens ocupavam "uma área de aproximadamente 28 metros quadrados, com pouco espaço entre eles. Uma boa quantidade deles começou a crescer imediatamente, e muitos atingiram a altura de 45 centímetros em poucos dias". Foram construídas caixas especiais para seu envio ao Ceilão, Birmânia e Cingapura. O projeto, descrito como um sucesso, só poderia ter tido cobertura da imprensa com a aprovação de Hooker, mas não há nenhuma menção ao papel de Henry em nenhum lugar, e nem mesmo de seu nome.

Aproximadamente na mesma época em que estava sendo embromado por Hooker, Henry se aproximou de Clements Markham. O herói da cinchona geralmente tentava jogar limpo com quem o tinha ajudado em suas intrigas imperiais, e ele então tentou fazer o mesmo por Henry. Duas vezes em julho de 1876, enquanto os brotos jovens estavam crescendo, ele mencionou a Hooker por meio de um memorando que "o sr. Wickham parece ter tido muito trabalho com essas sementes", uma sugestão indireta em tom de reprovação de que Henry merecia uma certa gratidão. Hooker não foi persuadido e respondeu que duvidava das habilidades de Henry. Talvez Hooker contasse com os empenhos de Cross, embora não houvesse ainda nenhuma notícia do jardineiro veterano de Kew. Em uma carta de 19 de julho, Markham estava especialmente duro:

O Ladrão no Fim do Mundo

Tive uma longa conversa com o sr. Wickham, que está disposto a aceitar emprego ligado à introdução do cultivo de caucho na Índia, ou fazendo outras coletas de sementes no vale amazônico ou levando as plantas à Índia (Ceilão e Cingapura), dando conselhos sobre locais etc., e estabelecendo plantações. [...] Estou inclinado a recomendar que o sr. Wickham seja empregado para levar as plantas de caucho. [...] Ele pode ser instruído a estabelecê-las em Peradeniya e em Cingapura, a se comunicar com o governo de Madras e com o comissário-chefe da Birmânia Britânica, e conceder o benefício de seu conhecimento e experiência no que se refere à seleção de locais em Tenasserim e Malabar etc. Você faria a gentileza de me dizer o que pensa a respeito disso?

A carta de Markham é interessante por diversos motivos. Primeiro, porque Henry fizera uma concessão incrível: retornaria à Amazônia para buscar mais sementes. Os trópicos quase o mataram em duas ocasiões. A selva matou sua irmã e sua mãe, e ele não sabia até quando poderia conseguir evitar que o pegasse também. Mas se via completamente ligado à hévea, envolto em seu abraço como se estivesse preso pela figueira mata-pau estranguladora. Faria o que fosse necessário para manter isso.

Segundo, Markham observara Wickham com atenção e achava que ele conhecia seus pontos fortes. Via Henry não como um botânico, mas como um homem para promover a borracha. Os fazendeiros eram de uma natureza conservadora. Naquela época estavam se dando bem com o café e com o chá. Mais necessária que a presença de um jardineiro era a de um promotor inquieto e ousado, um papel que combinava perfeitamente com Henry. A burocracia inglesa era uma besta desajeitada. Markham a odiava e sonhava com maneiras de vencê-la, e temia que a intransigência do governo estrangulasse a criatividade em meio a centenas de normas e confusão. Sua carta expunha uma proposta: que Henry providenciasse o seguro estabelecimento das sementes no Ceilão e em Cingapura, para então pressionar os governadores coloniais até que, exasperados, concordassem em cultivar a seringueira. Acreditava tanto nessa ideia que de bom grado se dispôs a insistir para que Hooker desse uma resposta: "Você faria a gentileza de me dizer o que pensa a respeito disso?" Este é um pedido extraordinariamente direto, se considerarmos o tom seco e imparcial da burocracia vitoriana.

Mas Hooker não se comoveu. Tem-se a ideia de que ele raramente mudava de opinião. Havia um quê de obstinação em seu caráter que não fazia parte da personalidade de seu pai — uma arrogância, como se fosse convencido de sua própria infalibilidade botânica. Em sua resposta a Markham em 20 de julho, explicou que "não temos conhecimento de sua habilidade em relação à horticultura, em tomar conta das caixas ou de escolher locais", mas em particular ele aparentemente ficou furioso por Henry ter apelado a outros. Considerando o repentino tom defensivo que apareceu nas cartas de Wickham a Hooker de 20 de julho e 1º de agosto, há bons motivos para crer que o diretor fez ataques a Henry com um rancor que mal conseguiu controlar. Ele voltou atrás. "Não quis sugerir que eu ficasse inteiramente a cargo das plantas. Fiz experiências com a plantação [de seringueiras] no Amazonas. Agora me parece que toda a habilidade do jardineiro mais experiente não fornecerá estas informações. Visitei o sr. Markham hoje para falar sobre a hévea, e ele disse simplesmente que você achou conveniente enviar um jardineiro."

Markham aconselhou Henry a "esperar o desenrolar dos acontecimentos" enquanto escrevia um memorando ao India Office recomendando que Wickham fosse colocado sob a própria autoridade do ministério, não sob a de Kew. Mas os dias de Markham estavam contados. Sob o irascível Louis Mallet, ele não tinha mais o prestígio do qual desfrutara antes. Apesar de Markham ter contribuído na obtenção da cinchona e de ter repetido o feito com a borracha, Mallet o via como um remanescente dos dias em que a East India Company (Companhia Inglesa das Índias Orientais) abrigava muitos aventureiros. Clements Markham não estava de modo algum em sintonia com a nova visão de burocracia de Mallet, segundo a qual a presença diária e pontual na mesa de trabalho era a virtude principal do funcionário público. Um ano antes, em setembro de 1875, um confronto público entre Markham e Mallet chegou ao ponto em que Markham exigiu uma retratação de seu superior por tê-lo descrito como "sem princípios". Mallet reclamou a lorde Salisbury, o *seu* superior, de que "chegou a hora em que precisamos dizer a ele com toda clareza que ele tem de [...] agir de acordo com as normas oficiais ou partir". A renúncia de

Markham em 1877 já era inevitável em julho e agosto de 1876. Os chefes autoritários obstruiriam os planos de Markham e Wickham.

Henry tinha uma última linha de ataque: redigir um relatório descrevendo tudo o que sabia sobre a hévea e provando que era o homem certo para o cargo. Aconselhou que "a Península Malaia era a que tinha mais probabilidades de combinar as condições climáticas necessárias para a seringueira do Grande Vale da América do Sul", uma sugestão que teria evitado ao império a perda de três décadas de tempo e dinheiro se ele tivesse sido ouvido. Alertou que a hévea crescia mais lentamente sob a sombra da floresta do que em condições de plantações abertas. "Vi árvores cultivadas em espaços abertos que produziam sementes abundantes depois do terceiro ano." Acima de tudo, avisou que o fato de as seringueiras terem sido descobertas primeiro por exploradores em planícies de inundação ou ao longo das margens dos rios não significava que estas eram as melhores condições de cultivo. As melhores amostras eram encontradas em terrenos mais altos, além do rio. Testes posteriores demonstravam que ele tinha razão e provaram que as árvores plantadas em solo úmido não desenvolviam um sistema de raízes satisfatório.

Porém, até mesmo esta profecia final estava condenada. O relatório de Wickham foi "enterrado" nos arquivos do India Office, sem comentários e sem nunca ter sido usado. "E mais", disse Edward Lane, que desenterrou o relatório nos anos 1950, "seu caixão estava com o nome errado: um exame do documento prova que é de Wickham; é sua letra, estilo e conteúdo. Apesar disso, alguém — supostamente do India Office, mas possivelmente de Kew — escreveu sob o título: 'por Robert Cross?'".

O relatório seria enterrado, assim como o homem. Segundo a maioria dos relatos, Henry recebeu setecentas libras por seus serviços, ou 740 libras segundo um memorando de Hooker, mas ele não tinha mais utilidade e se tornara inconveniente. Quando o primeiro carregamento de sementes partiu para a Índia em agosto, ele não estava junto. Henry continuou a pedir que acompanhasse o carregamento seguinte, mas Kew se livrou dele com uma mentira. Disseram-lhe que "apesar de as autoridades de Kew apoiarem a ideia, a depreciação do valor da prata" impossibilitou o seu envio para lá, segundo escreveu Violet. Um jardineiro solidário, muito provavelmente Irwin Lynch, descrito nas biografias de Kew como um sujeito decente que talvez tenha se sentido envergonhado pela maneira como o país tratou Henry, acrescentou ao pagamento final uma estufa de Ward com 175 mudas de café liberiano.

Henry não guardava rancor contra Hooker, certo pelo resto de sua vida de que o diretor e ele formavam um par de visionários. Nunca percebeu que o diretor se opôs à sua nomeação para a Índia ou que o tinha menosprezado como um oportunista inculto, um preconceito que os funcionários de Kew repetiriam pelo resto dos dias de Henry. Ele permaneceu para sempre grato ao diretor irritadiço e hipócrita, e culpou o India Office por sua rejeição, sem nunca imaginar que a permissão para retornar com um número ilimitado de sementes partira justamente de lá. Nunca descobriu que seu melhor amigo no império não era Joseph Hooker, e sim Clements Markham.

Em meados de setembro de 1876, sem querer mais esperar pelo que sabia ser uma rejeição oficial, Henry, Violet e o menino índio, sempre anônimo, tomaram um navio lento para Queensland, Austrália, com a caixa de café liberiano ao lado. As selvas oficiais de Londres o tinham derrotado; ele voltaria ao tipo de floresta que ele entendia.

Duas viagens longas e inúteis começaram em agosto e setembro de 1876, ambas perseguidas pelo desastre, ambas esquecidas no lado distante do mundo. A primeira envolvia as sementes de Henry. Um mês antes de os Wickham partirem de navio para Queensland, 1.919 mudas de Henry foram acondicionadas em 38 caixas de Ward, entregues aos cuidados de William Chapman, jardineiro de Kew, e embarcadas a bordo do navio a vapor *Duke of Devonshire*, da companhia P&O, com destino a Colombo, no Ceilão (hoje Sri Lanka). A empresa P&O causara uma revolução no transporte marítimo: seus navios chegavam aos portos conforme programado, algo inédito até então. Porém, também insistiam no pagamento imediato dos custos de frete; caso contrário, as cargas não eram retiradas do porão. Quando o *Duke of Devonshire* chegou com segurança em Colombo no dia 13 de setembro, o capitão não queria liberar as mudas para o diretor do jardim botânico de Kew em Peradeniya, porque o India Office não pagara as taxas. Foi enviado um telegrama a Londres, e três dias depois as taxas foram pagas. Do carregamento original de 1.919 mudas, sobreviveram aproximadamente 1.700, graças principalmente aos cuidados do jardineiro William Chapman e ao fato de um enfurecido Clements Markham ter agilizado o pagamento em Londres.

O próximo lote não teve tanta sorte. Em 11 de agosto de 1876, o India Office enviou cem mudas para Cingapura. Estas não foram acompanhadas por um jardineiro e também ficaram retidas por falta de pagamento do frete. Desta vez, todas as mudas morreram. Kew e o India Office continuaram tentando, e ao final de 1876 Kew já tinha distribuído 2.900 plantas às filiais de seus jardins no Extremo Oriente, a coletores nas ilhas britânicas e pequenas quantidades para outras colônias britânicas.

Em 22 de novembro de 1876, Robert Cross voltou da Amazônia, trazendo consigo 1.080 mudas doentes de hévea dos pântanos ao redor de Belém do Pará e sessenta maniçobas-do-ceará, conhecidas pelo nome científico de *Manihot glaziovii*, que produziam uma borracha de qualidade inferior. Kew manteve apenas quatrocentas das amostras de hévea de Cross, que lutavam para sobreviver, e deu o resto a William Bull, dono de um viveiro comercial. Na primavera de 1877, Bull relatou que apenas 14 ainda sobreviviam, enquanto Kew admitiu que 12 plantas de hévea da missão de Cross conseguiram sobreviver.

Apesar de as sementes de seringueira de Cross serem fracas, ele chegou a escrever um relatório em março de 1877 que teria uma consequência enorme para a indústria inglesa da borracha. Como coletara a hévea nas ilhas e nos pântanos ao redor de Belém do Pará, supôs que o melhor local para seu plantio eram as regiões mais quentes da Índia, uma conclusão totalmente oposta à de Henry. "As extensões de terra plana, de baixa altitude e úmidas, sujeitas à inundação, lagoas rasas, poças d'água e todas as descrições de acúmulo de barro, pântanos lamacentos e margens de rios e ribeirões de corrente fraca serão os melhores locais" para a hévea, escreveu ele. Apesar de Wickham contestar esta opinião por décadas, ninguém lhe deu ouvidos. Cross era um especialista formado, e Henry não. Como Henry fora rejeitado por Kew, todos achavam que estivesse errado. As observações equivocadas de Cross levaram todos os que tentaram cultivar a hévea nos anos 1870 e 1880 para algumas das paisagens mais deploráveis e assoladas por doenças do mundo.

Os Confins do Mundo

As opiniões de Robert Cross, resultado de sua formação e capacidade crítica, contribuíram para um atraso de décadas no início do monopólio inglês da borracha. Em 1881, quando Cross foi contratado pelo India Office para supervisionar o cultivo da cinchona e da borracha na serra Nilgiri, a hévea não estava se tornando popular entre os fazendeiros. Crescia mais lentamente que a *Castilla* e a maniçoba-do-ceará, um fator importante para os que esperavam lucros rápidos. O fato de as variedades asiáticas como a *Ficus elastica* serem de fácil obtenção também dificultava a escolha da hévea. Por causa de sua experiência com as plantas doentes do Pará, Cross tendia a concordar e concentrou mais sua atenção ao desenvolvimento da maniçoba-do-ceará e da *Castilla*. Por muitos anos, a hévea cresceria nas filiais dos jardins de Kew sem ser sangrada ou testada pelos fazendeiros orientais.

Nas duas décadas seguintes, o cultivo inglês da hévea ficou parado. As árvores de Wickham e seus rebentos foram enviados ao Ceilão, Cingapura e Malásia, mas também para ambientes mais inóspitos como as Índias Orientais Holandesas, Indochina e outras regiões estrangeiras. Como as árvores cresciam lentamente, os fazendeiros não estavam interessados em cuidar delas, mesmo quando Kew as distribuía de graça. Contudo, foram essas as três décadas, de 1880 a 1910, em que os três grandes avanços dependentes da borracha — a eletricidade, a bicicleta e o automóvel — aumentaram a demanda mundial em um ritmo que quase dobrou a produção a cada cinco anos, e depois a cada três anos.

Os primeiros sistemas elétricos eram aterrorizantes. Na Pearl Street, em Manhattan, no primeiro sistema de iluminação doméstica do mundo, os cabos eram expostos e sem isolante, com consequências terríveis para eletricistas e crianças. Graças às propriedades isolantes da borracha, a iluminação comercial foi muito usada nos anos 1880, mas a iluminação doméstica demoraria mais quatro décadas para se difundir. Em 1880, os "cabos telegráficos submarinos" se espalharam por todo o globo a partir de Londres, sendo o mais famoso deles o cabo do canal de Dunkirk a Dover, e o cabo transatlântico Cornualha a Nova Brunswick. A tração elétrica tornou possível o transporte subterrâneo em Londres, Paris e Nova York, enquanto em dezenas de outras cidades os bondes se tornaram comuns.

Os anos 1890 seriam a década da bicicleta. As 7 milhões de bicicletas encontradas em todo o planeta em 1895 usavam a maior parte da borracha mundial, um surto de crescimento que não teria ocorrido se não fosse pela invenção do "aro pneumático de borracha". Embora as bicicletas já existissem, usavam pneus de borracha sólida. Essas eram resistentes aos furos, uma vantagem em ruas onde os cravos se soltavam toda hora das ferraduras, mas não tinham suspensão, eram difíceis de manobrar e não ofereciam conforto. Isto mudou no final dos anos 1890. O mercado estava inundado de tubos de aço, rolamentos, variadores de velocidade e correntes de alta qualidade. Acima de tudo, inundado de pneus de borracha substituíveis e câmaras de ar internas, produzidos em massa nas fábricas da Dunlop em Birmingham, na Inglaterra; da Michelin em Clermont-Ferrand, na França; e da Pirelli em Milão, na Itália. A bicicleta era barata e popular. De repente as pessoas tinham uma forma de liberdade antes desconhecida.

A primeira década do novo século foi a primeira década do automóvel, e todos os componentes da bicicleta foram usados. Os Estados Unidos fabricaram poucos carros em 1895, mas 15 anos mais tarde produziram 200 mil, mais do que o resto do mundo. Em 1920, haveria 12 milhões de carros registrados nos Estados Unidos, e neste ano aproximadamente 2 milhões foram fabricados. Mais da metade deles era do modelo T de Henry Ford.

Henry Wickham não fez parte disso. A rejeição de Kew causou uma ferida profunda. Construíra suas esperanças por meio da borracha, e seu sucesso dava sentido ao calvário na selva. Além de Violet, a hévea — e o triunfo que ela representava — era o seu grande amor. Agora este amor havia sido tomado dele, e como um amante abandonado, tornou-se uma pessoa amarga.

Nos vinte anos seguintes, Henry vagou em seu exílio autoimposto pelos confins remotos do Império Britânico. Arrastou Violet consigo para alguns dos ambientes mais hostis e perigosos do mundo. Jamais escreveu sobre seus motivos, mas seus atos falam por si mesmo. Enquanto o resto do mundo enriquecia com a borracha, ele embarcou em uma procura pelo sucesso como um fazendeiro pioneiro que descobriria o próximo cultivo milagroso. Quando regressasse ao centro do império, voltaria triunfante. Seria alguém importante de novo.

Os Confins do Mundo

A procura começou em Queensland. Violet nunca disse em suas memórias por que escolheram este lugar, mas em 1872, os agentes promotores da imigração para Queensland começaram a se espalhar pelas ilhas britânicas. Vendiam-na como uma terra de riquezas. Projeções de imagens na "lanterna mágica" mostravam belas paisagens acompanhadas de uma torrente de histórias de sucesso: a descoberta do ouro em Gympie em outubro de 1867, na península do cabo York em maio de 1869, e em Charters Towers em 1872. As minas de estanho do distrito de Stanthorpe pareciam inesgotáveis. A cana-de-açúcar era cultivada no norte e no sul. As ferrovias se estendiam para o oeste, saindo dos portos marítimos. Não havia escassez de empregos para o trabalhador, enquanto terras de 80 acres eram vendidas por dez libras para os posseiros, ou "pastoralistas". As pequenas cidades que surgiam na selva eram exatamente como as encontradas em seu país, com escolas, jornais, associações musicais e clubes de críquete. A Lei de Imigração de 1872 oferecia passagem livre aos trabalhadores, mas Henry e Violet pagaram com seus próprios recursos, porque viajaram de primeira classe para seu novo lar.

Assim como na maioria das propagandas que promovem o paraíso, muita coisa foi omitida. Os agentes não mencionaram as enchentes e plantações malsucedidas, ou o fato de os brancos e os "aborígenes" ainda estarem envolvidos em uma violenta guerra civil. Calcula-se que de 1840 a 1901 a violência nas zonas fronteiriças australianas tenha ceifado as vidas de 2 mil a 2.500 brancos e 20 mil aborígenes. Os cálculos sobre o declínio da população variam, mas os historiadores acreditam que possa ter diminuído de um total de um milhão em 1788 para 50 mil em 1890. No ano da última batalha do general Custer nos Estados Unidos, Henry e Violet entraram em um campo de batalhas de 1.750 mil quilômetros quadrados, que se parecia mais com o Oeste Americano do que com a selva tropical de onde tinham acabado de sair.

Henry entrou em um cenário cheio de ódios raciais, diferente de tudo que tinha enfrentado na América Latina. Lá ele fazia parte da classe protegida. Na condição de homem inglês, simbolizava ideais como o progresso e a liberdade. Na Austrália, era um dos colonizadores. O ciclo de hostilidade e retaliação começou quando os colonos invadiram os territórios de caça dos aborígenes; depois varreu o continente, à medida que os pastoralistas

O Ladrão no Fim do Mundo

destruíam comunidades aborígenes e forçavam os sobreviventes a trabalhar como vaqueiros, polícia nativa ou empregadas, funções desconhecidas por eles. Para cada ataque havia uma retaliação, geralmente executada durante as cerimônias festivas anuais chamadas *corroboree*, nas quais os jovens guerreiros eram iniciados nos ritos da passagem para a idade adulta.

O norte de Queensland, para onde Henry e Violet estavam a caminho, ainda abrigava muito ódio. Carl Lumholtz, antropólogo norueguês que passou 13 meses no distrito de Herbert River entre 1882 e 1883, conheceu um fazendeiro que se vangloriava de que, quando matava um negro, cremava o corpo para ocultar as evidências. Os raptos eram mais comuns do que a matança — tão comum que, segundo o jornal *Queensland Figaro* em 1884, não havia "nada de extraordinário a respeito disso". Em 1892, um ex-explorador escreveu que muitas das mulheres e crianças aborígenes encontradas nas fazendas de ovelhas e gado entre Normanton e Camoweal foram raptadas em incursões para captura de escravos: "Estas crianças são trazidas às fazendas e amarradas [...] e se conseguirem escapar e forem pegas, que Deus as proteja." Em 1901, ainda havia uma "opinião corrente" em toda a área de que "uma criança negra fugitiva podia ser caçada e trazida de volta", disse um observador.

Os Wickham partiram em 20 de setembro de 1876, a bordo do navio *Scottish Knight* para a viagem migratória de três meses e quase 26 mil quilômetros. Estas viagens podiam se transformar em pesadelos, com naufrágios, longos períodos de calmaria, fome e epidemias de doenças contagiosas, mas, para os padrões da época, a viagem deles foi tranquila e agradável, ao que parece. Viajaram na primeira classe com o menino índio e uma criada inglesa de 9 anos de idade, que o pai de Violet tinha mais uma vez providenciado com certeza. Henry cuidava de suas mudas de café acondicionadas em suas estufas, enquanto Violet observava a pequena sociedade de desconhecidos esperançosos que dividiam alojamentos apertados. Os homens solteiros eram acomodados na proa, as mulheres na popa, e os casais a meia-nau, agindo como uma área de isolamento para impedir a imoralidade libertina. O médico do navio assumia a responsabilidade e a "autoridade suprema" sobre os emigrantes. Fazia partos, fez uma ou duas operações bem-sucedidas, exigia a limpeza, interceptava cartas amorosas entre os alojamentos da proa e da popa e atuava como acompanhante. Essa sua última

Os Confins do Mundo

função estava condenada ao fracasso. Um casal recém-casado estava tão apaixonado que foram apelidados de Romeu e Julieta. Foram realizados vários casamentos, escreveu Violet, "apesar das restrições a bordo".

Chegaram em meados de dezembro de 1876 em Townsville, no norte de Queensland. Além do café liberiano, presente de Kew, Henry levava umas amostras de tabaco brasileiro da Amazônia, e o que realmente esperava era cultivar a folha do tabaco em larga escala. Parecia que seu senso de oportunidade era perfeito. Uma epidemia de ferrugem atacara a plantação de cana-de-açúcar em 1874 e 1875; depois, no início de 1876, a plantação de milho foi destruída por uma praga desconhecida que fazia as espigas apodrecerem. Em 6 de julho de 1877, ele comprou 160 acres por vinte libras no distrito de Herbert River, próximo a Cardwell, e quatro meses depois acrescentou mais 596 acres por 149 libras. Em 1881, comprou 300 acres por 225 libras, possuindo assim uma área total de 1.056 acres.

Com isso ele se endividou. Custava aproximadamente 110 libras para constituir uma fazenda de 160 acres, e a colocação de cercas, exigida por lei, custava quarenta libras por uma área de 160 acres. Pode-se afirmar com segurança que em quatro anos ele usou todo o pagamento de setecentos ou 740 libras recebido de Kew pelas sementes de seringueira, e que tinha uma dívida de pelo menos cem libras. Colocou-se nas mãos de um lojista-banqueiro, ou *gombeen man*. Tantas fazendas faliram nos anos 1880 e 1890 que o *gombeen man* aumentou suas comissões. A taxa média de juros paga por um fazendeiro como Henry era de 35%.

A "Terra Querida", como era chamada, era uma maldição para os fazendeiros e demonstrou ser extremamente dispendiosa. Um dos maiores escândalos do país na segunda metade do século XIX foi a incapacidade de dezenas de milhares de fazendeiros em ganhar a vida com suas propriedades, após anos de trabalho pesado. Em 1880, Henry tinha 10 acres de terra com várias plantações e um jardim, mas seus sonhos estavam depositados nos 5 acres com plantação de tabaco. Ele sozinho secava e curava as folhas. Convidava os comerciantes locais para examinar sua plantação, e eles "lhe asseguraram que se fosse capaz de produzir aquela qualidade, conseguiria vender facilmente" em qualquer parte de Queensland, escreveu Violet. Parecia ser a compensação por seus fracassos anteriores, mas nesta época suas despesas já tinham ultrapassado a renda e ele jamais sairia do vermelho. Ele era um *cockie*, um *cockatoo farmer*, ou fazendeiro cacatua, termo pejorativo local para os pequenos proprietários de terra que lutavam para sobreviver.* O distrito de Herbert River era a região da cana-de-açúcar, e lá havia pouquíssimos *cookies* como ele.

Mas Henry era também uma novidade, e em 1877 já se espalhara a história de suas aventuras no Amazonas. Um fazendeiro de cana-de-açúcar vizinho convidou-o para ficar lá até se estabelecer, e Henry retribuiu plantando a maior parte de seu café liberiano — possivelmente o primeiro café desta variedade naquela região — na terra de seu anfitrião. Como sua propriedade tinha muitas árvores, "mais uma vez ele teve o velho trabalho de capinar o terreno para a construção da casa", escreveu Violet. Construiu uma cabana rústica com toras de madeira "que os vizinhos acharam engraçada, porque na Austrália as coisas eram bem mais civilizadas" e as pessoas moravam em casas de tábuas de madeira. Uma vez mais, passavam de uma catástrofe a outra.

As tragédias australianas foram causadas pelos elementos da natureza e começaram imediatamente. Em sua terra havia duas casas de sapê abandonadas. Enquanto Henry estava construindo a casa, mudaram-se para uma delas. Certa manhã Henry pediu a Violet que fosse buscar um pouco de grama. "Quando o orvalho havia secado, ateei fogo nela para limpar o terreno ao redor da casa", escreveu Violet. Ela desviou o olhar por um instante, e então "para meu horror, vi que o fogo tinha se espalhado para a cabana e a destruído completamente".

Mudaram-se para a outra cabana enquanto Henry terminava a construção da casa. Dois anos mais tarde, ele repetiu o erro de Violet em uma escala muito maior. Em um domingo de 1879, ao caminhar pela fazenda, ele percebeu que o vento soprava em direção contrária à casa e decidiu abrir uma nova clareira com uma queimada. Logo que pôs fogo no restolho, uma súbita rajada de vento soprou uma chuva de fagulhas para o telhado da nova casa; em poucos minutos, ela estava em chamas "de cima a baixo". Perderam tudo: cartas da família, fotos e até mesmo a espada que

---

* Os fazendeiros de terras maiores desprezavam os pequenos agricultores, que chegavam para tomar posse de terras em grandes grupos, da mesma maneira que a ave cacatua costuma se alimentar nos campos. (N. da E.)

o avô guerreiro de Henry levara consigo ao Nilo. "As selas, a farinha e o resto poderiam ter sido salvos, já que estavam em um cômodo subterrâneo", lamentou Violet, "mas nós esquecemos e simplesmente" assistimos em estado de choque até que tudo foi reduzido a um monte de brasas ardentes.

Construíram de novo, mas desta vez na encosta de um terreno elevado. Em vez de uma casa de toras, Henry construiu uma com estrutura de pequenas placas de madeira, com dois andares na frente, mas encostada no morro. Desse modo, na parte de trás do telhado ficava no nível do chão. Usavam o andar de baixo como cozinha. Henry abriu uma passagem bem elaborada para a fumaça da chaminé, mas "ela vazava em toda a sua extensão e estragava tudo no quarto de dormir [...] e a fumaça formava nuvens em volta da minha cabeça". Henry construiu uma nova cozinha longe da casa e acrescentou um novo telhado de folhas de ferro corrugado sobrepostas. Apesar de eliminar o risco de incêndio, isso transformou a casa em um forno, enquanto o barulho da chuva no telhado de metal durante as tempestades frequentes deixava Violet enlouquecida. "A palavra 'chuva' não é a melhor descrição para isso", escreveu Violet. "São torrentes de água caindo sobre uma caixa de ferro, e ficar lá dentro é a coisa mais irritante que eu conheço."

Depois aconteceu a terceira tragédia. Em maio de 1881, choveu por uma semana. A precipitação de chuva foi de 300 milímetros e as enchentes foram as maiores desde 1870. "Depois de sofrer com o fogo, parece que era necessário que eu tentasse a cura pela água", disse Violet. Henry viajou para tratar de negócios por algumas semanas e Violet estava sozinha. Observava uma tempestade distante se aproximar quando a ventania ganhou força. A folhagem densa das pradarias fazia barulho ao vento até que os céus se abriram e caiu a tempestade. Esta tempestade parecia ter mais vontade própria e ser mais cruel do que a maioria, pois o vento entrava embaixo do telhado de ferro e levantava e sacudia as folhas de metal corrugado a cada nova rajada. Ela sabia que o telhado logo seria arrancado. Não havia como deter o destino e o vento. Houve algo de fatalista ou imperturbável em sua reação. Depois de tudo pelo que ela já havia passado com Henry, talvez fosse um conjunto de coisas. O vento soprava com tanta força que era impossível ir atrás de ajuda, e por isso "adormeci, sonhando que a casa

O Ladrão no Fim do Mundo

tinha virado de cabeça para baixo e estava rolando morro abaixo até cair no ribeirão". Ao amanhecer o telhado inteiro tinha sido arrancado. Mais uma vez tudo o que possuíam foi arruinado.

Para os aborígenes, esta terra fora criada no Tempo do Sonho, o tempo da Criação, e se tornou sagrada pela presença permanente dos espíritos. Para Violet, estava se tornando uma terra de sonhos violentos. Ela olhava a paisagem e via a marcha constante dos redemoinhos pela poeira. Alguns eram pequenos, com funis de 90 metros de diâmetro ou menos, e havia os gigantes que sugavam árvores, galinheiros e telhados das casas para dentro do vórtice, até se afastarem e sumirem. A terra era monótona, assim como a Amazônia, mas lá tudo era abundante e úmido, e na Austrália o inimigo do conforto era a aridez. O rio Amazonas era uma besta gigantesca que silvava ao passar. Em Queensland, um rio era um leito arenoso e largo com um ribeirão raso escorrendo em seu centro. Ou não era nem isso, apenas areia seca e abrasadora com uma depressão cheia de água a cada 4 quilômetros.

Para Violet, parecia haver tantos perigos em Queensland quanto pelo rio Amazonas. Havia escorpiões e tarântulas, e crocodilos que se escondiam nos pântanos salgados; era só se aproximar demais que então matavam com um golpe seco e forte de mandíbulas. Havia centopeias verdes de mais de 20 centímetros de comprimento, cuja ferroada era tão dolorosa que a vítima desejava a morte. Os cavalos se aproximavam de uma fogueira e colocavam a cabeça na fumaça para se livrar de moscas e mosquitos; dois cavalos ficavam numa posição de maneira que o rabo de um abanava a cabeça do outro, ajudando-se a se livrar dos insetos. As formigas-cortadeiras destruíam as plantações, voltando noite após noite para "cortar as folhas e os brotos novos e os levar" para o formigueiro. Nada parecia detê-las, nem mesmo quando Henry pediu emprestado um fole de ferreiro e soprou durante horas fumaça e enxofre para dentro dos formigueiros. "Vimos a fumaça saindo dos buracos em toda a plantação, até mesmo no outro lado do ribeirão", escreveu Violet, mas naquela noite as formigas voltaram.

De longe, o pior de tudo eram as cobras. O lugar era o paraíso das serpentes. Havia cobras grandes, negras e com barrigas cor-de-rosa, e minúsculas cobras negras mais finas que o cabo de um cachimbo, cujo veneno podia matar uma galinha depois que tomasse um passo e desse três ou

Os Confins do Mundo

quatro piruetas cambaleantes. Havia cobras-chicote venenosas que variavam da cor marrom-terra ao verde-esmeralda. Seu veneno parecia fazer um homem dormir. Era necessário caminhar com ele para cima e para baixo para mantê-lo acordado, e os fazendeiros descobriram que se conseguissem embriagar a vítima com rum, ele sobreviveria. Havia cobras dentro da casa, embaixo da casa, sob os pés, nos cantos e cobras que subiam na cama. Uma vez Violet foi até o ribeirão para tomar banho e viu o rabo de uma cobra desaparecer embaixo de seu roupão. "Você pode imaginar que o tirei com a maior pressa e calma possível."

A maior guerra de Violet era contra as serpentes constritoras. Lutaram contra uma sucuri em um pântano salgado que era "tão grossa quanto o corpo [de Henry]". Deram um tiro nela e a amarraram com uma corda que se rompeu em vários pontos como se fosse barbante, até que Henry finalmente a imobilizou no chão com um forcado. Media entre 6 e 7 metros de comprimento. Usaram a pele da cor de bronze para o assento de uma espreguiçadeira, em vez de lona. As serpentes constritoras gostavam de invadir o galinheiro à noite. Certa vez Violet matou uma que media mais de 4 metros, e que já tinha engolido uma galinha até as pernas. Em uma noite ela acordou ao ouvir as galinhas dando o alarme. "Henry, acorde", ela chamou, sacudindo-o para acordá-lo. Mas ele não se moveu. "As galinhas estão apenas tendo pesadelos", ele grunhiu. Ela saiu sozinha e às pressas, e encontrou três galinhas envoltas nos anéis de uma serpente constritora.

Durante esta época, Henry se tornara o único promotor de tabaco do norte da Austrália. Apesar de não cultivar muito em sua propriedade, plantava mais do que qualquer outra pessoa, portanto podia se considerar a autoridade local. Em 1884, ele publicou um panfleto de quatro páginas sob a autoridade do governo de Queensland intitulado "Directions for Tobacco Growing and Curing in North Queensland" (Instruções para cultivo e cura de tabaco no norte de Queensland), um precursor de seu tratado mais conhecido sobre a borracha, de 1908. Ele estava se tornando um promotor de cultivos, se é que isso existia naquele tempo.

Nesta época notamos também o primeiro sinal do distanciamento crescente entre Violet e Henry. Ela muitas vezes ficava sozinha, pois Henry se ausentava com frequência, física e emocionalmente. A falta de filhos não

O Ladrão no Fim do Mundo

é mencionada, nem nos escritos de Henry e Violet e nem nas histórias da família. Ao que parece, Violet nunca lamentou a ausência de filhos em sua vida, e Henry era ambicioso demais para se importar. Em compensação, Violet se tornou forte e independente. Montava em sua égua, Fairy, para passear pela mata. "Eu não precisava de ninguém comigo", afirmou com orgulho, "apesar de uma ou duas vezes um cavalheiro ter se desculpado por não poder me acompanhar". Ela visitava a fazenda vizinha e trazia carne para casa em um alforje, "apesar de achar que deixei aqueles vizinhos muito escandalizados". Percorria quase 40 quilômetros até a cidade para fazer compras, e às vezes levava junto o menino índio. A cidade na floresta consistia de duas lojas, um hotel e um tribunal. Ela tentava ter uma vida social durante essas viagens, mas na década que passou em Queensland foi às corridas uma vez, a um evento esportivo, e fez uma visita formal a um vizinho para dar as boas-vindas a um visitante. Violet não se lamentava, não reclamava, e demonstrou na Amazônia que conseguia ser tão forte quanto o marido. Mas às vezes a solidão do interior aparece em alguns pontos de sua memória, como quando escreve que as três vezes que saiu de casa foram "meus únicos momentos de diversão durante nossos [...] anos em Queensland".

Passava a maior parte das horas de vigília administrando a fazenda, pois Henry geralmente estava fora. O cultivo e a colheita do tabaco e da cana-de-açúcar exigiam muita mão de obra — barata, se possível. Nessa época, a mão de obra de Queensland era composta quase que totalmente por habitantes das ilhas do Mar do Sul trazidos de suas vilas para trabalhar por um período de três anos. Geralmente, estes trabalhadores eram melanésios fortes, conhecidos pelo termo genérico *kanaka* — palavra melanésia para homem. Os abusos ligados ao "recrutamento" dos habitantes das ilhas tornaram a mão de obra *kanaka* uma das questões acaloradas da política de Queensland. A escravidão fora abolida no sul dos Estados Unidos, mas uma sociedade de enormes plantações de cana-de-açúcar, semelhante ao sul dos Estados Unidos antes da Guerra Civil, se desenvolvera em Queensland, e os moradores eram sensíveis às acusações de que existia um novo sistema escravocrata nos cantos remotos do Império Britânico. Para rebater isso, várias comissões do governo investigaram as acusações de abuso, e quase sempre concluíam que os trabalhadores não sofriam maus-tratos. Este sistema era

Os Confins do Mundo

certamente paternalista, conforme ilustrado em um editorial no *Queenslander* em 14 de maio de 1881:

> O *kanaka* é na melhor das hipóteses um selvagem. É quase sempre dócil e disciplinado, mas mesmo assim é inquestionavelmente um selvagem cujo contato breve com a civilização lhe opera poucas mudanças. Ele é uma criança a ser protegida dos maus-tratos ou dos enganos de homens cruéis ou ardilosos. Ele é na maioria das vezes incapaz de proteger seus próprios direitos.

Embora o trabalho dos habitantes das ilhas fosse regulado pelo governo, os verdadeiros abusos aconteciam durante o "recrutamento", longe do conhecimento público. Os envolvidos no comércio de mão de obra eram chamados *blackbirders*, ou caçadores de pássaros pretos. Percorriam as ilhas para recrutar centenas de trabalhadores e mentiam inescrupulosamente para os nativos. Poucos deles levavam intérpretes, mas comprometiam os nativos por três anos usando um pouco de inglês *pidgin*, mercadorias para troca e mímica. "Uma estratégia favorita", relatou um jornal contemporâneo, "era levantar dois ou três dedos e imitar o corte da cana ou de grama, ou a colheita de inhame. Um cavalheiro com senso de humor pegou um inhame e deu três mordidas nele". Outros se faziam passar por missionários e prometiam os presentes que os clérigos costumavam levar. Os homens das tribos eram levados com a impressão de que se tratava de uma viagem de curta duração para ver as maravilhas do mundo do homem branco. Ficavam atônitos ao verem como foram ludibriados, e geralmente era necessário o que se chamava eufemisticamente de "domar". A prática do rapto era desenfreada, e geralmente era feita com uma arma na mão.

As consequências eram inevitáveis. Vários missionários verdadeiros, inclusive um bispo anglicano, foram assassinados pelos nativos. A maior notícia de 1880 em Queensland foi o massacre de 30 de maio a bordo da escuna mercante *Esperanza*. Quando o navio foi capturado por um grupo de nativos, o capitão, dois marinheiros brancos e quatro nativos membros da tripulação foram mortos; a embarcação foi saqueada e queimada. Os nativos foram mortos em uma missão punitiva. Os *blackbirders* foram severamente criticados e se mudaram para os territórios inexplorados das ilhas a leste da Nova Guiné. De 1883 a 1885, quase 7 mil pessoas foram raptadas ou enganadas, e enviadas às fazendas de Queensland.

Como Violet era de fato a chefe da fazenda, era ela quem administrava os *kanakas*. Aparentemente, ela e os vizinhos faziam um bom serviço:

> O magistrado-chefe do distrito é o inspetor dos polinésios, e sempre que visita um distrito reúne a todos para inspeção e para ouvir reclamações. São bem tratados na maioria dos casos, e derramam lágrimas quando seus períodos de trabalho expiram; muitas vezes retornam por mais um período depois de passar um tempo curto em suas casas. Recebem roupas, comida e um salário fixo que usam muito pouco até que os contratos de trabalho terminam, e então gastam tudo. As duas coisas mais importantes são uma arma e um baú, e depois as facas, ferramentas, camisas e cobertores de cores brilhantes.

No geral, ela gostava dos trabalhadores melanésios, embora estivesse inclinada a vê-los como crianças que exigiam supervisão constante:

> [N]ós os consideramos confiáveis. Trabalham bem quando os senhores estão de olho e também quando não estão. [...] É difícil lidar com eles quando estão doentes, pois perdem o ânimo instantaneamente. Por mais que sejam alertados rigorosamente quanto à dieta, comem todo o tipo de comida indigesta. A esposa de um fazendeiro de uma plantação vizinha de cana-de-açúcar tinha o hábito de preparar petiscos para os *kanakas* doentes, mas por nossa própria experiência tenho certeza de que era inútil.

No entanto, nem mesmo a mão de obra barata pôde salvar a fazenda deles. Tempos depois, Henry passou acidentalmente a fazenda para outras mãos. Entre 1880 e 1885, tinha um sócio chamado Hammick, mas, em 1885, Hammick quis sair da sociedade. A falta crônica de capital, os custos de mão de obra, os preços flutuantes, o clima e o azar simplesmente eram demais para ele aguentar. O filho de um fazendeiro rico se ofereceu para comprar a parte de Hammick, e Henry achou que talvez as coisas melho-

Os Confins do Mundo

rassem, pois o novo comprador parecia ser rico. Sua estrela parecia estar subindo. O mercado estava finalmente se abrindo para o tabaco, e o novo sócio, apesar de jovem, parecia estar disposto a investir em seus planos.

Henry então cometeu um erro estúpido. Hammick estava tão ansioso para sair fora do negócio que Henry concordou que ele fosse indenizado com um empréstimo bancário a ser pago pelo novo sócio. Foi então que ele errou: Henry foi o avalista do empréstimo. Sem avisar, o novo sócio voltou atrás. Enviou a Henry uma carta dizendo que seu pai não aprovara o empreendimento, e que seu acordo verbal não poderia ser cumprido ou ratificado. Henry agira na confiança e nunca assinara um contrato. Teve então de saldar o empréstimo do banco, e isso o levou à ruína. Conseguiu se manter por mais 18 meses, mas no começo de 1886 uma depressão atingiu Queensland, e a sua fazenda conquistada a duras penas praticamente perdeu o valor.

"Eu me perguntei muitas vezes", escreveu mais tarde Violet, "se não foi uma tramoia entre o sócio novo e o antigo, mas acho que não, porque nenhum deles poderia ter imaginado que Henry pudesse ser tão sem jeito para os negócios".

Pela segunda vez ele confiara demais. Na primavera de 1886, Henry e Violet fizeram as malas com os poucos pertences que lhe restaram e partiram na viagem de três meses de volta à Inglaterra. Sua história se repetiu, mas não da maneira que desejara: voltou sem dinheiro, do mesmo modo que deixara o Orinoco, e não da maneira triunfante como sonhara. Segundo histórias da família, o valor da venda de sua fazenda foi "provavelmente um pouco acima do preço das passagens de volta".

CAPÍTULO 11

A CRUZ FALANTE

Então, quando tudo parecia sombrio, surgiu outro salvador, assim como o capitão Hill na Nicarágua, o jovem confederado Watkins no Orinoco, James Drummond-Hay em Belém do Pará, o pai de Violet e Clements Markham. Em todos os momentos da vida de Henry, quando o futuro parecia arruinado, um estranho reagia a uma de suas qualidades que inspirava compaixão ou confiança e lhe restituía o ânimo novamente. "Vamos para a próxima selva", parecia dizer o salvador. "Vamos de encontro a coisas melhores."

Entretanto, desta vez não sabemos a identidade do salvador, apenas a menção que Violet faz dele. No verão de 1886, pouco depois do retorno fracassado a Londres, Henry "concordou em se unir a um amigo em uma viagem às Honduras Britânicas", disse ela. Em 12 de novembro de 1886, embarcou no *Godalming*, e em 18 de dezembro, desembarcou na capital Belize. Era a primeira vez em dez anos que Violet voltava para casa para visitar a família, e então seu marido imprevisível estava indo para a América do Sul. "Eu o deixei ir uns seis meses adiante", escreveu ela, resignada.

Durante esses seis meses, ela deve ter tido a impressão de que a família e os velhos amigos viviam em uma galáxia diferente do que a que ela adorava quando criança. Era um mundo mais rápido e brilhante do que tudo que vira nos trópicos, e não pôde evitar a sensação de ter ficado para trás. Em 1878, dois anos após ela e Henry terem embarcado no *Scottish Knight* para Queensland, introduziu-se a luz elétrica em Londres. Parecia então que estava em todas as partes. Os trens subterrâneos, com linhas que se estendiam para fora do perímetro urbano, eram movidos à eletricidade, e seus cabos eram isolados com a borracha da Amazônia. Segundo os jornais,

A Cruz Falante

em 1881 a população de Londres chegou aos 3,3 milhões de pessoas, tornando a cidade natal de Violet a maior do mundo, muito maior que Nova York, com apenas 1,2 milhão. Um ano antes, o inglês John Kemp Starley lançara a bicicleta "de segurança", e dizia-se que em breve todos os ingleses teriam uma. Ela tentou imaginar todos os 3,3 milhões de londrinos de bicicleta, passando pela região de Piccadilly, tocando suas buzinas para ter a preferência.

Londres era o centro mundial das finanças e dos transportes, e toda a Inglaterra estava em movimento. Em 1881, o navio clíper *James Stafford* cruzou o oceano Pacífico em 21 dias e meio, um recorde mundial. Quase todos os lugares do mundo eram acessíveis em uma questão de meses. Logo não haveria nenhum lugar selvagem, nenhum lugar para onde fugir ou se esconder. Até mesmo o vasto deserto americano não era mais inacessível. Em 4 de setembro, Gerônimo, o esquivo chefe apache, se rendeu depois de uma longa perseguição em um lugar conhecido como o cânion do Esqueleto, no Arizona, e com isso teve fim a maior guerra entre os americanos e os índios. Os jornais diziam que no ano anterior foram construídas 48 mil novas casas em Londres. Ela passeava pelos bairros antigos e eles tinham se transformado em comunidades de franceses, italianos, russos ou gregos. Todos os espaços estavam cheios de imigrantes distantes de seus locais de origem.

Violet sabia que mais tarde teria de deixar este mundo moderno e se unir ao seu marido. Em abril ou maio de 1887, ela partiu.

As Honduras Britânicas eram um lugar pequeno, uma faixa de quase 23 mil quilômetros quadrados de praias e selvas. O litoral baixo era pantanoso, com manguezais densos que bloqueavam a entrada ao continente, e pontilhado por rios. A colônia estava localizada abaixo da violenta península de Yucatán, no México, e fazia fronteira a oeste e ao sul com a Guatemala. Este país reivindicava as Honduras Britânicas como parte de seu território, mas nunca defendeu a questão com insistência, e os ingleses se recusavam a sair. Sob esse aspecto, era como a Costa do Mosquito na Nicarágua: os espanhóis reivindicavam, mas nunca colonizaram a faixa insalubre de mangues pantanosos, e só a quiseram de volta quando os ingleses se infiltraram, bem debaixo de seus narizes. A maioria das fontes históricas concorda que a origem da cidade de Belize, e com ela a das Honduras Britânicas — pois as duas se equivaliam no início de sua história —, ocorreu no século XVII. Os primeiros colonizadores na foz do rio Belize podem ter sido corsários ingleses que se escondiam dos espanhóis, pois o litoral era particularmente apropriado para a guerrilha. O labirinto de ilhas e canais ocultos era perfeito para executar ataques súbitos e fugas. Os canais que penetravam na floresta se transformavam em uma rede de lagoas. A praia era protegida por um muro de coral a 16 quilômetros mar adentro, que guarnecia a costa de Yucatán até a Guatemala, em uma distância de aproximadamente 320 quilômetros. Dentro desta faixa a água era tranquila mesmo quando as ondas altas se chocavam contra o recife, mas para abrir caminho por ele era necessário conhecer suas aberturas e canais, algo que os espanhóis nunca descobriram.

Entretanto, havia uma razão econômica para a colonização, e os bucaneiros a descobriram primeiro. Logo depois de desembarcarem, transformaram a minúscula colônia em uma fonte importante de pau-de-campeche, uma árvore produtora de corante que crescia ao longo da costa e que era um dos grandes alvos das incursões dos piratas. Progredir da pilhagem de pau-de-campeche ao corte dele no interior foi um passo curto e em 1670 a madeira era vendida por cerca de cem libras por tonelada, um bom ganho naquela época. Em 1705, os ingleses embarcavam a maior parte de seus carregamentos de pau-de-campeche da área do rio Belize.

No final do século XVIII, caiu a demanda pelo pau-de-campeche quando os fabricantes de corantes adotaram uma nova tecnologia e corantes naturais melhores; mas, como geralmente acontece, a floresta forneceu uma nova fonte de dinheiro. O mogno, ou *Swietenia mahogani*, começou a substituir o pau-de-campeche como principal produto de exportação da colônia em 1771. No começo do século XIX, as exportações de mogno subiram para 12 mil toneladas, proporcionando uma renda anual de aproximadamente 20 mil libras. O mogno era uma bela madeira vermelha que fora popular entre os marceneiros no século XVIII, e então era usada na construção de navios, casas, e, mais tarde, em vagões de trens. Embora as melhores árvores crescessem nas areias calcárias do norte, podiam ser encontradas em todas as selvas das Honduras Britânicas. As árvores estavam espalhadas, como a seringueira, e os exploradores abriam caminho por entre a floresta à procura de novas árvores. As equipes desapareciam na selva

A Cruz Falante

em agosto, abriam estradas rudes para o transporte das toras de madeira até o rio mais próximo, e tinham de sair antes das chuvas de verão em maio, que transformavam as estradas em lamaçais. Depois de retiradas da floresta, as árvores gigantes eram enviadas correnteza abaixo nos rios avolumados pelas tempestades, e depois eram apanhadas nas barragens na foz do rio. Construíam-se então jangadas gigantes, levadas até os cais das empresas madeireiras da cidade de Belize para o embarque ao exterior.

Em 1863, quando as Honduras Britânicas se tornaram uma colônia da Coroa, o corte excessivo já havia causado estragos e o negócio entrava em declínio. Novas empresas, expulsas das melhores áreas para extração de madeira, foram para lugares bem distantes à procura de novas árvores. Já em 1790, começaram a fazer incursões no território espanhol. Esta "madeira estrangeira" era proibida, mas quando a concorrência ficou mais intensa, as empresas enviavam lenhadores ao México e à Guatemala para cortar mogno e depois embarcá-lo sorrateiramente para Belize, como "madeira local". Nos anos 1820, os lenhadores trabalhavam ao norte do rio Hondo, que formava a fronteira com a península de Yucatán, e ao sul do rio Sarstoon, no lado da Guatemala.

Quando Henry e Violet chegaram, a "plantocracia", como a chamavam os moradores locais, era a força mais poderosa nas Honduras Britânicas. Mantinha o poder mesmo quando o estoque estava baixo e os lucros caíam. Seu domínio da terra sufocou a agricultura, proibida nas propriedades madeireiras. Isso significava que a população inteira dependia de comida importada. Em vez de mudar, a plantocracia se estabeleceu firmemente, consolidando seu capital e resistindo a todas as tentativas de reforma. Em 1859, a British Honduras Company, formada por uma parceria entre famílias antigas de colonos e um comerciante de Londres, despontou como a proprietária de terras mais poderosa da colônia. Ela se espalhou nos anos 1860, quase sempre em detrimento dos concorrentes, que se viam forçados a vender as terras. Em 1871, a firma se tornou a Belize Estate and Produce Company, empresa sediada em Londres que possuía cerca de metade das terras privadas nas Honduras Britânicas, e que atuou como a maior força na economia política da colônia por mais de um século. Havia outras empresas que operavam nas fronteiras e nas florestas mais remotas, mas atuavam mediante um acordo com a Belize Estate and Produce Company.

O Ladrão no Fim do Mundo

Assim, Henry e Violet chegaram às Honduras Britânicas durante um dos períodos mais abertamente corruptos de sua história. A população estava mudando. Com a chegada de mais imigrantes negros do Caribe, especialmente da Jamaica, a população branca caiu para 4% em 1845 e 1% em 1881. As empresas madeireiras ainda controlavam a colônia, mas à medida que os colonos brancos saíam do país, as empresas passaram a ficar sob o controle estrangeiro absoluto, geralmente de Londres. A Coroa não controlava as Honduras Britânicas, e sim as companhias madeireiras, um fato que colocou os governadores ingleses em conflito com os "lenhadores endinheirados". As empresas de mogno mantinham as Honduras Britânicas como uma reserva particular de madeira, e para isso controlavam a imprensa, o governo e os tribunais. Quando os Wickham chegaram, as Honduras Britânicas corriam o risco de se tornarem um beco sem saída colonial.

O principal opositor das empresas de mogno era o novo governador colonial, sir Roger Tuckfield Goldsworthy, herói da Revolta dos Sipais. Nomeado pelo Foreign Office em 1884, no verão de 1885 havia gerado a antipatia da plantocracia. A cidade de Belize tinha um histórico de febre amarela e malária. Erigida em uma lamacenta planície aluvial, rodeada por água em três lados e a apenas 45 centímetros acima do nível do mar, a cidade era uma fossa com canais estagnados, um criadouro de mosquitos. Quando Goldsworthy tomou posse, procurou fazer reformas agrárias e concedeu todos os contratos de obras públicas para melhoramento das condições sanitárias a um homem local que não era amigo da plantocracia. Em dois anos, o Tesouro da colônia, que tinha 90 mil libras de saldo favorável quando Goldsworthy assumiu o poder, estava no vermelho. As melhorias e o governador levaram a culpa. Goldsworthy parecia também determinado a melhorar as condições dos imigrantes não brancos. O jornal *Colonial Guardian* criticou asperamente o fato de ele "não deixar nem por um instante de ser amigo da porção menos respeitável" da população. A imprensa controlada pela plantocracia se deliciava em chamar o governador de "o homem mais odiado da colônia".

Henry e Violet navegaram para dentro desta tempestade como marinheiros cegos. A situação política determinaria suas vidas, porque Henry e Goldsworthy se tornaram amigos íntimos. Conheceram-se em 1877/1880,

A Cruz Falante

quando Goldsworthy era primeiro-secretário colonial da Austrália Ocidental e Henry era o único promotor do tabaco brasileiro na Austrália. Eles se tornaram amigos imediatamente, e o fato de Goldsworthy ser governador pode ter sido decisivo na escolha de Henry de ir para Belize. O governador gostava do ladrão das sementes de seringueira. Ambos eram impetuosos e imprudentes, e acreditavam inquestionavelmente na superioridade do Império Britânico. Quando Henry embarcou no *Godalming* em 12 de novembro de 1886, Goldsworthy estava indo em outra direção. Embarcara em um navio a vapor para a Inglaterra em 2 de novembro. Fora chamado a seu país pelo Foreign Office para responder a questões a respeito do furor envolvendo sua administração. Os dois velhos amigos se cruzaram em alto-mar.

Goldsworthy talvez tenha rezado para nunca mais ter de voltar, mas foi enviado novamente na primavera de 1877, em torno da mesma época em que Violet chegou. Ele ficaria até 1891, e seu mandato seria o mais longo de todos os administradores coloniais das Honduras Britânicas do século XIX. O Foreign Office jamais explicou os motivos de tê-lo enviado de volta, e seu retorno fez a plantocracia passar da euforia ao desespero. "Quer tenha sido simplesmente uma questão de procedimento habitual de completar o tempo de serviço ou para ensinar os habitantes da cidade um pouco de respeito", queixou-se o *Colonial Guardian*, "certamente causou um impacto dramático".

Apesar da controvérsia, quando Violet chegou, ela fez bom uso do afeto de Goldsworthy por seu marido. Ficou atemorizada quando viu a propriedade decrépita de Henry a 15 quilômetros de Belize. Era uma repetição do pesadelo que suportara no Brasil e em Queensland, e ela agiu com presteza. "Eu e um amigo o persuadimos a aceitar um cargo no governo", escreveu ela. Quando Henry se apresentou ao governador, sua contratação foi imediata. Nos dois anos seguintes, foi desviado de seu sonho autoimolante de se tornar um fazendeiro e foi enviado em viagens pela colônia, na condição de *locum tenens*, um magistrado substituto para quando o titular do cargo saísse de licença.

Segundo o *Honduras Gazette*, o órgão oficial da colônia, Henry fez um pouco de tudo. De maio de 1877 a dezembro de 1888, trabalhou como magistrado distrital interino, subinspetor interino do regimento de policiais e superintendente das obras do distrito de Toledo, no extremo sul da colônia. De dezembro de 1888 a maio de 1889, foi juiz de paz e magistrado distrital interino no distrito Orange Walk, na fronteira conturbada com a península de Yucatán. Depois foi nomeado inspetor das frutas, o que o levou costa abaixo e acima para fiscalizar as práticas fraudulentas dos exportadores de banana. Em 1890, tornou-se inspetor das florestas, e fiscalizava invasões das empresas de mogno nas terras da Coroa, posição que lhe rendeu a inimizade delas.

"Este período foi o mais calmo e mais agradável da minha vida", escreveu Violet. Enquanto Henry estava fora, ela ficava em Belize. Não se importava com o fato de as casas serem frágeis e sem pintura, as ruas estreitas e com os canais abertos entupidos de esgoto. Desta vez, estava entre amigos e não largada no meio do nada. Belize tinha suas belezas: as varandas abertas ficavam à sombra de poincianas de flores vermelhas; espirradeiras de cor vermelha, rosa e creme brilhavam atrás das cercas de estacas brancas. As raças e línguas eram uma verdadeira Babel: crioulos de descendência africana, caribenhos negros, mestiços de sangue espanhol e índio. O mercado era uma cornucópia tropical: tartarugas-cabeçudas, bananas, mamão, frutas-do-conde, pimenta-malagueta, fruta-pão e inhames. "Por estar em contato com o governador, eu era convidada a eventos sociais que lá aconteciam, como bailes e partidas de tênis." Acabaram-se os dias de lutar com cobras constritoras, ver a casa virar cinzas ou quase se afogar no Amazonas.

E Henry foi enviado para alguns dos lugares mais remotos imagináveis, o que o levava a se tornar uma figura conhecida. Anos mais tarde, em um memorando oficial datado de 16 de setembro de 1892, seria feita esta avaliação:

O sr. Wickham é um idealista de grande porte, sonhador, solidário, com talento artístico, um grande andarilho e naturalista na América tropical, mas não é muito capacitado para ocupações comerciais ou oficiais. Foi nomeado por sir R. Goldsworthy, que lhe tinha muita consideração, para ser Inspetor das Frutas, e neste cargo tinha de fiscalizar as práticas inescrupulosas dos compradores de banana por contrato para o barco-correio a vapor nas vilas ao longo da costa, e depois como Inspetor das Florestas, para fiscalizar as invasões de lenhadores

A Cruz Falante

de pau-de-campeche e mogno nas terras da Coroa. Nesta posição, realizou um trabalho proveitoso esporadicamente, mas também cometeu alguns erros.

Acima de tudo, sempre se lembrou de que era o homem de Roger Goldsworthy.

❈

O serviço que Henry prestou ao governo pode não parecer emocionante, mas estão guardadas nos arquivos coloniais indicações de que ele passou seu tempo de serviço procurando por ouro dos piratas, tentando escapar de tubarões, conquistando uma montanha supostamente inacessível e negociando com revolucionários maias que acreditavam que Deus falava por meio de um crucifixo encantado, e que tinha ordenado que matassem todo intruso branco que invadisse suas terras.

Primeiro foi a caça ao tesouro, na forma de um iate cheio de americanos. Segundo um despacho de Goldsworthy para o Foreign Office, o *Maria* chegou ao porto em 28 de janeiro de 1888, em meio a uma nuvem de rumores. Logo depois, o sr. John Benjamin Peck se apresentou a Goldsworthy. Peck era um agente especial aposentado do Tesouro dos Estados Unidos. Em 1º de janeiro, partira de Nova York, a bordo do *Maria*, com alguns amigos. No porão havia uma "máquina perfurante" feita para escavar na areia e nos corais. Peck tinha um mapa antigo marcado com a localização de um tesouro que valia meio milhão de dólares "que estava na ilha de Turneffe ou próximo dela, ao norte de Belize".

Goldsworthy se divertiu muito. "Acredito que a missão [de Peck] seja um pouco fantasiosa", informou ao Foreign Office, mas, por via das dúvidas, Peck concordou em depositar as riquezas no Tesouro da colônia. A Coroa ficaria com 10% e abriria mão do restante para Peck e seus amigos. Havia uma cláusula adicional: Wickham iria junto como um cão de guarda, observando as escavações e inspecionando o tesouro, caso fosse encontrado.

De janeiro a março de 1888, Henry acampou com os americanos em Turneffe, uma ilha de barreira bem próxima da beira da praia. A sota--vento, havia na água reflexos de recifes de corais da cor de opala, esme-

O Ladrão no Fim do Mundo

ralda e turquesa; no lado do oceano, o ar pulsava com o estrondo das ondas se arrebentando. Havia várias embarcações naufragadas em Turneffe, inclusive o navio mercante *Mary Oxford*, perdido em 1764, e o navio real *Advice*, naufragado em 1793. O rumor mais espetacular era a respeito de um galeão espanhol, que, segundo se dizia, carregava 800 mil dólares em moedas de ouro e desaparecera na extremidade nordeste de Turneffe em 1785. Parecia ser este o tesouro procurado por Peck e seus aventureiros.

No começo, Henry era tão cético quanto Goldsworthy, mas em março a busca se concentrara na ilhota Half Moon, um pequeno ponto a 75 quilômetros da costa, em uma fileira de pequenas ilhas de coral conhecidas como Lighthouse Reef. A ilhota Half Moon era o local de reprodução dos atobás-de-pés-vermelhos, e as aves voavam ao redor enquanto trabalhavam. Debaixo da vegetação rasteira, as iguanas negras de caudas espinhosas, chamadas *wish-willies*, piscavam para eles. Na extremidade sul da ilhota havia um farol de 21 metros de altura, uma luz branca fixa que podia ser vista em tempo claro a quase 20 quilômetros do mar. Havia um esqueleto humano de ferro, pintado de branco, afixado ao farol. Seu zelador, "A. Martin", ganhava por ano o equivalente a 480 dólares para ficar neste local totalmente solitário. Peck e seus sócios perfuraram quase 4 metros na areia movediça da ilhota com hastes de ferro e se convenceram de que os baús e caixas se encontravam ali embaixo. Porém, cada vez que cavavam um buraco, ele se enchia de água e areia.

"[Henry] acredita que eles realmente estão no local certo, porque encontraram aquelas coisas que seriam de se esperar", escreveu mais tarde Violet. "Mas a água que entrava no buraco foi demais para eles." Em março, Peck e seus companheiros começaram a viagem de regresso aos Estados Unidos para buscar uma ensecadeira para colocar no local. Mas em sua viagem de volta, o *Maria* "naufragou no meio do caminho e nunca voltou". O iate afundou durante uma borrasca em algum ponto do Caribe com toda a tripulação.

Assim acabou mais um sonho do Eldorado. Depois da partida de Peck, Henry realizou uma proeza que virou uma lenda local. Ele e Violet moravam em uma ilha visível de Belize provavelmente a ilha Haulover, e certa noite Henry se demorou até tarde na cidade. Ele não conseguiu che-

A Cruz Falante

gar a tempo de ir de barco, e o canal que o separava de Violet, de cerca de 800 metros de extensão, era famoso por seus tubarões. Sir Eric Swayne, governador de 1906 a 1913, dá uma ideia do perigo:

> Contam-se histórias [f]antásticas de homens que perderam o equilíbrio, caíram no mar e foram atirados para o alto sem uma perna, para então cair de novo no mar no meio de uma massa de tubarões violentos. Havia um tubarão bem conhecido que os pescadores chamavam de Sapodilla Tom, que as pessoas acreditavam ser enorme. Um dos pilotos que, na minha opinião, não carece de imaginação, me disse com ar sério que o Sapodilla Tom nadou várias vezes ao lado de sua chalupa de 14 metros de comprimento, e que quando o nariz do tubarão estava alinhado com a proa, o rabo estava alinhado com a popa.

Apesar dessas histórias, Henry tinha receio de que Violet ficasse preocupada com sua segurança, e assim pulou no canal e nadou para casa. Não há registro da reação de Violet.

Em abril de 1888, Henry recebeu outra proposta para vagar sem destino. No sudoeste se encontravam as montanhas Cockscomb, chamadas então de Corkscrew, um maciço sinuoso de quartzo e granito cujo pico Victoria, de 1.100 metros de altura, era o ponto mais alto da colônia. Havia rumores da existência de ouro lá, e o distrito era encoberto de mistério. Os nativos acreditavam que a selva era o lar dos sisimitos e sisimitas — seres peludos da floresta que tinham os pés voltados para trás e gostavam de se alimentar de humanos. Acreditava-se que era impossível alcançar o pico Victoria. "Por mais estranho que pareça em uma colônia tão antiga, e a apenas 18 dias [de viagem] da Inglaterra", escreveu o geógrafo J. Bellamy em um relato da expedição para a Royal Geographical Society, "o interior é menos conhecido do que a África Central". As autoridades esperavam que abrir caminho neste território inexplorado pudesse aliviar a "condição de superpovoamento da pátria-mãe", escreveu Bellamy, mas o verdadeiro objetivo da expedição era procurar reservas desconhecidas de borracha e ouro.

Começaram em 4 de abril de 1888 e subiram o rio South Stann, ladeado pela floresta, em cinco canoas de tronco, remadas por carregadores caribenhos. Explorar esta mata era inquietante e estranho. Um colono que abrisse caminho por essa densa vegetação tropical às vezes se deparava com um bloco de pedra talhado coberto de hieróglifos ou esculpido na forma de uma cabeça monolítica; tudo que restara da civilização maia que desaparecera desta parte do mundo. Alguns diziam que os maias desapareceram quando o clima mudou e as chuvas se tornaram torrenciais; segundo outros, foram epidemias que mataram a todos. A floresta sempre foi inimiga do homem, com suas febres, sua vitalidade extraordinária, se intrometendo nos projetos dos homens como se fosse um ser consciente e persistente. Depois que tomasse a dianteira, disse sir Eric Swayne, era "impossível [...] recuperar o terreno perdido".

Em 11 de abril, o grupo chegou ao contraforte do pico principal e descansou um pouco. Uma série de escarpas se elevava da floresta como formações vulcânicas. As rochas verticais estavam cobertas por um bonito musgo espesso que aparentemente impossibilitava a subida. Tudo estava coroado por uma vegetação incrível: os cipós se enrolavam até nos galhos menores, orquídeas com flores roxas e cheiro suave cresciam nas bordas das rochas e nos cimos. Enquanto Goldsworthy esperava por Henry, que se atrasara, Bellamy seguiu adiante para procurar por ouro. Havia indícios abundantes de ouro na lavagem da areia e argila e amostras de quartzo, que também revelava indícios de chumbo e prata. Logo Henry alcançou o grupo. Começaram a subida do pico Bellamy, de 380 metros de altura, e depois a do desfiladeiro de 550 metros, onde acamparam. No dia 15 de abril, eles se prepararam para escalar o Victoria.

Henry foi na frente, sozinho. Abrir caminhos parecia ser sua vocação. "O sr. Wickham continuou a subida, que ele conseguiu ao escalar dando voltas nos cumes das escarpas, passando por muitos lugares difíceis e perigosos", escreveu Bellamy. "[F]inalmente, depois de uma subida árdua e íngreme, especialmente os últimos 150 metros, conseguiu chegar a uma distância curta do topo." No entanto, não conseguiu escalar os últimos metros. O musgo era tão espesso "que o trecho final da subida dava a sensação de estar se arrastando sobre a borda de uma grande esponja", dizia um guia da época. "Podia-se enfiar um braço até o ombro no musgo antes de tocar a face vertical da rocha com as pontas dos dedos." Por várias vezes Henry tentou fazer a subida final, mas sempre escorregava de volta. À tar-

A Cruz Falante

de, Bellamy e Goldsworthy estavam caminhando no desfiladeiro quando se encontraram com ele "voltando com a boa notícia de ter descoberto que o pico era acessível, mas ele estava terrivelmente exausto por causa de seus esforços e precisando de comida e água".

No dia seguinte o grupo inteiro refez a rota de Henry e cinco escaladores conseguiram chegar ao topo com cordas presas às saliências. Henry ficou embaixo, esgotado demais para continuar. Os cinco montanhistas, "ao recuperar fôlego suficiente, comemoraram a subida dando três vivas à rainha e ao governador". Naquela noite, o grupo exausto foi dormir cedo. "Durante a noite, um dos carregadores caribenhos deu um grito agudo enquanto dormia, e isso deixou seus companheiros tão alarmados [...] que correram pelo acampamento no escuro, derrubando mosquiteiros, barracas, a si próprios e tudo o mais, imaginando que o *Tapir Peccary* ou outro gênio do mal do local estava entre eles."

De todos os vários deuses da selva, os cristãos eram os mais mortais.

Desde o começo de 1848, a Guerra de Castas de Yucatán tornou impossível que uma pessoa de pele clara viajasse no leste de Yucatán e saísse viva. Apenas os maias nativos não corriam risco. Os brancos e os mestiços de pele clara eram mortos ao serem avistados. Os espanhóis batalharam por 19 anos para vencer os maias de Yucatán, que, diferentemente dos astecas do México Central, nunca foram subjugados em definitivo. A Guerra de Castas começou como um levante político, e não racial, quando três revolucionários maias, que defenderam os direitos da terra comunitária contra proprietários espanhóis, foram executados em Valladolid. Mas os ódios antigos dos índios de Santa Cruz e de outros era tão grande que o objetivo rapidamente se transformou em exterminar e expulsar todos os brancos.

Foi uma guerra particularmente sangrenta, com anos de violência racial de ambos os lados. Apenas entre 1847 e 1855, aproximadamente 300 mil pessoas morreram. O massacre dos colonos espanhóis e da população urbana foi o mais comentado, em parte porque duas comissões de paz inglesas enviadas de Belize testemunharam quando quarenta mulheres e 14 homens espanhóis foram executados apesar de tentativas de subornar os algozes. Somente as meninas foram poupadas — e um garotinho que mais tarde contou a história. Quando os refugiados espanhóis entraram nas Honduras Britânicas, os índios atravessaram o rio Hondo e derrotaram um contingente de soldados enviados para ajudar os refugiados. O estado rebelde inspirou a revolta de outras comunidades maias. Em 1870, os maias icaichés atacaram a cidade de Corosal, no extremo norte da colônia, e, dez anos mais tarde, a cidade de Orange Walk.

Em 1850, os insurgentes maias estavam à beira da derrota, quando a guerra assumiu um aspecto religioso e a Cruz Falante apareceu. Durante séculos, a tradição popular do catolicismo mexicano produzira uma série de profetas e prodígios, todos alegando ser um Messias ou aparecendo em momentos críticos de luta. No século XVIII, o líder indígena Tzantzen surgiu no norte. Em 1810, durante a Guerra Mexicana de Independência, apareceu sor Encarnación, a freira que operava milagres. A Cruz Falante não era o próprio Deus, mas o santo Jesus Cristo, seu intermediário, capaz de falar aos maias, o povo escolhido. Ela aparecia ao lado de um *cenate*, um poço natural de água potável, e prometia aos desesperados guerreiros maias que, se continuassem a guerra contra os brancos, tornariam-se invulneráveis às balas. O local onde a cruz foi encontrada foi transformado na cidade de Chan Santa Cruz, ou Pequena Santa Cruz. Foi construída uma igreja em volta da Cruz Falante, e lá ela continuou a falar com seus seguidores, que receberam o nome de *cruzob*, ou povo da cruz. Em algum momento, o povo *cruzob* e os ingleses chegaram a uma paz difícil: se não houvesse mais ataques, os ingleses extraoficialmente forneceriam armas aos insurgentes para lutarem contra seus velhos inimigos, os espanhóis. Mas ainda havia violência. Às vezes os lenhadores de mogno adentravam muito no território *cruzob*; às vezes alguns índios e brancos eram mortos. Em 1887, em reação aos rumores sobre as vendas de armas, o governo mexicano entrou com uma queixa oficial e pediu o fim dessa prática.

Em janeiro de 1888, enquanto Henry procurava pelo tesouro enterrado, desenrolaram-se alguns acontecimentos ao longo da fronteira com Yucatán que o levariam à sua última grande aventura sob o comando de Goldsworthy. Em 8 de janeiro, os chefes de Santa Cruz enviaram uma carta a Goldsworthy em resposta às acusações do México. "Nós somos [...] um povo que vive sob nossas próprias leis e somos governados de maneira

A Cruz Falante

pacífica por homens de nossa própria raça", dizia a carta. O povo *cruzob* necessitava de armas de fogo para a caça e "para nossa própria defesa", rogaram os chefes.

Logo depois da chegada da carta, William Miller, topógrafo-geral assistente da colônia, entrou na península Yucatán e foi até Chan Santa Cruz. A missão de Miller não era oficial. Embora estivesse claramente mapeando uma área desconhecida por brancos por décadas, ele disse em um relato escrito para a Royal Geographical Society que havia ido para lá por mera curiosidade. Se esta foi de fato uma missão secreta, teve sucesso apenas parcial. Ele viajou 40 quilômetros de Corosal até Bacalar, local do famoso massacre, onde viu vários ossos humanos em uma igreja antiga. Viajou mais 130 quilômetros por uma estrada plana e reta até Chan Santa Cruz, apenas para descobrir que a cidade fora abandonada e a Cruz Falante levada para a cidade de Tulum, a 75 quilômetros ao norte. Encontrou-se com o governador, dom Anis, que morava a uns 20 quilômetros de Santa Cruz. "Quando eu cheguei lá, ele tinha acabado de perder a visão de um olho, e por acreditar que fora enfeitiçado, matara o casal que ele suspeitava ter feito a feitiçaria, no dia anterior à minha chegada." Dom Anis ainda estava de mau humor. Quando Miller fez perguntas sobre o Império da Cruz, dom Anis respondeu: "O que você quer saber?" Quando Miller sugeriu ir a Tulum para ver a Cruz, seus homens se recusaram. Ele voltou para casa ileso, mas não descobriu nada.

Em 15 de dezembro de 1888, Henry foi nomeado juiz de paz de Orange Walk, junto ao rio Hondo, na margem oposta a Yucatán. Pouco tempo depois, Goldsworthy pediu a seu amigo que contatasse os índios de Santa Cruz novamente. Sabemos muito pouco sobre esta missão, pois não se encontrou nenhuma correspondência oficial a respeito dela. Por causa da queixa dos mexicanos, qualquer contato entre as Honduras Britânicas e o povo *cruzob* exigia segredo. Tudo que sabemos é uma passagem na biografia de Edward Lane que aparentemente teve como fonte as histórias da família:

> [O] governador, temendo uma incursão dos índios de Santa Cruz, convidou Wickham a fazer aproximações diplomáticas à tribo. Indo a cavalo e forçando a passagem por entre a vegetação densa de bambu,

O Ladrão no Fim do Mundo

Wickham persuadiu o chefe da tribo a manter a paz. [...] A veneração da [Cruz Falante] é tão profunda que nenhum estranho pode olhar para ela. Entretanto, Wickham deu uma olhada rápida através de uma pequena abertura providencial. Pode ter sido o primeiro europeu a ter permissão para entrar no território da tribo desde o massacre dos espanhóis.

Faz sentido que Henry tenha sido escolhido para ir. Na condição de juiz de paz, era sua responsabilidade manter a paz ao longo da fronteira. Ele tinha um histórico de boas relações com os índios na Nicarágua, na Venezuela e no Brasil. Era exatamente com os brancos que ele não se dava bem. Era o momento certo e ele era imprudente o bastante para executar essa missão, arriscando-se em um território proibido da mesma maneira que se aventurou a ir ao pico Victoria, sozinho e sem nenhum treinamento.

A melhor proteção para Henry era seu respeito pelos índios. Acreditava que eles eram capazes de tudo. Viajou até Santa Cruz por uma estrada que tinha 2,5 metros de largura e era mantida por equipes de trabalhadores índios. De poucos em poucos quilômetros havia uma cruz sustentada por pedras e coberta por um pequeno abrigo de folhas de palmeira. Uma guarnição de 150 homens armados estava estacionada no forte de Chan Santa Cruz, mas a vila em si era uma cidade fantasma.

A estrada para Tulum era mais difícil do que a outra por onde acabara de passar. Era uma viagem de quatro dias por um caminho estreito na selva cheio de perigos. Poucos anos antes, quando um padre católico chegou pelo mar, foi levado até a Cruz e interrogado. Descontente com o fato de o padre ter chegado sem avisar, a Cruz exigiu sua execução. Desde então, poucas pessoas de fora tentaram entrar em Yucatán.

Bem no seu íntimo, Henry se achava invencível, e por isso ele foi. A igreja que abrigava a Cruz em Tulum tinha a forma de um crucifixo, com o santuário formando a parte vertical e os aposentos dos guardas formando os braços perpendiculares. A Cruz ficava no centro em profunda escuridão, em uma sala separada chamada de glória. Duas sentinelas guardavam a porta da sala onde estava a Cruz. Apenas quatro pessoas tinham permissão para entrar: o sumo sacerdote, o general comandante do povo *cruzob* e suas esposas. O sacerdote conversava com a Cruz, mas nunca se soube como isso era feito, se por ventriloquismo ou por meio de um tubo de comunicação escondido. O restante do santuário era cheio de pessoas murmurando orações. A Cruz emitia um som estranho e abafado antes de falar. Quando as palavras sagradas eram proferidas, os devotos batiam no peito e jogavam beijos ardentes no ar.

Como a visita de Henry era aprovada, ele não foi interrogado pela Cruz e sobreviveu. Ele disse que viu a Cruz por uma abertura na parede, mas com todos os guardas e devotos presentes, provavelmente isso é exagero. Entretanto, teve uma grande honra, e como afirmou Edward Lane, poucos europeus, se é que houve algum, foram admitidos na presença da Cruz e sobreviveram. A fronteira se acalmou após a missão de Henry, e desde então até o final da Guerra de Castas em 1901, houve paz entre os ingleses e o povo *cruzob*.

Os maias tinham uma relação direta com o Todo-poderoso. Quando Henry partiu, seus anfitriões não o teriam agradecido por ele ter ido lá. Em vez disso, diziam *Dios botik*, ou "Deus te agradece".

Algum tempo depois, Henry começou a ouvir suas próprias vozes, que ordenavam que ele extraísse prestígio do solo. "Ai de mim", escreveu Violet, "voltou o velho desejo [de Henry] pela vida de fazendeiro, de ser seu próprio senhor; e apesar de tudo que eu fiz, ele encontrou algo que foi do seu agrado e comprou o que chamava de concessão valiosa [...] e lá fomos nós, a 100 quilômetros ou mais de distância, longe de tudo e de todos, para plantar borracha, cacau e bananas". Durante suas viagens como inspetor de florestas, descobriu o que chamou de "o melhor pedaço de terra da colônia", um terreno de 2.500 acres na margem sul do Temash, o rio mais remoto no distrito mais distante ao sul das Honduras Britânicas, a apenas 10 quilômetros da fronteira da Guatemala. Havia cinco casas junto ao rio Temash, e a de Henry seria a sexta. A sua concessão estava de frente para o rio profundo. Ele remou a canoa para dentro da floresta e passou por velhas fazendas abandonadas até encontrar blocos calcários grandes e horizontais, talhados pelos antigos maias. A terra do outro lado do rio, ao norte, era de propriedade da empresa madeireira de mogno Messrs. Cramer and Company, mas, segundo as pesquisas, toda a margem sul era terra da Coroa, aberta à agricultura. Apoiado em sua reputação "como o homem que trouxe as sementes de seringueira da Amazônia", e a promessa de cultivar borracha, Henry assinou o contrato de arrendamento de número 22, em 1º de janeiro de 1890, a uma taxa anual de quinhentos dólares a serem pagos em dez anos. Se depois desse tempo "puder ser provado para a satisfação do governo que foram plantadas seringueiras nas terras, no valor de 10 mil dólares [...] será emitida uma concessão [adicional] de 5 mil acres".

Parecia que seu sonho se tornara realidade, a oportunidade pela qual lutara por tanto tempo. Mas havia maus presságios. Em 1889 e 1890, uma febre assolou Belize, levando alguns conhecidos: o reverendo sr. Nicholson, o proeminente advogado W. M. Storach e o comerciante Robert Niven. Houve tantas mortes que G. S. Banham, correspondente do *New York Herald*, retratou a cidade como uma casa mortuária. Em 23 de junho de 1889, Banham foi processado por ter "maldosamente inventado relatos falsos em detrimento da colônia ao representá-la como se estivesse assolada pela pestilência". Por causa disso, ele se retratou em 5 de agosto. Durante essa época, a morte quase chegou para Henry também. Ele "teve um ataque da febre e praticamente morreu", escreveu Violet. "O padre católico fez uma visita e administrou uma dose muito forte de quinina que conteve a febre até o médico chegar." Quando se recuperou, sua obsessão pela fazenda ficou mais intensa. Seu último encontro com a morte o fez pensar sobre o que mais queria da vida — e então, aos 42 ou 43 anos de idade, metade dela já se fora.

Quando avaliou que tinha condições, pôs-se a trabalhar duro. Achava o solo fértil muito apropriado para o plantio de café, cacau, frutas tropicais e seringueiras. Planejava saldar sua dívida cultivando bananas, e depois plantando a árvore laticífera do gênero *Castilloa*, de crescimento rápido, para assegurar um bom retorno antes que o período de arrendamento de dez anos expirasse. Pode parecer estranho que não tenha plantado a hévea, sua "árvore abençoada", mas a *Castilloa elastica* era nativa das Honduras Britânicas, e nos anos 1880 muitos acreditavam que era mais lucrativa. Construiu mais uma casa de toras de madeira, com um telhado de ferro e uma varanda. "Ele vivia bem contente", escreveu Violet, "trabalhando cedo e tarde, passando por todos os tipos de dificuldades".

Mas havia conflitos que podiam deixar preocupada qualquer pessoa cujas terras estivessem assentadas próximas às da plantocracia. Em 5 de maio de 1890, uma audiência especial na Suprema Corte considerou a queixa de dom Filipe Yberra Ortol contra a empresa Messrs. Cramer and Company. Ortol desejava impedir a firma de cortar pau-de-campeche em sua terra, localizada na fronteira com Yucatán. Somente ele tinha o direito de trabalhar em sua terra, afirmou, mas o processo foi indeferido. Depois, em 8 de julho, C. L. Gardrich, editor do *Independent*, foi declarado culpado por desacato ao publicar as cartas abertas de Ortol aos lenhadores mexicanos sobre o tratamento que recebeu. Em essência, foi imposta sobre a colônia uma censura que restringia a imprensa desfavorável à plantocracia, e o editor foi obrigado a pagar os custos processuais e o depósito judicial de duzentos dólares.

Simplesmente não era sensato chegar perto demais dos homens do mogno. Eles controlavam as leis, os tribunais e a opinião pública, e faziam o que bem entendiam. Algumas de suas propriedades se estendiam por milhões de acres. Por meio dos valores altos dos arrendamentos e dos impostos, faziam o máximo para obstruir a venda ou o arrendamento de terra para pequenos colonos como Henry. Para assegurar um suprimento constante de madeira, os proprietários cortavam apenas um vigésimo de um terreno todos os anos e selecionavam apenas as árvores cujos diâmetros haviam aumentado mais de 40 centímetros; depois de vinte anos, voltavam quando as árvores menores tinham crescido. Esta rotação possibilitava a saúde financeira por fixar antecipadamente os níveis de capital e de trabalho, mas também causava confusões e processos judiciais relacionados à propriedade dos lotes. Quando a plantocracia voltava ao local, seus topógrafos verificavam se havia algo que não tinham percebido anteriormente ou se posseiros tinham entrado.

Em dezembro de 1891, Henry já tinha construído sua casa, cultivado 40 acres, plantado 10 mil bananeiras, 4 acres de cacau, algumas dúzias de laranjeiras, limoeiros e mangueiras, e um pequeno número de árvores laticíferas *Castilloa*. Parecia evitar a hévea enquanto construía uma reputação fundamentada no roubo das sementes, mas nunca se poderia chamá-lo de preguiçoso. Suas benfeitorias foram um "trabalho extremamente bom", escreveu o governo, que estimou o valor da casa em 1.500 libras e o de sua

O Ladrão no Fim do Mundo

concessão em 4 mil libras. Mas, apesar disso, os lucros eram magros — sua contabilidade mostrava um saldo mensal entre 13 e 47,96 dólares —, e ele não tinha condições de pagar nada do arrendamento de dois anos que vencia então. Naquele mês, em uma carta ao primeiro-secretário colonial, ressaltou a dificuldade em pagar adiantado os quinhentos dólares, e pediu permissão para investir o máximo possível em melhorias nos primeiros anos, e depois pagar o aumento equivalente sobre as benfeitorias no final do período de dez anos.

Ele estava pedindo um favor, mas o momento para favores já tinha passado. Ele era o homem de Roger Goldsworthy; quando sir Roger era governador, talvez seu pedido tivesse sido atendido. Mas Goldsworthy fora transferido no começo de 1891 e era então governador das ilhas Falklands, aqueles pequenos pontos solitários e frios no Atlântico Sul que repetidas vezes seriam reivindicados e disputados com a Argentina. Seu substituto, sir C. Alfred Maloney, ganhava 12 mil libras, o salário mais alto de todos os governadores coloniais da época. A plantocracia e a imprensa ficaram exultantes. Em 4 de outubro de 1890, o *Colonial Guardian* disse que "via de regra, os homens honestos [se mantinham] distantes" de Goldsworthy. Soprava um novo vento nas Honduras Britânicas, mas ele não era favorável a Henry.

No começo de 1892 aconteceu o inevitável. O secretário colonial rejeitou a solução de acordo de Henry. Se ele não pagasse a locação, o contrato de arrendamento seria desfeito. E havia um adendo: a maior parte da concessão pertencia à empresa Messrs. Cramer and Company.

Esta cláusula parece abertamente corrupta e de má-fé. Dos 2.500 acres de Henry, a Messrs. Cramer and Company dizia que 1.470 lhes pertenciam, e o governo concordava. O topógrafo que "descobriu" a falha no título de Wickham foi o mesmo que originalmente desenhou o mapa que localizava com toda certeza a propriedade de Henry nas terras da Coroa. O topógrafo-geral disse que não tinha nenhum outro mapa do rio Temash e argumentou que seu departamento era muito ocupado para conduzir um levantamento topográfico preciso. Tudo se voltava contra Henry: a empresa de mogno podia processá-lo por invasão. O governo poderia livrar-se da responsabilidade, cancelando o arrendamento por falta de pagamento da locação. Por ter sido inspetor de florestas, Henry deveria saber quais eram as terras da Coroa e não culpar o governo por seu próprio erro. A Messrs. Cramer propôs a venda de "sua" terra de volta para o governo a dois dólares por acre, com a condição de que tivessem o direito de passagem no único caminho do rio até as terras do interior, onde crescia o mogno. Mas a casa de Henry se encontrava neste caminho, juntamente com suas bananeiras e seringueiras. Para comprar de volta sua terra do governo, teria de derrubar a casa e arrancar tudo que plantara.

A única opção que lhe restou foi ir à justiça. Em 11 de maio de 1892, seu advogado apresentou uma longa declaração ao secretário de Estado, citando a experiência de Wickham como fazendeiro nos trópicos, seus cargos oficiais nas Honduras Britânicas e seu valor para o Império Britânico por ter levado as 70 mil sementes de hévea para Kew. Ele era um homem de "grande e rara experiência", alguém de grande valor para qualquer colônia. A posição de Wickham era crítica. Não podia trabalhar na propriedade e nem convidar parceiros para investir, e os credores o rondavam. Um investidor da Guatemala estava pronto para injetar 2 mil libras na plantação de Wickham quando soube de seus problemas com a lei. Outros dois, o "sr. D. Wells" e o "sr. Strange", já tinham chegado a Belize quando souberam que Wickham possuía nada mais do que um processo judicial. Os três voltaram atrás. A disputa se arrastava e Henry estava quebrando.

Então, na primavera de 1892, Henry apelou à rainha.

Em 1892, a rainha Vitória completou 55 anos de reinado. A celebração de seu jubileu cinco anos antes fora um dos triunfos de sua carreira. Ela foi comparada à Elizabeth I, mas Elizabeth governara uma pequena ilha de apenas 5 milhões de habitantes, enquanto Vitória governava quase metade do mundo. Seu nome e seu rosto estavam estampados em moedas e documentos em cidades que ainda não tinham sido estabelecidas quando ela subiu ao trono, ainda menina. Quando os súditos britânicos protagonizavam seus dramas distintos em prol do império — como no caso da morte do general Gordon em Cartum ou a preocupação de Henry com suas sementes na Amazônia —, em algum momento pensaram em Vitória e arriscavam suas vidas e esperanças por ela.

Vitória compreendia perfeitamente a importância de suas colônias. Precisavam ser protegidas. Tudo dependia delas: as riquezas, o domínio e os interesses britânicos vitais. O interesse mais importante era a habilidade de negociar e investir em todo o mundo, uma habilidade que estava no coração de todas as grandes decisões visando as relações exteriores, e tinha sido assim por décadas. A palavra "imperialismo" nos anos 1880 e 1890 estava geralmente associada ao desejo de expansão territorial, mas no cerne desta expansão estavam a garantia de mercados, os recursos ilimitados e o capitalismo de livre-mercado que os vitorianos apreciavam e veneravam. Em um mundo como este, os interesses corporativos eram mais importantes que os individuais. Afinal de contas, os lucros das corporações beneficiavam o grande conjunto da sociedade. O imperialismo era ao mesmo tempo fé e negócio, e à medida que se expandia, se espalhava também a mística do império. Prefigurando Calvin Coolidge,* ela sabia que o negócio da Inglaterra era o negócio.

No decorrer dos eventos, a declaração de Henry sobre seu valor para o império foi devolvida ao governador colonial, rejeitada pela rainha, que escreveu de próprio punho: "Que a justiça seja feita. Vitória, rainha e imperatriz."

Foi uma condenação oracular tão definitiva quanto qualquer uma da Cruz Falante. Por causa deste desprezo real, Henry foi, mais uma vez, arruinado.

---

* Presidente dos Estados Unidos entre 1923 e 1929, que disse que "o negócio principal do povo americano é o negócio". (N.da E.)

CAPÍTULO 12

A LOUCURA PELA BORRACHA

Poucos vitorianos que fizeram tanto por seu império podiam afirmar que foram traídos pessoalmente por sua rainha. Ele fora arruinado antes — em Santarém e em Queensland —, mas esta terceira vez surtiu um efeito decididamente negativo.

A mensagem de Vitória teve um desenlace breve: em 4 de maio de 1893, o contrato de arrendamento de Henry foi cancelado. Quatro meses depois, em 7 de setembro, os tribunais lhe concederam 14.500 dólares em indenizações por reparação de danos mais despesas judiciais, mas isso não foi suficiente para cobrir o valor de sua terra e a quantia gasta na casa, nas plantações e nas benfeitorias. Um furacão devastou a colônia naquele verão, arrancando o teto da igreja católica de Belize, encalhando cinco navios e destruindo as plantações de banana em toda a extensão do litoral, de tal maneira que por seis meses não se embarcou nenhuma fruta. E se esta colônia corrupta fosse levada pelo vento, até o inferno? Talvez ele tenha tido a sensação de que sua ira reprimida estava representada pelo vento furioso. Pior, "um problema de pele" de Violet, sobre o qual ela nunca entrou em detalhes, se tornara insuportável e ela precisava de tratamento em Londres. Pouco depois da decisão sobre o processo, Henry partiu para nunca mais voltar.

Ele estava profundamente amargurado, com cicatrizes tão visíveis quanto as da casca macia da hévea cortada pelos seringueiros. Foi durante este período que o mundo começou a conhecê-lo como o imperialista grisalho e inflexível, vindo dos confins do mundo e contando bravatas. "A sua mente aguçada e analítica e seu modo autoritário faziam dele uma companhia difícil", disse Edward Lane a respeito dessa época de sua vida.

O Ladrão no Fim do Mundo

"[H]avia um traço muito forte de ditador intolerante em seu caráter, embora fosse inabalavelmente fiel [...] e generoso para com seus amigos."

Mas esta era a maneira como se esperava que os fazendeiros agissem nos confins remotos do império, e foi para lá que ele se mudou em seguida: para os antípodas. No Império Britânico, os antípodas se referiam à Nova Guiné, Austrália e Nova Zelândia, apesar de nenhum desses lugares coincidir com os pontos antípodas das ilhas britânicas. Henry deve ter tido às vezes a sensação de que sua força estava para se esgotar. Seus fundos estavam esgotados, e também sua paciência. Não conseguia abandonar o desejo de estabelecer uma plantação, mas faria isso longe do contato de seus compatriotas, em um império isolado projetado por ele mesmo.

Sempre fora impulsivo e obcecado, mas parecia então que enlouquecera um pouco. Hoje podemos traçar o caminho psíquico. Começou em Papua Nova Guiné, uma ilha de "dificuldades assombrosas e caráter disforme", onde as montanhas formavam penhascos inacessíveis que terminavam em "gargantas de paredes rochosas, pelas quais passam rios furiosos, pontuados por grandes rochas e pedras em constante movimento". Henry O. Forbes, aventureiro profissional vitoriano, disse que "durante muitos anos de viagens em países de topografia selvagem, em nenhum lugar enfrentei tantas dificuldades como em Nova Guiné". Entretanto, os colonos da Inglaterra e da Austrália viam em Nova Guiné "uma 'Ilha do Tesouro' grande e salubre", com ouro fluindo pelos rios.

Este local era populoso demais para o gosto de Henry, e por isso ele foi para a ilha de Samarai, na extremidade oriental da península de Nova Guiné, comprou um lúgar de 10 toneladas e o chamou de *The Carib*, em homenagem ao tempo que passou no Caribe. Lembrando-se das histórias do capitão Hill, da Cornualha, seu salvador na Nicarágua, Henry navegou a leste, em direção aos arquipélagos vizinhos, as ilhas D'Entrecasteaux e as Lusíadas, os pequenos pontos de nomes exóticos onde os *blackbirders* faziam incursões uma década antes, quando Henry era fazendeiro em Queensland. O primeiro arquipélago era composto por três ou quatro altas ilhas rochosas que se elevavam de grandes profundezas até alturas elevadas. As encostas eram absurdamente íngremes, formando inclinações de 120 a 270 metros de altura em menos de 2 quilômetros, com poucos terrenos planos. As Lusíadas eram o oposto

A Loucura pela Borracha

polar, um pontilhado de centenas de pequenas ilhas de relevo baixo, estendendo-se para o leste como se fossem um tentáculo de Nova Guiné em direção às ilhas de Rossell e Sudest (hoje Taguta), nas profundezas do Pacífico Sul. Bem no meio dessas ilhas ele encontrou um solitário atol de coral chamado ilhas Conflict, batizadas com o nome de um navio de guerra inglês que teve o azar de se chocar com um recife em sua extremidade ocidental. Em 1888, ano em que Nova Guiné foi declarada possessão britânica, um levantamento topográfico das Lusíadas apontou que as ilhas Conflict, "assim como as ilhas Cocos, no oceano Índico [...] podem um dia ser plantadas com coco, e trazer uma ótima renda, assim como as ilhas Cocos". Era este o plano de Henry.

O grupo Conflict era constituído por 23 ilhas de coral que formavam um anel em volta de uma lagoa central de 8 a 11 quilômetros de largura e 19 de comprimento. Havia dois canais excelentes de acesso, um a leste e um a oeste, caso alguém decidisse visitar o local — o que não havia acontecido. O grupo de ilhas estava realmente no meio do nada, a 130 quilômetros da extremidade oriental de Nova Guiné e a 965 quilômetros de Cairns, na ponta norte da Austrália. Não havia rotas de navegação regulares que passassem perto, e estava fora até mesmo da rota dos ciclones tropicais. As ilhas tinham tamanhos variados: de 1 a 24 acres; se fossem reunidas, corresponderiam a uma massa de terra uma vez e meia o tamanho de Mônaco. Henry se estabeleceu em Itamarina, uma ilha de 6 acres no centro da lagoa rodeada por um recife menor interno. Em um mapa, o novo lar de Henry se parecia com um muro de castelo, com um fosso largo e uma fortificação interna. Ele se fechara para o mundo.

Assim como muitos andarilhos, Henry sonhava com um paraíso nos mares do Sul, principalmente depois de ter ouvido as histórias do capitão Hill sobre praias brancas, pessoas tranquilas e ventos alísios frescos. Mas a realidade era diametralmente oposta, e Henry deve ter visto indícios disso durante os anos desastrosos em Queensland. Na maioria dessas ilhas, os exploradores descobriam que as guerras tribais e o canibalismo não eram apenas parte da vida, mas componente central das religiões de algumas tribos. Nas Lusíadas, o canibalismo era uma realidade, e o ódio que permanecia por causa das incursões dos *blackbirders* à procura de escravos assegurava que os europeus serviam por vezes de refeição.

O Ladrão no Fim do Mundo

Como Henry tinha empregados *kanaka* em sua fazenda no distrito de Herbert River, deve ter ouvido falar da história sangrenta ocorrida em 1878 com W. B. Ingham, um fazendeiro *cockatoo* querido de Herbert River, porém malsucedido, bastante parecido com ele. Depois que sua fazenda foi à falência, Ingham catava objetos pelas praias e pescava lagarta-do-mar. A lagarta-do-mar, mais conhecida hoje como lesma-do-mar ou pepino-do-mar, era uma iguaria valiosa na China. Como um oficial da polícia disse, "o negócio é sujo, mas lucrativo, e aparentemente possui atrativos para a classe mais baixa de brancos e homens de Manilla [sic], sem escrúpulos no tratamento de seus empregados negros". Saltava-se de barcos em lagoas infestadas por tubarões para arrancar os moluscos dos corais, e os empregadores pouco se importavam a respeito do medo ou do cansaço dos mergulhadores. O governo de Queensland contratou Ingham para visitar as ilhas e coletar informação sobre os pesqueiros; e em dezembro de 1878, um grupo de "garotos" de Ingham o atirou ao mar enquanto flutuavam perto de uma das Lusíadas. Ingham riu da brincadeira deles e nadou de volta para o barco. Quando ele agarrou as muradas para subir, seus "garotos" cortaram suas mãos e depois o puxaram para dentro do barco para terminar o trabalho.

Ingham era tão popular na região de Herbert River que o distrito principal foi batizado com seu nome. Sua morte fez com que os nativos fossem vistos como demônios, uma impressão reforçada dois anos mais tarde, quando pescadores chineses e europeus de pepinos-do-mar foram encontrados assassinados de maneira semelhante. Algumas dessas vítimas eram levadas a Queensland para serem enterradas, e seu estado era tão assustador que os australianos exigiram que a Inglaterra anexasse a Nova Guiné e as ilhas ao redor, para proteger os pescadores pacíficos.

Henry então chegou a um lugar onde nenhum europeu tinha se estabelecido. Em 5 de março de 1895, assinou um contrato de arrendamento de 25 anos com a taxa de uma libra por ano sob o Regulamento das Terras da Coroa da Nova Guiné Britânica. Em troca, cultivaria esponja e ostras da pérola, e plantaria cocos para a extração de copra. Uma cláusula lhe concedia o direito de comprar o grupo Conflict durante o período de arrendamento. Os termos eram os mais favoráveis que já tivera, e ele conseguiu o acordo da mesma maneira que fizera nas Honduras Britânicas: por se tor-

A Loucura pela Borracha

nar amigo do governador da colônia, sir William MacGregor. Em seus dois anos em Londres após o fracasso em Belize, Henry lera o manual escrito por MacGregor, o *Handbook of Information for Intending Settlers in British New Guinea* (Manual de informações para os colonos desejosos de se estabelecer na Nova Guiné Britânica). Henry recrutou mão de obra *kanaka* nas ilhas vizinhas, construiu uma casa de comércio e alojamentos na ilha central de Itamarina, e preparou a terra para a plantação em Panasesa, uma ilha do anel externo de ilhas a oeste, em direção a Nova Guiné.

Em algum momento entre março de 1895 e abril de 1896, ele quase perdeu sua terra mais uma vez por causa de detalhes contratuais. Segundo uma história contada a parentes distantes, ele ignorara uma cláusula do contrato de arrendamento que afirmava que qualquer ilha não cultivada poderia ser designada como uma reserva para residentes das ilhas que estivessem viajando pela área. Um comerciante amigo lhe disse que o *Merrie England*, iate do governo, estava a caminho de sua ilha central justamente com este propósito. Henry e seus trabalhadores *kanaka* pularam para dentro de canoas e catamarãs, remaram pela lagoa até sua plantação de coco em Panasesa, carregaram sementes de coqueiro e passaram a noite à luz de tochas semeando em Itamarina. Pouco depois do amanhecer, o *Merrie England* aportou e os oficiais se confrontaram com Henry. Ele lhes mostrou que Itamarina tinha de fato plantações de coco e que estava, portanto, isenta da lei.

Aparentemente o caso não foi esquecido pelas autoridades de Porto Moresby, pois em abril de 1896 o governador MacGregor visitou as Conflict durante sua excursão anual pelas ilhas, para fiscalizar Wickham novamente. Ele o encontrou instalado em Itamarina, morando em um barraco aberto. Aparentemente ele já tinha visto pessoas em condições piores nas ilhas, pois não pareceu surpreso. Henry já começara a mudar seus planos, conforme MacGregor escreveu:

> Este cavalheiro está fazendo experiências com as esponjas encontradas nas redondezas. Ele produz um artigo de aparência promissora, mas seu valor de mercado ainda não foi avaliado. Recentemente ele tem voltado sua atenção para a plantação de coqueiros, e ele já plantou vários milhares.

O Ladrão no Fim do Mundo

Ele não mencionou Violet, então é quase certo que ela ainda não tivesse chegado. Ela permaneceu em Londres por um ano, e chegou no fim da primavera ou começo do verão de 1896. Encontrou o marido no barraco de Itamarina, rodeado por montes de esponjas negras. A reação inicial de Henry foi de choque, pois nada estava preparado. Três quartos do barraco estavam "toscamente cobertos por um teto para a construção de um jirau que seria o quarto de dormir, com acesso por uma escada rústica, cerca de metade do andar inferior tinha o piso à maneira nativa, uns poucos centímetros acima do chão, de varas de bambu partidas. Aqui eu fiquei por alguns meses enquanto era construída uma casa mais permanente em uma ilha vizinha", disse ela.

<hr>

Violet tinha 46 anos, e o marido, de pele bronzeada e cada vez mais grisalho, estava com 50. Será que Henry pensava que eles podiam continuar vivendo da mesma maneira indefinidamente? Havia 25 anos que entrara a passos largos na loja do pai dela na Regent Street, e ela fora cativada. Ele exalava energia e confiança sem fim. Já estivera na selva por *duas vezes* e quase morrera, mas sempre se recuperava. *Como uma bola de borracha.* Seus amigos riam, e tudo o que ela podia fazer era balançar a cabeça e rir junto. Era verdade. Simplesmente não havia como vencer Henry Wickham.

Nunca houve dúvida de que ele a amava. Ele nadara em uma lagoa infestada de tubarões para estar com ela, não se importara de viver em condições sórdidas até a chegada dela e depois olhou em volta, envergonhado do lugar onde estava, e passou horas de trabalho massacrante só para que ela tivesse conforto. Ela o amava por isso: por seu otimismo incurável apesar da série de fracassos, por sua confiança inocente de que algum dia, caso trabalhasse com mais afinco, iria triunfar. Sua vida não teria sentido de outra maneira. Porém, por mais que ele a amasse, amava mais a seu sonho. A cada novo fracasso ele se tornava mais intransigente, convencido de que a única maneira era a sua. Seduzido pela miragem, fora longe demais, e ela fora junto com ele. A resistência de Henry podia ser infinita, mas a dela tinha limitações. Juntos, lutaram contra os moinhos de vento de Henry por um quarto de século, e com tristeza ela começou a perceber, ao olhar para Henry com ar desconcertado no meio das esponjas escuras e malcheirosas, que ela fora derrotada por aquele homem.

Ela resistiu por mais dois anos e meio, observando Henry pular de plano em plano. Primeiro eram as esponjas, mas o cultivo era mais complicado do que Henry esperara. Eram coletadas por dois homens em um barquinho, que mergulhavam ou usavam ganchos de ferro presos a hastes de 3 metros ou um pouco mais. Quando o barco estava cheio, voltavam à ilha e espalhavam as esponjas em uma mesa debaixo do sol por alguns dias, para que a membrana gelatinosa e negra da esponja morresse e secasse. A casa deles em Itamarina tinha um cheiro de peixe morto constante. Depois de uns poucos dias ao sol, as esponjas eram postas em um cercado na parte rasa, onde eram banhadas pela água por mais seis dias. Golpeava-se nelas com varetas até se soltar a apodrecida cobertura exterior. Somente então elas se pareciam com as esponjas cor de âmbar que Violet tinha visto nas lojas de Londres. Compradores gregos navegavam pelas ilhas. Dispunham suas esponjas em lotes, ficando com algumas e rejeitando muitas. Havia os custos automáticos: 0,5% de "direito de acomodação no cais", 5% de "comissão de intermediação" e 2% de "carreto" — um total de 7,5% para pegar a esponja, transportá-la para outros lugares e vendê-la. Henry chegou à conclusão de que cultivar esponjas não era lucrativo, e por isso passou para a próxima alternativa.

Esta era a plantação de coqueiros, dos quais ele vendia a copra e usava a polpa seca do coco como fonte de óleo de coco. Os cocos maduros eram cortados ao meio com um facão e deixados ao sol para secar, e depois a polpa era raspada e secada novamente em plataformas de palafita, para protegê-la de caranguejos terrestres. Esta polpa era pulverizada com o uso de rolos, tratada no vapor e prensada a cerca de 6.500 libras por polegada quadrada. A copra de alta qualidade produzia aproximadamente entre 60% e 65% de óleo de coco. O restante era denominado pasta de coco e usado como ração animal. Como Henry conseguia contratar lavradores *kanaka* por 5 ou 10 shillings por mês, achava possível conseguir um lucro, mas os intermediários da copra ficavam com uma parte exatamente como os comerciantes de esponjas, e Henry passou então para o negócio da lagarta-do-mar.

O Ladrão no Fim do Mundo

O pepino-do-mar era abundante em sua lagoa e estava sendo vendido a preços altos na China, como afrodisíaco, mas os mergulhadores de Henry eram muito lentos. Ele tentou criar ostras para suas conchas de madrepérola, plantar mamoeiros e cardamomos e colher tartarugas-de-pente, mas a única época em que os trabalhadores as pegavam era quando vinham à praia para pôr ovos. "Depois eles viram a tartaruga de barriga para cima e cerca de meia dúzia deles a arrastam para casa cantando canções de triunfo, como as que imagino que cantam para os prisioneiros humanos", escreveu Violet, demonstrando sua falta de paciência para as Lusíadas e seu povo. "Eles põem fogo na placa do peito da tartaruga e a matam e cozinham ao mesmo tempo."

Tudo o que Henry necessitava, conforme disse à Violet, era de *mais capital!*. — o mantra de sua época. Viajaria novamente a Londres para descobrir novos investidores, deixando Violet para cuidar das coisas. Queria um total de 22 mil libras para somar ao seu investimento pessoal de 2 mil libras. Com essa quantia ele criaria seu próprio império comercial nos Mares do Sul. Construiria um navio a vapor por 6 mil libras para transportar carga e passageiros, e um menor para coletar produtos exóticos das ilhas. Contrataria cem trabalhadores nativos, marinheiros para seus navios, escriturários, supervisores europeus, especialistas científicos, e mais. Sua estimativa de lucros com a copra e as conchas de madrepérola era de 9.400 libras no primeiro ano, e chegariam a 26.100 libras até o terceiro ano. O plano funcionaria *mesmo*, prometeu ele, porque as condições para o cultivo de madrepérola não existiam em nenhum outro lugar do mundo. J. G. Munt, um investidor nos Mares do Sul, ouviu falar do que Henry estava promovendo e mais tarde descreveu sua ideia como "besteira". O grupo Conflict "não era um local onde alguém conseguiria ou iria trabalhar com a madrepérola, porque as marés ou as correntes são fortes demais", disse ele. "As poucas conchas que podem ser encontradas são de qualidade muito baixa."

A única coisa que Henry produzia em abundância era solidão, e Violet a conheceu em todas as suas facetas. "Durante todo o tempo de minha estadia lá, nunca vi outra mulher branca ou saí dessas duas ilhas" de Itamarina e Panasesa, escreveu ela. Além de Henry, ela só tinha contato superficial com as pessoas. A sociedade dos expatriados era ultraconservadora. Longe do ritmo estimulante da cidade, os moradores desenvolveram uma mentalidade de cerco, que incluía barreiras mais severas e inflexíveis entre brancos e "negros" do que todas que ela já vira. Os fazendeiros achavam natural seu "direito" de explorar a mão de obra barata enquanto ofereciam aos trabalhadores as alegrias da civilização. "Nós esperávamos ser respeitados, ter privilégios, ser superiores", uma mulher da colônia em Nova Guiné disse mais tarde.

Em retorno, éramos a Rocha na qual deviam ser erigidas as estruturas frágeis como a honestidade, a justiça, a proteção e o dever. De uma maneira geral, vivíamos em um apartheid natural, no qual os habitantes nativos seguiam seu caminho e nós o nosso.

Isso significava que Violet via raramente europeus com quem pudesse se relacionar. Os que via eram compradores de esponjas e copra. Seu contato com os habitantes das ilhas era superficial ou distante. Quando o clima estava ameno, os nativos iam de canoa por entre as ilhas ou, em missões comerciais maiores, amarravam oito ou nove canoas lado a lado, colocavam duas velas "com a forma de garras de caranguejo" e passavam de ilha em ilha coletando toneladas de sagu e outros produtos. Atracavam em Itamarina quando queriam água ou tabaco, ou quando havia uma calmaria.

Não tive contato com a vida familiar deles nem vi nada das mulheres, além de uma ou duas que desceram à praia para pegar água. Parecia que elas faziam cachos no cabelo, mas quando se chega perto se vê que são apenas mechas embaraçadas. A roupa que usam consiste em saias de folhas de coqueiro amarradas em volta da cintura. Quando vestem duas ou três dessas saias, se parecem um pouco com as bailarinas de antigamente. Isso é tudo, exceto por braceletes [trançados] bem justos na parte de cima do braço, nos quais prendem qualquer coisa que queiram carregar, e às vezes um colar de contas. Os homens têm orgulho de sua aparência, pintam os rostos, passam óleo de coco no corpo e penteiam o cabelo, parecido com lã, num penteado muito atraente que se parece com uma espécie de esfregão. Às vezes eles cortam o cabelo para que tenha uma forma excêntrica. Assim como as mulheres, usam braceletes com o mesmo propósito. Amarram braceletes abaixo dos joelhos com cordões de conchas penduradas que chacoalham quando caminham. Eles têm um furo no nariz e quando estão de traje completo usam no nariz uma peça de concha em forma de meia-lua. Tanto os homens quanto as mulheres furam as orelhas e colocam nelas todo o tipo de coisas para enfeitar.

Ela não fazia parte de nenhuma sociedade e apenas observava. Em lugares como Porto Moresby e nas ilhas Salomão, desenvolveu-se uma estranha tensão que chegou a se transformar em histeria sexual. A Lei de Proteção às Mulheres Brancas de 1926 prescrevia a sentença de morte para o estupro e para a tentativa de estupro, mas sua aprovação parecia baseada mais em rumores de desejo inter-racial do que na realidade objetiva. Nos anos 1930, o medo se transformou em absurdo: um habitante da ilha poderia receber de cem a 150 chicotadas por um suposto olhar lascivo, e construíram-se às custas do governo quartos de dormir "à prova de garotos", cercados com tela de arame forte, em todas as casas onde moravam mulheres brancas. Mas nas Conflict não havia nem mesmo o contato visual que pudesse ser interpretado de maneira equivocada, e Violet não era o tipo de pessoa que se entregava a tal insanidade. Mas ela era suscetível à solidão, e a vida de eremita surtia efeitos estranhos nas pessoas.

Tudo o que podia fazer era olhar para o oeste, onde se encontrava Porto Moresby, além do horizonte. Talvez tenha sido melhor ela não ter conhecido esse lugar. Apesar de Porto Moresby ser descrita como "uma cidade bem civilizada" por quem a promovia — uma Londres tropical, com hotéis, lojas, salas de leitura e água encanada —, na verdade, segundo Henry O. Forbes, viajante mundial, a cidade consistia na vila nativa original,

> umas poucas construções do governo revestidas com tábuas, uma residência ou duas para as autoridades, a missão, uma loja, uma cadeia de três celas, e a oficina gráfica do governo — que era o hotel — dispostos de qualquer maneira ao longo de alguns quilômetros de orla. O "abastecimento de água" são umas gotas de um [...] cano, conduzidas por centenas de metros [...].

No final, ela não conseguia mais aguentar. Certa manhã, "acordamos e descobrimos que nossos garotos tinham partido com um dos barcos,

A Loucura pela Borracha

deixando apenas [Henry] e um homem malaio para lidar com o barco maior". Partiram na embarcação com tripulação insuficiente atrás dos ladrões "e eu fui deixada sozinha por 19 dias, sem saber se tinham naufragado e imaginando quantas semanas ou meses se passariam até eu ser resgatada".

Violet guardou seus medos para si em suas memórias, mas não são difíceis de imaginar. Ela sabia que Henry podia ter sido vítima de naufrágio, afogamento, tubarões ou a maré, e já admitira que tinha conhecimento do canibalismo local. Na maioria dos casos, as histórias de canibais serviam para as grandes potências anexarem novas terras: aqueles que praticavam o canibalismo eram sub-humanos e precisavam ser salvos de si mesmos. Entretanto, nas Lusíadas e em Nova Guiné o canibalismo não era um medo irracional. Ela teria ouvido falar do pobre Ingham, o andarilho das praias, durante seu calvário em Queensland. Em 1901, o missionário James Chalmers e mais 11 pessoas foram vistas pela última vez subindo um riacho no manguezal de uma ilha de selva densa no golfo de Papua, quando sumiram de vista para sempre. Sete semanas depois, uma expedição descobriu seu destino. Quando os missionários entraram numa aldeia Goacribari, foram atacados com facões de osso de casuar, decapitados, retalhados, misturados com sagu e comidos no mesmo dia.

A reação de Violet quando Henry finalmente voltou não foi registrada. Porém, pouco tempo depois ela deu um ultimato ao marido. "Ou este lugar ou eu. Não consigo mais viver desse jeito", ela lhe disse. Ele tinha de fazer uma escolha.

⁂

Na Inglaterra, os jornais falavam da Era da Borracha. O mundo estava enlouquecido pela borracha, e Henry estava enlouquecido porque nunca faria parte dessa Era. O melhor a fazer era se esconder.

A febre da bicicleta tinha tomado conta do Ocidente durante o tempo em que o casal passou nas Honduras Britânicas. Então, quando estavam isolados nas Conflict, o mundo entrava na Era do Automóvel, a segunda grande invenção que energizou a loucura pela borracha. A invenção do aro pneumático acompanhou a dos automóveis em todas as etapas, e logo os

O Ladrão no Fim do Mundo

pneus seriam comprados aos milhões. As exportações de borracha da Amazônia subiram de uma média anual de 9.386 toneladas entre 1886 e 1890 para 14.939 toneladas entre 1891 e 1895.

Bem quando Violet estava prestes a desistir no grupo Conflict, os Estados Unidos estavam a caminho de se tornar o maior consumidor mundial de borracha. Ransom E. Olds fabricava milhares de carros por ano, e Henry Ford estava a nove anos de produzir o primeiro modelo T barato. Na virada do século, a indústria automobilística estava se tornando uma das indústrias mais complexas e interligadas do mundo, com centenas de partes interdependentes, e a borracha era uma grande razão desse sucesso. Os fabricantes de pneus e tubos consumiam entre 60% e 70% da borracha enviada aos Estados Unidos. Cinco grandes empresas de pneu e borracha surgiram nas três décadas após 1870. As importações norte-americanas de borracha subiram de 8.109 toneladas em 1880 para 15.336 em 1890. De 1875 a 1900, condizente com sua ascendência súbita e surpreendente como potência mundial, os Estados Unidos consumiram metade de toda a borracha produzida no mundo.

E onde estavam as sementes de Henry? Ele não foi apenas excluído dos lucros. Era como se seu roubo de sementes jamais tivesse acontecido, e parecia não ter importância. Foi um empreendimento fracassado que tirou as vidas de sua mãe, sua irmã e de outros, e parecia servir de exemplo do risco de seguir os sonhos. Nessa época, a história do roubo da hévea de Wickham já chegara à Amazônia, mas nem mesmo a menor preocupação perturbou a autoconfiança serena dos seringueiros brasileiros. Eles riram das primeiras tentativas de domesticação dos ingleses. Os fazendeiros do Ceilão e da Malásia que receberam as sementes logo depois de 1876 se atrapalharam completamente em suas tentativas de cultivar e sangrar as seringueiras. "Deus plantou as árvores para nós", vangloriavam-se os brasileiros. Se as seringueiras devessem crescer em fileiras, ele as teria plantado dessa maneira. As estatísticas pareciam confirmar essa falta de preocupação. No primeiro ano do novo século, 4 toneladas minguadas de borracha de cultivo do Oriente entraram no mercado. No mesmo ano exportaram-se 26.750 toneladas extraídas de seringueiras selvagens.

Essa foi a belle époque da Amazônia. As décadas de 1880 a 1910 ainda são chamadas nostalgicamente de boom da borracha. Em 1907,

A Loucura pela Borracha

passava por Santarém um fluxo de até 5 mil novos homens a caminho da Bacia Amazônica. Foi o maior boom desde a corrida do ouro do Klondike; uma bonança de "ouro negro" que incendiou as economias de Bolívia, Colômbia, Venezuela, Peru, Equador e Brasil. Somente em 1906, os 14 milhões de libras que entraram na região do rio Negro pagaram 40% da dívida anual do Brasil. Dizia-se que ainda existiam entre 100 a 300 milhões de seringueiras virgens na floresta inexplorada, espalhadas por uma área de mais de 5 milhões de quilômetros quadrados. Embora isso pareça mais outro sonho de Eldorado, era fato que em cada uma destas três décadas a produção brasileira subiu por 10 mil toneladas. A Amazônia abrigava o único suprimento viável de hévea do mundo, apesar do que o patético Wickham tinha feito, e a hévea era então o "padrão ouro". Os que não faziam parte do boom eram tolos. Até mesmo o grande magnata do aço Andrew Carnegie lamentara: "Eu deveria ter escolhido a borracha em vez do aço."

Também não havia problemas com a mão de obra. Embora as condições de trabalho dos seringueiros tivessem se tornado sempre mais degradantes, chegavam outros. Um efeito do boom foi um povoamento da Bacia como nunca visto desde a conquista original dos portugueses. Milhares de expedições subiam centenas de pequenos tributários à procura de árvores ainda não descobertas.

Porém, cada vez que subiam o rio, os seringueiros se tornavam mais dependentes do patrão. O custo de vida em Belém e em Manaus era de duas a quatro vezes mais alto do que em Londres e Nova York, mas os aviadores compensavam vendendo a preços ainda mais altos para quem comprava deles. Em cada elo da corrente as práticas eram estruturadas para pressionar os custos. Os intermediários no Amazonas cobravam preços mais altos do que seus pares em Londres e Nova York. As empresas de navegação a vapor cobravam o que queriam pelo transporte marítimo. O imposto sobre a borracha exportada era exorbitante e aumentava os custos em até um terço. O gerente vendia suprimentos aos seringueiros obtendo um lucro final de 50% a 200%, e o seringueiro isolado não tinha outra escolha a não ser comprar. Seu desamparo econômico fazia dele uma vítima de todas as fraudes imagináveis. O arroz e o feijão eram vendidos a preços sete vezes mais altos do que no Rio de Janeiro. Tornou-se famosa a *trade gun*, ou arma de comércio, uma arma que era carregada pela boca, de barril envolto em arame que se soltava e caía após cinquenta tiros. De tão vendida, ela era fabricada na Europa especialmente para a Amazônia. Em algumas estradas distantes, quando a comida chegava onde estavam os seringueiros, estava podre e cheia de larvas, mas a escolha era ou comprar a carne estragada ou passar fome.

Pela lei, o seringueiro não tinha nenhuma obrigação de ficar. Podia pegar suas coisas e partir a qualquer momento. Porém, os gerentes tinham como garantir que a força de trabalho permanecesse. Construíam seus acampamentos-base em locais estratégicos para que nenhum seringueiro saísse escondido. Contratavam pistoleiros para fiscalizar os ranchos. No Peru e na Bolívia, um fugitivo podia ser trazido de volta a seu patrão até liquidar sua dívida. Ele podia também ser vendido para outro gerente pelo preço da dívida, e este sistema de barracão era generalizado. Como as empresas de borracha atraíam a mão de obra do sertão, os seringueiros descontentes estavam longe de casa e não tinham para onde fugir. Chegavam na Amazônia em barcos abarrotados, milhares de homens rudes e desesperados, dispostos a apostar tudo na *Pará fine*. No pico do boom, em 1910, estima-se que entre 131 e 149 mil homens sangraram 21.400 milhões de seringueiras nas 24 ou 27 mil estradas nas profundezas da Amazônia.

Era um mundo diferente daquele onde Henry extraiu a goma. Ele fora um proprietário-administrador independente, um posseiro, assim como gerações de caboclos antes dele. Por lei, o seringueiro tinha de receber 60% do valor da borracha que produzia, e em média produziam cerca de 800 quilos por ano. Mas havia muitas maneiras de separar o seringueiro de seu dinheiro, e aquele que juntava o bastante para cobrir as despesas de sua sobrevivência sem entrar em dívidas era um homem sensato ou sortudo. Na virada do século, o aviador era o grande capitalista: contratava de duzentos a quinhentos homens de qualquer local e os transportava para o campo às suas custas, e então adiantava para cada seringueiro um valor entre quarenta e setenta libras em provisões, armas, medicamentos, roupas e outros itens básicos, pelos quais cobrava entre 30% e 40% acima do preço que pagou. Por sua vez, era explorado pelos comerciantes atacadistas de Belém e Manaus, que lhe concediam um crédito de até 40 mil libras. Estes comerciantes eram financiados por investidores e especuladores de Londres e Nova York, que recebiam seu pagamento em borracha ao final da estação.

A Loucura pela Borracha

Para os homens na base da pirâmide, o desgaste era horrível. Em 1899, um relatório do cônsul americano em Belém do Pará dizia que a cada cem novos recrutados, 75 morriam, fugiam ou partiam por causa de doenças. No Alto Amazonas, um patrão podia esperar uma perda mínima de cinco em cada 25 trabalhadores. Entre os seringueiros da Bolívia foram registradas taxas de mortalidade de até 50%.

Nessa época, nem mesmo Henry teria sido cego o bastante para tentar extrair a borracha, e ele nunca teve o capital necessário para empregar tantos homens. O máximo que poderia ter feito seria deixar que os índios coletassem para ele, como fizeram para os comerciantes em Boim. O lado oeste do Tapajós era monopolizado pelas casas comerciais de Boim, mas na margem do leste, afluentes como o Cupari estavam livres para a exploração, estendendo-se para o planalto coberto de floresta, até o rio Curuá do Sul e além. Este era o território dos índios mundurucus que salvaram a vida de Henry quando ele quase cortou o pé fora. Uma pesquisa de 1912 sobre reivindicações de terras listou "quatrocentos índios mundurucus domesticados" que foram persuadidos a coletar borracha. Embora fossem muitas vezes enganados, não eram forçados a coletar borracha pela ameaça de uma arma de fogo, como era o caso de acordo com certas histórias de terror que chegavam do Alto Amazonas. Ao contrário, queriam os produtos que podiam comprar com a borracha: facões de aço, panelas de ferro e tecidos tingidos que não tinham condições de produzir. A sua conquista se deu por meio da sedução, a mesma estratégia usada pelo lendário Crisóstavo Hernández. Embora o comércio da borracha destruísse sua cultura, ele fazia isso de maneira discreta, pagando os homens das tribos para se dedicar à coleta de borracha, em vez de às tradicionais práticas de agricultura e caça. O boom foi implacável, estendendo-se até os afluentes mais remotos à procura da borracha, prometendo uma vida de conforto.

E se Violet e Henry tivessem ficado? Talvez tivessem ficado ricos, como alguns dos confederados que resistiram. O juiz Mendenhall transformou o seu lote de terra solitário em Piquiatuba em uma "fazenda-modelo próspera". As famílias Jennings e Vaughan se uniram por meio de casamentos, cultivaram borracha e açúcar, e estavam prestes a comprar uma fazenda de gado de 2 mil acres próximo a Santarém. Um certo "dr. Pitts" escreveu ao jornal *Mobile Daily Register* que cultivava cana-de-açúcar, algodão, ma-

O Ladrão no Fim do Mundo

mão, abóbora, cinco tipos de batata-doce, batata e vários tipos de feijão. "Já ganhei o suficiente para viver bem e nunca estive tão satisfeito", disse ele. Os confederados que permaneceram introduziram na região o arado, o gradador, a pá e o ancinho. Alguns brasileiros copiaram suas técnicas e também prosperaram.

Ninguém prosperou mais do que David Riker, aluno de Harriette Jane. Em 1888, o Brasil decretou a libertação total dos escravos, e a escravidão fora o motivo pelo qual o pai de Riker tinha se estabelecido no país. Mas David era de uma geração diferente e se considerava brasileiro. Os conflitos e preconceitos antigos não significavam nada para ele. Quando seu pai fazia duras críticas à mistura de raças, ele ouvia com respeito, mas na verdade não se importava. Casara-se com uma mestiça brasileira, vinda do sertão cearense, e chegou a ter 14 filhos com ela. Expandiu a fazenda de gado do pai em Diamantino e a transformou em um latifúndio enorme: em 1884, plantou seringueiras, e em 1910 sua plantação tinha aumentado de maneira significativa. Naquele ano ele vendeu tudo para um consórcio de investidores ingleses, que a incorporaram como Diamantino Rubber Co. Ltd. Riker vendeu sua propriedade por 6 mil dólares, uma fortuna na época. Ele se aposentou rico aos 49 anos de idade.

Surgiram centenas de empresas agrícolas semelhantes em todo o mundo. Elas eram promovidas de maneira desorganizada e administradas por homens que conheciam pouco ou nada sobre a borracha. Seus promotores as descreviam aos compradores como se existissem por muitos anos. Já que o preço da borracha continuava a subir, qualquer investimento parecia uma coisa certa. Nos anos 1860, a borracha era vendida nos Estados Unidos de seis a dez centavos por libra. Nos trinta anos seguintes o preço subiu gradualmente até chegar a cerca de sessenta centavos. Em 1903 e 1904, o preço médio ainda era de aproximadamente 68,2 centavos por libra. Uma empresa agrícola como a Tapajós Pará Rubber Forests Ltd. era um caso comum: constituída legalmente em 1898, entre seus diretores se incluíam um comerciante londrino, um cafeicultor, um tipógrafo e um contabilista. Como aparentemente a empresa nunca realizou nenhum tipo de negócio, é provável que nunca tenha existido fora do papel, assim como muitas dessas empresas. Em 1901, ela fechou tão discretamente como começou.

A Loucura pela Borracha

No verão de 1905, a loucura se intensificou. O preço da borracha atingiu 1,50 dólar por libra e não caiu, algo que nunca ninguém tinha visto. Nas bolsas de valores de Nova York e Londres o efeito foi eletrizante. O capital confinado na Inglaterra durante a Guerra dos Bôeres buscava uma saída; e nos Estados Unidos, o boom da borracha coincidia com uma expansão econômica tão rápida e ampla que por volta de 1900 o mercado estava saturado de dinheiro para investimento e especulação. Para atrair dinheiro de pequenos investidores, empresas agrícolas ofereciam "ações de denominações baixas", ou ações de menos de uma libra ou um dólar, uma oferta sem precedentes. Atraídos pelo artifício, o público foi à loucura. Todos queriam um pedaço do negócio da borracha, mas constituíram-se tantas empresas que elas só lucrariam se o preço de venda da borracha permanecesse nesta alta anormal.

A "bolha" cobria o mundo. Em todos os lugares do planeta onde uma planta vertia látex, chegavam sociedades por ações. Estabeleceram-se para cultivar a trepadeira *Landolphia* no Congo, a *Ficus elastica* na Libéria, a *hule (Castilloa elastica)* no México e plantas nas Filipinas, então recém-conquistadas. As empresas que não preenchiam os requisitos das bolsas de valores de Nova York ou Londres iam atrás do investidor novato e desprevenido: o professor, o garçom e a viúva. Jornalistas eram contratados para escrever textos que vendiam confiança, e não valor. Esta se tornou a era dos testemunhos comprados, pois homens de negócio, políticos e até mesmo um ex-secretário do Tesouro venderam seus nomes para promover maus negócios. Prometiam-se grandes lucros. De acordo com os promotores, um investimento mensal de cinco a 150 dólares garantia uma renda anual de quinhentos a 5 mil dólares.

Como acontece no caso de muitas bolhas especulativas, milhares foram arruinados. Um embuste típico envolvia a Peru Pará Rubber Company, com um capital declarado de 3 milhões de dólares e um número "ilimitado" de seringueiras virgens crescendo em partes não reveladas da Amazônia. Em 1905, anúncios publicitários em jornais de Chicago prometiam dividendos de 75% por toda a vida. Não é de se surpreender que ninguém os tenha recebido. Outra empresa vendeu 250 mil dólares em ações sem valor comercial para professores da Filadélfia, que perderam tudo. Pensões, trustes e empresas controladoras se enfraqueceram por seus investimentos em ações de borracha. Até mesmo os administradores dos fundos de viúvas, supostamente os investidores mais conservadores, foram enganados. Uma história famosa foi a de Lucille Wetherall, que, assim como milhares de outras pessoas, perdeu as economias de toda a vida quando investiu 7 mil dólares em 1900 na fazenda Vista Hermosa, no México, constituída no Maine, seu estado. Mais tarde naquele ano, a empresa ficou insolvente, arruinando 1.800 acionistas ao mesmo tempo em que preservava os interesses das pessoas de dentro da empresa com títulos de primeira linha. Mas Lucy Wetherall tinha um caráter forte e conquistou seu lugar na história dos investimentos ao aparecer na fazenda e exigir uma moradia na propriedade que havia lastreado seus títulos. Ela administrou a fazenda, que estava falindo, até que a Revolução Mexicana de 1914 a forçou a fugir.

Em Manaus, capital mundial da borracha, o dinheiro e a loucura saltavam mais aos olhos do que em qualquer outro lugar. Diferentemente dos barões do café e dos magnatas de outros produtos primários, os barões da borracha não moravam em suas propriedades. Por causa da localização central de Manaus, a maioria preferia morar lá, e concentrações extraordinárias de riqueza chegaram a um local que fora uma pequena cidade da selva. Em 1892, o mais jovem governador da República, o diminuto Eduardo Gonçalves Ribeiro, assumiu o poder e transformou a cidade com os lucros do boom. Um imposto de 20% sobre cada quilo de borracha exportado enriqueceu o Tesouro do estado em 1.600 milhões de libras por ano. Nas florestas assoladas pela malária surgiu uma cidade com hospitais, bancos, prédios de escritórios, um Palácio da Justiça que custou 500 mil libras e 45 escolas. Pelo sistema de abastecimento de água da cidade fluíam diariamente 9 milhões de litros de água, e trezentos cidadãos se conectaram pela primeira rede telefônica da Amazônia.

A primeira tarefa era transformar o porto. A empresa Manaus Harbor Co. Ltd., formada por investidores brasileiros, companhias de navegação a vapor inglesas e brasileiras, uma empresa inglesa de exploração da borracha, além de outras, foi contratada para construir uma alfândega e um cais no rio Negro. Isto era um problema, pois o nível de água do rio variava em até 18 metros por ano. A solução foi construir um cais flutuante equipado com enormes tanques de ar, feitos de ferro. Uma plataforma de 120 metros

A Loucura pela Borracha

ligava os pontões ao depósito na beira, feito de ferro, e as mercadorias se movimentavam por meio de cabos. O cais flutuante de Manaus era o maior do mundo, com capacidade de descarregar 3 toneladas de carga por minuto. O ano de 1910 estabeleceu um novo recorde para o movimento de navios em Manaus, inigualável por 15 anos: aproximadamente 1.675 navios transatlânticos a vapor, lanchas de rio e barcos a vela fizeram escala no porto naquele ano.

Mas o cais flutuante não era o único sinal de riqueza e poder. Bondes elétricos de cor verde-garrafa operaram em Manaus antes de trafegarem em qualquer outra cidade na América do Sul, fazendo do amanhecer ao pôr do sol um trajeto completo de 25 quilômetros através da cidade e até a selva, e depois de volta à praça. A linha era subsidiada por Charles R. Flint, cuja empresa United States Rubber Company comprava 1/4 da borracha da cidade. Abriram-se ruas, mas, como não havia pedreiras na região de onde se extrair pedras de calçamento, foram trazidas da França pedras de pavimentação Plimsoll. A alfândega foi inspirada na de Deli, pré-fabricada em Londres e montada no local. Os jardins públicos eram regados por chafarizes em forma de querubins de ouro. Instalaram-se telefones, telégrafos e luz elétrica.

O mundo todo estava representado em Manaus. Administradores ingleses, franceses, alemães e portugueses gerenciavam as operações da borracha; e espanhóis, italianos, libaneses e sírios eram proprietários de pequenos negócios. Era possível comprar revólveres Smith e Wesson, relógios Omega, manteiga escandinava, uísque Black and White, máquinas de escrever Underwood e perfumes Lubin. Um joalheiro calculou que o consumo per capita de diamantes da cidade era o maior do mundo. A libra esterlina era usada tão livremente quanto os mil-réis brasileiros, mas era o estilo francês que moldava os gostos dos barões da borracha e de suas esposas. As principais lojas com artigos para mulheres tinham nomes franceses: La Ville de Paris, Au Bon Marché e Parc Royal. Havia cinco "casas de diversão" para espetáculos de variedades e filmes, projetados com as invenções mais recentes de Thomas Edison. Todos os domingos, o Jóquei Clube realizava corridas de cavalo no Prado Amazonense, com cinco rodadas de corridas e prêmios altos para os vencedores. Os barões da borracha construíam palácios particulares de mármore italiano, os mobiliavam com importações inglesas e francesas e penduravam candelabros de cristal nos tetos. A roupa de cama vinha da Irlanda, e eram instalados pianos de cauda nas salas de estar. Um barão comprou um iate, outro um leão, e um terceiro dava champanhe para seu cavalo beber. As joias eram importadas ao atacado, e as prostitutas trazidas dos melhores bordéis europeus ganhavam diamantes de presente. A polícia acreditava que duas em cada três casas de Manaus eram bordéis.

As histórias de barões esbanjadores eram inúmeras. Um "coronel", como gostavam de ser chamados, comprou um carregamento inteiro de 36 chapéus destinados a um comerciante local, escolheu cinco para si e jogou o resto no rio. Outro pagou quatrocentas libras para andar na única limusine Mercedes-Benz da cidade: buscou a amante e depois rodou 300 metros, do teatro a um bar. No auge do boom, 133 indústrias de borracha e compradores estavam representados na Bolsa de Borracha da cidade, e a maioria delas era estrangeira, como a Dusendchon, Zargas & Co., Kingdom & Co. e Anderson Warehouses. O líder desta babel mercantil era Waldeman Scholz, presidente da poderosa Associação Comercial. De rosto redondo e pálido, entradas de calvície e óculos pincenê, Scholz contemplava seu império. Ele era o segundo maior exportador de borracha da cidade e importava uma grande variedade de produtos de firmas europeias. Um jornal local o descreveu como um homem de "visão clara, energia incomparável e vivacidade extraordinária". Ele construiu para si a casa mais luxuosa da cidade, ocupada hoje pelo governador do Estado.

O cume da glória de Manaus era o Teatro Amazonas, a famosa casa de ópera inspirada na Opéra-Garnier de Paris e construída totalmente com material importado. Custeado inteiramente pelos lucros da borracha, sua construção durou de 1891 a 1896 e custou 2 milhões de dólares, uma soma astronômica para a época. Até Violet tinha ouvido falar a respeito dele. Ela teria adorado conhecê-lo, mas estava no Pacífico Sul, acordando toda manhã ao cheiro de esponjas apodrecidas. Mesmo para Manaus, a Casa de Ópera era desproporcional, pois se elevava acima do rio como se fosse uma enorme catedral gótica que apequenava uma cidade medieval. Sua cúpula verde, azul e amarela foi construída com 36 mil telhas vitrificadas de cerâmica da Alsácia, compradas na Maison Koch Frères, em Paris. O piso era de mármore, e 16 colunas coríntias margeavam o foyer. O teatro em si foi construído na forma de uma lira, com três andares de camarotes e um teto pintado se assemelhando à base da Torre Eiffel. O teatro tinha 701 assentos. Com uma população de aproximadamente 40 mil na virada do século, isto significava que o teatro podia abrigar perto de 2% dos moradores de Manaus sob sua cúpula. Para a noite de abertura, alguns dos artistas mais famosos da Europa foram contratados a cachês elevados para se arriscar com a malária e abandonar durante meses seus outros compromissos para se apresentar no meio da Amazônia. Segundo a tradição, Enrico Caruso teria cantado no auditório fantástico; Sarah Bernhardt, se apresentado; e Anna Pavlova, dançado, mas nada disso se confirma nos registros da casa de ópera. Ao que tudo indica, foram sondados, mas não se conseguiu convencê-los a irem à selva, pelo medo de doenças e morte.

Na virada do século, a borracha que fluía para as fábricas americanas e europeias vinha de duas grandes fontes, as duas maiores bacias hidrográficas do mundo. Todos os anos, aproximadamente 25 mil toneladas de borracha vinham do Amazonas e outras 5 mil do Congo. Os horrores das duas regiões eram tão semelhantes que pareciam partes de uma mesma sequência de acontecimentos.

Em 1885, sob o pretexto da filantropia, o rei Leopoldo II da Bélgica surgiu como o único proprietário e regente do Estado Livre do Congo, uma área do tamanho da Europa, pelos vinte anos seguintes. A razão professada deste golpe de mestre era melhorar as condições morais e materiais dos nativos, o que Leopoldo dizia ser "uma cruzada digna deste século de progresso". As riquezas do Congo — seu cobre, seu marfim, seus diamantes e, acima de tudo, sua borracha — eram os verdadeiros objetivos. A ascensão dos fabricantes de bicicletas e automóveis tornou a borracha o recurso mais lucrativo do reino de Leopoldo. Apesar de o Congo produzir uma borracha de qualidade inferior, extraída ao colher e espremer a seiva da abundante trepadeira *Landolphia*, a necessidade era tamanha que os fabricantes a compravam sem hesitação.

O método de coleta foi elaborado visando mais a produção instantânea, não a preservação da vida da fonte ou do coletor. "Todas as cidades e

O Ladrão no Fim do Mundo

os distritos são forçados a trazer uma certa quantidade (de borracha) ao quartel-general do comissário todos os domingos", escreveu o missionário americano John Murphy no que seria a descrição de uma cena comum:

A borracha é coletada à força; os soldados impelem as pessoas para a mata. Se recusarem, são mortas a tiros, e os soldados cortam suas mãos esquerdas e levam para o comissário. [...] [E]stas mãos, as mãos de homens, mulheres e crianças, são colocadas em fileiras diante do comissário, que as conta para verificar se os soldados não desperdiçaram cartuchos. O comissário recebe uma comissão de cerca de um dólar por libra de toda a borracha que consegue. Portanto, é do interesse dele conseguir o máximo de borracha possível.

Em 1896, o cônsul britânico contou sobre a noite em que estava sentado conversando com o comissário no Alto Congo quando passou um grupo de "sentinelas" recém-chegadas de sua perseguição aos fugitivos. O sargento ergueu um colar de orelhas humanas para mostrar os resultados da caçada. O comissário parabenizou seu subordinado pelo trabalho bem-feito.

Aos olhos de muitos, o livre-comércio se tornou sinônimo do mal. Fora o grito de guerra para civilizar o Congo, mas então, em nome do lucro, aceitava-se o assassinato em massa. Logo depois de Leopoldo assumir o poder, o missionário Holman Bentley comemorou: "Garantam-se as injunções mais rígidas para proteger o livre-comércio, a liberdade religiosa absoluta e a liberdade de culto. Não podemos deixar de ver a mão de Deus neste resultado." Depois de 15 anos, sir Arthur Conan Doyle afirmou que o verdadeiro deus era o lucro:

[É] o chamado da brutalidade que vem de cima, o chamado urgente que exige borracha, mais borracha, dividendos mais altos a qualquer preço da mão de obra e intimidação dos nativos, impelindo os agentes locais a torturar e matar. [...] Existe em algum lugar alguma sombra de justificativa pelo jugo duro que este povo indefeso suporta? Mais uma vez nos voltamos para o Tratado que regulamenta a situação. "Todas as potências [...] se comprometem a zelar pela preservação das populações nativas e pelo melhoramento de suas condições morais e materiais de existência." E este compromisso começa com as palavras "Em nome do Todo-poderoso".

A solução para expor a situação no Congo foi o documento de quarenta páginas do diplomata inglês Roger Casement, escrito para o governo em 1903. As histórias macabras de Casement sobre assassinatos, mutilações, raptos e espancamentos cometidos pelos soldados da administração do Congo de Leopoldo eram tão incendiárias que o governo inglês tentou manter o documento em segredo, e ele só foi divulgado em 1904 após um debate. As investigações de Casement confirmavam os relatos terríveis de missionários e jornalistas. A diferença é que ele citava nomes. Em um exemplo, ele escreveu: "Tive conhecimento real de dois casos (de mutilação) enquanto eu estava no distrito do lago:

> Um deles era um jovem cujas duas mãos tinham sido golpeadas com as extremidades das coronhas de rifles contra uma árvore; e o outro um garoto de 11 ou 12 anos de idade, cuja mão direita foi cortada na altura do pulso. [...] Em ambos os casos os soldados do governo estavam acompanhados de oficiais brancos cujos nomes foram passados para mim. Dos seis nativos mutilados desta maneira durante o regime da borracha (uma menina, três meninos pequenos, um jovem e uma mulher de idade), todos, com exceção de um, estavam mortos na data da minha visita.

O clímax veio em 1908, quando a pressão internacional forçou a Bélgica a tirar o Estado Livre da propriedade privada do rei Leopoldo, mas a esta altura o estrago já havia sido feito. Durante os 15 anos da administração de Leopoldo, a população do Estado Livre do Congo caiu de 25 milhões para 10 milhões: 15 milhões de mortos por aproximadamente 75 mil toneladas de borracha. Isso significava uma vida para cada cinco quilos, pouco mais que a quantia usada em um pneu de automóvel.

Em 1907, crueldades semelhantes vieram à luz no Alto Amazonas. Putumayo é uma área vasta em volta de um rio homônimo, que passa por um território disputado na época entre o Peru e a Colômbia. O rio se une ao Amazonas próximo à fronteira ocidental do Brasil. Sob muitos aspectos, as revelações sobre este "Paraíso do Diabo" são simplesmente parte de uma sequência maior de acontecimentos. Durante o boom de 1890 a 1912, irromperam pequenas guerras de conquista em toda a Amazônia, mas então os conquistadores eram os seringalistas. O boom desferiu nas tribos indígenas seu golpe mais destruidor desde a chegada dos jesuítas. Caçadores de escravos encurralavam tribos inteiras e as forçavam a trabalhar nos seringais. Quando alguns se levantavam e matavam seus senhores, estouravam massacres e atrocidades nos dois lados.

O que tornava o Putumayo diferente era seu isolamento extremo. Não havia concorrência nem qualquer influência positiva na região quando do a família do barão da borracha, Julio Cesar Araña, estabeleceu seu império. Embora muitas árvores laticíferas crescessem em Putumayo, a principal fonte era a *Castilloa elastica*, árvore que é destruída durante a sangria. Diferente do processo de longo prazo de extração do látex da hévea, a produção de borracha da *Castilloa* era rápida, eficiente, e elaborada para a obtenção do lucro máximo. Como um seringueiro destruía uma árvore e passava para a seguinte, a produção podia continuar o ano todo — uma linha de montagem de borracha mais em sintonia com as exigências modernas. Conforme observou mais tarde um comitê parlamentar inglês, encarregado de julgar a atrocidade, "o desejo insaciável de obter a maior produção no menor tempo e com o menor custo possível é sem dúvida uma das causas do crime".

O escândalo começou em Iquitos, cidade do boom na região noroeste da Amazônia, com uma série de artigos no *La Sanción*, propenso a jornalismo marrom. O editor Benjamín Saldaña Rocca acusou Casa Araña de fazer uso sistemático do terror e da tortura em seus trabalhadores nativos, visando lucros maiores. Os índios trabalhavam dia e noite, passavam fome e eram vendidos no mercado. Eram espancados, mutilados, torturados e mortos como punição por sua "preguiça" ou para a diversão de capatazes entediados. As mulheres e as meninas eram estupradas, os idosos eram mortos quando não conseguiam mais trabalhar, e as cabeças das crianças eram esmagadas contra árvores. Além disso, Araña registrou sua Peruvian Amazon Rubber Company em Londres, portanto, ligando a Inglaterra, principal nação antiescravagista do mundo, a uma firma que escravizava índios.

A Loucura pela Borracha

Porém, *La Sanción* não circulava fora de Iquitos, e foi preciso que o aventureiro americano Walter E. Hardenburg revelasse a história ao mundo. Em 1907, quando navegava pelo Putumayo, ele se viu em uma batalha armada entre comerciantes de borracha peruanos e colombianos. Quase foi morto, e um amigo da parte de cima do rio morreu. Hardenburg foi feito prisioneiro da Casa Araña e nos meses seguintes lecionou inglês em Iquitos numa tentativa de juntar dinheiro para comprar a passagem de volta. Durante a estadia, leu as declarações do jornal e compilou outros horrores por conta própria.

Quando Hardenburg chegou a Londres, entrou em contato com o reverendo John H. Harris, secretário da Sociedade Antiescravagista e de Proteção dos Aborígenes dos quacres. Harris o enviou à *Truth* (Verdade), revista engajada politicamente de Londres, que publicou o artigo de Hardenburg sob o título "The Devil's Paradise: A British Owned Congo" (O paraíso do diabo: um Congo de propriedade da Inglaterra). A referência ao Congo doía, mas era apropriada. Araña possuía 8 milhões de acres na região do Putumayo. Seus 1.500 chefes de seção armados e seus seiscentos pistoleiros contratados eram pagos somente por comissão sobre a quantidade de borracha que enviavam rio abaixo, o que assegurava a brutalidade sistemática. Pior, Araña manipulara o culto britânico ao livre-comércio como um mestre, munindo sua empresa com um grupo submisso de diretores ingleses que permitiam acesso fácil a recursos financeiros londrinos. Esta era uma empresa britânica envolvida no mal. Até mesmo os capatazes de Barbados eram súditos britânicos.

A história circulou então por todo o mundo, e não apenas em uma parte remota da Amazônia. O relato de Hardenburg era ainda mais terrível do que o do *La Sanción*. Os índios huitoto, bora, andoque e ocaina eram açoitados até os ossos ficarem expostos. Não recebiam tratamento médico e eram deixados para morrer, e depois eram comidos pelos cachorros da empresa. Eles eram castrados e também torturados com fogo e água, amarrados de cabeça para baixo e crucificados. Suas orelhas, seus dedos, braços e pernas eram decepados com facões. Os administradores os usavam como alvos para prática de tiro, e colocavam fogo neles com querosene no sábado antes da Páscoa, para serem fogueiras humanas no Sábado de Aleluia. Grupos tribais inteiros eram exterminados se não produzissem borracha suficiente. Em uma ocasião, um administrador chamou centenas de índios para se reunir em seu posto.

> Ele pegou a carabina e o facão e começou a matança [...] deixando o chão coberto de mais de 150 cadáveres, entre eles homens, mulheres e crianças. Banhados em sangue e rogando por misericórdia, os sobreviventes foram empilhados junto aos mortos e queimados até a morte, enquanto o administrador gritava: "Eu quero exterminar todos os índios que não obedecem minhas ordens sobre a borracha que eu exijo que se traga."

O clímax da história de Hardenburg se centrava no momento crucial: quando os índios traziam a borracha da floresta para ser pesada. Ficavam tão aterrorizados com o tratamento que se a balança não registrasse os 10 quilos exigidos, eles mesmos se atiravam ao chão para esperar pelo castigo. Então o administrador ou o tenente

> avança, se abaixa, pega o índio pelo cabelo, bate nele, levanta sua cabeça, a deixa cair até o rosto tocar o chão, e depois que o rosto é espancado e chutado e fica coberto de sangue, o índio é açoitado. Esse é o melhor tratamento que recebem, porque muitas vezes os cortam em pedaços com facões.

Os que resistiam tinham os membros decepados e depois eram jogados vivos na fogueira. No seringal de Matazas, disse Hardenburg, "vi índios amarrados a uma árvore, com os pés a cerca de meio metro do chão. Então se coloca combustível embaixo e são queimados vivos. Isso se faz para passar o tempo".

Mais uma vez Roger Casement foi enviado ao local pelo governo britânico. Mais uma vez ele confirmou os relatos, e com mais detalhes. Dos 1.600 índios que ele viu em sua viagem de 1910, 90% mostravam cicatrizes dos açoites. Espancar não era suficiente: as chicotadas eram aplicadas junto com o afogamento, que era "com a intenção", escreveu Casement, "de parar pouco antes de tirar a vida, e ao mesmo tempo inspirar o medo agudo e provocar muito da agonia física da morte". Casement ouviu falar de garotinhos que viram as mães serem espancadas apenas "com uns poucos golpes" para se tornarem trabalhadoras melhores. Quando Casement perguntou a um barbadiano se ele sabia que era errado torturar índios, ele respondeu "que um homem podia ser um homem em Iquitos, 'mas lá não se podia ser um homem'".

O relatório de Casement provocou a formação de comissões. A empresa Peruvian Amazon Rubber Company foi dissolvida e Araña recebeu uma ordem de prisão. Mas então o barão da borracha já tinha fugido para Iquitos, onde era intocável e até mesmo aclamado por levar prosperidade àquela terra remota. Quando a empresa retomou os negócios, reduziu o banho de sangue explícito, mas continuou com os açoites como um elemento motivador, uma prática que permanece no rio ainda hoje. De 1900 a 1912, a produção total de 4 mil toneladas de borracha de Putumayo custou as vidas de milhares de índios. A população diminuiu em ao menos 30 mil.

Anos mais tarde, um índio contaria a um repórter do jornal vienense *Neus Wiener Tagblatt* que "a borracha tirou o sangue, a saúde e a paz do nosso povo". As tribos contraíam dívidas que nunca conseguiam saldar. Os que fugiam eram espancados, e os que não fugiam morriam. "A bebida nos consolava e nos ajudava a esquecer nossos problemas. A dívida permanecia."

Este era o mundo que Henry não teria que conhecer em seu esconderijo na ilha. No começo de 1899, Violet não conseguia mais suportar a vida de eremita e lhe disse que deveria escolher entre ela e seus sonhos autodestrutivos. Ele fez a escolha e Violet partiu. Depois de todas as perambulações, adversidades e perigos, ele não conseguia enxergar ou admitir que ela tinha sido uma boa amiga. De fato, ela fora sua única amiga fiel. Ela partiu e mais tarde se estabeleceu nas Bermudas, e nunca mais o viu.

Ele permaneceu nas Conflict por um pouco mais de tempo. Aparentemente, ele percebeu que, sem Violet, não tinha mais condições de administrar sua "plantação". Logo depois que ela partiu, ele viajou a Londres à procura de um novo sócio para seus projetos. Mas ninguém era tão paciente quanto Violet. Depois de quatro meses de negociações, ele concordou, em junho de 1899, em transferir toda a participação para a companhia financeira de L. F. Sachs, de Londres. Sachs lhe pagou 15 mil libras pela escritura e pela propriedade, e Henry manteve seu posto de administrador residente, com o pagamento de 10% dos lucros, além de salário. Ele voltou às ilhas Conflict com um "dr. Jameson", especialista em pesqueiros da Faculdade de Ciências de South Kensington. Henry ficou encarregado da copra, e o dr. Jamesom, da madrepérola.

Mas não deu certo. Ele brigou com Jameson, e a discussão final foi tão acalorada que o cientista partiu e disse a Sachs que a reconciliação seria impossível. Na verdade, todo o negócio com Sachs fracassara. Em 1901, Henry regressou a Londres e durante o ano tentou encontrar um comprador para as ilhas, ou ao menos alguém que fornecesse capital adicional. Em 1902, voltou às Conflict com um "capitão Holton" e mais três pessoas, inclusive Arthur Watts Allen, um primo distante por casamento.

Allen tinha 23 anos, acabara de se formar em Cambridge e estava motivado pelas histórias exóticas de Henry. Em agosto de 1902, Henry pegou dinheiro emprestado da família de Allen para financiar seus projetos comerciais, aparentemente com a ressalva de que levasse o jovem Arthur junto. Em suas memórias, escritas próximo do fim de sua vida, Allen descreve o começo, pelo menos, como uma viagem idílica pelos Mares do Sul. Com o investimento dos Allen, Henry conseguiu comprar o cargueiro com que sempre sonhara. Ele encheu o *Arthur* de mercadorias como arroz, rolos de percal e berimbaus de boca, itens de que seus trabalhadores de Papua gostavam muito. Ele trouxe alimentos de primeira necessidade, estopa para calafetar os conveses, cem facões e um traje completo de mergulho em alto-mar com uma bomba de ar manual e um jogo completo de mangueiras, tudo para revigorar seus planos de cultivar esponjas, madrepérola e pepinos-do-mar. Eles consertaram e fizeram melhorias nas casas de Itamarina e Panasesa. Além de coco, tentou cultivar banana e mamão. À noite, Henry se sentava e fumava seu cachimbo de tabaco, enquanto entretinha o jovem Allen com histórias de suas viagens, inclusive a do roubo da borracha. A personalidade de Henry era única, pois demonstrava uma "falta de agressividade", escreveria Allen. "Ele invejava ninguém, cobiçava nada, e vivia de maneira simples e frugal."

Parecia um sonho, um paraíso retratado tanto tempo antes na Nicarágua, quando o capitão Hill desempenhou o mesmo papel ao cativar o jovem Wickham. Porém, mais uma vez houve problemas. Não conhecemos os detalhes, apenas as consequências. As coisas não eram tão idílicas como o jovem Allen descreveu, e no final do ano, finalmente, chegou-se a um acordo. Henry receberia trezentas libras anualmente — contanto que deixasse as ilhas paradisíacas de nome tão apropriado e nunca mais mostrasse a cara no local.

CAPÍTULO 13

O HOMEM RECONHECIDO

Henry andou sem rumo após sua expulsão das ilhas Conflict, tentando provar sua importância, e fracassou repetidas vezes. Interessava-se por um produto da floresta, o promovia como a mais nova maravilha da natureza, atraía uns poucos investidores, mas ficava encalhado. Fez várias tentativas de comprar as Conflict de volta, por oferta direta e por meio de intervenção do governo, mas foi rejeitado todas as vezes. Comprou 10 mil acres em Mombiri, na extremidade nordeste de Papua Nova Guiné, e descobriu uma trepadeira da floresta que supostamente produzia uma borracha de boa qualidade. Também descobriu uma árvore laticífera grande, da família da *Ficus elastica*, chamada pelos nativos de *maki*. Nenhuma dessas plantas se mostrou igual à hévea. Em Mombiri, plantou 650 acres de hévea em "intervalos de meia cadeia de agrimensor", ou aproximadamente quarenta árvores por acre, e testou ideias em relação a seu cultivo sobre as quais tinha pensado durante anos. Inventou uma máquina que defumava e curava o látex, mas construiu apenas 13 e exportou uma. Inventou uma faca de sangria de três lâminas, mas nunca vendeu alguma. A terra de Mombiri mostrou-se hostil para a hévea, e em 1912 ele vendeu tudo, com mais uma grande perda de dinheiro.

Durante essa época, ele promoveu a piquiá, a árvore que crescia em abundância nos planaltos próximos a Santarém. Em 1876, logo depois de sua chegada com as 70 mil sementes de seringueira, escreveu a Hooker sobre esta árvore "muito valiosa" e "de crescimento rápido", cujo fruto produzia "gordura pura ou manteiga". A sua amostra ficou esquecida no museu de Kew por quarenta anos. Ele tentou então reacender o interesse de Kew, calculando que um acre de piquiá produziria de meia a uma tonelada de gordura, um produto que, segundo ele alegava, poderia ser "ao

O Homem Reconhecido

menos da mesma grandeza da borracha". Kew não fez comentários, mas adquiriu a folha e as sementes, e identificou a piquiá como *Caryocar villosum*, uma árvore que crescia na maior parte dos trópicos da América do Sul. Em 1918, com o fim da Grande Guerra, Henry fundou a Irai Company Ltd., juntamente com um sócio, Joseph Cadman, um homem 25 anos mais jovem, a quem conhecera por meio de uma associação de fazendeiros. Cadman investiu 20 mil libras, e com essa quantia a empresa de Henry estabeleceu duas plantações experimentais de piquiá na Malásia. Apesar de a Irai tentar sobreviver durante uma década, a safra da piquiá era bem menor do que Henry previra, e os custos da produção maiores. Em 1929, um ano após a morte de Henry, a Irai foi dissolvida.

Depois foi a vez do agave, uma planta fibrosa conhecida nas Honduras Britânicas e no Brasil como sisal, que ele promovia ao mesmo tempo em que tentava popularizar a piquiá. Mais tarde identificada como "fibra de pita" ou "pita da Colômbia", ou *Bromelia magdalenae*, cada planta tinha de vinte a quarenta folhas, e cada uma delas 3 metros de comprimento e 10 centímetros de largura. A verdadeira identidade do agave foi mantida em segredo depois que o diretor-geral da Belfast Ropework Company afirmou: "Suas qualidades de resistência à água salgada são notáveis e sua força de tensão é excepcional, oferecendo uma tensão de ruptura de mais de 50% acima do que se consegue com o cânhamo italiano de melhor qualidade ou do melhor linho." Um diretor da empresa têxtil Hoyle and Smith disse à revista *Times* que "só em Lancashire haveria demanda suficiente para consumir toda a produção por um longo tempo". A *Times* concluiu que o agave "tinha se tornado então um dos maiores itens comerciais da história da Inglaterra. Em novembro de 1919, a Arghan Co. Ltd. foi fundada com capital inicial de 40 mil libras, que subiu para 100 mil em 1922. Abraham Montefiore, banqueiro judeu da Alemanha, era o presidente, e Henry foi nomeado conselheiro técnico. Em uma reunião geral de investidores em 1922, Montefiore fez a seguinte homenagem a Wickham:

> Todos nós sabemos o bem que ele fez a este país ao nos dar a indústria da borracha de cultivo, mas muitos de vocês talvez não saibam que ele possui um conhecimento sobre a agricultura e a floresta tropical simplesmente impressionante, e sempre aliado a uma modéstia um tanto

exagerada. Ele se dedica tanto ao conhecimento que não tem tempo para nada mais. Acreditamos com muita convicção que ele também deu ao nosso país algo que será outra grande indústria, e talvez ainda maior que a indústria da borracha. Estou certo de que não há outro homem a quem nós associaríamos nossa reputação e nosso capital. Creio que esta é a maior homenagem que podemos prestar a ele.

Apesar de todo o otimismo público, a empresa estava numa situação calamitosa. No ano seguinte, a firma, cujos investidores previram 30 mil acres para o cultivo da planta milagrosa na Malásia, possuía menos de 7 mil plantas jovens em um viveiro que cobria meio acre. Um diretor da empresa e um botânico foram para as Honduras Britânicas e voltaram com 25 mil mudas e algumas dezenas de gramas de sementes, mas havia um problema ainda mais fundamental a ser enfrentado: como tirar a dura camada externa das folhas. Isso demonstrou ser muito demorado e caro, e ninguém nunca inventou uma salvação mecânica. Em setembro de 1924, dois anos depois das homenagens entusiasmadas a Henry, a Arghan Co. Ltd. faliu e os investidores perderam tudo.

A influência tóxica de Henry se estendia a tudo o que era financeiro. O que começara com Violet e a família imediata dele se expandiu para centenas de investidores que compraram milhares de ações. Era mais uma fé equivocada e um mau planejamento do que fraude de investimentos. Algo acontecera quando Henry e Violet se isolaram nas ilhas Conflict: as sementes de seringueira de Henry estavam começando a atrair a atenção. Ele surgiu renascido do Pacífico Sul sem mesmo se dar conta disso. Seu nome era uma força e parecia valer ouro.

A estrela de Henry começou a brilhar devido ao tempo, ao pânico e à doença. Uma praga do café se espalhou por todas as plantações do Oriente em uma onda implacável. Desde os anos 1840 e a eliminação dos antigos reis do Ceilão, o café imperava no país assim como o mogno imperava nas Honduras Britânicas. A única coisa que importava era o preço do café na bolsa de valores e na Mincing Lane, uma rua curta e suja onde uma vez por semana era montada uma feira de negócios enorme com todos os tipos de produtos tropicais: borracha, chá, café, cacau, guta-percha e especiarias. Tudo era espalhado em mesas compridas em salas de venda escuras ao longo das ruas ou em depósitos tenebrosos perto de passagens estreitas. Todas as semanas os representantes comerciais e seus secretários, sempre chamados "Charlie", montavam a tribuna na Sala de Vendas Comerciais e negociavam das onze às cinco. Foram feitas tentativas de introduzir outros cultivos no Oriente — açúcar, chá, algodão e, finalmente, borracha —, mas todas fracassavam quando comparadas ao café.

Em 1869, apareceram os primeiros sinais da praga, descritos como manchas vermelho-alaranjadas nas folhas. Em uma terra onde não havia outono, as colinas ondulantes de plantações de café apresentavam manchas vivas de cor outonal, mas ninguém de fato prestou atenção. O preço de venda do café e de suas propriedades atingiu altos recordes na Mincing Lane. Somas astronômicas eram exigidas e pagas. Em 1876, o ano em que Henry chegou a Kew com a hévea roubada, era óbvio que nada conseguiria deter a praga, e em 1879 a ruína foi completa. Durante aqueles três anos, quando os fazendeiros procuravam em pânico por uma alternativa, as mudas de Henry chegaram ao Jardim de Heneratgoda, no Ceilão. Mas os fazendeiros tinham a necessidade urgente de uma colheita rápida, e, além da hévea, testaram várias espécies de seringueira. Por fim, os fazendeiros do Ceilão escolheram a maniçoba-do-ceará, pois atingia a maturidade mais rápido que a hévea.

O problema da maniçoba-do-ceará levou uma década para ser compreendido. Ela não se desenvolvia no clima, ficava muito espessa, ocupando espaço demais em relação ao retorno financeiro, e morria por causa das chuvas incessantes. Os fazendeiros que investiram na maniçoba-do-ceará tiveram grandes perdas. Uns poucos cultivavam a hévea, mas a maioria dos que permaneceram plantou cinchona e chá. Centenas de ingleses foram arruinados e voltaram para a Inglaterra. Os mais empreendedores foram para a Malásia a fim de começar de novo a plantar café. Deram de ombros quando viram a hévea florescendo no Jardim Botânico de Cingapura. Já haviam perdido o interesse pela borracha.

Porém, a praga do café se espalhara pela Ásia Oriental, e na Malásia lidou-se de forma diferente com o papel da hévea para cultivo substituto. Em 1888, Henry Ridley, um jovem protegido de Joseph Hooker, estava a caminho de seu novo posto como diretor do Jardim Botânico de Cingapura quando passou pelo Ceilão. Ele observou as técnicas empregadas para a

O *Ladrão no Fim do Mundo*

sangria da seringueira e ganhou 11.500 descendentes das sementes de Henry. Ele as colocou em bolsas de juta, e a maioria sobreviveu à viagem de 2.400 quilômetros. Na Malásia, dedicou a maior parte de sua energia nos 24 anos seguintes para fazer experiências e apostolado da hévea — e somente da hévea —, de maneira que seu trabalho assumiu um caráter missionário. Os fazendeiros malaios o chamavam "Rubber" [Borracha] Ridley ou "Mad" [Louco] Ridley quando ele virava as costas.

Quando chegou a Cingapura, havia 22 seringueiras no jardim. Plantou as 11.500 mudas do Ceilão, testou novos métodos de sangria e coagulação, investigou as doenças das plantas e se tornou famoso por colocar sementes de seringueira nos bolsos de qualquer pessoa que achasse que poderia plantá-las. Anos depois, Ridley reivindicou para si a maioria das grandes descobertas, mas na verdade o fator-chave era seu entusiasmo; e pelo final dos anos 1890, um batalhão informal de botânicos, jardineiros, fazendeiros e seringueiros trabalhara em conjunto para solucionar a maior parte do mistério que envolvia a árvore de Wickham. Plantá-la em um terreno pantanoso demonstrou ser um erro, como Wickham tinha alertado, mas espalhar 135 árvores por acre permitia o crescimento mais rápido, e não o máximo de quarenta por acre que Wickham defendia. Quando Ridley demonstrou que uma árvore podia ser sangrada sete anos após ser plantada, começou-se a ver a hévea como um cultivo rentável — e para os fazendeiros, esse era o fator mais importante.

Um problema com o qual Ridley batalhava era o de achar o melhor método de sangria. No final dos anos 1890, já disseminara métodos que demonstraram ser superiores aos da Amazônia. A nova faca, que teve como modelo a goiva do ferreiro, substituiu a faca de seringueiro. Ela cortava e extraía porções finas da casca, e cortes repetidos no mesmo local da casca aumentavam o fluxo de látex. Descobriu-se que as árvores podiam ser sangradas em dias alternados durante todo o ano, e não em uma temporada de seis meses. Era possível obter uma produção anual de mais de um quilo por árvore, e até mais à medida que as árvores amadureciam. A coagulação do látex com ácido acético demonstrou ser mais eficiente para a cura da borracha do que o método trabalhoso de defumação. Quando amostras de borracha coagulada com ácido foram enviadas à Mincing Lane, receberam classificações que se igualaram à melhor borracha defumada do Brasil.

O Homem Reconhecido

As sementes da hévea foram enviadas para todas as partes do mundo: Selangor, na Malásia, estreito de Malaca, Bornéu Inglesa, Índia, Birmânia, África Oriental Alemã, Moçambique e Java. Em 1883, o cargueiro alemão de parafina *Berbice*, que levava a bordo cinco mudas embrulhadas em papel pardo com destino ao Jardim Botânico de Buitzenzorg, nas Índias Orientais Holandesas, foi subitamente apanhado no fogo e nas cinzas da erupção do vulcão Krakatoa. O *Berbice* se abrigou atrás de uma ilha por dois dias, e apesar dos relâmpagos que atingiram o navio e da cinza vulcânica cobrindo o convés na "altura mínima de oito dedos ingleses", sobreviveram tanto o navio quanto as sementes.

Vastos campos de hévea chegaram a cobrir a terra nas colônias inglesas do Ceilão e Malásia, mas o domínio avassalador demorou a se construir. Em 1898, foi vendido no Ceilão o primeiro lote comercial de sementes, enquanto a Malásia registrou sua primeira venda comercial de "borracha de cultivo" — 145 quilos por sessenta libras. Naquele mesmo ano, a Amazônia vendeu 25.355 toneladas. Uma queda no preço do café juntamente com um grande aumento do preço da borracha convenceu os últimos teimosos que ainda restavam de que a hévea era o futuro. Em 1905, estes primeiros hortos ainda não produziam mais do que 230 toneladas de borracha, mas as mudas estavam sendo plantadas em uma escala enorme. Em 1905, foram plantadas seringueiras em quase 50 mil acres na Malásia, e em 1906 este número dobrou.

Muito disso que aconteceu pode ser atribuído a Ridley, mas assim como seu mentor Joseph Hooker, "Rubber" Ridley era um homem irritadiço e agressivo. Sua insistência despeitada de que todos os avanços vieram apenas por meio de seu esforço tende a obscurecer a história hoje em dia. Assim como Hooker, Ridley era magro, frágil e nervoso, sempre prestes a explodir. Segundo um conhecido, ele tinha "pouco respeito por quem não partilhava de suas visões sobre as questões botânicas". Era, para dizer o mínimo, obcecado por uma única questão. Carregava sementes de seringueira nos bolsos e insistia que os visitantes aceitassem um punhado delas com a promessa enigmática: "Isto vale uma fortuna para você." Certa vez, quando um amigo discutia sobre a compra de um jazigo, Ridley lhe deu um punhado de sementes e advertiu: "Não se importe com seu corpo, amigo, plante estas sementes em vez disso!"

No começo dos anos 1890, Ridley repetia os preconceitos de Hooker, segundo os quais Wickham era um amador e a indústria da borracha do Oriente fora fundada com as sementes que Robert Cross trouxera do Brasil, e não com as de Wickham. Em sua idade avançada, quando Wickham recebera o grau de cavaleiro e Ridley não, quando Wickham era chamado "o pai da indústria da borracha" e Ridley era apenas seu "pastor louco", o tom de seu discurso se tornou mais condescendente. "Eu o via como um fazendeiro 'fracassado' que, simplesmente por ter tido a sorte de trazer muitas sementes ao país, recebera o grau de cavaleiro e dinheiro suficiente para viver confortavelmente em sua idade avançada", disse Ridley já aposentado, em sua casa próxima a Kew.

Famosa em sua época, a afirmação foi uma mistura de verdade e falsidade, mas o mais revelador foi seu rancor impiedoso. Quando Wickham entrou na batalha com Ridley, ele nunca atacou de maneira tão pessoal. Ele menosprezava o abandono da defumação do látex pela imersão em coagulantes, dizendo que era "como coalhada" e assada como "bala puxa-puxa em secadores a vácuo". Condenava a "falácia" de plantar mais de quarenta árvores por acre e ridicularizava os novos métodos de sangria. Ele escrevia uma carta atrás da outra para os editores de jornais. Identificava-se como "o ex-comissário para a introdução da seringueira (hévea) para o governo da Índia". Uma de suas poses favoritas era ficar de pé atrás de um grupo de plantadores de borracha em reunião, "como se estivesse olhando para baixo de modo paternal para seus 'filhos' que estavam falando sobre 'sua borracha'", disse um conhecido. Transmitia essa ideia de uma maneira geral e benevolente, nunca de um modo autoritário ou incisivo. Fizera os papéis de fazendeiro na Amazônia e de espião britânico, então desempenhava o papel de nobre esclarecido. Mesmo depois que Violet partiu das Conflict e sua renda mal cobria as despesas, ele desempenhou esse papel e o fez bem. Era tudo o que ele tinha.

A primeira vez que Wickham parecia estar ciente da nova atenção dispensada à hévea foi em 1901. Violet se fora havia dois anos, e não há indícios de que trocaram correspondências. Henry sempre se concentrava em sua próxima grande descoberta. Este foi o ano de visitas constantes às companhias de investimentos de Londres, quando por fim apelou para os Allen, seus parentes distantes. Em 3 de setembro de 1901, visitou Kew,

O Homem Reconhecido

talvez se lembrando do dia de seu único triunfo, quase exatos 25 anos antes.

Foi recebido cordialmente por William Thiselton-Dyer, sucessor do temperamental Joseph Hooker, seu sogro. O diretor parecia fascinado pelas aventuras do velho andarilho enquanto caminhavam ao longo dos caminhos plantados de Kew. Henry ainda mancava por causa da ferida no pé; eles andavam devagar. Com certeza alguns jardineiros e botânicos se aproximaram para dar um aperto de mão. Thiselton-Dyer falou sobre o trabalho de Ridley na Malásia e sugeriu que desse uma olhada quando retornasse aos Mares do Sul.

No dia seguinte, em 4 de setembro de 1901, Henry agradeceu o diretor por sua gentileza:

Prezado sir Thiselton-Dyer,

Ao pensar sobre o que o senhor me disse ontem quando caminhávamos pelas trilhas, sobre os descendentes da hévea, agora em sua terceira ou quarta geração após as sementes que introduzi para o bem da Índia, fiquei contente em ouvir que, depois de a questão de seu cultivo ter ficado em um estado de animação suspensa desde os anos 70, finalmente se ocupará delas.

Se aqueles milhares de plantas jovens e saudáveis que germinaram tão bem em Kew das primeiras sementes do Vale Amazônico que introduzi tivessem sido plantadas de maneira apropriada, sob condições adequadas, os portos da Índia teriam obtido grandes retornos antes dessa hora. Entretanto, como parece que até agora nada foi feito, espero que o senhor exerça sua melhor influência para evitar que o erro de plantar em terras inadequadas seja consumado.

Um erro muito comum que parece predominar é pensar que as terras pantanosas ou úmidas são os locais mais apropriados.

Esta ideia parece ter surgido quando os "exploradores" subiam o rio em barcos por umas poucas semanas e observavam um grupo dessas árvores espalhadas ao longo das margens. As verdadeiras florestas da seringueira do "Pará", ao contrário, estão localizadas nas terras altas, e aquelas geralmente vistas por quem viaja de canoa não passam de árvores de baixo crescimento, nascidas de sementes trazidas por

O Ladrão no Fim do Mundo

riachos das terras altas. De fato, todas aquelas trazidas a Kew para o governo da Índia eram de árvores grandes da floresta e foram tiradas do interior da floresta, do planalto entre os rios Tapajós e Madeira.

Talvez fosse bom se eu tentasse uma conversa no India Office, caso o senhor considere isso apropriado. Quem o senhor disse ser o homem certo para contatar?

Atenciosamente,
H. A. Wickham

P.S. Se o senhor por acaso tiver uma oportunidade, faria a gentileza de apresentar minhas saudações cordiais ao dr. Joseph Hooker?

Quando ele visitou o India Office, foi tratado com respeito. Os burocratas davam valor às suas opiniões. Seu relatório de 1876 sobre a borracha foi recuperado. Descobriram que a letra era dele, e não de Robert Cross.

Nos anos seguintes ele cruzou os oceanos — de Londres às ilhas Conflict, de lá a Nova Guiné, de novo para Londres, e de volta mais uma vez. Durante esse tempo, começou a plantação de seringueira em Nova Guiné, onde todas as suas técnicas "práticas" de plantio, sangria e cura da borracha fracassariam. Ao menos uma vez, em 1905, visitou os campos de seringueira em Cingapura e depois atravessou até o Ceilão.

Ele deve ter ficado admirado: a indústria gerada por suas sementes roubadas crescera em progressão geométrica. Em 1905, o Ceilão ainda era o líder mundial de acres plantados com seringueiras, mas depois de dois anos a Península Malaia saltaria à frente. Ao todo, cerca de 5.320 milhões de árvores estavam sendo cultivadas nas colônias em 1905, e aproximadamente 56 milhões em 1910.

Estes números eram fantásticos, talvez não tão fantásticos quanto o número de árvores virgens que se dizia existir nas profundezas da Amazônia. Porém, as árvores das colônias eram de verdade, domesticadas cientificamente e resultavam dos planos do homem. A Península Malaia se estendia por centenas de quilômetros do sul do que era então a fronteira siamesa até a linha do Equador. Era uma região vasta e úmida de selvas, elefantes selvagens, nativos, cobras, campos de arroz e minas de estanho, e estava entāo cheia de fileiras infinitas de hévea. A seringueira era cultivada nas propriedades inglesas e chinesas e em minifúndios asiáticos em toda a extensāo da costa oeste, onde havia campos e mais campos de árvores sangradas voltados para o estreito de Malaca. Um motivo do progresso súbito na Malásia foi o contingente enorme de māo de obra que já existia para a exploraçāo do estanho. Em 1905, as Colônias do Estreito eram conhecidas como o "cadinho de culturas" da Ásia, com um exército industrial de europeus, japoneses, tâmeis, indianos, habitantes das ilhas do Mar do Sul e milhōes de chineses.

Os que plantaram seringueiras nos anos 1890 já eram homens ricos em 1905, e depois ficaram ainda mais ricos. Passeavam por Cingapura usando seus sapatos de golfe, meias brancas com bordados decorativos, calças cáqui, jaquetas *tutup* cáqui e chapéus *terai* de feltro colocados na parte de trás da cabeça. O futuro parecia promissor para eles.

Já o futuro dos cules, trabalhadores contratados por temporada, era outra coisa. Recrutados principalmente na regiāo de Tamil Nadu, no sul da Índia, trabalhavam sob um sistema de escravidāo por dívida comparável ao praticado na Amazônia e em Queensland. A māo de obra tâmil estava no local quando as plantações de café e chá floresceram. Entre 1844 e 1910, aproximadamente 250 mil trabalhadores indianos contratados entraram na Malásia. Durante esse período, suas condições de vida mudaram muito pouco: salários baixos e isolamento, acomodações nos seringais em "fileiras de quartos", e os produtos de primeira necessidade eram comprados a crédito do fazendeiro. Na visāo do fazendeiro, o sistema mantinha os custos baixos. O *Selangar Journal*, uma revista direcionada a fazendeiros malaios, observou que:

As fileiras de quartos dos cules, com cada um medindo 3,5 metros quadrados, podem ser construídas ao preço de 25 a 30 dólares cada quarto. Os quartos duplos — ou seja, com a largura de dois quartos, de frente para uma varanda de pés fixos — serāo mais econômicos do que as fileiras longas de quartos simples, além de serem preferidos pelos cules sociáveis. Nāo se deve colocar mais de seis cules no mesmo quarto, mas o fazendeiro nāo precisa se preocupar com a questāo de misturar pessoas dos dois sexos, pois o cule tâmil é muito tranquilo a este respeito. Uma jovem solteira não faz a mínima objeção quanto a morar com uma família ou mesmo dividir a acomodação, se necessário, com um número grande do sexo oposto.

"Os tâmeis são [...] baratos e fáceis de administrar", afirmou com entusiasmo o autor de *Life on a Malayan Rubber Plantation* (Vida em um seringal da Malásia). Embora trabalhassem arduamente para um "capataz", ou chefe de turno, competente, "o trabalho maior é suprimir a conversa deles. Fora do trabalho, gostam de drogas e brigam entre si". A vida do trabalhador sob o sistema de servidão por dívida em um seringal, concluiu o escritor, "é uma vida agradável".

Talvez fosse, mas para os fazendeiros. Em 1906, o futuro parecia promissor o bastante para se realizar o primeiro Congresso da Borracha da Ásia Oriental, nos Jardins de Peradeniya, no Ceilão. Foram relatados os resultados dos cultivos pioneiros, assim como os melhores métodos de sangria das árvores. Já naquela época inicial, a borracha de cultivo estava começando a atrair a atenção de industriais no Ocidente por causa de seu baixo nível de impureza. Enquanto a melhor borracha do Brasil continha de 16% a 20% de impurezas, a borracha de cultivo continha menos de 2%.

Mas a grande atração do Congresso da Borracha era Henry, que recebera um convite. Em 1906 ele tinha 60 anos. Disseram-lhe para nunca mais voltar às ilhas Conflict, e ele estava enfrentando dificuldades em suas experiências com a borracha em Nova Guiné, mais um empreendimento fracassado num lugar remoto. Chegou da selva como uma espécie de guerreiro ancestral, e os fazendeiros o trataram como um astro. Ele era "o pai da indústria da borracha", diziam eles. Melhorara a aparência: em vez de botões em seus casacos, usava abotoaduras de prata, e a gravata passava por uma concha de náutilo. Carregava uma bengala presa ao pulso por uma tira de borracha. Seu maior orgulho era o bigode: tinha passado cera, e ele caía abaixo da mandíbula, ou fazia curvas nas pontas. "O sr. Wickham não é mais um jovem", escreveu o *Ceylon Observer* de maio de 1906. "[S]eu cabelo branco, bigode e sobrancelhas grisalhos, e rosto e mãos bronzeados são um testemunho da longa exposição ao sol e ao ar livre. Mas ele tem a postura ereta e atenta, e é tão entusiasmado quanto muitos jovens que não passaram pelas suas experiências." Um outro disse: "Wickham não fazia

O Homem Reconhecido

sermões, apenas falava." Foi sua primeira aparição na condição de lenda e, ao que parece, ele falou muito.

Três meses depois, em 10 de agosto de 1906, Wickham escreveu uma carta com uma letra pontiaguda, de seu clube no Royal Colonial Institute (Instituto Colonial Real) na Northumberland Avenue, em Londres, um lugar que estava se tornando sua casa. A carta era endereçada a Joseph Hooker, então um aposentado de 89 anos. Henry ainda estava convencido de que Hooker fora seu defensor, e ninguém tinha se dado ao trabalho de contá-lo que a história fora diferente.

> Prezado senhor,
>
> Tendo sido informado sobre seu endereço pelo diretor atual de Kew, permita-me parabenizá-lo pelo fato de que agora, finalmente, depois de adiamentos tão longos, temos o desenvolvimento do cultivo sistemático da borracha da hévea (do Pará); lembrando, como faço, de sua percepção e iniciativa em conceder a carta branca que me possibilitou trazer das florestas do Alto Amazonas o carregamento original com o qual o cultivo foi estabelecido. Com meus cordiais cumprimentos.
>
> Atenciosamente,
> H. A. Wickham

Ao que parece, esta foi a última carta que Henry escreveu a Hooker, que morreu cinco anos depois. Assim como fez com a primeira, Joseph Dalton Hooker não se dignou a responder.

Em 1908, Wickham publicou seu segundo livro, *On the Plantation, Cultivation, and Curing of Pará Indian Rubber* (Sobre a plantação, cultivo e cura da borracha do Pará), dedicado aos "meus companheiros fazendeiros e exploradores de florestas". Afirmando que de todos os fazendeiros e exploradores ingleses ele era o único com experiência de trabalhar com a borracha em seu habitat natural, censurou asperamente os moderníssimos métodos de sangria e cura. Contou sua história do *Amazonas* e pela primeira vez fez um relato da farsa que possibilitou o roubo das 70 mil sementes de hévea. "Eu estava naquela ocasião na condição de alguém à frente de seu tempo — como alguém clamando no deserto", escreveu ele. A ideia de "cultivar" uma "árvore da selva" era vista como "fantasiosa" e ridícula. O tempo mostrou que ele estava certo, mas o ciclo estava se repetindo com o piquiá e o agave, e ele estava ficando velho.

❈

Wickham foi certeiro a respeito de uma coisa: suas sementes de fato mudaram o mundo — com a ajuda do Modelo T da Ford. O primeiro saiu da linha de montagem em 1908, no mesmo ano do livro de Wickham. Ele rodava sobre quatro aros pneumáticos feitos de borracha trazida diretamente da Amazônia. O "consórcio" dos barões da borracha de Belém e Manaus se deu conta e eles consequentemente aumentaram os preços. Em 1909, a borracha da Amazônia era vendida a 2,22 dólares a libra. Em abril de 1910, atingiu seu pico a 3,06 dólares, e os consumidores de borracha do mundo ficaram chocados.

A loucura que se apossou dos mercados mundiais da borracha em 1909 e 1910 nunca fora vista antes. A proposta de que a Bolsa de Valores de Londres fechasse por uma semana, para que os corretores e funcionários pudessem pôr os pedidos em dia, foi abafada com gritos de zombaria. Um auxiliar de escritório fez uma fortuna de 19 mil libras em ações em borracha. "O mercado da borracha continuou a surpreender até mesmo seus adeptos mais fanáticos", escreveu o *The Times*. Do outro lado do Atlântico, o *New York Times* concordou:

> As multidões estão em uma folia enlouquecedora de especulação, investindo suas pequenas economias em ações de borracha e petróleo. Lucros rápidos se fazem quando ações de 2 shillings sobem para cinquenta ou setenta shillings, e são feitos novos investimentos em novas emissões.

De acordo com o *New York Sun*, toda manhã a abertura do pregão testemunhava "uma agitação desenfreada" na área destinada à borracha:

> Novas empresas continuam a ser lançadas na bolsa de valores. A lista de subscrição de três dessas empresas abrirá amanhã e elas sem dúvida alguma serão fechadas antes da hora anunciada. [...] Os corretores e os funcionários estão ficando esgotados. Quase nunca saem da cidade, e têm poucas horas de sono nos hotéis.

A queda começou em maio de 1910, mas inicialmente ninguém percebeu. O preço começou a cair. Os bancos de Belém pararam de aceitar os seringais como penhor para os empréstimos, algo que nunca tinha acontecido em sessenta anos, desde que Richard Spruce observou os primeiros efeitos do mercado mundial da borracha. Havia mesmo rumores do Oriente de uma provável concorrência, mas os barões da borracha de Manaus, Belém e Iquitos estavam convencidos de que nada suplantaria a borracha nativa. Esta foi a era da riqueza fabulosa de Manaus, quando o pico da produção de Julio Araña de 1,42 milhão libras de borracha defumada de Putumayo custou 30 mil vidas. Porém, os banqueiros perceberam algumas tendências perturbadoras. Todas as árvores de fácil acesso já tinham sido utilizadas, e as regiões mais remotas só podiam ser exploradas a grande custo e com a importação de mais mão de obra. Em 1909 e 1910, os barões da borracha retiveram a borracha e deixaram que os compradores americanos e europeus lutassem entre si pelo estoque limitado; isso levou o preço a alturas estratosféricas. Diante desta demanda, os barões tinham a impressão de que os lucros com a borracha só podiam subir.

Na mesma época, as fazendas no Oriente começaram a aparecer. Levara um longo tempo. Em 1900, as fazendas asiáticas criadas com as sementes de Henry produziram 4 toneladas de borracha doméstica contra 26.750 toneladas de borracha nativa do Brasil. Sete anos mais tarde, essa produção foi de mil toneladas, ainda assim apenas uma gota no oceano comparada às 38 mil toneladas do Brasil. Mas atingira-se um limite. Os desafios da selva eram difíceis demais, independentemente do quanto se subornava, espancava, açoitava ou atirava nos seringueiros. Em 1910, a América produzia 180 mil automóveis e seus fabricantes de veículos rezavam por uma nova fonte de borracha.

As preces foram atendidas em 1913. Naquele ano, as plantações inglesas vingaram, produzindo 47.618 toneladas de borracha de alta qualidade curada com acetato, enquanto o Brasil produziu 39.370 toneladas. Em 1916, o Brasil produziu a mesma quantidade de sempre, mas o jogo tinha mudado. Três anos depois, as plantações inglesas produziriam hévea suficiente para suprir 95% da demanda mundial por borracha de alta qualidade. Poucos anos antes esta oferta fantástica parecia inimaginável, e o preço caiu da máxima de 3,06 dólares para 66 centavos a libra em 1915. Em

1921, quando a Inglaterra controlava o mercado mundial, a borracha de cultivo era vendida entre 12 e 21 centavos a libra.

Hoje em dia, a indiferença dos barões da borracha, ao observar a borracha doméstica chegar perto do produto deles, parece suicídio. Já em 1912, havia 1,85 milhão de acres plantados com seringueiras no mundo todo, sendo a maior parte no Oriente; cada ano via um aumento de produção. Mas ninguém parecia se importar na Amazônia ou no Rio de Janeiro. O Brasil ganhara milhões a praticamente nenhum custo. A região, que abrigava 1/25 da população brasileira, produzia 1/6 de sua renda. De 1890 a 1912, o governo federal coletou 656 milhões de mil-réis a mais do que gastou nos estados de coleta da borracha, Pará e Amazonas. O Brasil coletou 241 milhões de mil-réis em taxas de exportação da borracha e gastou tudo em palácios suntuosos e pagamentos de favores a políticos.

O crédito era o calcanhar de aquiles do sistema. Todo o comércio da borracha da Amazônia foi fundamentado em um sistema de crédito a prazos excessivamente dilatados, um fato que os banqueiros reconheceram quando rejeitaram os seringais como penhor em maio de 1910. Em 1913, quando o mercado caiu vertiginosamente, a verdade foi revelada a todos. O negócio era baseado em um faturamento a prazo na expectativa de um aumento contínuo de preço. Quando o preço caiu, as casas de importação exigiram o pagamento dos proprietários e aviadores, mas não havia dinheiro real, apenas uma promessa em papel de "fontes naturais inesgotáveis" e da "qualidade incomparável" da *Pará fine*. As casas tentaram pagar com borracha, mas à medida que o preço diminuía, semana após semana, depois dia após dia, nenhum banco aceitava. Embora as casas aviadoras valessem supostamente centenas de milhares de dólares, fecharam as portas da noite para o dia quando os empréstimos foram cobrados. Todo o sistema da borracha, de Belém aos cantos mais remotos da Amazônia, estava baseado em uma dívida irreversível, e em 1913, desabou como um enorme castelo de cartas.

Imagine se em um mês o mundo consumidor de petróleo mudasse subitamente sua dependência para o uso de energia solar ou algum tipo de combustível limpo e barato à base de hidrogênio. De repente os países da OPEP descobririam que suas riquezas naturais não valiam nada. Os poderosos da Amazônia se recusaram a assumir a culpa por sua ruína e acusaram

O Homem Reconhecido

o governo federal de prestar muita atenção ao café, ou culparam os "especuladores ianques" pelo desastre. Os bancos da Amazônia culparam os industriais americanos de terem arquitetado uma queda do preço. Mesmo em sua aflição, menosprezaram a borracha de cultivo. Só mais tarde focariam sua ira em Wickham.

No pânico que se seguiu, a ruína passou pela Bacia Amazônica como uma onda de arrebentação gigante. Exceto pelo cais flutuante de Manaus, o capital inglês era móvel. Os onipresentes navios a vapor foram os primeiros a desaparecer, sumidos numa baforada de fumaça no horizonte, à medida que as rotas se transferiram para o leste, onde todo o dinheiro estava. Com o fim do transporte marítimo, as pequenas vilas comerciais ao longo dos rios foram engolidas pela selva. As casas sefarditas de Boim fecharam uma a uma, e as famílias foram embora. Embora David Riker tivesse sabiamente vendido seu seringal em Diamantino a uma "firma inglesa de pessoas da estirpe de títulos de bordas de ouro" antes que a bolha estourasse, ele perdeu uma casa comercial de Santarém herdada de seu pai. A população da cidade de Óbidos, a oeste de Santarém, à margem do Amazonas, caiu de 30 mil habitantes em 1907 para 3 mil em 1920. Contavam-se histórias de seringueiros que morriam de fome na parte alta do rio porque as provisões nunca chegavam até eles, de outros que se retiraram para suas redes para beber e cometer suicídio. A produção pingava um pouco durante os anos da guerra, entre 1914 e 1917, mas depois a Amazônia deixou de ser o centro mundial da borracha. Cingapura passou a reinar.

Manaus se tornou uma sombra do que era antes. As casas comerciais foram à falência, e a Casa de Ópera fechou. As docas e os depósitos deterioraram-se e os comerciantes estrangeiros foram embora. Antes de partirem, venderam por qualquer preço os iates e os diamantes, os cavalos de corrida puro-sangue e os pianos de cauda Steinway. No jardim zoológico de Manaus as jaulas estavam vazias. Os trilhos de bonde vagavam por uma selva quase intacta. Os subúrbios por perto estavam vazios e logo foram tomados pela vegetação.

No fim da linha estava Iquitos, a última grande metrópole da borracha. O Malecón Palace, um hotel de três andares erigido para Julio Araña e seus hóspedes, estava praticamente vazio. Os depósitos estavam vazios, e havia vacas pastando nas avenidas perto de frotas de automóveis enferrujados. A maioria de seus donos fora embora.

Algumas vezes, os que permaneceram tentavam resgatar o sonho de ostentação. No fim da tarde, quando o sol tropical se punha na linha do horizonte, os poucos proprietários dos cafés que restaram na praça central levavam suas mesas para o meio da rua, segura então pela falta de carros. Tomavam um aperitivo, usando sempre o colarinho duro branco para o ritual da noite. Na praça sem vida, uma banda tocava baladas românticas. Os que ficaram para trás então refletiam em como mais um ciclo de ascensão e queda chegara ao fim na Bacia Amazônica, e em como a borracha era apenas a última em uma sequência que começou com o pau-brasil e passou pelo açúcar, ouro, tabaco, algodão e cacau. Permaneceram fiéis às suas memórias, como se fossem sobreviventes testemunhando o fim do mundo. Aos domingos, subiam no único bonde que sobrava na cidade. Ele os levava em volta da praça, ao longo do precipício da margem do rio e para a selva no limite extremo da cidade.

Se o roubo de Henry arruinou a economia de uma das regiões mais exuberantes da Terra, isso parecia comprovar uma questão debatida com frequência durante os anos precedentes à Grande Guerra.

Nos anos do reinado de Vitória, a política de relações exteriores da Inglaterra era baseada na ideia de que poderia existir amizade internacional entre os países que eram mais importantes para ela: as potências europeias. Porém, com a morte de Vitória em 1901, a Inglaterra começou a perceber que não tinha nem sequer um amigo no velho círculo íntimo. Alguns culpavam a Guerra dos Bôeres. Fora da Inglaterra e de suas colônias, a guerra na África do Sul era quase universalmente abominada. Sua agressão era uma ameaça aos outros, alertavam os críticos, assinalando-a como o motivo do desgosto. Porém, isso era pouco provável. Conforme salientou o historiador Bernard Porter, os países geralmente não levantam mais do que reclamações superficiais sobre as agressões dos outros a não ser que o estado agressor já seja visto com hostilidade — como ficou claro quando os Estados Unidos invadiram o Iraque em março de 2003.

O Homem Reconhecido

Os "novos imperialistas" que subiram ao poder na Inglaterra no início do século XX são muito semelhantes aos neoconservadores americanos que ascenderam ao poder no começo do século XXI. Os dois grupos viam ameaças do exterior, acreditavam que o controle dos recursos mundiais era um campo de batalha, e concluíram que o meio para sobreviver seria uma vontade de império que antecipasse aos outros. O poder naval da Inglaterra não era mais sem igual: estava vulnerável, mesmo em alto-mar, especialmente se duas ou mais potências se aliassem. As "desordens" na África e na Ásia pressagiam o conflito por vir, que em seu cerne seria uma guerra pelas matérias-primas. "A luta pelas matérias-primas desempenha o papel mais importante na política mundial", afirmaria em 1926 o presidente do Reichsbank, o banco central alemão. "A única salvação da Alemanha é a aquisição de colônias." De fato, ele expressou o motivo nacional das duas guerras mundiais. O mundo era um lugar hostil e predatório, alertavam os novos imperialistas, e manter os recursos e aliados essenciais ao império era a única maneira de sobreviver.

Quando a guerra chegou em 1914, o uso crescente de transporte de equipamento pelos combatentes tornou a borracha um material essencial para a guerra. Os exércitos europeus dependiam de carros, motocicletas e cabos isolados para linhas de comunicação, e de ferrovias e caminhões para transportar os soldados e manter abertas as linhas de suprimento. Quando Lawrence da Arábia não estava andando de camelo, corria pelo deserto em uma frota de nove *Rolls-Royce* blindados, explodindo trens. Tratava-se de guerra absoluta, com cada lado tentando sufocar o outro até a morte, bloqueando as rotas marítimas por onde traziam material de guerra para os combatentes e comida para os civis — e utilizava-se borracha nos anéis de vedação e juntas de motores dos submarinos alemães e encouraçados ingleses. Na primeira batalha do Somme introduziu-se o gás, que matou um milhão de soldados franceses, alemães e ingleses no lamaçal. No final da guerra, as fábricas americanas produziam 3,9 milhões de máscaras para gás; as francesas, 35 milhões; e as inglesas, 50 milhões. Um dos materiais principais era a borracha, usada em tudo: a parte que cobria o rosto, as juntas em volta dos óculos, o tubo de inspiração e a válvula de exalação, e a mangueira conectada à bolsa de lona contendo o cilindro de produtos químicos de filtrar o gás do ar. Do alto de balões observavam-se os homens sendo asfixiados com o gás. Os balões eram suspensos no ar por hidrogênio acondicionado em bolsas gigantes de tecido emborrachado. Fios telefônicos, isolados em cabos vulcanizados, passavam pelo centro de tubos umbilicais de aço que prendiam os balões ao solo.

Uma nova arma era impor embargo. Em dezembro de 1914, o governo inglês proibiu o envio de borracha a todas as nações não aliadas da Inglaterra, com exceção dos Estados Unidos. O alvo era a Alemanha, para a qual o embargo se transformou em emergência da maior escala. Em 1901, o químico russo Ivan Kondakov fabricara uma borracha sintética ao aquecer potassa com dimetilbutadieno, que podia ser fabricado em escala industrial com acetato, produzido a partir da batata. Mas se usassem a batata, os civis que precisavam dela morreriam de fome. No lugar dela, os químicos alemães descobriram que podiam sintetizar o dimetilbutadieno a partir do carbureto de cálcio. Se deixassem o preparo de dimetilbutadieno em tambores enormes em câmaras de refrigeração por alguns meses, a borracha artificial resultante tinha aproximadamente 1/3 da elasticidade da borracha natural. Se mantivessem os tambores quentes, o produto sintético era tão macio quanto seu primo natural, mas apenas com 1/10 de sua resistência. A borracha sintética era esponjosa e de má qualidade, mas mesmo assim podia ser usada para isolamento, em balões de observação e em dirigíveis, e para um pneu inferior, mas usável. No final da guerra, a Alemanha tinha construído fábricas que produziam 8 mil toneladas de borracha artificial por ano. Se não fosse por essa descoberta, a Alemanha teria sido forçada a se render mais cedo.

O mundo que sobreviveu à guerra estava enfraquecido e arrasado, mas não a indústria da borracha. Em 1918, os Estados Unidos importaram 151 milhões de quilos de borracha do Extremo Oriente ao preço de 181,6 milhões de dólares. Naquele ano, as dez maiores empresas de borracha de cultivo pagaram enormes dividendos em dinheiro, entre 30% e 150%. Nos anos após o armistício, os Estados Unidos perceberam que tinham entrado em sua própria Era da Borracha. Foi preciso que houvesse uma guerra para que os americanos entendessem a importância que a borracha desempenhava em suas vidas. O centro da indústria da borracha nacional era Akron, no estado de Ohio, uma cidade barulhenta e movimentada, localizada acima do rio Little Cuyahoga. Em 1920, metade das fábricas de

O Homem Reconhecido

borracha da América estava localizada lá: a B. F. Goodrich Tire and Rubber, seguida pela Goodyear, Firestone e outras. Como a economia de Akron estava ligada a um produto primário, suas ascensões e quedas eram impressionantes, exatamente como as fortunas da Amazônia, dependentes de um só cultivo.

Em 1914, as máquinas de relações públicas de Detroit e Akron começaram a produzir filmes e textos que agruparam sob o título de *The Romance of Rubber* (O fascínio da borracha). Esta era uma mitologia puramente masculina, ambientada em um mundo infernal de suor e enxofre, no qual 60 mil musculosos Vulcanos do mundo contemporâneo trabalhavam arduamente grandes anéis de borracha em meio a vapores químicos e a um calor sufocante. Em 1914, Detroit teve uma demanda de 1,8 milhão de pneus, e a maior parte saiu de Akron. Em abril de 1914, somente a Ford Motor Company recebeu 87 vagões cheios de pneus, e cada um deles transportava quatrocentos jogos de pneus. No mês seguinte o número aumentou para 110 vagões. Isso significava que em apenas dois meses a Ford teve uma demanda de 78.800 jogos de pneus. Akron tinha a mesma característica de cidade de crescimento rápido, assim como Cingapura e Manaus: bares, bordéis, ternos de seda e salas de shows de variedades.

Os Estados Unidos e a Inglaterra eram muito unidos no mercado da borracha, mas em função das forças de oferta e demanda, andavam em direções opostas. Entre 1921 e 1927, a Inglaterra produziu entre 67% e 71% da oferta mundial total de borracha e quase toda a borracha de alta qualidade da hévea. Na mesma época, segundo cálculos diferentes, os Estados Unidos consumiram de 2/3 a 3/4 das exportações da Inglaterra e do mundo, e a maior parte delas foi diretamente para as indústrias de pneus e de automóveis.

Os fabricantes ingleses acreditavam que tinham condições de controlar o mercado mundial — uma repetição do "consórcio" brasileiro, com um preço bem mais baixo. Em novembro de 1922, tomaram um passo nessa direção ao introduzir o Plano Stevenson de Restrição da Produção da Borracha, uma resposta unilateral da Inglaterra às fortunas decadentes da indústria da borracha de cultivo após a Primeira Guerra Mundial. A retirada dos navios dos portos da Ásia Oriental em 1918 para somar aos esforços da guerra reduziu o transporte marítimo de borracha. O excesso de oferta resultante no mercado de Cingapura fez o preço cair para 15 centavos a libra. Os fazendeiros bradaram que não conseguiam viver sob tais condições, e provavelmente estavam certos. Portanto, o decreto limitava a produção em 60% dos níveis de produção dos anos 1920, permitindo um aumento de 5% se o preço ficasse numa média de 30 centavos por libra e uma redução de 5% se o preço fosse menor. Os países consumidores podem não ter gostado do Plano Stevenson, mas não havia a quem recorrer, a não ser a Inglaterra, para obter grandes quantidades de hévea. Nesta época, a Amazônia outrora orgulhosa estava tão dizimada que mal fornecia 4,6% da borracha mundial.

A maioria dos americanos não estava preocupada, mas levantaram-se vozes iradas dos fabricantes de automóveis e pneus. A voz de Harvey Firestone era a mais alta: nenhum governo tinha o "direito moral" de conter as exportações de um produto primário mundial "para o benefício de uns poucos acionistas", vociferou ele para seus altos executivos em Akron:

> Vou lutar contra esta lei com toda a força que existe em mim. [...] É um plano perverso que fará com que os americanos paguem preços exorbitantes pelos pneus de seus automóveis. Se nos sujeitarmos docilmente, isso custará milhões de dólares aos proprietários de carros deste país e causará um dano irreparável à indústria da borracha. A hora de quebrar este monopólio é agora.

A busca por uma nova fonte de borracha assumiu ares patrióticos. No início de 1923, Firestone convocou uma conferência dos capitães da indústria automobilística e da borracha para se reunir em Washington e organizar a oposição. Recorreu ao presidente Warren Harding e ao secretário do Comércio Herbert Hoover, ambos amigos pessoais. Firestone queria galvanizar a opinião pública. Embora Harding não tivesse demonstrado entusiasmo, Hoover apoiava o plano de Firestone. Em sua carta de convite a Henry Ford, Firestone reclamou com veemência que o preço da borracha tinha subido de 15 para 37 centavos a libra em três meses. Isso significava um aumento de 150 milhões de dólares "nos gastos com a borracha bruta dos Estados Unidos em 1923", alertou ele. O único recurso era combinar "um nacionalismo invasivo com um nacionalismo defensivo — e tomar medidas para assegurar que no futuro os americanos tenham condições de produzir sua própria borracha".

Cultivar borracha pelo uso próprio era chamado "independência de recursos", um lema que se repete desde o roubo da cinchona cometido por Clements Markham até a política nacional do petróleo dos dias de hoje. Firestone prometeu que traria "um elenco olímpico de personagens para a peça, reunindo os deuses domésticos do país — Hoover, Ford e Edison — para a defesa da América em apuros".

E assim a busca começou. Thomas Edison testou 2.300 diferentes plantas em sua procura por uma borracha nacional de alta qualidade. Ele se concentrou primeiro no guaiule mexicano, um arbusto cheio de ramos e da altura dos joelhos, primo distante do girassol, e depois voltou sua atenção para uma nova variedade de arnica que produzia 7% de borracha. Porém, ambas eram inferiores à hévea, e a pesquisa terminou com a morte de Edison em 1931. Harvey Firestone enviou o filho à Libéria, onde se constituíram plantações que tiveram resultados modestos, mas nada que pudesse abastecer a demanda da indústria automobilística. Iniciaram-se plantações nas Filipinas, mas nunca em grande escala. Os líderes filipinos temiam que uma indústria americana gigante nas ilhas pudesse frear a independência. Hoover enviou expedições de reconhecimento à América do Sul. E Henry Ford começou a sonhar com campos extensos de seringueiras na Amazônia.

Henry Wickham ficou longe dos holofotes enquanto aumentava o consumo furioso. Era um observador icônico do que ele tinha suscitado, admirado com as fortunas fabulosas das quais ele não partilhava nada. De 1913, quando as plantações inglesas assumiram o controle do mercado, até 1922, somente os Estados Unidos importaram 1,2 bilhão de quilos de borracha por 1,16 bilhão de dólares. Era um número inconcebível, além da maior capacidade de imaginação de Henry; e em todo aquele tempo, dizia ele a conhecidos, não ganhara nem um centavo com as sementes roubadas.

Isso não era bem verdade. Ele recebera *sim* sua recompensa de setecentas libras. Não era uma fortuna, mas foi o suficiente para levá-lo a Queensland. Em 1911, a British Rubber Growers' Association (Associação

O Ladrão no Fim do Mundo

Inglesa dos Plantadores de Borracha) e a Planters' Association of Ceylon and Malaya (Associação de Fazendeiros do Ceilão e da Malásia) o presentearam com um cheque no valor de mil libras, uma pequena pensão anual e uma salva de prata, na Second International Rubber Exhibition (Segunda Exposição Internacional da Borracha de Londres). Naquele ano ele fez a última viagem ao Oriente. Fotografou-se apoiado na maior seringueira do Ceilão, uma gigante plantada em 1876 no Jardim de Heneratgoda, nascida de uma de suas sementes, e que produziu 168 quilos de borracha entre 1909 e 1913. Ele usava uma jaqueta cáqui e um chapéu de capitão branco. Os Vs deixados pelas cicatrizes em forma de espinhas de peixe criavam na árvore um desenho parecido com uma insígnia de oficial. Henry apoiou a mão no tronco como se fosse um velho amigo.

Depois disso, ficou terrivelmente pobre e passava a maior parte do tempo no Royal Colonial Club, rodeado de colegas imperialistas, cada um contando sua história distinta. Por algum motivo, cessou-se o pagamento anual de trezentas libras que recebia das Conflict. Ele se arriscou a promover o agave e o piquiá, mas estes esforços resultaram em fracassos terríveis. Estava com 68 anos quando a Primeira Guerra Mundial começou; se alistou na City of London National Guard (Guarda Nacional da Cidade de Londres), onde era um dos atiradores de elite de seu batalhão, habilidade que aprendera atirando em aves na Nicarágua. Em 3 de junho de 1920, foi nomeado Cavaleiro no 55º aniversário do rei "pelos serviços ligados à indústria da borracha de cultivo no Extremo Oriente", segundo uma nota breve bem escondida no *The Times*.

Ele era então sir Henry Wickham, e por volta desta época começou a exagerar sua lenda para qualquer pessoa que se interessasse em ouvir. Em uma data não especificada após ter se tornado cavaleiro, disse a um repórter do *The Planter*: "As primeiras sementes nativas de seringueira trazidas da América do Sul para a Inglaterra foram embarcadas às escondidas em um pequeno barco a vapor, sob o nariz de uma canhoneira, que teria explodido nosso barco se seu comandante suspeitasse do que estávamos fazendo." Ele não disse *poderia ter explodido* e sim *teria explodido*, como se o que Henry fez fosse espionagem das mais monstruosas, como se os dois lados estivessem envolvidos em um jogo mortal de gerenciamento de recursos, e as apostas fossem pagas com vidas. Nesta época ele estava com uns setenta e poucos ou oitenta anos. O que ele contou ao repórter foi um detalhe nunca revelado antes, e foi o enfeite final para a lenda imperial que provavelmente criou mais inimigos no meio acadêmico do que quaisquer outros. Ninguém gosta de um fanfarrão, principalmente de um velho fanfarrão. Mas será que poderia ter sido verdade?

A ideia de uma canhoneira brasileira que estivesse perto de Boim é um pouco mirabolante, porque em 1876 a Marinha brasileira tinha poucos recursos, distribuídos pelos grandes portos ao longo do Atlântico e no Amazonas. Isso significa, porém, que poderia haver uma canhoneira ancorada em Belém do Pará, e que Henry a viu ao passar perto no *Amazonas*. Em 1876, a Marinha brasileira tinha setenta embarcações de guerra, inclusive nove lanchas a vapor; dessas, 15 eram navios encouraçados e 55 eram embarcações de madeira. Carregavam 72 canhões raiados, 65 canhões lisos, uma potência total de 11.188 cavalos de potência e uma tripulação de 338 oficiais no comando de 1.122 alistados. Uma das tarefas principais da Marinha era garantir o cumprimento das leis alfandegárias nas rotas de navegação. Uma canhoneira como essa poderia ter explodido o *Amazonas*, mas consideremos as consequências: tal ato cometido contra o principal investidor estrangeiro do Brasil seria de mau agouro para os negócios, para as relações exteriores ou para a carreira do comandante da canhoneira.

Portanto, a ameaça provavelmente nunca existiu; e caso tenha existido, estava principalmente na cabeça de Henry. Isso demonstra que ele sabia o que estava fazendo e que pode ter sentido culpa, por saber como suas sementes transplantadas poderiam afetar o sustento de seus velhos amigos. Angustiara-se com o fato de ter deixado os sofridos remanescentes de sua família em Santarém, sem ao menos um adeus. A ameaça também cheira a lenda. A ideia de dissimulação era essencial para sua imagem: sem perigo, não haveria triunfo; e sem artifício, não teria havido uma batalha intelectual. Henry contava sua história em seu clube entre os funcionários aposentados do Império. Sua vitória sobre os nativos, e dessa forma sobre o mundo brutal fora da Inglaterra, acontecera mais pelo intelecto do que pela força. Era a essência da lenda imperial, uma comprovação de superioridade nacional e moral enquanto se civilizava o mundo.

Nesta época não havia sobrado ninguém para contradizer os ajustes que Henry fazia em sua lenda. O menino índio adotado desapareceu depois da estadia em Queensland. Violet e Henry estavam separados havia mais de vinte anos. Após deixar as Conflict, ela saiu dos registros quase tão completamente como o menino adotado. Segundo a família, ela se mudou para as Bermudas a fim de ficar próxima de amigos e parentes, mas isso é tudo que se sabe. Quando Henry se tornou cavaleiro, ela herdou o título de lady, e provavelmente teria gostado do respeito que isso teria trazido em seu pequeno grupo de amigos. Mas o título teria feito ela se lembrar de Henry, e estas memórias seriam tristes. A borracha fez dele um homem desiludido que a forçara a ir para longe. Sabemos que eles se amavam. Há segredos que jamais saberemos, mas ela ficou ao seu lado nos piores momentos, e ele a amava tão loucamente que atravessou a nado um canal cheio de tubarões no meio da noite apenas para ficar ao seu lado. Ele era frequentemente um tolo, mas era o tolo *dela*, e apesar de todos os defeitos continuava impressionantemente encantador. Então, era simplesmente um personagem, uma figura cômica e amarga com uma juba branca e bigode de morsa, que criticava duramente os incrementos modernos dos plantadores de seringueira malaios, cujos bolsos ele enchera.

Enquanto suas sementes rendiam bilhões, ele não tinha nenhum centavo. Se Vitória tivesse decidido a seu favor na questão das terras do rio Temash, talvez houvesse um pouco de justiça, mas ela decidiu a favor de quem governava, e lá foi Henry em sua jornada fracassada nos Mares do Sul. Henry guardou para si seus problemas financeiros, relutante em abandonar seu orgulho feroz. Mas em 1923, sua situação deve ter chegado a um ponto em que simplesmente não conseguia mais continuar. Seu ex-cunhado Frank Pilditch morava em Londres, e seu irmão John era fazendeiro de gado no Texas, mas ele os abandonara à própria sorte quando partiu no *Amazonas*, e não podia então recorrer a eles. Naquele ano ele deve ter revelado seu desespero a Quincy Tucker, um americano que procurara borracha na selva boliviana e que se encontrara com Wickham em setembro de 1908 na International Rubber Exhibition (Exposição Internacional da Borracha), em Londres. Tucker relatou o aperto de Wickham para Fordyce Jones, o amigo mais íntimo de Wickham e proprietário da Reliance Rubber Company Ltd., o maior fabricante mundial de "bolsas de água quente moldadas sem emendas". Os dois buscaram um salvador americano estranho para vir em socorro, como a cavalaria que aparece no final dos filmes.

Edgar Byrum Davis era excêntrico até mesmo para os padrões americanos. De porte enorme, era um homem de sorriso triste e uma crença mística em sua própria grandeza, que conquistara e perdera várias fortunas até descobrir petróleo no Texas, a fortuna que lhe rendeu a fama. Ganhara seu primeiro milhão quando era diretor e acionista da Charles A. Eaton Shoe Company de Massachusetts. Depois ele teve um colapso nervoso e iniciou uma viagem ao redor do mundo, que esgotou seus recursos. Em 1907, durante sua viagem, ele se interessou pela borracha e tentou convencer a United States Rubber Company a começar suas próprias plantações no Extremo Oriente, mas os executivos só lhe deram ouvidos em 1909. Davis se tornou vice-presidente encarregado das plantações e recebeu 1,5 milhão de dólares para a implantação do cultivo. Embora recebesse apenas 12 mil dólares anualmente, ele escreveu em seu contrato um adendo segundo o qual ele receberia 8,75% do valor da empresa excedente ao seu investimento quando a plantação atingisse a produção plena. Em 1913, ele estava rico novamente e voltou sua atenção para o petróleo.

Em março de 1921, Davis fundou a United North and South Oil Company e foi para Luling, no Texas, convencido de que Deus o ordenara a libertar os texanos do algodão, o cultivo que, por ser único, governava a economia local e suas vidas. Davis gastou 600 mil dólares perfurando os seis primeiros poços, sem encontrar uma gota sequer de petróleo. Os credores levaram seus móveis, e os bancos se recusaram a renovar seus empréstimos. Em desespero, ele procurou Edgar Cayce, o "profeta adormecido" que entrava em transe e via as coisas mais extraordinárias. Embora a maioria do que Cayce dizia não se concretizasse, em 1922 ele acertava um número suficiente de suas previsões a ponto de ter uma legião de fiéis. Em transe, Cayce descreveu uma estrutura geológica subterrânea que Davis acreditava estar localizada abaixo do solo da fazenda de 126 acres de Rafael Rios, perto de Luling. Ele a chamava de Rafael Rios nº 1. Em 9 de agosto de 1922, no mesmo dia em que o banco devolveu um cheque de 7,4 dólares marcado com o carimbo de "saldo insuficiente", a sonda rotativa fez uma perfuração de 640 metros e descobriu petróleo. Ele tinha, na verdade, aberto um campo de petróleo de 19 quilômetros de extensão e 3 quilômetros de largura, que em dezembro de 1924 estava bombeando 43 mil barris por dia. Quando o petróleo chovia em seu terno, seu sorriso triste se abria. Deus, por meio de Cayce, fez com que Davis se tornasse rico pela terceira vez.

Foi nesta época que Fordyce Jones e Quincy Tucker chegaram a ele. Davis deve ter ouvido falar de Wickham durante o tempo em que passou em Sumatra como funcionário da U. S. Rubber. Talvez ele tenha visto no velho homem um irmão gêmeo espiritual. Havia algo de muito americano na saga de Wickham de fracassos repetidos pontuados por golpes de sorte. O sucesso não era uma questão de inteligência ou mesmo de razão, e sim de *fé*, como Davis gostava de afirmar. Davis prometeu a Fordyce Jones e Quincy Tucker que se "ganhasse uma bolada com o petróleo", Henry viveria no conforto pelo resto de seus dias.

Em junho de 1926, Davis ganhou aquela bolada, ao vender o contrato de arrendamento em Luling por 12 milhões de dólares. Ele então entrou em uma onda de caridade desenfreada, fazendo um piquenique em Luling para 35 mil moradores do local, dando aos empregados bônus de 25% a 100% de seus salários e distribuindo livremente outros milhões. Em 1926, ele enviou para Henry um cheque de 5 mil libras, e logo depois um de mil libras de outros reis do petróleo americanos.

Henry tinha acabado de completar 80 anos quando Davis fez o cheque. Ele parecia feito na vida, e entrou mais dinheiro em seu caminho. Aparentemente, o apoio americano foi o resultado da inveja internacional, se não simples constrangimento. Alguns fazendeiros da Malásia se lembravam de Davis, e as lembranças não eram agradáveis. Quando trabalhava para a U. S. Rubber, alguns fazendeiros ingleses e holandeses que enriqueceram com o preço alto da borracha comemoravam o fato de que a América estava "pagando as contas". Mais tarde, Davis disse que essa "certeza arrogante de que a América foi deixada para trás simplesmente funciona como um estímulo para minha determinação de assegurar para a nossa empresa e para a América a sua justa parte deste bem". Sua frustração com os acionistas ingleses da borracha pareceu se transformar em repulsa, quando em 1922 ele se encontrou com um grupo de investidores londrinos abertamente hostis, durante uma reunião na qual propôs a formação de uma empresa de 250 milhões de dólares para absorver um grande número de pequenas empresas de borracha inglesas e holandesas. Quando sugeriu que podia ser levantado capital americano para apoiar o empreendimento, os banqueiros viram nisso uma tentativa americana de quebrar o monopólio inglês do começo do plano Stevenson para o acordo de preços. Quando o derrotaram na votação, Davis explodiu: "Se vocês acham que estão fazendo o melhor para a indústria ao simplesmente considerar seus próprios interesses imediatos em um patriotismo cego ou míope, vocês estão enganados."

No que dizia respeito à borracha, os dois lados do Atlântico não se bicavam, e os americanos estavam então redimindo Wickham, o "pai da indústria inglesa da borracha", a quem os ingleses ignoraram por tanto tempo. Logo depois, os governos das Colônias dos Estreitos e dos Estados Malaios Federados deram a Henry um cheque de 8 mil libras em reconhecimento por seus serviços referentes à borracha.

Ele ficou financeiramente bem pela primeira vez na vida, tão bem quanto na infância em Haverstock Hill. É de se imaginar que ele deve ter ficado em paz, mas não se sabe. O mundo o louvava, mas o louvor nunca era suficiente. O desejo nunca morre.

Ele não teve muito tempo para desfrutar do dinheiro ou das honras. Quatro meses depois de completar 82 anos, em 24 de setembro de 1928, uma segunda-feira, ele subitamente ficou doente. Seu estado de saúde piorou, e ele faleceu tranquilamente três dias depois, em 27 de setembro, uma quinta-feira, "de degeneração senil". Ele sempre acreditou ser descendente de William de Wykeham, o bispo medieval de Winchester, e pediu para ser enterrado na vila de Wickham, no condado de Hampshire. Embora a crença provavelmente fosse equivocada, seu desejo fora cumprido.

Violet adoeceu um mês depois de Henry. Ela estava em Londres e ouviu falar da doença dele. Há alguns indícios de que Henry sabia que ela estava na cidade, mas ambos estavam fracos demais para se reencontrarem. Eles haviam se separado por causa das tentativas insaciáveis de Henry de alcançar o sucesso uma segunda vez e da solidão infinita de Violet nos piores lugares do mundo. Amavam-se profundamente, mas a borracha, a loucura e a cobiça que ela gerava os separaram. Ambos morreram sós.

No dia seguinte à sua morte, o obituário de Henry foi publicado no *Times*:

Sir Henry Alexander Wickham [...] foi o homem que, diante de dificuldades extraordinárias, conseguiu transportar clandestinamente sementes da hévea do Alto Amazonas, e dessa maneira estabeleceu a fundação da vasta indústria da borracha de cultivo. Todos os traços de sua aparência eram de um pioneiro: ombros largos, compleição forte, um bigode longo e ondulado, sua força física tão grande quanto sua determinação. Foi graças a essas qualidades que ele escapou de muitos riscos que enfrentou durante suas andanças. Ele tinha uma conversa agradável, e suas histórias eram não só interessantes, como também instrutivas.

Ele contava histórias sim, e para todos; para a mãe, os irmãos e a esposa. Para aqueles que queriam talhar um futuro por meio da natureza; para os que investiram dinheiro em seu nome. Havia muitos como ele no mundo, que desejavam fazer crescer um império. A borracha era a semente, o ponto de partida, mas, assim como as águas do Amazonas, as histórias e as promessas nunca tinham fim.

Durante seus últimos dias, ele tinha uma empregada doméstica que era também enfermeira formada. Seu nome também parece ter sido esquecido. "Ela demonstrou seu heroísmo", escreveu Quincy Tucker mais tarde, "ao continuar a trabalhar sem pagamento quando o dinheiro dele era pouco". Supostamente ele estava rico, mas tinha gasto todo o dinheiro mais uma vez. Hoje não se sabe se o dinheiro foi para os credores ou se ele o aplicou em novos maus investimentos. Sem dúvida a enfermeira ouviu as histórias de Henry sobre a selva, os obstáculos colocados em seu caminho e as pessoas que não confiaram nele, mas no final ele provou que estava certo. Ele era, afinal de contas, um homem reconhecido.

Henry lhe deixou como herança a casa, a mobília e algumas ações de um seringal na Birmânia que comprara havia muito tempo. Afinal, ninguém poderia estar errado se investisse em borracha. Era um artigo de primeira necessidade nesta era moderna. Mas o governo inglês exigiu o pagamento dos impostos sobre a herança em dinheiro, e ela vendeu a casa e os móveis para pagar a dívida.

E quando ela vendeu as ações da borracha, elas também não tinham nenhum valor.

EPÍLOGO

O MONUMENTO À NECESSIDADE

🌿 O que havia na selva que tirava a razão de um homem e alimentava os sonhos mais grandiosos? Em 1928, ano da morte de Wickham, foi a vez de Henry Ford. Como seus predecessores, ele via a Amazônia como um tesouro inexplorado e ilimitado. De todos os projetos para livrar a América de sua dependência da borracha estrangeira, o seu parecia ter a maior probabilidade de sucesso. A escritura de uma extensão de terra de 2,5 milhões de acres — 4/5 do tamanho do estado de Connecticut — foi assinada, carimbada e entregue. Tudo o que era considerado necessário para conquistar a selva foi colocado no porão do navio branco *Lake Ormoc* e em sua barcaça *Lake LaFarge*. Uma pessoa do departamento jurídico de Ford viajou a Belém do Pará e ao Tapajós para acompanhar a fase inicial. Ford estava voltando para onde começou a indústria da borracha, mas faria melhor. Nada poderia dar errado.

O nome de Ford inspirava confiança. Ele tinha uma visão instigante de uma nova era brilhante, e seu objetivo era difundi-la para todos os cantos escuros do mundo. A produção em massa criaria uma economia mundial de maravilhas. Salários altos e preços baixos aumentariam o poder de compra da sociedade, e a abundância transformaria o mundo. Maquetes de carros, fábricas e cidades eram projetadas em sua sede e transformadas em realidade onde quer que ele julgasse conveniente. Se o fordismo triunfara nas selvas do capitalismo americano, poderia dominar a Amazônia.

David Riker tinha 67 anos quando o *Lake Ormoc* ancorou em Santarém em dezembro de 1928, e os administradores de Ford o contrataram como guia. Nesta época, ele tinha construído uma grande fazenda familiar com vista para o Tapajós. A propriedade foi projetada segundo o estilo pré-

O *Ladrão no Fim do Mundo*

-guerra do vale do Baixo Mississipi e feita de madeira resistente a cupim. Na varanda, um papagaio grasnava em seu poleiro. Mas isso não era nada comparado ao *Lake Ormoc*. A embarcação fora reformada para servir de primeiro centro de operações e de administração da Fordlândia: em seu interior espremiam-se um hospital, um laboratório e uma unidade de refrigeração. O navio flutuava perto do litoral como uma espécie de cortesã industrial, deixando os moradores locais maravilhados assim como o *Amazonas* de luzes azuis fizera 52 anos antes.

O nascimento da Fordlândia se processou com a eficiência de uma linha de montagem. A pequena vila de Boa Vista era um local bonito: a praia subia até 15 metros acima do rio de águas claras. O terreno ficava mais alto à medida que se avançava para o interior, e as elevações eram cobertas de árvores altíssimas e belas: castanheira, cedro-rosa, uxi e itaúba. Tudo foi queimado e terraplenado. Em seu lugar surgiu um subúrbio moderno com fileiras de bangalôs brancos de persianas verdes. A rua principal era pavimentada e subia em direção à colina. Os moradores pegavam água de poço de torneiras em frente às suas casas, enquanto a equipe de trabalhadores americanos e uns poucos gerentes brasileiros desfrutavam de água corrente dentro de casa. Instalaram-se telas nas janelas para manter os mosquitos do lado de fora. Especialistas em doenças tropicais trabalhavam num hospital moderno, que era equipado para produzir quinina. Professores de Belém davam aula em escolas para os filhos dos trabalhadores e administradores. Havia um clube e uma piscina particulares na "Vila Americana"; os trabalhadores caboclos tinham sua própria piscina. A "Vila Brasileira" possuía alfaiates, lojas, mercados e um açougue. O cheiro de pão frito exalava da padaria. Até a primeira sangria, programada para 1936, a serraria processou e exportou madeiras de lei da propriedade. Os jornais americanos a chamavam de "a cidade-milagre da Amazônia".

A princípio parecia que a Fordlândia traria prosperidade ao vale conforme se alardeara. Mais de 3 mil brasileiros foram contratados para limpar o terreno, plantar mudas de seringueira, expandir as instalações e processar a madeira na serraria. Algumas velhas famílias de confederados arrendaram suas terras para Ford a preços lucrativos, e seus filhos foram contratados para uma gama de serviços de escritório. Três dos filhos de Riker foram contratados logo após o pai. Robert e Rubim, os mais velhos, iriam para

O Monumento à Necessidade

Dearborn; e Ditmar, o terceiro, ficaria como gerente de campo, primeiro para Ford e depois para Goodyear. A equipe inicial de Ford combinou com os fazendeiros do outro lado do rio de plantar mil mudas de seringueiras do planalto além de Boim, para serem usadas quando o terreno de Fordlândia estivesse limpo. Em 28 de agosto de 1929, menos de um ano depois da chegada do *Ormoc*, 1.440 acres tinham sido aplainados, e na maior parte desta área plantaram-se nas colinas descobertas árvores jovens dispostas a 15 centímetros umas das outras. Riker diria tempos depois que plantou a primeira seringueira para Henry Ford.

Porém, estas árvores foram um presságio do que estava por vir. Em setembro de 1929, a maioria das mudas estava morta ou quase morta. A hévea era uma árvore da selva, acostumada à proteção da floresta, e Ford expusera as mudas ao sol ardente e às chuvas torrenciais. Seus administradores de Dearborn cometeram dois grandes erros, erros que contrariavam todo o treinamento nas tecnologias mais novas de tempo e movimento. Embora Ford insistisse para que industrializassem a floresta, a natureza não podia ser forçada a cumprir um cronograma. E ao limpar a floresta, empobreceu a camada fina de solo e nutrientes e destruiu o mecanismo natural do clima. Ford criara um deserto. Suas mudas secaram e morreram.

Felizmente ainda havia as mil mudas plantadas do outro lado do rio — até os administradores descobrirem que elas não poderiam ser usadas. O Tapajós divide os estados do Amazonas e do Pará, e as velhas rivalidades os dividiam mais do que o rio. Em 1927, antes de Ford concluir o acordo com o Pará, as autoridades do Amazonas tentaram atraí-lo. Quando se mudou para Boa Vista, eles ficaram ressentidos. Quando Ford precisou daquelas mil mudas, o Amazonas proibiu sua saída do estado; em retaliação, o Pará se recusou a permitir sua entrada. O caso foi levado ao tribunal, mas em vão. De repente, faltavam as boas mudas exatamente quando Ford mais precisava delas. Então seus homens viajaram para a Malásia e trouxeram sementes descendentes da hévea roubada de Wickham.

Desta maneira, as sementes de Henry completaram sua travessia global, em um grande círculo do Amazonas para a Ásia e depois de volta às origens. Deu-se muita importância a isso, mas como Thomas Wolfe* escre-

---

* Escritor norte-americano que citou a frase no título de um romance.(N. da E.)

veria, não se pode voltar para casa. As sementes de Henry tinham saído de lá havia muito tempo e não resistiam mais às condições locais. Quase imediatamente após ser plantada, a hévea de Henry secou devido ao clima e às doenças locais.

No final de 1929 e começo de 1930, foi organizada uma expedição ao território do Acre, e Riker foi junto como intérprete. Na época, os cientistas americanos e brasileiros estavam convencidos de que o Acre seria um grande manancial de árvores míticas, cujo fluxo de látex ultrapassaria todos os outros e cuja resistência natural venceria as doenças e os predadores. De maneira não oficial, o Acre era considerado um estado destinado à borracha. Nos anos 1890, milhares de seringueiros cearenses se levantaram para tomá-lo da Bolívia e reivindicar a terra para o Brasil. Depois, os seringueiros voltaram ao trabalho, para se levantarem de novo em 1907, quando o Brasil tentou "regularizar" os títulos das terras. O Acre era o único lugar na Bacia Amazônica onde os seringueiros não foram reduzidos a escravos, o único local onde o fascínio pela borracha tinha se transformado em poder popular efetivo. Riker e seu grupo chegaram ao Acre esperando milagres, mas em vez disso encontraram problemas. Chegaram seis meses antes da época dos frutos e tiveram de esperar até a estação começar. Mesmo assim, as sementes que coletaram não vingaram.

Quando Riker regressou, via a Fordlândia com olhos diferentes. A cidade tinha atingido proporções impressionantes e se tornara a terceira maior cidade do Amazonas. Tinha casas confortáveis, uma escola, abastecimento de água potável, 48 quilômetros de estradas, um cinema, uma oficina mecânica e uma serraria com capacidade de 25 mil pés de tábua, a maior do Brasil. Havia planos de produzir peças de automóveis de madeira para uso nos Estados Unidos. Um novo administrador revelou planos para uma fábrica de pneus e previu que em uma década a Fordlândia seria uma cidade de 10 mil habitantes. Os operários de Ford recebiam moradia e tratamento médico e odontológico gratuitos. Tinham áreas de lazer e ganhavam um salário de 33 a 66 centavos por dia, o dobro do que era pago em qualquer outro lugar da região. Os funcionários compravam comida e suprimentos a preços controlados, e o sistema dos patrões não existia ali. Os bebês nascidos em Fordlândia ganhavam leite pasteurizado. Os trabalhadores que morriam em serviço eram enterrados gratuitamente no cemitério de Fordlândia. Do nascimento até a morte, a empresa envolvia o trabalhador na visão de Ford de uma indústria protetora e paternal.

Entretanto, pouco disso tinha a ver com a borracha, e Riker teve a impressão de que Fordlândia ia à deriva da mesma maneira que acontecera com Henry Wickham 54 anos antes. Os objetivos se dissipavam assim neste país. Acordava-se em uma manhã e perguntava-se aonde fora parar a vida. Subia-se o rio com esperança, mas logo os planos brilhantes se desfaziam, substituídos pela luta diária pela sobrevivência.

Em 1930, era óbvio que os trabalhadores de Fordlândia não iriam abraçar o fordismo da maneira que Henry Ford desejava. A "humanidade na indústria" de Ford era uma benevolência distante, diferente do sistema de patrões que os caboclos conheciam. Era verdade que o patrão mantinha o trabalhador em dívida, mas ele também servia como protetor, conselheiro e padrinho. Existiam obrigações diretas, humanas, de família. A ótica de Ford, ao contrário, estava descrita em sua afirmação: "Um grande negócio é na verdade grande demais para ser humano. Ele suplanta a personalidade do homem."

Ficava cada vez mais evidente que Henry Ford jamais visitaria sua cidade-milagre no Amazonas. Planejava administrar o império por controle remoto. Tudo era feito de acordo com os padrões americanos, e Ford tomava as decisões em Dearborn. Em troca da assistência médica, moradia e salários, Ford esperava que os trabalhadores de sua plantação se ajustassem às rotinas impostas pela empresa. A regra de abstinência de Ford era um fiasco: nos dias de pagamento, paravam nas docas barcos cheios de cachaça forte. Entre os dias de pagamento, os trabalhadores iam até Aveiro, e a pequena cidade das formigas-de-fogo vivenciava uma explosão de consumo de aguardente. Um povo acostumado a morar em casas abertas se sentia sufocado pelas construções de quatro paredes de Ford. Achavam as casas para duas famílias quentes e feias, e a ideia de um banheiro interno, repulsiva. O dia de trabalho das seis da manhã às três da tarde era impopular entre os seringueiros acostumados a sangrar árvores algumas horas antes do amanhecer. Plantar árvores em um deserto feito pelo homem, apenas para vê-las morrer, causava perplexidade e desânimo marcantes. Um velho confederado que observava disse: "Eles tentaram fazer com estes brasileiros o que os do Norte dos Estados Unidos sempre quiseram fazer com os do

Sul: transformar em ianques. E lá também não funcionou." Em dois anos, 2 mil dos 3 mil trabalhadores originais de Ford foram demitidos ou partiram por vontade própria.

Em 1930, houve um tumulto. Na verdade, houve dois. O primeiro surgiu em função do rígido sistema de trabalho e começou no local menos provável: no refeitório durante o almoço. Ford introduzira o refeitório para reduzir o tempo gasto durante a pausa para o almoço. Quando os trabalhadores caminhavam em fila para se servir pela primeira vez, um deles parou e gritou: "Eu sou trabalhador, não garçom!" Os capatazes já ficaram furiosos quando souberam que teriam de almoçar da mesma maneira que os subordinados, e tinha havido reclamações. A cozinha do Meio-Oeste causava indigestão aos brasileiros. Outros reclamavam que não eram cães e mereciam ser servidos.

Com este grito, os caboclos que os executivos da Ford consideravam seus "irmãozinhos morenos" ficaram violentos. Destruíram o refeitório, arrancaram tudo, e depois se armaram com rifles, espingardas e facões e passaram por toda a plantação, quebrando tratores, estraçalhando janelas e destruindo os carros. Os funcionários norte-americanos e suas famílias fugiram em barcos da empresa até o meio do Tapajós. No meio do pânico, a filha jovem de um chefe caiu no rio e foi arrastada pela correnteza até uma coluna alta do píer. Um dos revoltosos mergulhou, levou-a para um local seguro e entregou-a para a família. Enquanto os revoltosos destruíam a Fordlândia, os administradores ouviram o que pareciam ser palavras de ordem. A princípio acharam que fosse "Abaixo Ford", mas depois descobriram que era "Abaixo o espinafre" e "Espinafre nunca mais". Os caboclos não suportavam mais o espinafre e as outras comidas "bem vitaminadas". Não conseguiam nem mesmo olhar para esses alimentos, e cereais davam-lhes ânsia de vômito.

Os administradores ficaram no meio do rio até que os soldados brasileiros chegaram e sufocaram o tumulto, mas então a violência já havia chegado ao fim. Depois disso as pessoas começaram a ir embora, lembrou-se dona Olinda Pereira Branco, na época uma lavadeira de 22 anos que trabalhava para os administradores e que ainda mora em Fordlândia. O tumulto abrira um abismo difícil de transpor. Todos sentiam um vazio sob a aparência externa brilhante das coisas. "Todo mundo estava triste", recordou-se ela.

O Monumento à Necessidade

"Em uma noite", observou o escritor brasileiro Viana Moog, "os dirigentes da Ford Motor Company aprenderam mais sociologia do que em anos de universidade".

> Aprenderam que os caboclos detestavam as casas onde moravam e o modo de vida puritano que os funcionários queriam impor a eles. [...] As casas eram verdadeiros fornos, o que é fácil de imaginar quando se considera o calor que se sente na maioria das casas americanas no verão. [...] O sr. Ford entendia de linhas de montagem e dos desígnios da Divina Providência. Não entendia e definitivamente não tinha como entender a psicologia do caboclo.

O segundo tumulto começou mais tarde naquele ano. Os caboclos reclamaram que os negros de Barbados que moravam do outro lado do Tapajós tiravam seus empregos e ganhavam salários mais altos. A violência irrompeu no dia do pagamento quando todos estavam em fila. Três trabalhadores das Índias Ocidentais se feriram, e depois os administradores da Ford despediram todos os barbadianos de Fordlândia. O que aconteceu aos imigrantes depois de sua demissão permanece um mistério. Alguns brasileiros de Santarém mais tarde contaram à escritora Mary Dempsey que eles nunca voltaram ao país de origem. Vagaram até as cidades do Amazonas, procurando emprego ou se juntando ao mais novo boom de riqueza. Hoje seus descendentes encontram-se espalhados pelo vale.

Os problemas com a mão de obra acabaram em 1930, substituídos por ataques que vinham da selva. Em 1932, quase 7 mil acres de floresta já tinham sido desmatados, e em 1934 eram 9 mil. As árvores madeireiras demonstraram ser inúteis porque algumas delas absorviam muita umidade, enquanto outras eram duras como pedra. Ondas de insetos e de fungos vinham do limite florestal para atacar a hévea jovem. Foram identificadas cinco espécies de fungos e duas dúzias de tipos de insetos. A lista de pragas incluía a crosta negra, o líquen crustáceo amarelo, o fungo da podridão branca das raízes, o cancro, o piolho-de-galinha, a mariposa-caveira, a formiga-saúva, o percevejo-de-renda e a lagarta-do-cartucho. Olinda Branco se lembrou de quando os administradores da Ford pagavam aos moradores uma gratificação por praga para tirar as lagartas-do-cartucho das folhas e dos caules: "Eu tinha muito medo delas. Eram cinza e achatadas, com listras vermelhas, fáceis de achar. Mas tinham garras que penetravam na pele." O problema das lagartas foi solucionado temporariamente quando as formigas-saúvas atacaram, mas depois que as formigas exterminaram as lagartas, se voltaram para as seringueiras jovens.

A praga mais devastadora era o mal das folhas da América do Sul, causado pelo fungo parasita *Dothidella ulei*. Os esporos flutuavam no vento e se alojavam nas folhas. As árvores isoladas na floresta estavam em melhores condições porque não podiam passar o mal das folhas para as vizinhas próximas, e as que sobreviviam desenvolviam imunidade. Como o fungo não atacava as sementes, não viajou no lote de sementes contrabandeadas de Wickham para Kew, e, portanto, não se espalhou para a Ásia. Riker vira traços de ferrugem em sua pequena plantação antes de vendê-la, e havia rumores de que uma doença semelhante destruíra toda a indústria da borracha de cultivo do Suriname e da Guiana. A doença atacava rapidamente, espalhando-se por um seringal como a cólera. Em um caso, uma plantação entre 200 e 300 acres perdeu 1/3 de suas árvores jovens em poucos dias, enquanto o resto ficou em um estado tão irremediável que a plantação foi abandonada e o fazendeiro perdeu tudo.

O fungo *Dothidella* estivera em Fordlândia desde o começo, mas como os primeiros seringais foram plantados longe uns dos outros, as condições reproduziam a condição de isolamento da hévea na floresta. Com o tempo, entretanto, começou-se a plantar as árvores próximas umas das outras, e depois de quatro ou seis anos, quando as fileiras de árvores atingiam a maturidade, o dossel se fechou ao alto. Isso facilitou a passagem do fungo de uma árvore para outra. Em 1934, o mal das folhas já tinha assolado a plantação inteira, deixando quase todas as árvores sem folhas. "Praticamente todos os galhos das árvores em toda a fazenda", disse o biólogo-chefe de Fordlândia, "têm hastes nuas em suas extremidades". Sempre que surgia um broto, era atacado e devorado. Logo as colinas estavam cobertas por árvores esqueléticas ou mudas jovens — e todos sabiam que as mudas morreriam.

Era bem verdade que Ford já recebera um alerta. Outros antes dele se arruinaram. Algo tinha assolado toda a Guiana e o Suriname, matando milhares de plantas e danificando outras. Já se podia entender a razão do

O Monumento à Necessidade

crescimento isolado da hévea na floresta. As árvores não cresciam em grupos compactos porque a vegetação luxuriante era um banquete para o fungo, que se reproduzia num ritmo espetacular e vencia as defesas da árvore. A distribuição esparsa da hévea era a sua melhor proteção. As condições de cultivo em plantação, concebidas para estimular o crescimento, surtiram o efeito contrário e destruíram todas. A investida de Ford na Amazônia estava predestinada ao fracasso.

Para muitos daquela época, este fim parecia impossível, tamanha era a aceitação do mito da invencibilidade de Ford. Em 1932, quando Ford ainda ousava sonhar com uma utopia amazônica, um jornalista alemão visitou Fordlândia. "Henry Ford ainda não viu fracassar nenhum de seus grandes planos", escreveu ele. "Se este der certo, se as máquinas e os tratores conseguirem abrir uma brecha na grande muralha verde da selva amazônica, se Ford plantar milhões de seringueiras onde não havia nada a não ser a solidão da selva, então a história fantástica da borracha terá um novo e grande capítulo. Está começando uma luta nova e titânica entre a natureza e o homem moderno." Os alemães tinham resistido ao embargo da borracha na Primeira Guerra Mundial e estavam fascinados pelos esforços mecanizados de "Heinrich Ford", o industrial americano a quem Adolf Hitler mais admirava.

Os países industrializados tinham acordado para o perigo estratégico da dependência de recursos naturais. Esta vulnerabilidade "ameaça não só o progresso sadio do mundo", disse Herbert Hoover, "como contém em si grandes perigos à boa vontade internacional". Muitos acreditavam que se fosse retido um recurso essencial, um estado-nação tinha o direito de chegar e tomá-lo para si. Os japoneses transformaram o argumento abstrato em estratégia quando entraram na guerra por recursos naturais: durante a Segunda Guerra Mundial tomaram dos ingleses os seringais de cultivo orientais.

Em 1942, o presidente Franklin Delano Roosevelt fez o alerta sem rodeios de que "as guerras modernas não podem ser vencidas sem a borracha". Durante a Segunda Guerra Mundial, a borracha se mostrou indispensável para a fabricação de transportes a motor, aviões, submarinos, balões antiaéreos, máscaras de gás, motores elétricos, navios, trens, luzes elétricas, telefones, equipamentos de telégrafo, máquinas de escrever,

O Ladrão no Fim do Mundo

transceptores de rádio, rádios, produtos médicos, mangueiras de incêndio, sapatos, botas, tanques de gasolina à prova de bala, degeladores de asas de aviões, trajes de voo emborrachados, sistemas de bloqueio de lagartas para tanques e veículos semilagartas, barcos infláveis de borracha, mangueiras autosselantes para combustível de aviões, almofadas estofadas com espuma para membros feridos e luvas cirúrgicas. Roosevelt pediu que os americanos se comprometessem com um programa de reciclagem de borracha em larga escala para compensar a perda das plantações do Oriente. Em três anos, a fórmula da borracha sintética foi aperfeiçoada, tornando a borracha crua da hévea, ao menos por um tempo, tão obsoleta quanto a *Pará fine*.

Antes disso, porém, Henry Ford percebera que jamais seria o rei de um império americano da borracha. Não faria por seu país o que Wickham fizera pela Inglaterra. Em 1934, depois que o fungo *Dothidella* destruíra seu sonho, ele permutou 1/3 de sua propriedade em Fordlândia por um novo local 48 quilômetros mais próximo da foz do Tapajós, que batizou de Belterra. Ele abandonou todas as operações essenciais em Fordlândia, determinando que fosse uma "estação de pesquisa". Belterra foi projetada em quadrados, e o cultivo prosseguiu lentamente. Em 1937, 12 mil acres estavam desmatados e plantados com 2,2 milhões de mudas. Em 1941, este número subiu para 3,6 milhões. Mas em 1942, a colheita rendeu apenas 750 toneladas de borracha, uma pequena fração da produção de 45 mil toneladas da Amazônia no auge do boom. Em 1945, depois de gastar 10 milhões de dólares, Ford vendeu tudo ao Brasil por 500 mil dólares.

A natureza vencera.

O medo da biopirataria que hoje assombra o Brasil é um legado do sonho de Henry Wickham. Acredita-se que a floresta tropical amazônica abriga 40% de todas as espécies animais e vegetais da Terra, muitas ainda desconhecidas, enquanto madeireiros e fazendeiros desmatam a floresta a um ritmo de seis campos de futebol por minuto. Contudo, a procura por novas espécies — e o desenvolvimento de novos medicamentos a partir delas — é dificultada pela desconfiança entre os brasileiros de que a floresta tropical está repleta de biopiratas recolhendo amostras de folhas, sementes e sangue de animais. Thomas Lovejoy, o cientista americano a quem se atribui a divulgação mundial do desmatamento da Amazônia nos anos 1980, foi acusado de ser um agente da CIA enquanto fazia pesquisas na

O Monumento à Necessidade

floresta tropical para o Smithsonian Institute. Marc van Roosmalen, pesquisador holandês que descobriu vinte novas espécies de macacos, foi acusado de tentar contrabandear primatas quando foram encontrados 27 macacos raros em sua casa em Manaus. Apesar de van Roosmalen insistir que estava estudando os animais, o processo demonstrava a transformação de amigos da floresta em inimigos. O general Luiz Gonzaga Schroeder Lessa, ex-chefe do Comando Militar da Amazônia, afirmou que coletores disfarçados de missionários ou cientistas estavam roubando amostras biológicas. Eduardo Braga, governador do estado do Amazonas, alertou que os estrangeiros planejavam "tirar de nós nossa fauna e flora". Até mesmo os cientistas brasileiros sentem a pressão. "Praticamente desisti por completo", disse Paulo Buckup, professor de ictiologia da Universidade Federal do Rio de Janeiro, que coleta peixes fluviais para pesquisa. "O Brasil perdeu a capacidade de controlar seus próprios recursos porque não sabe o que tem."

✖

Fordlândia ainda permanece ao longo do rio. É uma cidade-fantasma, escassamente povoada. Em outubro de 2005, fiz uma viagem rio Tapajós acima e desci na língua de terra que o velho Franco vendeu por todo o dinheiro do mundo. O gado zebu, importado da Índia por causa da resistência aos mosquitos, vaga pelas ruas empoeiradas. A Vila Americana ainda persiste na colina. A fileira de casas brancas e verdes acompanha a rua sombreada, mas os únicos moradores são morcegos frugívoros e aranhas-de-alçapão. O hospital de ponta transportado de Michigan está deserto. Pelo chão estão espalhados frascos quebrados e prontuários de pacientes. Uma enorme oficina mecânica abriga uma ambulância dos anos 1940, hoje sem rodas e suspensa em blocos. O armazém à beira do rio, construído para guardar folhas enormes de borracha processada, abriga seis caixões vazios dispostos em círculo em volta das cinzas de uma pequena fogueira.

Uns poucos velhos veteranos da era Ford ainda permanecem na cidade empoeirada. As ruas de terra sobem em direção à encosta vermelha da colina. O caminho mais rápido para subir é também o mais acidentado, no aperto do único táxi da cidade, um Toyota Corolla velho da cor de ferrugem. Apesar de a porta do carona estar presa por um arame e as jane-

O Ladrão no Fim do Mundo

las estarem travadas, "isso não importa", disse o dono, "porque mesmo assim o carro roda". No topo da colina mora Biamor de Sousa Pessoa, cujo pai foi um seringueiro da empresa. Hoje com 75 anos, ainda consegue se lembrar dos sons da clarineta tocados entre as dez e dez e meia da manhã para chamar os seringueiros dos campos. Era um som misterioso e inesquecível, disse ele, algo antigo que saía da floresta e ficava como uma neblina sobre as árvores jovens. Dona Olinda Pereira Branco mora perto dele e é ainda mais velha. Em 2005 ela tinha 92 anos e ainda conseguia se lembrar de receber por cada lagarta feia de listras vermelhas que tirou das folhas. A lembrança ainda provoca calafrios. Nenhum brasileiro foi promovido à gerência, disse ela, e isso causava muito ressentimento. Alguns americanos morreram de febre, como foi o caso de muitos brasileiros, mas nenhum dos chefes americanos foi enterrado em Fordlândia. "Tinha chefe para tudo", ela se lembrou. Fez uma pausa e olhou pela janela. "Chefes demais", disse.

E as milhares de seringueiras que cobriam as colinas tantos anos atrás? Ela sorriu e acenou negativamente com a cabeça. Até pouco tempo atrás, persistiam algumas das velhas gigantes. "Mas estavam apodrecendo e começaram a cair. Então tivemos que cortá-las."

Duas décadas se passariam antes que novos empreendedores ousassem enfrentar a selva mais uma vez. Na ocasião, cometeram os mesmos erros, mas em escala bem maior. Em 1967, o bilionário americano e magnata do transporte marítimo Daniel K. Ludwig comprou 1,6 milhão de acres de terra na Amazônia ao longo dos rios Jari e Paru por 3 milhões de dólares, e depois expandiu para 3,7 milhões de acres, uma área equivalente à metade da Bélgica. Na expectativa de esgotar o suprimento mundial de celulose, desmatou 250 mil acres da floresta tropical e plantou a *Gmelina arborea*, uma espécie de rápido crescimento proveniente da Birmânia — a sua própria "árvore milagrosa". Trouxe em uma barcaça uma fábrica pré-montada de celulose da altura de um prédio de 17 andares, feita no Japão. Ele também previa impérios de pecuária e mineração, a maior plantação de arroz do mundo e subúrbios modernos na selva. Construiu um povoado, Monte Dourado, com casas, escolas, creches, pontes e centros comunitários. Com dinheiro suficiente, achava ele, qualquer lugar podia ser civilizado.

O Monumento à Necessidade

Em vez disso, criou uma terra devastada. Seus equipamentos pesados de desmatamento rasparam e compactaram o solo, repetindo os mesmos erros de Ford. A *Gmelina* transplantada crescia mais lentamente do que em seu ambiente nativo, e a polpa tinha de ser complementada com madeira local — que ele antes julgara inútil. Ele substituiu suas plantações de *Gmelina* por eucalipto e pínus, igualmente frustrantes. Embora a fábrica processasse a polpa, nunca foi o bastante para ser lucrativo, e o sonho de Ludwig começou a perder o vigor. Os trabalhadores contraíam malária e os insetos destruíam a madeira e os suprimentos. Após 14 anos, Daniel Ludwig deu-se por vencido, perdendo cerca de 2/3 de um bilhão de dólares por cometer os mesmos erros de Ford.

Hoje é a soja que impulsiona estes sonhos. Em 2003, a Cargill Inc., a gigante de Minneapolis das commodities, abriu um novo terminal de soja de 20 milhões de dólares no rio, em Santarém. O calado no porto do Amazonas é de 12 a 17 metros, profundo o bastante para carregar diretamente embarcações transatlânticas e evitar a transferência da carga depois que o navio chega ao mar. A Cargill estava certa de que o Brasil asfaltaria o intransitável caminho de pedras e lama de 1.700 quilômetros, chamado de forma otimista de BR-163. Isso abriria o porto do Amazonas para os vastos campos de soja ao sul que cobrem o estado do Mato Grosso. Durante a colheita de 2003 e 2004, o Brasil exportou 20,5 milhões de toneladas de grãos de soja, sendo o segundo maior exportador do mundo, atrás dos Estados Unidos, que exportaram 24,5 milhões de toneladas. O Brasil esperava ocupar a primeira posição: os produtores dos Estados Unidos já tinham usado todas as suas terras, mas o Brasil tem milhões de acres de selva amazônica que podem ser desmatados.

Em março de 2007, o governo federal fechou a fábrica da Cargill por descumprir as leis ambientais, mas então o estrago já estava feito. Dezenas de milhares de acres ao redor de Santarém haviam sido desmatados para o cultivo de arroz e soja, em uma região que já perdera 20% de suas árvores para os madeireiros. Não choveu nem uma só vez em Santarém durante minha viagem, e apenas uma vez no sul, próximo de Fordlândia. Um dia sem chuva na Amazônia é extremamente raro, mesmo durante a estação "seca". Os moradores mais antigos disseram que era a maior seca da qual se lembravam nos últimos cinquenta anos. A poucas centenas de quilômetros a oeste no Amazonas, o nível da água baixou de maneira sem precedentes, fechando portos e impedindo o tráfego fluvial, o que resultou em uma declaração de estado de emergência. O mecanismo do clima da selva parecia estar avariado, e até mesmo os amazonenses mais resistentes pareciam estar com medo. O sonho de riqueza mais recente pode ter tomado o mesmo caminho de Fordlândia, mas desta vez algo essencial à saúde da região parecia também estar indo com ele.

Há um velho provérbio, que as pessoas quase sempre dizem balançando a cabeça em sinal de pessimismo: "Deus é grande, mas o mato é maior." Os brasileiros também dizem: "Deus vê a verdade, mas às vezes esquece", mas a selva nunca esquece. De um modo ou de outro, a natureza sempre vence.

Henry Wickham poderia ter lhes alertado sobre tudo isso — aos profetas da soja, a Daniel Ludwig e a Henry Ford. Um homem nunca é maior do que a selva, não importa qual seja o seu valor em seu lugar de origem. Mas Henry também entendeu a obsessão que eles tinham. Havia algo na selva que impelia um homem para além de toda a razão: perseguia o Eldorado até que a febre o matava, até que estivesse enfraquecido e humilhado, até que suas obsessões tivessem destruído todos que ousaram acreditar em seus sonhos. Era uma escravidão diferente de qualquer outra coisa na Terra, pois o próprio homem forjava os grilhões. Joseph Conrad a sentiu, no local de outra loucura pela borracha na outra metade do mundo. "A corrente escura fluía rapidamente do coração das trevas e nos levava em direção ao mar", escreveu ele em sua obra mais famosa. A única esperança era deixar a selva e ir para o horizonte distante do oceano.

Porém, uma vez seduzido, nunca se libertava.

APÊNDICE I

Produção mundial de borracha
1905-1922 (porcentagem)

Ano	Borracha de cultivo	Borracha nativa
1905	0,3	99,7
1906	0,9	99,1
1907	1,7	98,3
1908	2,7	97,3
1909	4,6	95,4
1910	9	91
1911	17,4	82,6
1912	29	71
1913	45	55
1914	60,4	39,6
1915	67,6	32,4
1917	79,6	20,4
1918	83,1	16,9
1919	87,4	12,6
1920	89,3	10,7
1921	92	8
1922	93,1	6,9

Fonte: James Cooper Lawrence, *The World's Struggle with Rubber* (A luta do mundo com a borracha). Nova York & London: Harper & Bros., 1931, p. 31.

APÊNDICE II

Demanda mundial de borracha em 1922
(estimativa conservadora em toneladas)

Estados Unidos	290.000
Reino Unido	15.000
Canadá	10.000
França	25.000
Alemanha	25.000
Japão	15.000
Austrália	4.000
Rússia	3.000
Itália	5.000
Espanha	3.000
Outros	5.000
Total	**400.000**

Fonte: Harvey S. Firestone. *America Should Produce Its Own Rubber* (A América deve produzir sua própria borracha). Akron, Ohio: Harvey S. Firestone, 1923, p.13.

APÊNDICE III

Cotações de preço da borracha bruta em Nova York
(preço por libra)

Ano	Preço de mercado	
	Mínimo	*Máximo*
1890	0,73	0,74
1900	0,92	0,98
1905	1,18	1,33
1909	1,26	2,22
1910	1,34	3,06
1911	1,08	1,74
1912	0,98	1,38
1913	0,48	1,09
1914	0,47	0,72
1915	0,475	0,99
1916	0,995	1,03
1917	0,535	0,81
1918	0,49	0,62
1919	0,38	0,58
1920	0,16	0,55
1921	0,12	0,21
1922	0,14	0,295

Fontes: Bradford L. Barham e Oliver T. Coomes. "Prosperity's Promise: The Amazon Rubber Boom and Distorted Economic Development", *Dellplain Latin American Studies*, nº 34, David J. Robinson (ed.). Boulder, Colorado: Westview Press, 1996, p. 31; Harvey S. Firestone. *America Should Produce Its Own Rubber.* Akron, Ohio: Harvey S. Firestone, 1923, p. 17.

NOTAS

Prólogo: O sonho de Henry

Nas profundezas da floresta crescia uma árvore com o poder de trazer a ruína
Vários mitos indígenas da Árvore da Vida na floresta tropical da América do Sul foram resumidos e comparados por Claude Lévi-Strauss em *O cru e o cozido*, volume 1, da série Mitológicas, Cosac Naify, 2004; publicado pela primeira vez na França como *Le Cru et le Cuit*. Librairie Plon, 1964.

e onde outro naufragou e seu capitão se matou com um tiro na cabeça Henry C. Pearson. *The Rubber Country of the Amazon: a detailed description of the great rubber industry of the Amazon Valley, which comprises the Brazilian states of Pará, Amazonas and Mato Grosso, the territory of the Acre, the Montana of Peru and Bolivia, and the southern portions of Colombia and Venezuela*, Nova York: India Rubber World, 1911, p. 18-19; e também disponível para leitura e cópia em http://www.archive.org/details/rubbercountryofa00pearrich.

a vazão aumentava para 165 mil metros cúbicos Alex Shoumatoff, *The Rivers Amazon*, São Francisco, Sierra Club Books, 1908, p. 89.

"O mau cheiro das carcaças em decomposição era tão forte" Richard Spruce, *Notas de um botânico na Amazônia*, Itatiaia, 2006.

Em 1914, Detroit teve uma demanda de 1,8 milhão de pneus "Automobiles and Rubber: How the Automobile, and Especially Ford Cars, Has Revolutionized the Rubber Industry", *Ford Times*, julho de 1914, vol. 7, nº 10, p. 473.

"utopia agroindustrial [...] um pé na indústria e outro na terra" John Galey. "Industrialist in the Wilderness: Henry Ford's Amazon Adventure", *Journal of Interamerican Studies and World Affairs*, vol. 21, nº 2, maio de 1979, p. 273.

"Um milhão de chineses no setor da borracha do Brasil" Carl LaRue é citado por Susanna Hecht e Alexander Cockburn em *The Fate of the Forest: Developers, Destroyers and Defenders of the Amazon*, Nova York, Harper Perennial, 1990, p. 97.

a comprar a concessão de Villares por 125 mil dólares Hecht e Cockburn, *The Fate of the Forest*, p. 98.

o velho Franco Entrevista com Cristóvão Sena, historiador regional da borracha, em Santarém, Pará, Brasil, em 18 de outubro de 2005.

"Embora possa existir uma divergência de opiniões" Roger D. Stone, *Sonhos da Amazônia*, Rio de Janeiro, Editora Guanabara, 1986.

Notas

rumores de um suborno começaram a manchar o empreendimento Hecht e Cockburn, *The Fate of the Forest*, p. 98. Jamais se registrou uma denúncia formal contra LaRue, mas o professor de Michigan teria sido a escolha natural para comandar a plantação. Contudo, depois da compra, Ford supostamente nunca mais teve contato com La-Rue, apesar de tentativas de diálogo por parte do professor.

"praticamente todos criariam raízes" Hecht e Cockburn, *The Fate of the Forest*, p. 99.

Um artigo publicado em 1976 no jornal The Times Michael Frenchman, "Unique Link with Amazon", *Times* (Londres), nº 59.694, 3 de maio de 1976, p. 2, col. 6.

Um turista de navio de cruzeiro inglês afirmou recentemente Entrevista com o guia Gil Serique, em Santarém, Pará, Brasil, em 15 de dezembro de 2005.

Capítulo 1: O filho afortunado

"Vou te contar no que eu acredito" Joseph Conrad, "O Plantador de Malata", em *Dentro das marés,* Rio de Janeiro: Editora Revan, 2004, publicado pela primeira vez na *Empire Magazine* em janeiro de 1914, e depois como uma novela na coleção *Within the Tides*, em Londres em 1915.

"uma ilha abarrotada, onde as cidades e as vilas se espremem umas contra as outras" John Cassidy, "The Red Devil", *New Yorker*, 6 de fevereiro de 2006, p. 48.

"província repleta de casas", "um estado" Lynda Nead., *Victorian Babylon: People, Streets and Images in Nineteenth-Century London*, New Haven, Yale University Press, 2000, p. 15.

"Ninguém jamais compreenderá a Inglaterra vitoriana" John Gardiner, *The Victorians: An Age in Retrospect*, Londres, Hambledon and London, 2002, p. 4.

"Para eles [...] o império era exótico e indistinto" Gardiner, *The Victorians*, p. 6.

"nenhuma necessidade de que a enchessem de ar" Anthony Smith, *Os conquistadores do Amazonas*, São Paulo, Editora Círculo do Livro, 1994.

"de *batey* a *Pok-a-tok*" Peter Mason, *Cauchu, the Weeping Wood: A History of the Rubber*, Sydney, Austrália, The Australian Broadcasting Commission, 1979, p. 15.

O inglês Joseph Priestley, descobridor do oxigênio Priestley deu o nome à borracha no prefácio de seu *Familiar Introduction to the Theory and Practice of Perspective*, de 1770, e foi citado por Howard Wolf e Ralph Wolf em *Rubber: A Story of Glory and Greed*, Nova York, Covici-Friede Publishers, 1936, p. 288-89.

"todos os tipos de couro, algodão, linho e roupas de lã, artigos de seda, papel e madeira" O pedido de patente de Peal é citado em Wolf e Wolf, *Rubber: A Story of Glory and Greed*, p.289.

"perfeitamente impermeáveis" Ibid., p. 269.

Em 1827, a primeira mangueira de borracha foi usada para apagar um incêndio Ibid., p. 295.

"paladar ruim" Ibid.

"instrumento nas mãos de seu Criador" Ibid., p. 300.

O Ladrão no Fim do Mundo

"Quando eu era estudante" Ibid., citação do livro *Gum Elastic,* de Charles Goodyear.

"A qualidade mais marcante desta goma é a sua elasticidade maravilhosa" Ibid., citação do livro *Gum Elastic,* de Goodyear, p. 299.

"um desses acontecimentos nos quais a mão condutora do Criador" Ibid., p. 311.

A mãe, Harriette Johnson Esta informação e as outras subsequentes sobre a família de Wickham vêm de duas fontes principais: Edward V. Lane, "The Life and Work of Sir Henry Wickham: Part I – Ancestry and Early Years", *India Rubber Journal* 125, 5 de dezembro de 1953, p. 962-65; e Anthony Campbell, "Descendants of Benjamin Wickham, a Genealogy", publicado pelo autor em 30 de janeiro de 2005.

lutaram e governaram na Revolução Americana Campbell, "Descendants of Benjamin Wickham", citando os Barlow Genealogy Papers, "manuscritos não publicados em posse de A. S. C. (Sallie) Campbell, nascida em 1931".

"paróquia metropolitana mais rica e populosa" De "St. Marylebone: Description and History from *1868 Gazetteer*", em *Genuki: St. Marylebone History*, http://homepages.gold.ac.uk/genuki/MDX/StMarylebone/StMaryleboneHistory.html.

Sete anos depois, em 1845, ele se casou com Harriette Talvez tenham se casado em Mutthill, perto de Crieff, em Perthshire, onde o cunhado de Henry Wickham, Alexander Lendrum (1811-1890), era pastor da Igreja Episcopal escocesa. Muitas das histórias da família parecem ter sido passadas por meio dos Lendrum, especialmente porque Henry e Violet não tiveram filhos. Supõe-se que foi por meio dos Lendrum que Edward Valentine Lane coletou muitas das histórias não documentadas das aventuras de Wickham. Como a mãe e o pai de Wickham se casaram antes de o registro legal ser decretado na Escócia, parece não haver registro do casamento deles. Campbell, Anthony, "Descendants of Benjamin Wickham, a Genealogy", publicado pelo próprio autor, 30 de janeiro de 2005, p. 3.

Na época, os Wickham estavam bem instalados no campo As informações sobre Hampstead Heath e Haverstock Hill foram extraídas das seguintes fontes: "Genuki: Hampstead History, Description and History from *1868 Gazetteer*", http://homepages. gold.ac.uk/genuki/MDX/Hampstead/HampsteadHistory-html; "Finchley Road and Haverstock Hill", www.gardenvisit.com/travel/london/finchleyroadhaverstockhill.html e "Genuki: Middlesex, Hampstead", http://homepages.gold.ac.uk/genuki/MDX/Hampstead/index.html. Aparentemente, a urbanização de Haverstock Hill e Hampstead Heath se deu de uma maneira surpreendentemente moderna: um proprietário dividia sua propriedade em lotes e então os especuladores construíam casas, ou pelo menos dois modelos diferentes de casas, e promoviam as vantagens de se morar em subúrbios saudáveis. Pode-se encontrar detalhes nos seguintes sites: "Hampstead: Social and Cultural Activities/ British History Online", www.british-history.ac.ukreport.asp?compid-22645; "Hampstead: Chalcots/British History Online, Ibid.; "Hampstead–MDX ENG", http://privatewww.essex.ac.uk/~alan/family/G-Hampstead.html; e "Genuki: Hampstead History", http://homepages.gold.ac.uk/genuki/MDX/Hampstead/HampsteadHistory.html.

Notas

Algumas cortesãs ricas construíram casas de repouso Dan Cruikshank, "The Wages of Sin", em BBC Online-History, www.bbc.co.uk/history/programmes/zone/georgiansex.shtml.

"subida aberta e arejada de Hampstead" *Lancet*, 5 de novembro de 1881, citado em "Sanitation, Not Vaccination the True Protection Against Small-Pox", www.whale.to/vaccine/tcbbl.html.

"ocupado pela classe mais baixa da sociedade" Pamela K. Gilbert, *Mapping the Victorian Social Body*, Albany, NY, State University of New York Press, 2004, p. 92.

"casas em estado deplorável com janelas quebradas [e] fome nos becos" Dickens é citado em Gilbert, *Mapping the Victorian Social Body*, p. 92.

A própria área de Hampstead era um centro urbano "Genuki: Hampstead History", http://homepages.gold.ac.uk/genuki/MDX/Hampstead/HampsteadHistory.html.

daria à luz no verão John Joseph Edward Wickham, o terceiro filho de Henry e Harriette Wickham, nasceu em Croydon, Surrey, em 1850, de acordo com o censo de 1871. Citado em Campbell, "Descendants of Benjamin Wickham", p. 6 e 14, f. 42.

Fitzroy Road em Marylebone O censo de 1871 é citado em Campbell, "Descendants of Benjamin Wickham", p. 5-6.

"montou um negócio de chapelaria não muito bem-sucedido na Sackville Street" Edward V. Lane, "The Life and Work of Sir Henry Wickham: Part I – Ancestry and Early Years", p. 15. Lane é o único historiador a escrever extensivamente sobre Wickham, e o fez em uma série de nove partes cobrindo sua vida, em 1953 e 1954, em um periódico comercial chamado *India Rubber Journal*. Infelizmente, de acordo com o costume da época, ele não citou fontes. É óbvio que grande parte de seu material tem como fonte os dois trabalhos de Wickham e também as memórias de Violet Wickham. Muito do que é citado, entretanto, provavelmente foi obtido por meio de sobreviventes da família estendida. Lane escreveu trinta anos após a morte de Wickham, e embora não o diga explicitamente, ainda havia pessoas vivas que conheceram Wickham pessoalmente.

o caso de uma chapeleira pobre de 72 anos de idade Jack London, *O povo do abismo: Fome e miséria no coração do Império Britânico*, São Paulo, Editora Fundação Perseu Abramo, 2004, publicado pela primeira vez na Inglaterra em 1903. A economia do ramo da chapelaria é discutida no livro *Women of Victorian Sussex – Their Status, Occupations, and Dealings with the Law, 1830-1870*, de Helena Wojtczak; analisado na página "Female Occupation C19th Victorian Social History", em www.fashion-era.com/victorian_occupations_wojtczak.htm.

"Henry Alexander, sem contar com a orientação de um pai" Lane, "The Life and Work of Sir Henry Wickham: Part I – Ancestry and Early Years", p. 16.

"a violação dos olhares" Lynda Nead, *Victorian Babylon: People, Streets and Images in Nineteenth-Century London*, New Haven, Yale University Press, 2000, p. 62-65.

Juntamente com a construção, ergueram-se as vozes dos críticos Lytton Strachey, *Rainha Vitória*, Rio de Janeiro, Editora Record, 2001, publicado pela primeira vez em Londres em 1921.

O Ladrão no Fim do Mundo

"abelhas-operárias da colmeia do mundo" Asa Briggs, *Victorian People*, Londres, B. T. Batsford, 1988, p. 41.

"indústria e habilidade, os países descobririam uma nova irmandade" Briggs, *Victorian People*, p. 41.

"uma maravilha vegetal" Susan Orlean, *O ladrão de orquídeas: Uma história real sobre beleza e obsessão*, Rio de Janeiro, Editora Rocco, 2001.

gastavam-se fortunas inteiras em quarenta tulipas raras Charles Mackay, *Ilusões populares e a loucura das massas*, Rio de Janeiro, Ediouro, 2001, publicado pela primeira vez em 1841.

"o *maior* dia de nossa história" Strachey, *Rainha Vitória*, citando *The Letters of Queen Victoria*, vol. 2, p. 317-318.

"raças estranhas e abandonadas" O livro *The Wild Tribes of London*, do jornalista Watts Phillips, é citado no de John Marriott, *The Other Empire: Metropolis, India and Progress in the Colonial Imagination*, Manchester e Nova York, Manchester University Press, 2003, p. 122.

"um choque de conflitos, de homens contra homens" Charles Booth, *Charles Booth's London*, Albert Fried e Richard Ellman (eds.), Londres, Hutchinson, 1968, p. 37.

"há uma batalha severa pela vida" Charles Booth, *Charles Booth's London*, p. 207.

Capítulo 2: A natureza pertence ao homem

os exploradores desse período eram vistos como modestos funcionários do governo no exercício de suas obrigações Robert A. Stafford, "Scientific Exploration and Empire", em *The Oxford History of the British Empire: The Nineteenth Century*, Andrew Porter (ed.), vol. 3, Oxford, Oxford University Press, 1999, p. 307.

"desalentam o coração e transmitem uma sensação de solidão" MacGregor Laird e R. A. K. Oldfield, *Narrative of an Expedition into the Interior of Africa by the River Niger*, 2ª ed., 2 vols., Londres, 1837, vol. 1, p. 181.

A taxa de mortalidade entre os europeus recém-chegados à costa africana era de trezentos a setecentos em cada grupo de mil Philip D. Curtin, "The White Man's Grave: Image and Reality, 1780-1850", *Journal of British Studies*, vol. 1, novembro de 1961, p. 95.

durante o reinado da rainha Vitória era o medicamento antipalúdico mais poderoso conhecido do homem O quinina está de novo voltando à moda com o aumento recente de novas cepas de malária resistentes às drogas sintéticas de produção mais ampla.

A cinchona pertence à família das rubiáceas O nome da cinchona tem origem na história da condessa de Chinchón, que mais tarde se mostrou ser suspeita, pois a época real de sua estadia no Peru não correspondia ao período descrito na história. Entretanto, a fantasia geralmente prevalece sobre os fatos, especialmente quando um anjo de misericórdia está envolvido. Desde então, as grafias de seu nome, Chinchón, e a da árvore (cinchona) têm sido confundidas, especialmente pelos ingleses, conforme veremos. A história é narrada no livro de Anthony Smith, *Os conquistadores do Amazonas*, São Paulo,

Notas

Círculo do Livro, 1994; e no de Charles M. Poser e George W. Bruyn, *An Illustrated History of Malaria*, Nova York, Parthenon, 1999, p. 78.

as florestas montanhosas da Colômbia, do Peru, do Equador e da Bolívia Uns poucos membros da espécie vivem nas regiões montanhosas do Panamá e da Costa Rica, mas o teor alcaloide de suas cascas não é tão alto quanto o dos que vivem nos Andes.

"com tudo que era essencial para as necessidades dos homens" *Economic Botany*, de T. W. Archer, livro de grande influência para sua época e que parecia refletir a visão que Kew tinha de sua missão, é citado no livro de Richard Drayton, *Nature's Government: Science, Imperial Britain, and the "Improvement" of the World*, New Haven, CT, Yale University Press, 2000, p. 198.

"passam pela vida como se estivessem em um sonho" O botânico Gustav Mann é citado por Drayton em *Nature's Government*, p. 233.

"a simples existência das colônias [tropicais] como comunidades civilizadas" Ibid., p. 233-234.

"de impedir a utilização dos imensos recursos naturais" Benjamin Kidd é citado por Drayton em *Nature's Government*, p. 233.

"a pátria-mãe em tudo o que fosse proveitoso" William J. Bean, *The Royal Botanic Gardens, Kew: Historical and Descriptive*, Londres, Cassell, 1908, p. xvii.

"fundação de novas colônias" Ibid.

Em 1854, Hooker podia se gabar Drayton, *Nature's Government*, p. 195.

"essencial para um grande país comercial" Ibid.

Em 1830, a Inglaterra importou 211 quilos Warren Dean, *A luta pela borracha no Brasil*, São Paulo, Livraria Nobel, 1989.

o Brasil estava se tornando o centro mundial Ibid.

"na Jamaica e nas Índias Orientais" Thomas Hancock é citado em "On Rubber", *Gardener's Chronicle*, vol. 19, 1855, p. 381.

"prestar toda a assistência que estivesse em seu poder a quem se dispusesse a fazer a tentativa" Ibid.

de encolher menos durante o transporte A água do látex curado tem a tendência a secar durante o transporte de navio, frequentemente a taxas consideráveis. Este encolhimento ocorreu no caso da *Pará fine* até no máximo entre 15% e 20%, porém, até 42% no caso das outras espécies ou das de grau inferior.

"guta-percha" Embora os termos *India rubber* e *guta-percha* tenham sido usados em inglês de maneira igual, portanto confundindo a todos, a revista *Scientific American* de 22 de janeiro de 1860 descreveu a guta-percha como "semelhante, mas inferior" à variedade amazônica. As duas tinham muitas características químicas em comum quando vulcanizadas, e as duas gomas tinham uma composição química de 7/8 de carbono e 1/8 de hidrogênio, mas a guta-percha continha também o oxigênio, ao contrário da *Pará fine*. Em função de umidade, calor e tempo, especialmente durante o transporte por navio, a guta-percha não vulcanizada deteriorava rapidamente, ficando descolorada e depois quebradiça, e por fim virava pó.

O Ladrão no Fim do Mundo

Os holandeses já estavam preparando uma campanha para obter e controlar a cinchona Em 1853 e 1854, os holandeses em Java agiram primeiro: Justus Charles Hasskarl, superintendente do Buitzenzorg Garden, viajou disfarçado para a América do Sul para coletar sementes.

"de forma irritante destinados a um alto cargo" Smith, *Os conquistadores do Amazonas*.

"As minhas qualificações para a tarefa" Smith, *Os conquistadores do Amazonas*; Donovan Williams, "Clements Robert Markham and the Introduction of the Cinchona Tree Into British India, 1861", *Geographical Journal*, vol. 128, dezembro de 1962, p. 433.

demonstração de entendimento aguçado Donovan Williams, "Clements Robert Markham and the Introduction of the Cinchona Tree Into British India, 1861", *Geographical Journal*, vol. 128, dezembro de 1962, p. 433.

"estufa dupla" Drayton, *Nature's Government*, p. 208.

"a inveja tacanha" Donovan Williams, "Clements Robert Markham and the Introduction of the Cinchona Tree Into British India, 1861", *Geographical Journal*, vol. 128, dezembro de 1962, p. 434.

"todos os funcionários das repartições do governo são trocados a cada revolução" Williams, "Clements Robert Markham and the Introduction of the Cinchona Tree Into British India, 1861", p. 435.

"Tem a consistência de um creme bom" Richard Spruce, *Notas de um botânico na Amazônia*, Itatiaia, 2006.

"É um erro grosseiro achar que nos trópicos a vegetação abundante" Alfred Russel Wallace, *Viagens pelos rios Amazonas e Negro*, Belo Horizonte e São Paulo, Itatiaia/Edusp, 1979, citado por Roy Nash em *A conquista do Brasil*, São Paulo, Companhia Editora Nacional, 1950, publicado originalmente em 1926.

"Muitas vezes lamentei o fato de a Inglaterra" Richard Spruce é citado por Peter Mason em *Cauchu, the Weeping Wood: A History of Rubber*, Sydney, Austrália, Australian Broadcasting Commission, 1979, p. 31.

"Morra, cão inglês" Richard Spruce, *Notas de um botânico na Amazônia*, Itatiaia, 2006.

"Mas durante a noite [...] todos ficaram gloriosamente bêbados e estouraram as bolas" Spruce, *Notas de um botânico na Amazônia*, Itatiaia, 2006.

O secretário de Estado de sua majestade para a Índia confiou ao honorável Richard Spruce Anthony Smith, *Os conquistadores do Amazonas*.

"muito competente e meticuloso" A descrição que Clements Markham fez de Robert Cross é citada por Smith em *Os conquistadores do Amazonas*.

"As coisas por aqui estão em uma situação muito instável" Spruce é citado por Victor Wolfgang Von Hagen em *A América do Sul os chamava: Explorações dos grandes naturalistas: La Condamine, Humboldt, Darwin e Spruce*, São Paulo, Melhoramentos, 1956.

"Tenho motivos para agradecer aos céus" Smith, *Os conquistadores do Amazonas*.

Notas

"fazia perecer qualquer coisa em seu caminho" Edward J. Goodman, *The Explorers of South America*, Nova York, Macmillan, 1972, p. 291.

"Veja como aquele homem está rindo de nós." A história que o peregrino contou a Spruce é narrada por Von Hagen em *A América do Sul os chamava*.

Capítulo 3: O Novo Mundo

"Tenho passeado sozinho" Charles Darwin é citado por Anthony Smith em *Os conquistadores do Amazonas*, São Paulo, Círculo do Livro, 1994.

"o perfume bom e suave das flores e das árvores" Cristóvão Colombo é citado por José Pedro de Oliveira Costa em "History of the Brazilian Forest: An Inside View", *The Environmentalist*, vol. 3, nº 5, 1983, p. 50.

uma mulher sedutora chamada Xtabay, encantadora e ao mesmo tempo sinistra Ronald Wright, *A Short History of Progress*, Nova York, Carroll & Graf, 2004, p. 81.

"os seus vários desenhos a bico de pena" Lane, "The Life and Work of Sir Henry Wickham: I – Ancestry and Early Years", p. 15.

"artista viajante" O censo de 1871 é citado por Campbell em "Descendants of Benjamin Wickham", p. 5-6.

"na qual todas as classes da sociedade aceitam com alegria o destino" Lorde Palmerston é citado por Briggs em *Victorian People*, p. 98.

"De todas as fontes de renda, a vida de um fazendeiro é a melhor" A obra *Dos Deveres* de Cícero é citada por Stuart B. Schwartz em *Segredos internos: Engenhos e escravos na sociedade colonial, 1550-1835*, São Paulo, Companhia das Letras, 1995.

"típica de sua geração, quando o espírito pioneiro, movido pelo desejo" Lane, "The Life and Work of Sir Henry Wickham: I – Ancestry and Early Years", p. 16.

"se dissessem que tinha 1,85 metro" Ibid., p. 16.

"energia ilimitada" e de seu "ar de indolência e despreocupação" Ibid.

"que nem a boca, o nariz, os olhos" Nicholas Rogers, "Caribbean Borderland: Empire, Ethnicity, and the Exotic on the Mosquito Coast", *Eighteenth-Century Life*, vol. 26, nº 3, outono de 2002, p. 117-138.

A presença inglesa informal na Nicarágua *A Document of the Mosquito Nation*, documento assinado em 19 de fevereiro de 1840 entre Robert Charles Frederic, rei na nação dos misquito, e a Inglaterra, a bordo do navio real *Honduras*, com notas. Introdução de S. L. Canger, Royal Commonwealth Society Collection: GBR/ 0115/ RCMS 240/27.

Os ingleses na América Latina não trouxeram apenas armas e dinheiro, mas também ideias Alan Knight, "Britain and Latin America", em *The Oxford History of the British Empire: The Nineteenth Century*, Andrew Porter (ed.), vol. 3, Oxford, Oxford University Press, 1999, p. 125.

"fascinante [...] coroadas com árvores grandes em forma de guarda-chuvas" Henry Alexander Wickham, *Rough Notes of a Journey Through the Wilderness from Trinidad to Pará, Brazil, by Way of the Great Cataracts of the Orinoco, Atabapo, and Rio Negro*, Londres, W. H. J. Carter, 1872, p. 144.

O Ladrão no Fim do Mundo

"borboleta linda" Ibid.

"um lugar totalmente desinteressante em todos os aspectos [...] de uma maneira que era muito aceita" Ibid., p. 146.

"numerosas e lindas, e seus tamanhos variavam, sendo tão grandes quanto um morcego" Ibid., p. 145.

"um barulho de tímpanos" Ibid.

"completamente desnorteado" Ibid., p.146.

"confecções de penas, cortadas e retorcidas em formas estranhas" Asa Briggs, *Victorian People*, Londres, B. T. Batsford, 1988, p. 271, citando a "sra. Hawers", crítica de moda vitoriana e autora de *The Art of Beauty* (1878), *The Art of Dress* (1879) e *The Art of Decoration* (1891).

"Irmã mula, não posso te amaldiçoar" "Moravian Civic and Community Values", http://moravians.org.

"O pequeno chefe parecia ter uma grande afeição por mim" Henry Wickham, *Rough Notes of a Journey Through the Wilderness*, p. 149.

O primeiro rei, conhecido apenas como Velho [...] ou assassinado por um certo "capitão Peter Le Shaw" Extraído de "Mosquitos, A Brief History", www.4dw.net/royalark/Nicaragua/mosquito2.htm.

Abaixando a cabeça, atravessei a pequena vala Henry Wickham, *Rough Notes of a Journey Through the Wilderness*, p. 165.

"se deitava e se levantava de novo com o sol" Ibid., p. 164.

"Ao ser deixado só [...] logo descobri" Ibid.

"extremamente difícil [...] muitas vezes as penas se soltavam, formando uma nuvem" Ibid., p. 167.

"xícara de chá forte" [...] que nunca fora "uma fonte tão grande de prazer quanto em uma ocasião como esta" Ibid., p. 165.

"Foi um bom tempo até eu me acostumar" Ibid., p. 165-166.

"saber que era fácil matá-las" Ibid., p. 166.

"uma infinidade de baratinhas" Ibid., p. 172.

"tão insuportável" Ibid., p. 172-173.

"enquanto dormiam indefesos em suas redes e ficaram muito feridos" Ibid., p. 72.

"aversão singular das formigas à água [...] um pouco de água no começo da fileira" Ibid., p. 171-172.

"a tirou com um leve tapa" Ibid., p.172. Nos anos 1980, quando o zoólogo Kenneth Miyata estava coletando mariposas na parte oeste do Equador, uma dessas formigas caiu pela gola de sua camisa e o picou quatro vezes. "Cada picada foi como se um cravo bem quente estivesse me furando. Meu campo de visão ficou vermelho e me senti tonto." Depois de uma hora de "dor ardente e cegante", Miyata suportou dores nas costas, e um inchaço tão doloroso de seus gânglios linfáticos da axila que por dois dias não conseguia movimentar o braço. Adrian Forsyth e Ken Miyata, *Tropical Nature: Life and Death in the Rain Forests of Central and South America*, Nova York, Scribner's, 1984, p. 108.

Notas

"Não conheço nada que provoque tanto a reflexão" Henry Wickham, *Rough Notes of a Journey Through the Wilderness*, p. 168.

"Primeira Grande Causa de tudo [...] quebrando a quietude incomum" Ibid.

Espanhóis de Honduras Marc Edelman, "A Central American Genocide: Rubber, Slavery, Nationalism, and the Destruction of the Guatusos-Malekus", *Comparative Studies in Society and History*, 1998, vol. 40, nº 2, p. 358.

Castilla elastica, **a principal fonte de látex da Nicarágua** O naturalista inglês Thomas Belt disse que as árvores morreram após serem sangradas porque o besouro arlequim-da-mata (*Acrocinus longimanus*) depositou ovos nos cortes, e as larvas fizeram "buracos grandes nos troncos". Thomas Belt, *The Naturalist in Nicaragua*, Londres, Edward Bumpus, 1888, p. 34, publicado pela primeira vez em 1874.

"não deixando nenhum vivo para contar a história" Henry Wickham, *Rough Notes*, p. 159.

"seus trajes inquestionavelmente leves" Ibid., p. 158.

"honestidade escrupulosa" Ibid., p. 217.

"provavelmente por se lembrar que eu era nada mais que um estrangeiro de uma terra distante de bárbaros" Ibid., p. 202.

"Tenho certeza de que se alguns dos que taxam os índios de raça de preguiçosos" Ibid., p. 215.

"próprio Temple era quase negro" Ibid., p. 181.

"suspenso em uma incerteza psicológica [...] à margem de todas sem pertencer a nenhuma" Everett V. Stonequist, *O homem marginal: Estudo de personalidade e conflito cultural*, São Paulo, Livraria Martins, 1948.

"um contraste à calma da parte do acampamento onde ficavam os índios [...] deixando apenas o comerciante de Blewfields, seu filho e eu" Henry Wickham, *Rough Notes*, p. 181-82.

"estando com sede e sem fome" Ibid., p. 200.

"avançando em suas trilhas encobertas" Ibid., p. 201.

"para o interior" Ibid., p. 198.

"continuaram sua jornada rumo ao norte" Ibid., p. 206.

"Como era a semana do Natal, ele foi dançar à noite" Ibid.

"procedimento de dar náuseas" Ibid., p. 189.

"pouco antes do amanhecer [...] ouvi o choro das mulheres" Ibid., p. 207.

"e ouvi o som de seus remos na água enquanto ainda estava escuro" Ibid.

"ao descer a margem íngreme" Ibid.

"estava pálido e reclamava de estar se sentindo muito mal" Ibid., p. 208.

"emaranhado denso e selvagem de cipós floridos" Ibid., p.194.

"nossos carvalhos, olmos e faias se destacam" Ibid.

"[E]m todos os outros lugares por onde passamos os índios tinham fugido" Ibid., p. 210-211.

"uma visão de grande extensão e beleza" Ibid., p. 224.

"Temple e eu vimos o bastante para nos convencer" Ibid.

O Ladrão no Fim do Mundo

"cozinhavam em um fogão algo que parecia mais com um bife de vaca" Ibid., p. 226.

"me levou até sua sala [...] onde um jantar com bife de vaca e pão já estava sobre a mesa" Henry Wickham, *Rough Notes*, p. 227. Uma boa visão geral dos mineiros da Cornualha pode ser encontrada em "The Cornish in Latin America", www.projects.ex. ac.uk/cornishlatin/anewworldorder.htm; Alan Knight, "Britain and Latin America", em *The Oxford History of the British Empire: The Nineteenth Century*, Andrew Porter (ed.), vol. 3, Oxford, Oxford University Press, 1999, p. 127.

"Eu o reconheci imediatamente" Henry Wickham, *Rough Notes*, p. 229.

"passamos por Kissalala" Ibid., p. 244.

"O missionário estava de pé, com o livro na mão" Ibid., p. 262.

"os homens misquitos certamente teriam sido muito superiores na guerra" Ibid.

"Fiquei surpreso ao encontrar um dia, perto da cabana de Temple" Ibid., p. 282

"[O] capitão lamentou ruidosamente a queda do espírito guerreiro" Ibid., p. 284.

"Era uma visão estranha" Ibid., p. 285.

"As montanhas ao fundo de Porto Bello eram muito lindas" Ibid.

"corriam de um lado a outro" Ibid.

Caminhei por esta linha por certa distância Ibid., p. 286.

Capítulo 4: O rio mortal

"as próprias rochas eram cobertas pelo verde mais intenso" Henry Wickham, *Rough Notes*, p. 3.

Grande Exposição de Aves Cantoras e Falantes Extraído de "Canaries, Singing, and Talking Birds", *Illustrated London News*, 15 de fevereiro de 1868, www.londonancestor.com.

"tudo o que muitos crioulos desfrutavam ao longo das margens do rio" Alfred Jackson Hanna e Kathryn Abbey Hanna, *Confederate Exiles in Venezuela*, Tuscaloosa, AL, Confederate Publishing Co., 1960, p. 31.

Apenas 12.978 se fixaram na Venezuela Ibid., p. 32.

"a intenção principal de sua viagem era estudar o comércio da borracha" Edward V. Lane, "The Life and Work of Sir Henry Wickham: Part II – A Journey Through the Wilderness", *India Rubber Journal*, vol. 125, 12 de dezembro de 1953, p. 17.

"um jovem inglês que me acompanhou" Henry Wickham, *Rough Notes*, p. 4.

Lane o chamava de marinheiro Lane, "The Life and Work of Sir Henry Wickham: Part II – A Journey Through the Wilderness", p. 16.

"inglês pedante e orgulhoso" Howard Wolf e Ralph Wolf, *Rubber: A Story of Glory and Greed*, Nova York, Covici-Friede Publishers, 1936.

"Quanta diferença existe entre a aparência da tripulação de um navio de guerra inglês" Henry Wickham, *Rough Notes*, p. 3.

Notas

"**um exemplar muito refinado de soldado das Índias Ocidentais**" Ibid., p. 4.

"**Nossa pequena embarcação, mais ou menos do tamanho de um barco pesqueiro Margate, contava com uma boa equipe**" Ibid., p. 9.

"**havia atravessado o mar espanhol**" Ibid., p. 10.

"**Dificilmente alguém esperaria encontrar um nível de educação como este**" Ibid.

"**onde a água mais verde do mar**" Ibid., p. 6.

"**remando em desespero como se fosse para salvar a própria pele**" Ibid., p. 7.

"**conheciam um unguento**" Ibid., p. 8.

"**ruas com calçamento rude, mas limpas**" Ibid., p. 16.

"**um agrupamento de tipos diferentes de homens com a aparência mais perversa que acho que já vi**" Ibid., p. 21.

"**uma das últimas pessoas do grupo de colonos do Sul dos Estados Unidos que chegara dois anos antes**" Ibid., p. 19.

Entre 8 mil e 10 mil ex-confederados Lawrence F. Hill, "The Confederate Exodus to Latin America, Part I", *Southwestern Historical Quarterly*, vol. 39, nº 2, outubro de 1935, p. 103.

"**país de ouro e diamante [...] outros inúmeros produtos agrícolas comerciais**" Charles Willis Simmons, "Racist Americans in a Multi-Racial Society: Confederate Exiles in Brazil", *Journal of Negro History*, vol. 67, nº 1, p. 35.

"**os dedos do Destino Manifesto apontassem tanto para o sul**" Simmons, "Racist Americans in a Multi-Racial Society: Confederate Exiles in Brazil", p. 35.

"**a esfera do conhecimento humano [...] de natureza meramente secundária**" John P. Harrison, "Science and Politics: Origins and Objectives of Mid-Nineteenth Century Government Expeditions to Latin America", *Hispanic American Historical Review*, vol. 35, nº 2, maio de 1935, p. 187-192.

Concessão de Price Frank J. Merli, "Alternative to Appomattox: A Virginian's Vision of an Anglo-Confederate Colony on the Amazon, May 1865", *The Virginia Magazine of History and Biography*, 94:2, abril de 1986, p. 216; e Alfred Jackson Hanna e Kathryn Abbey Hanna, *Confederate Exiles in Venezuela*, Tuscaloosa, AL, Confederate Publishing Co., 1960, p. 56.

"**não fora abençoada com um temperamento particularmente amável**" Henry Wickham, *Rough Notes*, p. 21-22.

"**Acredito que o exercício físico é muito mais essencial**" Ibid., p. 16.

"**Um choque de uma enguia pode mandar o banhista**" Ibid., p. 20.

"**Não consigo me lembrar de ter recebido um choque mais terrível que esse**" Humboldt é citado por Anthony Smith em *Os conquistadores do Amazonas*.

"**o pobre Rogers foi ferroado por uma arraia**" Henry Wickham, *Rough Notes*, p. 20.

"**que agia de maneira muito maternal em relação a Rogers**" Ibid., p. 22.

O Ladrão no Fim do Mundo

"pegar e cuidar de meninos errantes de origem duvidosa" Ibid.

"Era muito divertido ver o orgulho que sentiam de ser súditos britânicos" Ibid.

"lancha pequena e rápida construída pelos nativos" Ibid., p. 24.

"Sugeri que explorássemos o Caura" Ibid.

"o tinir de sininhos" Ibid., p. 31.

"Parece que não há de fato muitas lutas" Ibid., p. 34.

"uma sensação de fraqueza e tontura" Ibid., p. 37-38.

"Comecei a tomar doses de quinina e beber muita água com cremor de tártaro" Wallace é citado por Redmond O'Hanlon em *In Trouble Again: A Journey Between the Orinoco and the Amazon*, Nova York, Vintage, 1988, p. 3.

"até a beira do rio" Henry Wickham, *Rough Notes*, p. 38.

"bondosa mulher de Barbados" Ibid., p. 42.

"não temeu pelo resultado" Ibid.

"afirmando estar indisposto [...] fiquei muito frustrado" Ibid., p. 45.

"Neste ponto, no auge da estação chuvosa, se vê ou pouca terra ou nenhuma [...] durante vários dias de viagem" Ibid., p. 46.

"soltavam seu grito agudo característico" Ibid., p. 47.

[D]epois que ela abraça o tronco de uma árvore da floresta Ibid., p. 50.

"se mantém por conta própria; uma grande árvore" Ibid.

"Elas faziam muito barulho" Ibid., p. 56.

"Quando uma pessoa se sente mal, é particularmente desagradável [...] a bala fazia um buraco no corpo e seguia seu trajeto" Ibid., p. 57-58.

"escura como um breu" Ibid., p. 59.

"queria me levar para sua casa" Ibid., p. 60.

"Consegui controlar minhas pernas [...] não me lembrei de mais nada até a febre baixar" Ibid., p. 61.

"uma infinidade de vaga-lumes brilhava como pedras preciosas" Ibid., p. 67.

"um par de bigodes de aparência feroz" Ibid., p. 68.

"temidos guahibos" Ibid., p. 67.

Pouco tempo depois de a Venezuela se separar da nação-mãe Richard Spruce é citado por Redmond O'Hanlon em *In Trouble Again: A Journey Between the Orinoco and the Amazon*, Nova York, Vintage, 1988, p. 32.

"um ar desagradável de mortalidade" Henry Wickham, *Rough Notes*, p. 69.

"seus rostos sendo cobertos de marcas negras" Ibid.

"Enquanto eu olhava para o túmulo" Ibid., p. 72.

"É impressionante [...] que toda vez que essas pessoas tentam" Ibid., p. 77.

"Achei lamentável ver Castro entortar sua espada de Toledo brilhante" Ibid., p. 76-77.

"com um sorriso estúpido" Ibid., p. 79-80.

"senhora de boa aparência" Ibid., p. 78.

Notas

"É impressionante que essas pessoas simples não se isolem mais" Ibid.

"O ar estava pesado com o cheiro das flores" Ibid., p. 83.

"Descobrimos que todos os habitantes foram tomados por um tipo de obsessão" Ibid., p. 88.

"decididamente estúpido" Ibid., p. 93.

O que ele fizera exatamente? Há muitas descrições do trabalho de sangria da seringueira, de Richard Spruce, Henry Bates e Alfred Wallace a comentaristas contemporâneos, mas aparentemente a observação mais meticulosa parece ter sido a de Algot Lange em *The Lower Amazon: A Narrative of Exploration in the Little Known Regions of the State of Pará, on the Lower Amazon, with a record of archaeological Excavations on Marajó Island at the Mouth of the Amazon River, and Observations on the General Resources of the Country*, Nova York, Putnam's, 1914, p. 51-60. Assim como Wickham, o próprio Lange coletou borracha, e por isso pode-se imaginar seu tédio ao girar o remo carregado de látex e começar a contar o número de vezes que movimentava os ombros e rodava o pulso, girando o pesado assador de látex por cima da fumaça.

"isolado do resto do mundo" Henry Wickham, *Rough Notes*, p. 91.

"observava as frias sombras da noite que deslizavam lentamente, vindas das águas" Ibid.

Os psicólogos já levantaram a hipótese de que o *lugar*, agindo como uma força Laura M. Fredrickson e Dorothy H. Anderson, "A Qualitative Exploration of the Wilderness Experience as a Source of Spiritual Inspiration", *Journal of Experimental Psychology* 19, 1999, p. 22.

"pequenos e travessos macacos zogue-zogue" Henry Wickham, *Rough Notes*, p. 94.

Capítulo 5: Os agentes do deus elástico

"A irritação constante [...] fazia minhas mãos e pés incharem" Henry Wickham, *Rough Notes*, p. 92.

"não doeu tanto como eu imaginara" Ibid., p. 101.

"a aflição para matar a sede que ele sentiria depois de se empanturrar de peixe salgado" Ibid.

"A primeira vez em que eu senti as saliências, não fazia nenhuma ideia" Ibid., p. 98.

"comestível": "bom para comer, saudável para digerir" Ambrose Bierce, *O dicionário do Diabo*, Editora Mercado Aberto, 1999.

"[C]ada vez que o ataque de náusea voltava, eu ficava muito enfraquecido" Henry Wickham, *Rough Notes*, p. 103.

"mas o sol estava forte demais [...] o restante de minhas forças se esgotando rapidamente" Ibid., p. 104.

O Ladrão no Fim do Mundo

"Lembro pouco do que aconteceu" Ibid.

"Por cinco dias fiquei delirando [...] e xícaras de café cremoso" Algot Lange, *In the Amazon Jungle: Adventures in Remote Parts of the Upper Amazon River, Including a Sojourn Among Cannibal Indians*, Nova York, Putnam's, 1912, p. 283.

"a voz da floresta" [...] o "murmúrio da multidão de uma cidade grande" Ibid., p. 283-284.

"Eu me vi imerso [...] lugar de terror e morte" Ibid., p. 289-290.

É algo quase inacreditável para quem não conhece a selva Michael Taussig, "Culture of Terror-space of Death: Roger Casement's Putumayo Report and the Explanation of Terror", *Comparative Studies in Society and History* 26:3, 1984, p. 483, citando o padre Francisco de Vilanova, da introdução de *Indios Amazónicos: Colección Misiones Capuchinas*, vol. VI, Barcelona, 1948, do padre Francisco de Iqualada.

"viu vários urubus esperando tranquilamente por sua morte" Edward V. Lane, "The Life and Work of Sir Henry Wickham: Part II – A Journey Through the Wilderness", p. 18.

"me lembro de uma tarde [...] acho que nunca me senti tão grato por algo." Henry Wickham, *Rough Notes,* p. 104.

"o homenzinho pálido da floresta" Ibid.

"indiscutivelmente o precursor do mal" Ibid. A lenda do espírito vingativo também é narrada em Claude Lévi-Strauss, *O cru e o cozido*, volume 1 da série Mitológicas, Cosac & Naify, 2004; publicado pela primeira vez na França como *Le Cru et le Cuit*, 1964, Librairie Plon.

Oração do Sapo Seco Claude Lévi-Strauss, *Tristes trópicos*, São Paulo, Companhia das Letras, 2000.

"Em um local tão remoto [...] devia existir uma mina de ouro naquela direção" Henry Wickham, *Rough Notes*, p. 109.

"sem condições de trabalhar já havia algum tempo" Ibid., p. 111.

"doentes vulneráveis" Ibid., p. 115.

"nas águas frescas e límpidas do rio Negro" Ibid., p. 123.

"bastante sugestivos de uma volta à civilização" Ibid., p. 138.

"Ainda não se descobriu nada que possa ser um substituto" Thomas Hancock, *Personal Narrative of the Origin and Progress of the Caoutchouc or India-Rubber Manufacture in England*, Londres, Longman, 1857, p. iii.

"a moeda forte de troca definitiva" "Blood or Oil?" *London Review of Books*, 21 de abril de 2005, p. 12.

"A introdução das cinchonas de valor inestimável na Índia" James Collins, "On India Rubber, Its History, Commerce and Supply", *Journal of the Society of Arts*, vol. 18, 17 de dezembro de 1869, p. 91.

em alguns casos, chegava até a 13,7% Drayton, *Nature's Government*, p. 210.

"era necessário fazer pelas árvores produtoras de caucho e de borracha" Clements Markham é citado por Dean em *A luta pela borracha no Brasil*.

Notas

Quando se considera que todas as embarcações a vapor no mar Clements Markham é citado por John Loadman em *Tears of the Tree: The Story of Rubber – A Modern Marvel*, Oxford, Oxford University Press, 2005, p. 83.

A não ser meias de lá e uma "viseira antirreflexo" Susan Orlean, *O ladrão de orquídeas: Uma história real sobre beleza e obsessão*, Rio de Janeiro, Editora Rocco, 2001.

"Vai passar muito tempo até eu deixar de ouvir sua voz no jardim" Hooker é citado em "Jos. D. Hooker: Hooker's Biography: 4. A Botanical Career", www.jdhooker. org.uk. Uma boa visão geral da vida de Joseph Hooker está também incluída em Faubion O. Bower, "Sir Joseph Dalton Hooker, 1817-1911", em *Makers of British Botany: A Collection of Biographies by Living Botanists*, editada por F. W. Oliver, Cambridge, Cambridge University Press, 1913, p. 303; e disponível para leitura ou cópia em http://www.archive. org/details/makersofbritishb00oliv.

"nervoso e temperamental [...] impulsivo e um tanto irascível" "Jos. D. Hooker: Hooker's Biography: 4. A Botanical Career", www.jdhooker.org.uk.

"não recreativo [...] jogos e brincadeiras grosseiras" Ibid.

"em um estado muito dilapidado" O livro de William Scully, *Brazil; Its Provinces and Chief Cities*, Londres, 1866, p. 358; e o de Franz Keller, *The Amazon and Madeira Rivers*, Filadélfia, 1840, p. 40, são citados por E. Bradford Burns em *Manaus 1910: Retrato de uma cidade em expansão*, Manaus, Governo do Estado do Amazonas, 1966.

"O que aconteceu?" [...] "Aconteceu a borracha!" Anthony Smith, *Os conquistadores do Amazonas*.

Somente na província do Pará Lucille H. Broadway, *Science and Colonial Expansion: The Role of the British Royal Botanic Gardens*, Nova York, Academic Press, 1979, p. 147.

"de toda variedade, de seda e cetim a tecidos de lá" Louis Agassiz e Elizabeth Cary Agassiz, *Viagem ao Brasil: 1865-1866*, Brasília, Conselho Editorial do Senado Federal, 2000.

O poder reinava nos armazéns Henry C. Pearson, *The Rubber Country of the Amazon: a detailed description of the great rubber industry of the Amazon Valley, which comprises the Brazilian states of Pará, Amazonas and Mato Grosso, the territory of the Acre, the Montana of Peru and Bolivia, and the southern portions of Colombia and Venezuela*, Nova York: India Rubber World, 1911, p. 94-95; e também disponível para leitura e cópia em http://www.archive.org/details/rubbercountryofa00pearrich.

"Fiquem ricos, fiquem ricos!", gritavam eles Richard Collier, *The River that God Forgot: The Story of the Amazon Rubber Boom*, Nova York, E. P. Dutton, 1968, p. 20.

Capítulo 6: O retorno do fazendeiro

Crisóstavo arrancou um império de borracha da floresta Michael Edward Stanfield, *Red Rubber, Bleeding Trees: Violence, Slavery and Empire in Northwest Amazonia, 1850-1933*, Albuquerque, NM, University of New Mexico Press, 1998, p. 26-28.

O *Ladrão no Fim do Mundo*

São Paulo Railway Company Ltd. operava uma ferrovia J. Fred Rippy, "A Century and a Quarter of British Investment in Brazil", *Inter-American Economic Affairs*, 6:1, verão de 1952, p. 87-88.

os ingleses compraram ações de minas, bancos Ibid., p. 83.

mas especialmente na América Latina ele se via forçado D. C. M. Platt, *The Cinderella Service: British Consuls since 1825*, Hamden, CT, Archon Books, 1971, p. 16.

"dignidade mais baixa" Ibid., p. 1.

Um cônsul no Sião Ibid., p. 19.

"O trabalho de extrair a borracha é pequeno" O relatório de James Drummond-Hay está incluído nas *Rough Notes* de Henry Wickham, p. 294-296.

"A região produtora de borracha é tão vasta" Ibid., p. 296.

Foi uma das poucas excursões que fizera fora do barco Violet Wickham, "Lady Wickham's Diary", p. 2, Wolverhampton Archives and Local Studies, Wolverhampton, Inglaterra, nos registros da Goodyear Tyre and Rubber Company Ltd. da Grã-Bretanha, ref. DB-20/G/6. A única menção à parada de Henry está no diário de Violet, escrito décadas mais tarde. Ela faz uma breve observação de que Henry se encontrara com uns "poucos americanos do interior [...] em uma outra viagem". No relato de Henry, não há menção desta viagem, e é como se Santarém nunca tivesse existido.

Cheguei à conclusão Henry Wickham, *Rough Notes*, p. 138.

"em memória de tantas gentilezas" Ibid., frontispício. De maneira interessante e irônica, a ligação não termina aqui. Com o tempo, os Wickham e os Drummond-Hay se tornariam parentes distantes, pelo casamento. O cunhado de Edward Drummond-Hay era Thomas Gott Livingstone, e em 1880, Frances, a filha de Livingstone, casou-se com o pastor Alexander G. H. Lendrum, primo em primeiro grau de Henry Wickham. Anthony Campbell, "The Descendants of Benjamin Wickham", p. 4.

O nome da noiva era Violet Case Carter Muitos relatos trazem seu nome como Violet Cave, mas este é um erro que aparentemente pode ser atribuído aos artigos de Edward Lane dos anos 1950 e a uma foto do grupo em Santarém em 1875. Ela aparece no censo de 1871 como "Violet C. Carter" (21 anos, nascida em Londres), moradora do número 12 da Regent Street com os pais, William H. J. Carter (55 anos, nascido em Londres, livreiro) e Patty Carter (46 anos, nascida em Londres). Fonte: Censo de 1871 de Londres, publicado na Internet por Ancestry.com.uk, citando o *1871 Census of London*, National Archives, Kew, RG10/133, ED 2, fólio 30, página 17.

abriu sua loja no número 12 da Regent Street Hoje o número 12 da Regent Street é onde se encontra a Economist Bookstore.

As histórias da família indicam que Carter também custeou muitas das aventuras futuras de Henry Edward V. Lane, "The Life and Work of Sir Henry Wickham – III: Santarém", *India Rubber Journal*, vol. 125, 26 de dezembro de 1953, p. 18.

"nascida ao som dos sinos de Bow" Violet Wickham, "Lady Wickham's Diary", p. 1.

"Ser casada significa, talvez para a maioria das mulheres, entrar na vida" W. G. Hamley, "Old Maids", *Blackwood's Edinburgh Magazine*, 112, julho de 1872, p. 95, cita-

Notas

do em *Women from Birth to Death: The Female Life Cycle in Britain, 1830-1914*, editado por Pat Jalland e John Hooper, Atlantic Highlands, NJ, Humanities Press International, Inc., 1986, p.126.

"O objetivo geral das esposas inglesas" E. J. Tilt, *Elements of Health and Principles of Female Hygiene*, Londres, 1852, p. 258-261, citado em *Women from Birth to Death*, p. 124, editado por Jalland e Hooper.

a "boa esposa" do livro dos Provérbios Provérbios 31:23

O sentimento de honra nacional, [...] orgulho do sangue" Catherine Hall, "Of Gender and Empire: Reflections on the Nineteenth Century", em *Gender and Empire*, Philippa Levine, ed., Oxford, Oxford University Press, 2004, p. 46. Hall cita Herman Merivale, *Lectures on Colonization and Colonies*, Londres, 1861, p. 675.

Uma esposa personificava os padrões morais Beverly Gartrell, "Colonial Wives: Villains or Victims?" em *The Incorporated Wife*, Hilary Callan e Shirley Ardener (eds.), Londres, Croom Helm, 1984, p. 165-185; Deborah Kirkwood, "Settler Wives in Southern Rhodesia: A Case Study", in *The Incorporated Wife*, p. 143-164.

"protegê-las com ternura como se fossem a plantação da humanidade" Samuel Solomon, *A Guide to Health,* 1817, 66ª edição, p. 131, em *Women from Birth to Death: The Female Life Cycle in Britain, 1830-1914*, p. 32, editado por Pat Jalland e John Hooper.

"recursos independentes" Censo de 1871, citado por Anthony Campbell, "Descendants of Benjamin Wickham, a Genealogy".

"era como ser jogada na água sem nunca ter aprendido a nadar" Violet Wickham, "Lady Wickham's Diary", p. 1.

"singular inseto parasita alado de aparência repugnante" C. Barrington Brown e William Lidstone, *Fifteen Thousand Miles on the Amazon and its Tributaries*, Londres, Edward Stanford, 1878, p. 9-10.

"Elas tem de estar quase retangulares [...] logo te fazem dormir" Violet Wickham, "Lady Wickham's Diary", p. 1.

o Amazonas tem uma extensão aproximada de 6.400 a 6.750 quilômetros Michael Goulding, Ronaldo Barthem e Efrem Moreira, *The Smithsonian Atlas of the Amazon*, Washington, DC, Smithsonian Institution, 2003, p. 33.

O Amazonas poderia abastecer em duas horas toda a água usada pelos 7,5 milhões de habitantes de Nova York em um ano Ibid., p. 28. O raciocínio é o seguinte: Nova York consome aproximadamente 4 bilhões de litros por dia e cerca de 15 trilhões por ano.

O vale [...] uma *coisa* enorme, implacável e inconsciente A área do Amazonas e a da Bacia Amazônica são quase inimagináveis, mas as descrições e as estatísticas sobre o rio foram extraídas das seguintes fontes: Harald Sioli, "Tropical Rivers as Expressions of their Terrestrial Environments", em *Tropical Ecological Systems*, Frank Golley e Ernesto Medina, Nova York, Springer-Verlag, 1975, p. 275-288; Betty J. Meggers, *Amazônia: A*

O Ladrão no Fim do Mundo

ilusão de um paraíso, Belo Horizonte e São Paulo, Itatiaia/ Edusp, 1987; "Rubber River: An Account of the Rise and Collapse of the Amazon Boom", *Hispanic American Historical Review*, vol. 22, nº 3, agosto de 1942, p. 452-469; P. T. Bauer, *The Rubber Industry, A Study in Competition and Monopoly*, Cambridge, Cambridge University Press, 1948; Goulding, Barthem e Ferreira, *The Smithsonian Atlas of the Amazon*, Washington, DC, Smithsonian Institution, 2003.

"Nós viajamos com algumas poucas pessoas na segunda classe" Violet Wickham, "Lady Wickham's Diary", p. 1.

"recebera a informação de que além da cidade de Quito" Von Hagen, *A América do Sul os chamava*.

"Foi aqui que nos informaram sobre as amazonas" Gaspar de Caraval, *The Discovery of the Amazon: According to the Account of Friar Gaspar de Caraval and Other Documents*, introdução de José Toribio Medina, traduzido para o inglês por Bertram T. Lee, Nova York, American Geographical Society, 1934, p. 177.

do que os próprios índios chamam de Paranaguassu, ou "rio grande" William L. Schurz, "The Amazon, Father of Waters", *National Geographic*, abril de 1926, p. 445.

Calculava-se que 332 mil pessoas moravam na região, um aumento em relação às 272 mil da década anterior Arthur César Ferreira Reis, "Economic History of the Brazilian Amazon", in *Man in the Amazon*, Charles Wagley (ed.), Gainesville, FL, University Presses of Florida, 1974, p. 39.

"nos deixou com um Nordeste saqueado de suas florestas muito ricas" José Pedro de Oliveira Costa, "History of the Brazilian Forest: An Inside View", *Environmentalist*, vol. 3, nº 5, 1983, p. 51.

Entre 1500 e 1800, as Américas enviaram à Europa 300 milhões de libras em ouro Edward J. Rogers, "Monoproductive Traits in Brazil's Economic Past", *Americas*, vol. 23, nº 2, outubro de 1966, p. 133.

Capítulo 7: A selva

Algumas casas comerciais de Santarém tinham filiais Herbert H. Smith, *Brazil, the Amazons and the Coast*, Nova York, 1879, p.118.

"Sessenta mil flechas podem ser atiradas só destas aldeias" Citação de *Descrição do Estado do Maranhão, Pará, Corupá e Rio das Amazonas, feita por Maurício de Heriarte, Ouvidor-Geral, Provedor-Mór e Auditor, que foi, pelo Governador D. Pedro de Mello, no Anno de 1662*, feita por Smith em *Brazil, the Amazons and the Coast*, p. 171.

são temidos pelos outros índios Ibid.

Eles dançavam diante das portas dos cidadãos mais importantes Henry Walter Bates, *O naturalista no rio Amazonas*, São Paulo, Companhia Editora Nacional, 1944. O livro de Bates está disponível no original em inglês em http://www.worldwideschool.org/library/books/sci/earthscience/TheNaturalistontheRiverAmazon/Chap0.html.

Notas

"Todas as crianças nasciam livres [...] uma criança sentada em seu quadril, do outro lado" Violet Wickham, "Lady Wickham's Diary", p. 2.

"juntavam dinheiro para manter a casa ao mandar seus escravos para a rua" Ibid.

"não havia casos de crueldade flagrante, apesar de muitas vezes se ouvir o som da palmatória" Ibid., p. 1.

"um garotinho índio que fora entregue a H para ser criado" Ibid., p. 5.

"uma área verde inglesa" Richard Spruce, *Notas de um botânico na Amazônia*, Itatiaia, 2006.

"Eu não tinha ido muito longe quando a minha sela inglesa escorregou" Violet Wickham, "Lady Wickham's Diary", p. 2.

"cobertas de espinhos duros" Henry Walter Bates, *O naturalista no rio Amazonas*, São Paulo, Companhia Editora Nacional, 1944. O livro de Bates está disponível no original em inglês em http://www.worldwideschool.org/library/books/sci/earthscience/The-NaturalistontheRiverAmazon/Chap0.html.

"faziam viagens muito cansativas a pé para encher um cesto de frutas" Ibid.

"um mundo de verde eterno e primavera perene" Eugene C. Harter, *A colônia perdida da Confederação: A imigração norte-americana para o Brasil após a Guerra de Secessão*, Rio de Janeiro, Nórdica, 1985.

"homens rudes e pobres com suas esposas" Roy Nash, *A conquista do Brasil*, São Paulo, Companhia Editora Nacional, 1950, publicado originalmente em 1926; Mark Jefferson, "An American Colony in Brazil", *Geographical Review*, vol. 18, nº 2, abril de 1928, p. 228.

onde anos antes foram descobertos diamantes David Afton Riker, *O Último Confederado na Amazônia*, Manaus, Imprensa Oficial, 1983, p. 112. David Afton Riker é filho de David Riker citado neste livro, e que aparece pela primeira vez no capítulo 8. No final de sua própria história, David Afton Riker incluiu as memórias manuscritas de seu pai, com relatos de seus dias como um confederado pioneiro.

"nunca chegaríamos a ser como eles" Violet Wickham, "Lady Wickham's Diary", p. 2.

"meias brancas, pernas [...] um balde de água fria nas minhas ideias sobre refinamento" Ibid.

"Coitada de mim [...] Passei a ser tão completamente descuidada" Ibid.

Até 1997 [...] o planalto se manteve como havia sido nos dias de Henry Steven Alexander, proprietário do Bosque Santa Lúcia, uma reserva botânica com fins educativos que inclui a velha área dos confederados, disse que enumerou duzentas espécies de árvores nos 270 acres da reserva. Todas as informações sobre Piquiatuba foram obtidas na entrevista com Alexander, feita na reserva em 9 de outubro de 2005.

Por que havia tantas árvores? Peter Campbell, "Get Planting", uma resenha de *The Secret Life of Trees: How They Live and Why They Matter*, de Colin Tudge, *London Review of Books*, 1º de dezembro de 2005, p. 32.

O Ladrão no Fim do Mundo

"o clamor ensurdecedor dos sapos" Violet Wickham, "Lady Wickham's Diary", p. 4.

"não só os enfraqueciam [...] com as cristas tão brancas quanto o resto de seus corpos" Ibid., p. 5.

"banhados de sangue" Ibid.

"outros pontos de luz" Ibid., p. 4.

Da onça e os três homens Spruce, *Notas de um botânico na Amazônia*, Itatiaia, 2006.

Na região do Tapajós [...] e seios embaixo dos braços Algot Lange, *The Lower Amazon: A Narrative of Exploration in the Little Known Regions of the State of Pará, on the Lower Amazon, with a record of archaeological Excavations on Marajó Island at the Mouth of the Amazon River, and Observations on the General Resources of the Country*, Nova York, Putnam's, 1914, p. 427-428. Disponível para leitura e cópia em http://www.archive.org/details/loweramazonanar03langgoog.

Henry Bates chegou a conhecer uma, de nome Cecília Bates, *O naturalista no rio Amazonas*, São Paulo, Companhia Editora Nacional, 1944.

"campo fértil" Lange, *The Lower Amazon*, p. 361.

"até que se parecesse com uma franja verde gigante" Violet Wickham, "Lady Wickham's Diary", p. 2.

"Enquanto estava verde era bonito" Ibid.

"começava cedo pela manhã" Ibid., p. 3.

"Eu faço o fogo pegar, coloco a panela" Ibid.

"tão cansadas, sem vigor e com calor como antes" Ibid.

"atacavam as pernas dos banhistas próximos da praia" Bates, *O naturalista no rio Amazonas*, capítulo 9.

"'temporário' seria estendida" Violet Wickham, "Lady Wickham's Diary", p. 3.

"para economizar tempo nas idas e vindas" Ibid.

"e logo nos deixaram, um após o outro" Ibid.

Um homem de idade, como Violet dá a entender, embora sua idade não seja registrada Ibid.

"Se lidava com as 'instruções' matutinas e com os outros encontros" Deborah Kirkwood, "Settler Wives in Southern Rhodesia: A Case Study", in *The Incorporated Wife*, Hilary Callan e Shirley Ardener (eds.), Londres, Croom Helm, 1984, p.151.

"[Uma] disposição em se interessar pela saúde" Ibid.

Porém, Henry foi derrotado mais pelo solo do que pelos trabalhadores Betty J. Meggers, *Amazônia: A ilusão de um paraíso*, Belo Horizonte e São Paulo, Itatiaia/ Edusp, 1987.

Um estudo de 1978 demonstrou que 99,9% do cálcio 45 Carl F. Jordan, "Amazon Rain Forests", *American Scientist*, vol. 70, n⁰ 4, julho-agosto de 1982, p. 396-397.

Logo depois, aconteceu a segunda crise, mais terrível. As informações sobre as mortes das pessoas do grupo de Henry Wickham foram extraídas de três fontes: "Túmulos

Notas

no cemitério confederado", desenho de Henry Wickham; Violet Wickham, "Lady Wickham's Diary", p. 3; e Anthony Campbell, "Descendants of Benjamin Wickham", p. 3.

"Do grupo original, apenas nós dois nos recompomos" Violet Wickham, "Lady Wickham's Diary", p. 3.

Capítulo 8: As sementes

"uma elevação subsidiária junto ao planalto coberto pela floresta" A carta enviada por Wickham a Hooker em março de 1872 é citada por Dean em *A luta pela borracha no Brasil*.

Depois da carta, enviou A data do envio do pacote a Kew é incerta. Ibid.

"seus desenhos da folha e das sementes" Ibid.

"um sr. Wickham, em Santarém, que poderia fazer o serviço" Ibid.

"com o objetivo de enviar posteriormente as plantas jovens para a Índia" Royal Botanic Gardens – Kew, *Miscellaneous Reports: India Office: Caoutchouc I*, "Carta de 7 de maio de 1873, do India Office ao diretor de Kew, J. D. Hooker, perguntando sobre a possibilidade de enviar plantas de hévea para a Índia depois de as sementes germinarem em Kew", pasta de arquivo nº 2.

"Tenho um correspondente em Santarém, na Amazônia" Ibid., "Resposta de Hooker ao India Office, 15 de maio de 1873. Resposta à carta de 7 de maio", pasta de arquivo nº 4.

Mas as duas cartas foram aparentemente extraviadas Dean, *A luta pela borracha no Brasil*.

"bem frescas e com condições de plantio" Ibid.

Como Farris tinha 2 mil sementes, o Império pagou aproximadamente 27 dólares W. Gordon Whaley, "Rubber, Heritage of the American Tropics", *Scientific Monthly*, vol. 62, nº 1, janeiro de 1946, p. 23.

"Achei importante adquiri-las imediatamente" Royal Botanic Gardens – Kew, *Miscellaneous Reports: India Office: Caoutchouc I*, "Carta de Clements Markham a J. D. Hooker em 2 de junho de 1873, relativa à compra efetuada por James Collins de 2 mil sementes de hévea de um 'sr. Farris' do Brasil", pasta de arquivo nº 5.

os consulados dos Estados Unidos e da França já tinham feito ofertas. Dean, *A luta pela borracha no Brasil*.

"Isso é tudo que você conseguiu matar?" A história contada por Farris ao lorde Salisbury é narrada por F. W. Sadler em "Seeds that Began the Great Rubber Industry", *Contemporary Review*, vol. 217, nº 1257, outubro de 1970, p. 208-209.

"Gostaria de aproveitar a oportunidade para incluir no registro oficial" Ibid.

"tentativa grosseira de pressionar [...] um relatório completamente inútil sobre a guta-percha" Ibid.

"feliz em aceitar sua oferta de me colocar em contato" Ibid.

O Ladrão no Fim do Mundo

O cônsul do Pará escreveu para dizer Royal Botanic Gardens – Kew, *Miscellaneous Reports: India Office: Caoutchouc I*, "Carta de Markham a Hooker em 23 de setembro de 1873", pasta de arquivo nº 9.

"conseguir qualquer quantidade que pudesse ser necessária a pouco custo" Dean, *A luta pela borracha no Brasil.*

Acabei de receber uma carta do cônsul de sua majestade no Pará perguntando Royal Botanic Gardens – Kew, *Miscellaneous Reports: India Office: Caoutchouc I*, "Carta de Henry Wickham em Santarém a Hooker em 8 de novembro de 1873", pasta de arquivo nº 10.

Absorvera o elemento da língua portuguesa conhecido como saudade Stuart B. Schwartz, "The Portuguese Heritage: Adaptability", in G. Harvey Summ (ed.), *Brazilian Mosaic: Portraits of a Diverse People and Culture*, Wilmington, DE, Scholarly Resources, 1995, p. 31-32.

"Em uma terra radiosa" Paulo Prado, *Retrato do Brasil: Ensaio sobre a tristeza brasileira*, São Paulo, Companhia das Letras, 1997, publicado pela primeira vez em 1928. O livro de Prado está também disponível no endereço http://www.ebooksbrasil.org/ eLibris/pauloprado.html. O autor faz uso do ensaio de Prado publicado em *Brazilian Mosaic: Portraits of a Diverse People and Culture*, Wilmington, DE, Scholarly Resources, 1995, p. 19, editado por G. Harvey Summ.

"A lua está saindo. Mãe, mãe!" Ibid.

Alguns sugerem o Curuá, mas na região há dois locais com este nome Como se isso não fosse bastante, há um terceiro Curuá, mas este teria sido inacessível para Henry e Violet. O último grande tributário do Amazonas antes de chegar ao mar é o rio Xingu. Este rio se dirige rumo ao sul, para dentro da floresta, onde é alimentado pelo rio Iriri, e o terceiro Curuá é o principal tributário do Iriri. Como este rio está a centenas de quilômetros de Santarém, é impossível que tenha sido o Curuá de Henry Wickham.

"o próprio quartel-general" C. Barrington Brown e William Lidstone, *Fifteen Thousand Miles on the Amazon and its Tributaries*, Londres, Edward Stanford, 1878, p. 249.

"cada fragmento de comida [...] e ferroava com toda a força" Henry Walter Bates, *O naturalista no rio Amazonas*, São Paulo, Companhia Editora Nacional, 1944. O livro de Bates está disponível no original em inglês em http://www.worldwideschool.org/ library/books/sci/earthscience/TheNaturalistontheRiverAmazon/Chap0.html. Segundo o escritor viajante contemporâneo Herbert H. Smith, "em 1868 a cidade ainda estava praticamente deserta". Herbert H. Smith, *Brazil, the Amazons and the Coast*, Nova York, 1879, p. 241. Smith cita o viajante sr. Penna: "Este povoado [...] é um lugar muito bonito e agradável, mas sem habitantes por causa das formigas-de-fogo. A lei determinou a criação de uma escola primária, mas ninguém se beneficiou dela porque não mora ninguém aqui."

Notas

"mais uma vez fez um buraco na floresta primitiva para construir sua casa" Violet Wickham, "Lady Wickham Diary", p. 3.

"as pensões baratas que a natureza oferece aos marginais" William Sill, "The Anvil of Evolution", *Earthwatch*, agosto de 2001, p. 27.

Na verdade, tornava-se um caboclo Emilio F. Moran, "The Adaptative System of the Amazonian Caboclo", em Charles Wagley (ed.), *Man in the Amazon*, Gainesville, FL, University Presses of Florida, 1974, p. 136-159; e Edward C. Higbee, "The River Is the Plow", *Scientific Monthly*, junho de 1945, p. 405-416.

"Ele tirou a camisa" Violet Wickham, "Lady Wickham's Diary", p. 4.

"então eu disse tudo o que se pode dizer" Ibid.

"que media quase 13 metros" Bates, *O naturalista no rio Amazonas*, capítulo 9.

Um pai e seu filho foram [...] colher frutas silvestres Ibid. **Nota do autor**: Não vi nenhuma sucuri no Tapajós, mas no rio Napo ao norte de Iquitos, no Peru, vi uma sucuri enorme. Depois disso, nunca mais duvidei das histórias de ataques a crianças pequenas. Eu estava no meio do ribeirão, tentando remar uma canoa de fundo chato; por estar mais acostumado às canoas de quilha profunda usadas nos rios norte-americanos, minha canoa estava basicamente traçando um grande círculo na água, com o peso de meu corpo como pivô. Estava sozinho no rio, a certa distância do acampamento, quando de repente a floresta à minha volta ficou muito silenciosa e tive a impressão de ter ouvido o som de algo caindo na água. Olhei para baixo e vi na água uma enorme sucuri deslizando silenciosamente sob a canoa. Não consigo nem imaginar o tamanho que aquela coisa tinha, porque com certeza eu exageraria. Parei de remar e fiquei quieto, prendi a respiração, e pela primeira vez na minha vida entendi o que as pessoas querem dizer quando dizem que "ficaram com o coração saindo pela boca". A cobra simplesmente continuava a passar, e parecia que ela não tinha nem começo nem fim. Mais tarde eu entenderia aquela alteridade, aquela proporção impossível, como a essência da monstruosidade, e também percebi que naquele lugar, na melhor das hipóteses, eu representava uma refeição bem servida. Pelo que eu saiba, não existem histórias comprovadas de sucuris que atacam e engolem adultos humanos, mas ninguém conseguiria me convencer disso naquele momento. Eu tirei meu remo da água lentamente sem derramar uma gota (como aprendera quando era escoteiro, caso eu por acaso me tornasse um soldado da tropa de elite do Exército, grande ideia na época!). Segurei o remo com as duas mãos à minha frente, como um porrete. Tive uma dessas experiências estranhas e súbitas onde nos vemos fora do corpo, e pude observar a mim mesmo do alto, como se estivesse em um satélite espião: eu, segurando o remo frágil e ineficaz, e a serpente que passava a poucos centímetros abaixo. Tudo o que ela tinha de fazer era se levantar alguns centímetros e dar uma roçada na canoa, e eu cairia no elemento onde ela estava. Eu não tinha filhos ainda e não tinha pensado sobre esta questão, mas subitamente passou pela minha cabeça a ideia de que *a linhagem dos Jackson terminaria bem ali*. Acho que posso me orgulhar de não ter entrado em pânico, que não comecei a me debater, o que provavelmente teria chamado a atenção do monstro, mas fora isso me senti um verdadeiro idiota impotente, e parte de mim tinha esperança de que

O Ladrão no Fim do Mundo

ninguém estivesse por perto para ver a serpente me engolindo em um golpe. Podia se deixar que as pessoas ficassem imaginando o que aconteceu comigo, porque ao menos haveria algum mistério. Mas nada aconteceu, é claro, e quando a cobra finalmente passou, continuei quieto, sentado por um pouco mais de tempo, e então coloquei o remo de volta na água com todo o cuidado e percebi que eu tinha descoberto o jeito para manobrar a maldita canoa, no final das contas. Não que isso tivesse importância: eu nunca mais naveguei sozinho no rio em uma daquelas canoas.

A casa nunca foi mobiliada Lane, "The Life and Work of Sir Henry Wickham – III: Santarém", *India Rubber Journal*, vol. 125, 19 de dezembro de 1953, p.18.

"pulso de nitrato" Moran, "The Adaptative System of the Amazonian Caboclo", p. 145.

"horticultor, coletor de borracha, peão" Ibid.

"Meu piso de madeira foi removido" Violet Wickham, "Lady Wickham's Diary", p. 4.

"Casa Piririma" Lane, "The Life and Work of Sir Henry Wickham – III: Santarém", p. 19.

"tão descontentes quanto os outros" Violet Wickham, "Lady Wickham's Diary", p. 4.

Mercia Jane Ferrell, de West Moors, em Dorset Sabemos muito pouco sobre a desafortunada Mercia Jane Ferrell além da menção breve e anônima no diário de Violet, seu local de nascimento e idade no censo de 3 de abril de 1871, e o desenho feito por Henry da cruz de madeira sobre sua cova, a única ocasião em que seu nome é mencionado nos vários registros do tempo de Henry na Amazônia.

"Eu fiquei muito feliz" A "Narrativa Manuscrita" de David Bowman Riker aparece no apêndice de *O último confederado na Amazônia*, escrito por seu filho David Afton Riker, Manaus, Imprensa Oficial, 1983. David B. Riker conheceu os Wickham, dizia que ele foi a primeira pessoa a plantar seringueiras na Amazônia, e plantou a primeira seringueira para Henry Ford em Fordlândia.

"Meu pai colocou Virginia e eu para estudarmos" Ibid.

"cavalgava para o interior" Ibid.

Já é tarde demais Royal Botanic Gardens – Kew, *Miscellaneous Reports: India Office: Caoutchouc I*, "Carta datada de 15 de outubro de 1874, de Wickham em Piquiatuba, perto de Santarém, a Hooker, relativa ao transporte das sementes", pasta de arquivo nº 14.

Reabro esta carta para acrescentar Ibid.

Em relação à proposta do sr. Wickham de cultivar plantas jovens de borracha Royal Botanic Gardens – Kew, *Miscellaneous Reports: India Office: Caoutchouc I*, "Carta datada de outubro de 1874, de Markham a Hooker", pasta de arquivo nº 12.

"qualquer quantidade de sementes pelo mesmo preço proporcional: dez libras por mil sementes" Royal Botanic Gardens – Kew, *Miscellaneous Reports: India Office: Caoutchouc I*, "Carta, Markham a Hooker, 4 de dezembro de 1874", pasta de arquivo nº 13.

Notas

O secretário de Estado logo autorizou Wickham Dean, *A luta pela borracha no Brasil*.

"mais uma vez cada um deles batalhava sozinho" Violet Wickham, "Lady Wickham's Diary", p. 5.

"Ela ficou comigo até sua morte" Ibid., p. 4.

Recebi umas poucas (sementes) a mais de um comerciante do alto do rio Royal Botanic Gardens –Kew, *Miscellaneous Reports: India Office: Caoutchouc I*, "Carta de Wickham em Piquiatuba, Santarém, a Hooker, 18 de abril de 1875, relativa ao fato de já ser tarde demais para a coleta de sementes", pasta de arquivo nº 15. Segundo o historiador Warren Dean, Wickham também enviou um pacote de sementes logo depois que chegou ao India Office em 9 de setembro de 1875, as quais foram "devidamente pagas", mas não germinaram. Hoje não há nenhum registro em Kew sobre elas. Dean, *A luta pela borracha no Brasil*.

Caso você tenha a oportunidade de me recomendar Ibid.

Capítulo 9: A viagem do Amazonas

"Depois do jantar a família se reunia" Baldwin, "David B. Riker and *Hevea brasiliensis;* the Taking of Rubber Seeds out of the Amazon", p. 384.

Estou prestes a partir para a região da árvore da "ciringa" Royal Botanic Gardens – Kew, *Miscellaneous Reports: India Office: Caoutchouc I*, "Carta de Henry Wickham em Piquiatuba a Hooker, 29 de janeiro de 1876", pasta de arquivo nº 17.

"[O]s coletores devem ser instruídos" Roy MacLeod, *Nature and Empire: Science and the Colonial Enterprise*, Osiris series, vol.15, Chicago, University of Chicago Press, 2001, p. 179.

Ao se estabelecer na beira do rio Madeira, entrara em uma região que se comprazia em engolir vidas O Acre é um pedaço de terra enorme da floresta tropical entre o Brasil, o Peru e a Bolívia. Houve guerras de disputa por sua posse, e ali havia corrupção e escravidão que se igualavam a tudo o que foi feito em nome do ouro ou do petróleo. Em 1870, os exploradores da borracha do Brasil já tinham entrado em sua penumbra; e em 1875, a navegação a vapor já percorria 1.976 quilômetros rio Madeira acima. Mas a 5 quilômetros acima da velha cidade de Santo Antônio (hoje Porto Velho), o Madeira era cortado por 19 cataratas e corredeiras formadas pelo encontro do Escudo Brasileiro com a planície amazônica. O rio não era navegável por mais de 400 quilômetros, e os barcos comerciais eram carregados rio acima e abaixo em árduos transportes terrestres, fazendo no máximo três viagens completas por ano. Em 1872, o jornalista e especulador americano George Church convenceu investidores de que o melhor caminho para esse "Jardim do Senhor" era uma ferrovia de 360 quilômetros construída a leste das corredeiras. Ele levantou 1,7 milhão de libras em títulos garantidos pelo governo brasileiro, estabeleceu a Madeira-Mamoré Railway Company, e em 1872 enviou a sua primeira equipe de engenhei-

O Ladrão no Fim do Mundo

ros ingleses. O barco deles afundou, e os índios caripuna atacaram. Equipes atormentadas por febre tentavam fugir pela floresta, sem êxito. Os trabalhadores morriam de doenças e calor. A floresta tropical era tão densa que os topógrafos só conseguiam medir poucos metros à frente. Em 1873, o projeto foi encerrado, e em Londres as ações da empresa caíram de 68 para 18 pontos na Bolsa de Valores. Os trabalhadores remanescentes abandonaram as obras quando souberam que seu empregador falira, deixando os equipamentos para apodrecer. Os assessores financeiros ingleses relataram que "a região é um lamaçal de putrefação, onde os homens morrem como moscas. Mesmo com todo o dinheiro do mundo e metade de sua população, é impossível terminar essa ferrovia". Em 1876, entretanto, o governo brasileiro subsidiou a empresa em uma tentativa desesperada de ligar o porto internacional da borracha de Belém do Pará ao Acre, e Church voltou à Filadélfia para recrutar mais homens.

Markham não estava presente para inspecionar a entrega Donovan Williams, "Clements Roberts Markham and the Geographical Department of the India Office, 1867-1877", *Geographical Journal*, vol. 134, setembro de 1968, p. 349.

"relaxamento [...] ser suprimida de forma sistemática e vigorosa" Ibid., p. 351.

O mesmo India Office que ficou enfurecido Dean, *A luta pela borracha no Brasil*.

"mais uma vez subimos de barco" Violet Wickham, "Lady Wickham's Diary", p. 5.

"[E]le decidiu que ele próprio coletaria as sementes [...] prática muito comum lá" Ibid.

"uma menor que fora tirada ilegalmente" Smith, *Brazil, the Amazons and the Coast*, p. 128.

"casa da fazenda de um inglês [...] ganhei mais 'elogios' pela minha coragem do que eu talvez merecesse" Violet Wickham, "Lady Wickham's Diary", p. 5.

O período de fevereiro e março era quando Edward V. Lane, "Sir Henry Wickham: British Pioneer; a Brief Summary of the Life Story of the British Pioneer", *Rubber Age*, vol. 73, agosto de 1953, p. 651.

"me deixava lá [...] quando ele e o menino entravam na mata" Violet Wickham, "Lady Wickham's Diary", p. 5.

"Agora estou coletando as sementes da borracha nos 'ciringais'" Royal Botanic Gardens – Kew, *Miscellaneous Reports: India Office: Caoutchouc I*, "Carta de Henry Wickham a Hooker, 6 de março de 1876", pasta de arquivo nº 19.

Cross era um veterano da expedição de cinchona William Cross, "Chronology: The Years Robert Cross Spent at Home and Abroad", http://scottishdisasters.tripod.com/ robertmckenziecrossbotanicalexplorerkewgardens; e também uma entrevista por e-mail com William Cross em 3 de abril de 2006. William Cross é descendente de Robert Cross e mantém um site informativo e minucioso sobre o jardineiro de Kew, frequentemente ignorado.

Notas

"para cobrir todas as despesas e incluir a remuneração" Royal Botanic Gardens – Kew, *Miscellaneous Reports: India Office: Caoutchouc I*, "Carta de Markham a Hooker, 1º de abril de 1876", pasta de arquivo nº 18.

"o local exato da origem estava a três graus de latitude sul" Henry Wickham, "The Introduction and Cultivation of the Hevea in India", *India and Gutta-Percha Trades Journal*, vol. 23, 20 de janeiro de 1902, p. 81. Posteriormente David Riker iria para a mesma área na expedição à procura de sementes para a plantação da Ford. Wickham fez "várias viagens de barco a Boim", disse Riker durante a era Ford, acrescentando que as sementes para as plantações inglesas na Ásia saíram de lá. Nos anos 1960, o historiador ambiental Warren Dean entrevistou Julio David Serique, cujo pai fora um patrão em Boim quando Wickham chegou, e que confirmou as palavras de Riker. William Schurz, cujo *Rubber Production in the Amazon Valley* de 1925 influenciou a decisão de Henry Ford de estabelecer a Fordlândia, entrevistou um "Moysés Serique" da mesma família. "Boim é o primeiro local no Tapajós onde é encontrada a hévea nativa", descobriu Schurz em suas próprias explorações, "e não é provável que Wickham tenha subido mais o rio". "Não é provável", disse ele, porque já havia estradas sendo exploradas na área, e porque mais adiante, rio acima, começava a predominar uma espécie "fraca" de hévea que produzia uma borracha de qualidade inferior. Baldwin, "David B. Riker and *Hevea brasiliensis;* the Taking of Rubber Seeds out of the Amazon", p. 384; Dean, *A luta pela borracha no Brasil*; William L. Schurz, *Rubber Production in the Amazon Valley*, Department of Commerce: Bureau of Foreign and Domestic Commerce, Washington, DC, Government Printing Office, 1925, p. 133.

Boim era mais importante comercialmente Uma visão geral da migração judia para a Amazônia pode ser encontrada em artigos excelentes: Ambrosio B. Peres, "Judaism in the Amazon Jungle", em *Studies on the History of Portuguese Jews from Their Expulsion in 1497 through Their Dispersion*, Israel J. Katz e M. Mitchell Serels (eds.), Nova York, Sepher-Hermon Press, 2000, p. 175-183; Susan Gilson Miller, "Kippur on the Amazon: Jewish Emigration from Northern Morocco in the Late Nineteenth Century", em *Sephardi and Middle Eastern Jewries: History and Culture in the Modern Era*, Harvey E. Goldberg (ed.), Bloomington, IN, Indiana University Press, 1996, p. 190-209; "Brazil", *Encyclopedia Judaica*, vol. 4, Jerusalém, Macmillan, 1971, e "Morocco", ibid., vol. 12; e "Sephardic Genealogy Resources; Indiana Jones Meets Tangier Moshe", www.orthohelp.com/geneal/amazon.htm.

As quatro famílias de comerciantes de Boim vieram de Tânger, no Marrocos Entrevista, Elisio Eden Cohen, Boim, 21 de outubro de 2005.

"É preciso ter muito cuidado ao entrar na selva" Citado por Miller em "Kippur on the Amazon: Jewish Emigration from Northern Morocco in the Late Nineteenth Century", p. 201.

Um dos proprietários da fazenda pecuária "Franco & Sons" C. Barrington Brown e William Lidstone, *Fifteen Thousand Miles on the Amazon and its Tributaries*, Londres, Edward Stanford, 1878, p. 251.

O Ladrão no Fim do Mundo

"que as pessoas que entram uma vez por ano nessas florestas" Henry Wickham, "The Introduction and Cultivation of the Hevea in India", p. 81-82.

os locais antigos cobertos pela terra preta do índio, firme e profunda Entrevista, Elisio Eden Cohen, Boim, 21 de outubro de 2005.

"3 a 3 metros e meio de diâmetro" Henry Wickham, "The Introduction and Cultivation of the Hevea in India", p. 81.

"todos os dias eu percorria a floresta" Henry Wickham, *On the Plantation, Cultivation and Curing of Pará Indian Rubber*, p. 50.

"a casca é coberta por uma espessa camada de musgo, samambaias e orquídeas" Henry Wickham, "The Introduction and Cultivation of the Hevea in India", p. 81.

"de 17 variedades" William Chauncey Geer, *The Reign of Rubber*, Nova York, Century, 1922, p. 73.

Dizia-se que a espécie de casca negra produzia mais látex C. C. Webster e E. C. Paardekooper, "The Botany of the Rubber Tree", em *Rubber*, C. C. Webster & W. J. Baulkwill (eds.), Essex, Longman, 1989, p. 60-61.

Hoje com mais de 60 anos, quando criança lhe mostraram o que restava do tronco da árvore-mãe Entrevista, Elisio Eden Cohen, Boim, 21 de outubro de 2005.

Cohen observou quando sete homens mal conseguiam se tocar com a ponta dos dedos, estendendo os braços em volta dela Será que a árvore-mãe era tão grande quanto Cohen disse? Uma regra para medir a circunferência é a de que a envergadura de um homem tem aproximadamente a mesma medida de sua altura. Como a envergadura média do índio ou caboclo da Amazônia era de 1,68 m, sete homens em volta da árvore daria uma circunferência aproximada de 11,70 m. Isto dá um raio de 1,87m e um diâmetro de 3,74 m, o dobro do raio. Esta é uma árvore grande, mas não algo de que nunca se ouviu falar. Até recentemente, pensava-se que o Gigante Estratosférico — a sequoia coast (*Sequoia sempervirens*) de 112 metros encontrada em 1963 pela Sociedade Geográfica Nacional nas margens do riacho Redwood — fosse a árvore mais alta do mundo. Mas em 2006 descobriu-se um grupo de três árvores mais altas ainda, num lugar próximo. A maior, chamada de Hyperion, media pelo menos 115 metros.

A altura máxima geralmente registrada hoje para a hévea da Amazônia é de 30 metros, mas nos dias de Wickham, dizia-se que existiam árvores com altura de 40 metros nas florestas virgens, apesar de que isso nunca tenha sido confirmado.

"[D]urante os períodos de descanso, eu me sentava e olhava para os arcos de folhas acima" Henry Wickham, *On the Plantation, Cultivation and Curing of Pará Indian Rubber (Hevea brasiliensis) with an Account of Its Introduction from the West to the Eastern Tropics*, Londres, K. Paul, Trench, Trübner and Co., 1908, p. 50-51.

com o mesmo formato dos encontrados na Amazônia hoje em dia Entrevista, Elisio Eden Cohen, Boim, 21 de outubro de 2005. O autor possui também uma foto do cesto tecido por Herica Maria Cohen, de 14 anos, filha de Elisio Eder Cohen. É do mesmo modelo dos usados por Wickham e por índios e caboclos por séculos. A única diferença em relação aos cestos de Wickham é que os dele devem ter sido maiores.

Notas

Convenci as moças da aldeia tapuia Henry Wickham, *On the Plantation, Cultivation and Curing of Pará Indian Rubber*, p. 51.

"o primeiro da nova linha de navios a vapor da empresa Inman Line" Henry Wickham, *On the Plantation, Cultivation and Curing of Pará Indian Rubber*, p. 47-48; e John Loadman, *Tears of the Tree: The Story of Rubber – A Modern Marvel*, Oxford, Oxford University Press, 2005, p. 89-91. O trabalho investigativo de Loadman sobre o navio *Amazonas* é o melhor já feito até agora, pois revela registros anteriormente desconhecidos da navegação e manifestos da tripulação. Construído em 1874 pela empresa A. Simey and Co. para a Liverpool & Amazon Royal Mail Steamship Company e registrado em 1875, o *Amazonas* era completamente novo. A embarcação zarpou quase imediatamente sob a bandeira da E. E. Inman. Henry disse que esta foi sua viagem inaugural, mas aparentemente ele está equivocado quanto a isso. O *Amazonas* partiu pela primeira vez de Liverpool em 24 de dezembro de 1875, chegou em Belém do Pará em 19 de janeiro de 1876, continuou até Manaus, e depois voltou a Liverpool, chegando em 14 de março.

Os registros da tripulação indicam uma equipe de 32 homens Loadman, *Tears of the Tree*, p. 90.

"A coisa era bem-feita" Henry Wickham, *On the Plantation, Cultivation and Curing of the Pará Indian Rubber*, p. 48.

"surgiu uma daquelas oportunidades, uma das que um homem tem de agarrar com todas as forças" Ibid., p. 48-49.

"Isso indica que o fretamento rápido [do *Amazonas*] foi para se adiantar" P. R. Wycherley, "Introduction of Hevea to the Orient", *The Planter, Magazine of the Incorporated Society of Planters*, março de 1968, p. 130. Segundo Wycherley, Wilkens escreveu no número de setembro de 1940 do *RRI Planters' Bulletin* que as autoridades brasileiras disseram a Henry que ele "não teria" a permissão para exportar as sementes; no número de dezembro de 1967 da revista *Planter*, disse que falaram a Wickham que ele "talvez não conseguisse" a permissão. O próprio Wilkens já estava ficando velho, e por isso pode ser que a verdade tenha sido obscurecida pelas memórias indistintas tanto de Wickham quanto de Wilkens.

como também nenhuma menção às sementes de seringueira no manifesto de carga Loadman, *Tears of the Tree*, p. 90.

"Quando [Henry] coletou e embalou" Violet Wickham, "Lady Wickham's Diary", p. 5.

O que parece mais provável [...] é que Wickham conseguiu persuadir" Dean, *A luta pela borracha no Brasil*.

John Joseph Wickham, sua esposa Christine e seu filho Harry Entrevista com Anthony Campbell por e-mail em 3 de abril de 2006, sobre sua própria pesquisa genealógica.

Viúvo de Harriette Jane, irmã de Henry Anthony Campbell, "Descendants of Benjamin Wickham, a Genealogy", publicado pelo próprio autor em 30 de janeiro de 2005.

O Ladrão no Fim do Mundo

"penduradas em seus caixotes em toda a extensão da parte dianteira do porão" Henry Wickham, *On the Plantation, Cultivation and Curing of the Pará Indian Rubber*, p. 53.

"ranzinza e irritado [...] tanto que nem me incomodava mais com o mau humor de Murray" Ibid.

"Na minha mente eu tinha toda a certeza" Ibid.

"uma oferta convencional de executar o serviço e depois receber o pagamento" Ibid., p. 47.

"muitos brasileiros se divertiram" Austin Coates, *The Commerce in Rubber: The First 250 Years*, Cingapura, Oxford University Press, 1987, p. 67.

"um obstáculo de dimensão assombrosa" Anthony Smith, *Os conquistadores do Amazonas*.

"um amigo na corte" Henry Wickham, *On the Plantation, Cultivation and Curing of the Pará Indian Rubber*, p. 53.

"[entrou] completamente no espírito da coisa" Ibid., p. 53-54.

um cidadão comum chamado Ulrich Dean, *A luta pela borracha no Brasil*.

O encontro foi agradável e cordial Coates, *The Commerce in Rubber*, p. 67.

"Pude respirar aliviado" Henry Wickham, *On the Plantation, Cultivation and Curing of the Pará Indian Rubber*, p. 54.

Os produtos destinados aos Gabinetes de História Natural A legislação alfandegária brasileira é citada por Dean em *A luta pela borracha no Brasil*.

"dificilmente defensável no direito internacional" Loadman, *Tears of the Tree*, p. 92.

Madagascar nunca recebeu um centavo "Living Rainforest: Cancer Cured by the Rosy Periwinkle", http://www.livingrainforest.org/about-rainforests/anti-cancer-rosy-periwinkle/.

O. Labroz e V. Cayla, do Brasil, afirmaram que as autoridades

"apropriar dos bens dos outros" Dean, *A luta pela borracha no Brasil*.

"uma visão mais elevada de propriedade" Ibid.

Capítulo 10: Os confins do mundo

Hooker sofria de insônia Richard Collier, *The River That God Forgot: The Story of the Amazon Rubber Boom*, Nova York, E. P. Dutton, 1968, p. 35-36.

Ele partiria de Liverpool em 19 de junho Robert Cross registrou as datas de sua partida de Liverpool e de sua chegada em Belém do Pará em seu relatório intitulado *Investigation and Collecting of Plants and Seeds of the India Rubber Trees of Pará and Ceará and Balsam of Copaíba*, concluído em Edimburgo em 29 de março de 1877. William Cross incluiu trechos de seu relatório em "Robert McKenzie Cross: Botanical Explorer, Kew Gardens: Chronology: The Years Robert Cross Spent at Home and Abroad, http://scottishdisasters.tripod.com/robertmckenziecrossbotanicalexplorerkewgardens.

Notas

"Nem mesmo a imaginação mais delirante poderia ter previsto" Coates, *The Commerce in Rubber*, p. 68.

Uma estufa ampla, chamada *seed-pit* ou "fosso das sementes" Lane, "The Life and Work of Sir Henry Wickham: Part IV – Kew", 26 de dezembro de 1953, p. 8.

aos cuidados de R. Irwin Lynch "R. Irwin Lynch", *Journal of the Kew Guild*, vol. 4, nº 32, 1925, p. 341. Lynch, superintendente do Departamento de Plantas Tropicais, tinha "uma longa experiência em Kew"; instruído pelo avô, também muito experiente, passou a fazer parte da equipe na condição de jardineiro aprendiz aos 17 anos.

"Sabíamos que os resultados eram incertos" Sir William Thiselton-Dyer citado por Coates em *The Commerce in Rubber*, p. 68.

"Foram recebidas 70 mil sementes de *Hevea brasiliensis* do sr. H. A. Wickham" Royal Botanic Gardens – Kew, *Miscellaneous Reports: India Office: Caoutchouc I*, bilhete sem assinatura, 7 de julho de 1876, pasta de arquivo nº 20.

"muitas centenas já estão agora com 40 centímetros de comprimento e todas com uma saúde vigorosa" Royal Botanic Gardens – Kew, *Miscellaneous Reports: India Office: Caoutchouc I*, Ibid.

"fizera algumas experiências de plantio" Dean, *A luta pela borracha no Brasil*.

"como se quisesse enfatizar sua ignorância em relação à botânica" Ibid.

Em 20 de agosto de 1876, o *Evening Herald* publicou um relato breve Royal Botanic Gardens – Kew, *Miscellaneous Reports: India Office: Caoutchouc I*, "Evening Herald, 20 de agosto de 1876, descrevendo o cultivo das sementes em Kew", pasta de arquivo nº 43.

"o sr. Wickham parece ter tido muito trabalho com essas sementes" Dean, *A luta pela borracha no Brasil*.

Tive uma longa conversa com o sr. Wickham Lane, "The Life and Work of Sir Henry Wickham: Part IV – Kew", p. 6.

"não temos conhecimento de sua habilidade em relação à horticultura" Ibid.

"Não quis sugerir que eu ficasse inteiramente a cargo das plantas" Ibid.

"sem princípios" Donovan Williams, "Clements Robert Markham and the Geographical Department of the India Office, 1867-1877", *Geographical Journal*, vol. 134, setembro de 1968, p. 350.

"agir de acordo com as normas oficiais ou partir" Ibid., p. 351.

"a Península Malaia era a que tinha mais probabilidades de combinar as condições climáticas necessárias" Lane, "The Life and Work of Sir Henry Wickham: Part IV – Kew", p. 7.

"Vi árvores cultivadas em espaços abertos" Henry Wickham, *On the Plantation, Cultivation and Curing of the Pará Indian Rubber*, p. 58.

"E mais [...] seu caixão estava com o nome errado" Lane, "The Life and Work of Sir Henry Wickham: Part IV – Kew", p. 7.

ou 740 libras segundo um memorando de Hooker Dean, *A luta pela borracha no Brasil*. Esta carta, datada de 24 de junho de 1876 e remetida a Clements Markham, apresentava Wickham "que está coletando sementes para você. Ele trouxe 74 mil que foram todas plantadas", o que implica que, segundo o acordo, ele receberia 740 libras.

"apesar de as autoridades de Kew apoiarem a ideia" Violet Wickham, "Lady Wickham's Diary", p. 5.

A empresa P&O causara uma revolução no transporte marítimo Coates, *The Commerce in Rubber*, p. 69.

um enfurecido Clements Markham ter agilizado o pagamento em Londres O caso do *Duke of Devonshire* é um bom exemplo da burocracia inglesa em seus piores momentos e das frustrações de Clements Markham com o novo regime do India Office. Quando H. K. Thwaites, diretor do Jardim de Peradeniya, enviou um telegrama pedindo ajuda, Markham foi chamado. Ele passou a semana seguinte levando os documentos do frete de mesa em mesa até chegar ao odiado Louis Mallet em pessoa, o que o incitou a fazer alguns comentários sobre a "nova burocracia" que provavelmente apressaram sua saída no ano seguinte. Thiselton-Dyer foi envolvido na história, e em 18 de setembro de 1876, Markham escreveu-lhe uma carta em tom furioso, reclamando sobre todos os "procedimentos tolos" necessários para obter a aprovação para até mesmo as menores despesas. "A rotina sem sentido já era ruim antes", lamentou ele, "e ficou muito pior desde que sir Louis Mallet e lorde Salisbury entraram aqui". Sua frustração e seu desgosto eram evidentes, e ele nada fazia para escondê-los. Mais informativa, porém, foi a lista detalhada de um procedimento mesquinho de exigências que desestimulava as novas iniciativas e de fato sufocava qualquer mudança. O pagamento de uma simples conta de frete, que na melhor das hipóteses exigiria uma nota fiscal e o pagamento, precisou de dez passos que se estendiam antes de trinta dias. Markham chamava a isto de nada mais que "o circunlóquio habitual":

Agosto:
    Dia 18: Enviei o pedido para aprovação para pagar o frete.
    Dia 22: Sir L. Mallet envia a lorde Salisbury.
    Dia 29: Lorde Salisbury o envia a um comitê do Conselho.

Setembro:
    Dia 7: O comitê envia de volta para sir L. Mallet.
    Dia 9: Sir L. Mallet o envia para o Conselho.
    Dia 10: O comitê financeiro envia de volta.
    Dia 11: Sir L. Mallet envia para o Conselho.
    Dia 14: O Conselho aprova o pagamento.
    Dia 15: O pedido é enviado de volta para mim.
    Dia 16: A conta é paga.

Markham termina a história fazendo a observação de que esta carta "não é oficial, senão você não a receberia antes de um mês". As mudas liberadas foram plantadas em Colombo, e em 1880, cerca de trezentas delas ainda estavam vivas. Royal Botanic Gardens

Notas

– Kew, *Miscellaneous Reports: India Office: Caoutchouc I*, "Carta de Markham a Thiselton-
-Dyer, 18 de setembro de 1876", pasta de arquivo nº 59.

**enquanto Kew admitiu que 12 plantas de hévea da missão de Cross consegui-
ram sobreviver** Apesar de as amostras de hévea de Cross estarem doentes, elas se tornaram o centro de uma controvérsia que ainda provoca debates furiosos entre historiadores.
Em 11 de junho de 1877, Kew enviou 72 mudas de hévea para Cingapura que podem ou
não ter sido das árvores de Cross.

No conjunto, a quantidade de árvores enviadas à Índia e ao Extremo Oriente exce-
dia em algumas centenas a soma das coletas de Wickham e de Cross. A única explicação,
argumentou o historiador Warren Dean, era de que "houve alguma multiplicação por
meio de mudas", o fenômeno pelo qual partes de uma planta podem regenerar raízes,
caules e folhas para formar novas plantas completas. Esta era uma boa notícia para centros
de botânica econômicos como Kew, porque não se ficava restrito à produção de sementes,
e o estoque para plantio podia ter uma progressão geométrica. Porém, quando Kew enviou os carregamentos, eles nunca mantiveram registros destas mudas. Ninguém sabe
quais vieram das sementes de Wickham e quais vieram das árvores jovens de Cross. Isto é
importante, mesmo que só para ilustrar o ressentimento crescente em relação a Wickham,
assim como o destino dos que prestaram serviços. Nos anos 1920, quando a Inglaterra
controlava o mercado mundial da borracha, Wickham foi homenageado e Cross esquecido, e os especialistas tomaram suas posições. As pessoas perguntaram: "Quem de fato deu
início à indústria da borracha de cultivo?" Foi Wickham, com suas sementes mais saudáveis do planalto por trás de Boim e sua quantidade maior de mudas? Ou foi Cross, cujas
mudas doentes dos pântanos ao redor de Belém do Pará podem ou não ter integrado o
lote de junho de 1877 de mudas para Cingapura, as quais se diz terem formado a espinha
dorsal das vastas plantações de seringueiras da Malásia?

As complexidades do debate sobre Cross e Wickham são tão misteriosas que é tentador ignorar a questão, mas fazer isso seria desprezar as contribuições de Cross e se esquivar
de um motivo pelo qual os historiadores costumam não gostar de Wickham. Significa ignorar também a linhagem do coro anti-Wickham de Kew, cujos registros a este respeito são tão
contraditórios que se autoanulam. Alguns documentos afirmam que o lote para Cingapura
vinha das árvores de Wickham, e outros que eram das de Cross, e a confusão a respeito das
mudas apenas torna a questão mais complicada. Com o tempo, o debate se transformou em
uma guerra cultural. Os homens de negócio e fazendeiros apoiavam Wickham, enquanto
que os botânicos de Kew repetiam o preconceito de Joseph Hooker e apostavam em Cross,
que era um deles. Apesar de a maior parte das sementes embarcadas para várias partes do
mundo ter saído do estoque de Henry, o debate centrou-se em uma afirmação não compro-
vada de Henry N. Ridley, protegido de Hooker e diretor do Jardim Botânico de Cingapura,
de que o carregamento de 1877 para Cingapura era oriundo das árvores de Cross. Thiselton-Dyer – também do grupo de Hooker – apoiou Ridley. Entretanto, quando os números
são examinados, é preciso admitir que neste ponto os estoques de Cross e Wickham estavam

O Ladrão no Fim do Mundo

tão misturados pelas mudas e os registros desorganizados que não seria possível separá-los. Uma observação feita pelos primeiros plantadores de seringueiras de que tinham notado "uma variedade notável em suas árvores" corrobora tal mistura.

A origem das sementes de Cross era bem diferente das de Wickham. Ele não se embrenhou pelo interior como Wickham fizera, mas permaneceu perto de Belém do Pará. Partiu de Liverpool em 19 de junho de 1876, o mesmo dia em que as primeiras sementes de Henry começaram a brotar no fosso das sementes de Kew, e chegou a Belém no dia 15 de julho. Ele começou a trabalhar, replantando, cuidando e embalando suas 1.080 amostras. Coletou a maior parte de suas sementes de seringueira nos pântanos e planícies aluviais ao redor da cidade, o que fez com que suas opiniões a respeito do habitat natural da hévea fossem exatamente o oposto das de Wickham. O cônsul Green o ajudou assim como ajudara a Henry, lhe prestando "toda a assistência possível". Ele embarcou no *Paraense* da Liverpool Red Cross Line, buscou suas sessenta amostras de maniçoba-do-ceará quando o navio parou em Fortaleza, e voltou para a Inglaterra em 22 de novembro de 1876.

As informações sobre a distribuição das plantas de Wickham e de Cross foram compiladas e fez-se uma comparação de seis fontes principais, cada uma das quais omite alguns detalhes, sendo que todas elas parecem coincidir em termos cronológicos: John Loadman, *Tears of the Tree: The Story of Rubber – A Modern Marvel*, Oxford, Oxford University Press, 2005; Warren Dean, *A luta pela borracha no Brasil: Um estudo de história ecológica*, São Paulo, Livraria Nobel, 1989; Austin Coates, *The Commerce In Rubber: The First 250 Years*, Cingapura, Oxford University Press, 1987;" William Chauncey Geer, *The Reign of Rubber*, Nova York, Century, 1922; Edward Valentine Lane, "The Life and Work of Sir Henry Wickham: Part IV – Kew", *India Rubber Journal*, vol. 125, 26 de dezembro de 1953; p. 5-8; e Lane, "Sir Henry Wickham: a British Pioneer; a Brief Summary of the Life Story of the British Pioneer", *Rubber Age*, vol. 73, agosto de 1953, p. 649-656.

O debate sobre Cross e Wickham provavelmente nunca chegará a uma conclusão. Conforme afirma o texto, Ridley e Thiselton-Dyer fizeram declarações que indicam as árvores de Cross como a fonte do monopólio inglês da borracha, mas ambos são suspeitos: Thiselton-Dyer é suspeito porque pouco faria para contradizer Hooker, e Ridley porque detestava Wickham abertamente e fez várias declarações depreciativas durante toda a sua vida para tentar diminuir a importância de Henry. Aparentemente estava em jogo também certa inveja: Henry receberia o grau de cavaleiro, mas Ridley não. Em 1914, David Prain, que se tornou diretor de Kew após a aposentadoria de Thiselton-Dyer em 1905, questionou "se alguma única planta trazida por Cross por acaso ficou em condições de ser enviada" a algum lugar da Ásia. Ele não conseguiu encontrar "qualquer registro em nossos arquivos que possa ser interpretado desta maneira". (Dean) A afirmação de Prain é interessante também porque ele foi o primeiro diretor não ligado por sangue ou casamento ao círculo familiar de Hooker e Thiselton-Dyer. Warren Dean parece concordar com Prain ao afirmar que "evidentemente, a seleção de Wickham forneceu a impressionante linhagem genética para a disseminação do cultivo nas colônias inglesas" (Dean), mas até mesmo ele ficou intrigado pelo mistério e fez alguma especulação. John Loadman, o mais recente da longa linhagem

Notas

de historiadores da borracha, claramente apoia Cross após um trabalho investigativo meticuloso, chamando a Cross, e não a Wickham, de "pai da indústria da borracha de cultivo". Porém, até ele reconhece que "apesar de todos os registros detalhados de Kew, falta uma informação, e é sobre a fontes destas [...] mudas" (Loadman, 94).

"As extensões de terra plana, de baixa altitude e úmidas, sujeitas à inundação" Royal Botanic Gardens – Kew, *Miscellaneous Reports: India Office: Caoutchouc I*, Robert Cross, *Report on the Investigation and Collecting of Plants and Seeds of the India Rubber Trees of Pará and Ceará and Balsam of Copaíba*, 29 de março de 1877, pastas de arquivo nºs 78-93, p. 7.

As opiniões de Robert Cross Cross teve um destino pouco melhor do que o de suas árvores. O tratamento que recebeu do governo britânico foi tão ruim quanto o recebido pelo primeiro profeta da hévea, James Collins. Em 1881, Cross tinha 47 anos, sofria com ataques debilitantes da malária, e já tinha solicitado várias vezes uma pensão médica. Em 1882, ousou tornar público no *South of India Observer* que as plantações indianas da cinchona perderam 2 milhões de libras do império quando comparadas às plantações holandesas, e revelou pela primeira vez o caso desastroso da rejeição das árvores de casca amarela, coletadas por Charles Ledger na Bolívia. As revelações não foram vistas com bons olhos pelos altos escalões do governo. Joseph Hooker lançou uma investigação, que nada revelou sobre a oferta de Ledger, mas desabonou o trabalho na Índia sobre as variedades híbridas da cinchona, o trabalho que Cross dirigia.

Em uma carta datada de 21 de julho de 1882, Cross lamentou o fato de suas revelações terem criado tanta hostilidade contra ele. Algumas pessoas chegaram até mesmo a culpá-lo pela depreciação das plantações indianas de cinchona e pediram sua cabeça. Apesar de ele ter sido posteriormente absolvido de todas as alegações de Hooker, sua carreira foi arruinada. Logo depois, segundo o *Nilgiri Express*, ele estava trabalhando em Nilamur, na supervisão do cultivo de algumas novas seringueiras quando "em resposta a algumas propostas feitas em seu nome ao secretário de Estado, foi recebido um telegrama. Desconhecemos o conteúdo do telegrama, mas [Cross] ficou tão contrariado que deu de ombros e foi embora à procura de novos campos". Em 1884, Cross já estava totalmente fora do serviço, e se aposentou com uma pensão anual de quarenta libras. À noite, ele suava em meio a delírios provocados pela malária em seu chalé em Edimburgo e mantinha uma arma embaixo do travesseiro que usara no Equador para se defender de cobras e ladrões. William Cross, "Robert McKenzie Cross: Botanical Explorer, Kew Gardens: Chronology: The Years Robert Cross Spent at Home and Abroad", p. 6 de 7; Royal Botanic Gardens – Kew, *Miscellaneous Reports 5: Madras-Chinchona, 1860-97*, "Carta de Robert Cross a Clements Markham, 21 de julho de 1882", pastas de arquivos nºs 131 e 132. O artigo no *Nilgiri Express* e um relato dos últimos anos de Cross em seu chalé estão publicados em William Cross, "Robert McKenzie Cross: Botanical Explorer, Kew Gardens – Last Years at West Cottage Torrance of Campsie", p. 2, www.scottishdisasters.tripod.com/robertmckenziecrossbotanicalexplorerkewgardens.

O Ladrão no Fim do Mundo

quase dobrou a produção a cada cinco anos, e depois a cada três anos Henry Hobhouse, *Seeds of Wealth: Four Plants That Made Men Rich*, Londres, Macmillan, 2003, p. 134.

Mais da metade deles era do modelo T de Henry Ford Hobhouse, *Seeds of Wealth*, p. 134.

Vendiam-na John R. Millburn e Keith Jarrott, *The Aylesbury Agitator: Edward Richardson: Labourer's Friend and Queensland Agent, 1849-1878*, Aylesbury, Queensland, Austrália, Buckingham County Council, 1988, p. 28-31. Archives of the Institute of Commonwealth Studies, University of London.

a violência nas zonas fronteiriças australianas tenha ceifado as vidas "Statistics of Wars, Oppression and Atrocities in the Nineteenth Century", http://users.erol.com/mwhite28/wars19c.htm.

Carl Lumholtz, antropólogo norueguês O livro de Carl Lumholtz, *Among Cannibals*, Londres, 1890, é citado por G. C. Bolton em *A Thousand Miles Away: A History of North Queens to 1920*, Sydney, Australian National University Press, 1970, p. 95.

não havia "nada de extraordinário a respeito disso" O *Queensland Figaro* é citado por Raymond Evans em "'Kings' in Brass Crescents: Defining Aboriginal Labour Patterns in Colonial Queensland", em *Indentured Labour in the British Empire, 1834-1920*, Kay Saunders (ed.), Londres, Croom Helm, 1984, p. 196.

"Estas crianças são trazidas às fazendas e amarradas" Ibid., p. 196.

"uma criança negra fugitiva podia ser caçada e trazida de volta" Ibid., p. 199.

"apesar das restrições a bordo" Violet Wickham, "Lady Wickham's Diary", p. 6.

e o que realmente esperava era cultivar a folha Lane, "The Life and Work of Sir Henry Wickham: Part V – Pioneering in North Queensland", 2 de janeiro de 1954, p. 17.

Custava aproximadamente 110 libras J. R. Camm, "Farm-making Costs in Southern Queensland, 1890-1915", *Australian Geographical Studies*, vol. 12, nº 2, 1974, p. 177.

A "Terra Querida", como era chamada Geoffrey Blainey, *The Tyranny of Distance*, Londres, Macmillan, 1968, p. 165-167. A Lei da Coroa sobre as Terras de 1868 e a Lei das Propriedades Rurais permitia a escolha de propriedades rurais com extensões que iam de 80 a 160 acres, e os registros mostram que foram tomados cerca de 3 milhões de acres. Mas cerca de metade deles foi para 267 pessoas, o que resultou em vastas plantações de cana-de-açúcar, e ao norte, fazendas pecuárias.

"lhe asseguraram que se fosse capaz de produzir aquela qualidade" Violet Wickham, "Lady Wickham's Diary", p. 7.

"mais uma vez ele teve o velho trabalho de capinar o terreno para a construção da casa" Violet Wickham, "Lady Wickham's Diary", p. 7.

"que os vizinhos acharam engraçada" Ibid.

"Quando o orvalho havia secado, ateei fogo nela" Ibid.

"As selas, a farinha e o resto poderiam ter sido salvos" Ibid., p. 9.

"ela vazava em toda a sua extensão" Ibid., p. 10.

"A palavra 'chuva' não é melhor descrição para isso" Ibid., p. 9.

Notas

"Depois de sofrer com o fogo, parece que era necessário que eu tentasse a cura pela água" Ibid., p. 10.

"adormeci" Ibid.

"cortar as folhas e os brotos novos [...] até mesmo no outro lado do ribeirão" Ibid., p. 9.

os fazendeiros descobriram que se conseguissem embriagar a vítima com rum Charles H. Eden, *My Wife and I in Queensland: An Eight Year's Experience in the Above Colony, with Some Account of Polynesian Labour*, Londres, Longmans, Green, 1872, p. 146-147.

Você pode imaginar que o tirei com a maior pressa e calma possível" Violet Wickham, "Lady Wickham's Diary", p. 9.

"As galinhas estão apenas tendo pesadelos" Violet Wickham, "Lady Wickham's Diary", p. 8.

"Instruções para cultivo e cura de tabaco no norte de Queensland" Lane, "The Life and Work of Sir Henry Wickham: Part V – Pioneering in North Queensland", p. 17.

"Eu não precisava de ninguém comigo" Violet Wickham, "Lady Wickham's Diary", p. 8.

"apesar de achar que deixei aqueles vizinhos muito escandalizados" Ibid.

várias comissões do governo As leis promulgadas referentes à mão de obra *kanaka* podem ser encontradas nas seguintes fontes: Lane, "The Life and Work of Sir Henry Wickham: Part V – Pioneering in North Queensland", p. 17-18; G. C. Bolton, *Planters and Pacific Islanders*, Croydon, Victoria, Austrália: Longman's, 1967, p. 22-23; G. C. Bolton, *A Thousand Miles Away: A History of North Queens to 1920*, Sydney, Australian University Press, 1970, p. 79-83; "Queensland Sugar Industry", *MacKay Mercury*, 25 de setembro de 1878; e Royal Commonwealth Society Archives, *Cuttings of the Queensland Sugar Industry*, GBR/0115/RCMS 294.

O *kanaka* é na melhor das hipóteses um selvagem "The Labour Question", *The Queenslander*, 14 de maio de 1881, Royal Commonwealth Society Archives, *Cuttings of the Queensland Sugar Industry*, GBR/0115/RCMS 294.

"Uma estratégia favorita [...] era levantar dois ou três dedos" Bolton, *A Thousand Miles Away*, p. 79.

"domar" Ibid.

De 1883 a 1885, quase 7 mil pessoas foram raptadas ou enganadas Kay Saunders, "The Workers' Paradox: Indentured Labour in the Queensland Sugar Industry to 1920", em *Indentured Labour in the British Empire, 1834-1920*, Kay Saunders (ed.), Londres, Croom Helm, 1984, p. 226.

O magistrado-chefe do distrito Violet Wickham, "Lady Wickham's Diary", p. 7.

[N]ós os consideramos confiáveis Ibid., p. 7-8.

"Eu me perguntei muitas vezes [...] se não foi uma tramoia" Lane, "The Life and Work of Sir Henry Wickham: Part V – Pioneering in North Queensland", p. 19.

"provavelmente um pouco acima do preço das passagens de volta" Ibid.

O Ladrão no Fim do Mundo

Capítulo 11: A Cruz Falante

"concordou em se unir a um amigo em uma viagem às Honduras Britânicas"
Lane, "The Life and Work of Sir Henry Wickham: Part VI – Pioneering in British Honduras", *India Rubber* Journal, vol. 126, 9 de janeiro de 1954, p. 17.

"Eu o deixei ir uns seis meses adiante" Violet Wickham, "Lady Wickham's Diary", p. 11.

um recorde mundial A travessia do Pacífico feita pelo *James Stafford* estabeleceu um recorde para navios a vela que duraria até 1995.

a origem da cidade de Belize sir Eric Swayne, "British Honduras", *Geographical Journal*, vol. 5, nº 3, setembro de 1917, p. 162; John C. Everitt, "The Growth and Development of Belize City", *Journal of Latin American Studies*, vol. 18, nº 1, maio de 1986, p. 78.

a madeira era vendida por cerca de cem libras por tonelada Swayne, "British Honduras", p. 162; David Cordingly, *Under the Black Flag: The Romance and Reality of Life Among the Pirates*, Nova York, Harcourt, Brace, 1995, p. 150. Cordingly coloca o comércio em perspectiva. O pau-de-campeche era rentável, mas não chegou a ser o comércio mais lucrativo da época. Durante o mesmo período, as colônias de Virgínia e Maryland exportavam em conjunto 70 mil barris de tabaco anualmente, que rendiam 300 mil libras todos os anos. "O corte da madeira sempre foi um ramo menor, executado por uns poucos ex-marinheiros e piratas em um canto remoto do globo", disse Cordingly na página 150 de seu livro, mas nas Honduras Britânicas era a única cartada.

Em 1705, os ingleses embarcavam a maior parte de seus carregamentos de pau-de-campeche da área do rio Belize Segundo um relatório do governo, 4.965 toneladas de pau-de-campeche foram exportadas para a Inglaterra entre 1713 e 1716 por não menos que 60 mil libras por ano. Por volta de 1725, a produção tinha aumentado para 18 mil toneladas por ano.

as exportações de mogno subiram para 12 mil toneladas Robert A. Naylor, *Penny Ante Imperialism: The Mosquito Shore and the Bay of Honduras, 1600-1914, A Case Study in British Informal Empire*, Londres, Associated University Presses, 1989, p. 103.

a população branca caiu para 4% em 1845 e 1% em 1881 Everitt, "The Growth and Development of Belize City", p. 93, pasta de arquivo nº 85.

"lenhadores endinheirados" Ibid., p. 90.

o Tesouro da colônia, que tinha 90 mil libras de saldo favorável Everitt, "The Growth and Development of Belize City", p. 96. Na verdade, as melhorias nos serviços públicos que colocaram Goldsworthy no papel de vilão foram elaboradas antes de sua chegada. Chamado de Plano Siccama de 1880, em homenagem ao barão de Siccama, o engenheiro que o idealizou, este foi um projeto ambicioso e de grande amplitude para melhorias na cidade, que propunha o aterro de terrenos baixos, o aumento de instalações de armazenamento de água, a construção de um píer e a dragagem dos canais, que não eram limpos desde os anos 1860. É fácil perceber porque o governo tinha um saldo favorável. Nunca dera atenção a estes grandes problemas, que consumiram todo o saldo excedente quando o Plano Siccama se iniciou. Por causa da controvérsia, o plano foi abando-

Notas

nado e Belize voltou ao seu estado habitual de miséria e decadência durante o resto do século.

"não deixar nem por um instante de ser amigo da porção menos respeitável" Wayne M. Clegern, *British Honduras, Colonial Dead End, 1859-1900*, Baton Rouge; Louisiana State University Press, 1967, p. 80, citando o *Colonial Guardian* de 4 de outubro de 1890.

O governador gostava do ladrão das sementes de seringueira Lane, "The Life and Work of Sir Henry Wickham: Part VI – Pioneering in British Honduras", p. 17.

Goldsworthy talvez tenha rezado para nunca mais ter de voltar Quando deixou o gabinete do Ministério das Colônias na Casa do Governo, recebeu saudações militares de uma Guarda de Honra, mas na hora que sua barcaça passou pelo quebra-mar, a multidão lá reunida vaiou e fez zombarias. Goldsworthy respondeu com um gesto "sardônico", e isso desencadeou um tumulto. Algumas mulheres e crianças tentaram atirar pedras da margem da estrada, mas a polícia impediu. Então eles correram para a lagoa, retiraram pedras do fundo e começaram a atirá-las na barcaça. Os membros da tripulação da barcaça remaram com todas as suas forças para não serem apedrejados; quando alcançaram o navio a vapor, passou uma fragata e nela um homem erguia uma faixa branca com as palavras "Ainda não se comeu bagre" escritas em letras vermelhas, uma referência ao comentário de Goldsworthy de que "ele faria o povo comer bagre no fim das contas". O navio a vapor levou uma hora para zarpar. As multidões no porto zombavam e vaiavam, e a fragata dava voltas no navio, baixando sua bandeira. Clegern, *British Honduras, Colonial Dead End, 1859-1900*, Baton Rouge; Louisiana State University Press, 1967, p. 78, citando o *Colonial Guardian* de 23 de outubro de 1890.

"Quer tenha sido simplesmente uma questão de procedimento habitual de completar o tempo de serviço" Ibid., p. 80.

"Eu e um amigo o persuadimos a aceitar um cargo no governo" Violet Wickham, "Lady Wickham's Diary", p. 12.

Henry fez um pouco de tudo National Archives, Kew, *Honduras Gazette*, 1887, 1888, 1889, 1893. CO 127/6, 7 & 8: *Honduras Gazette*, 7 de maio de 1887, p. 78; *Honduras Gazette*, 17 de dezembro de 1887; *Honduras Gazette*, 12 de maio de 1888, p. 81; *Honduras Gazette*, 15 de dezembro de 1888, p. 215; e *Honduras Gazette*, 4 de maio de 1889, p. 75.

Em 1890, tornou-se inspetor das florestas Lane, "The Life and Work of Sir Henry Wickham: Part VI – Pioneering in British Honduras", p. 17.

"Por estar em contato com o governador, eu era convidada" Violet Wickham, "Lady Wickham's Diary", p. 11.

O sr. Wickham é um idealista porte grande, sonhador, solidário" Lane, "The Life and Work of Sir Henry Wickham: Part VI – Pioneering in British Honduras", p. 17.

Acredito que a missão [de Peck] seja um pouco fantasiosa" National Archives, Kew, *Colonial Office: British Honduras, Register of Correspondence, 1883-1888*, CO 348/10. Despacho nº 5: "Missão do sr. J. B. Peck de Nova York para Honduras Britâni-

O Ladrão no Fim do Mundo

cas", sir Roger Goldsworthy, 17 de janeiro de 1888. A seguir, o texto do despacho de Goldsworthy para o Foreign Offices, mostrando como ele se divertiu com a história, e nomeando Wickham como o vigia da escavação.

Senhor:

1. Tenho a honra de informá-lo que uma escuna a vela, de nome *Maria*, chegou a este porto no dia 28 último, vindo de Nova York, sob os cuidados do sr. John Benjamin Peck, que, segundo se diz, é um agente especial do Tesouro dos Estados Unidos.

2. No dia de sua chegada, as correspondências da América trouxeram a notícia de que a viagem do sr. Peck a Belize, embora supostamente tenha o objetivo de procurar por um tesouro escondido, estava na verdade ligada a uma expedição de obstrução contra a república vizinha amiga de Honduras.

3. A ação do sr. Peck, ao chegar, de tentar fechar um contrato de negócios com a Belize Estate and Produce Company, relacionado à sua intenção de procurar por tesouros em terras pertencentes àquela empresa e seus passos subsequentes para garantir minha aprovação, sujeita a condições que eu pudesse talvez querer impor, me pareceram prova suficiente, além da visita de dois funcionários da Alfândega a bordo do *Maria* para verificar se ele estava armado, que o objetivo do sr. Peck aparentemente era o que ele afirmava, e que não havia, ao menos no presente, nenhuma intenção hostil para temer.

4. Informei aos cônsules da Guatemala e de Honduras a este respeito, deixando claro para eles que se eu recebesse qualquer nova notícia contrária a estas convicções, lhes comunicaria imediatamente, e eles se mostraram muito gratos com a cortesia demonstrada a seus governos por meio de minha ação.

5. Envio em anexo uma cópia do acordo que fiz com o sr. Peck no caso de ele encontrar outras "minas do rei Salomão", e o senhor notará que ele foi redigido de forma a abranger a possibilidade de o baú do tesouro ser encontrado nas terras da Coroa. Neste caso eu reivindicaria o total em nome da Coroa sob o direito comum da Inglaterra, sujeito à entrega em parte ou o todo sob um acordo subsequente. Como uma medida de precaução, o sr. Wickham acompanha a expedição representando o governo.

Segue em anexo uma cópia de um despacho que eu enviei a sir Leonel Sackville, ministro inglês em Washington.

> Sir, tenho a honra de ser seu
> servo mais obediente e humilde,
> Roger Tuckfield Goldsworthy, governador

Notas

800 mil dólares em moedas de ouro Há uma lista de naufrágios ao longo da costa de Belize em "Overview of Belizean History", www.ambergriscaye.com/fieldguide/history2.html.

Havia um esqueleto humano de ferro Lindsay W. Bristowe, *Handbook of British Honduras for 1891-1892, Comprising Historical, Statistical and General Information Concerning the Colony*, Londres, William Blackwood, 1891, p. 46.

"[Henry] acredita que eles realmente estão no local certo" [...] com toda a tripulação Violet Wickham, "Lady Wickham's Diary", p.18; Lane, "The Life and Work of Sir Henry Wickham: Part VI – Pioneering in British Honduras", p. 18.

Contam-se histórias [f]antásticas de homens Swayne, "British Honduras", p. 167.

pulou no canal e nadou para casa Lane, "The Life and Work of Sir Henry Wickham: Part VI – Pioneering in British Honduras", p. 18. **Nota do autor:** Como não sabemos o que Violet achou disso, perguntei a Kathy, minha esposa, qual seria a sua reação. Ela respondeu: "Ficar fora de casa uma noite é muito melhor do que morrer."

"Por mais estranho que pareça em uma colônia tão antiga" J. Bellamy, "Report on the Expedition to the Corkscrew Mountains", *Proceedings of the Royal Geographical Society and Monthly Record of Geography*, vol. 11, nº 9, setembro de 1889, p. 552, original em Royal Geographical Society Archives, JMS/5/73.

"condição de superpovoamento da pátria-mãe" Ibid.

"impossível [...] recuperar o terreno perdido" Swayne, "British Honduras", p. 164-165.

"O sr. Wickham continuou a subida" Bellamy, "Report on the Expedition to the Corkscrew Mountains", p. 549.

"que o trecho final da subida dava a sensação de estar se arrastando sobre a borda de uma grande esponja" Bristowe, *Handbook of British Honduras for 1891-1892*, p. 24.

"voltando com a boa notícia de ter descoberto" Bellamy, "Report on the Expedition to the Corscrew Mountains", p. 549.

"ao recuperar fôlego suficiente" Ibid., p. 550.

"Durante a noite, um dos carregadores caribenhos" Ibid.

Em 1850, os insurgentes maias estavam à beira da derrota As informações sobre a Guerra de Castas em Yucatán, Chan Santa Cruz e a Cruz Falante vêm de fontes variadas: Nelson A. Reed, *The Caste War of Yucatan*, Stanford, CA, Stanford University Press, 2001; "Chan Santa Cruz", www.absoluteastronomy.com; "Caste War of the Yucatan: Information from Answers.com", www.answers.com; "Northern Belize – The Caste War of the Yucatan and Northern Belize", www.northernbelize.com; "Historic Folk Saints", http://upea.utb.edu/elnino/researcharticles/historicfolksainthood.html; J. M. Rosado, "A Refuge of the War of the Castes Makes Belize His Home", *The Memoirs of J. M. Rosado*, Richard Buhler (ed.), publicação especial nº 2, Belize Institute for Social Research and Action, Belize, Berex Press, 1977; Archives of the Institute of Commonwealth Studies,

O Ladrão no Fim do Mundo

University of London; Swayne, "British Honduras", p. 164; Jennifer L. Dornan, "Document Based Account of the Caste War", www.bol.ucla.edu/~jdornan/castewar.html; Jeanine Kitchel, "Tales from the Yucatan", em www.planeta.com/ecotravel/mexico/yucatan/tales; "Statistics of Wars, Oppression and Atrocities in the Nineteenth Century", http://users.erol.com/mwhite28/wars19c.htm, citando "Correlates of War Project", www.correlatesofwar.org.

A Cruz Falante não era o próprio Deus, mas o santo Jesus Cristo, seu intermediário Os "testemunhos" espanhóis da Cruz foram escritos para os Escolhidos. O mais conhecido e mais importante prometia que os brancos perderiam e o Povo da Cruz venceria.

"Nós somos [...] um povo que vive sob nossas próprias leis" National Archives, Kew, *Colonial Office: British Honduras, Register of Correspondence, 1883-1888*, CO 348/10. Despacho nº 11, anexo 2: "A Statement by the Santa Cruz Indians", 8 de janeiro de 1888.

"Quando eu cheguei lá, ele tinha acabado de perder a visão de um olho" William Miller, "A Journey from British Honduras to Santa Cruz, Yucatan, with a map", *Proceedings of the Royal Geographical Society and Monthly Record of Geography*, vol. 11, nº 1, janeiro de 1889, p. 27. A cópia manuscrita deste artigo, com alterações e um mapa, recebida em julho de 1888, está preservada em Archives of the Royal Geographical Society, Londres, JMS/5/74.

[O] governador, temendo uma incursão dos índios de Santa Cruz Lane, "The Life and Work of Sir Henry Wickham: Part VI – Pioneering in British Honduras", p. 18.

A Cruz ficava no centro em profunda escuridão Reed, *The Caste War of Yucatan*, p. 266. A descrição da cerimônia da Cruz é baseada em relatos de várias testemunhas durante alguns anos.

"Ai de mim [...] voltou o velho desejo [de Henry] pela vida de fazendeiro" Violet Wickham, "Lady Wickham's Diary", p. 11.

Havia cinco casas junto ao rio Temash Honduras Britânicas, *Report and Results of the Census of the Colony of British Honduras, taken April 5th, 1891*, Londres, Waterlow & Sons, 1892, p. 11, Archives of the Institute of Colonial Studies, University of London.

"como o homem que trouxe as sementes de seringueira da Amazônia" National Archives, Kew, *Colonial Office and Predecessors: British Honduras, Original Correspondence 1744-1951*, "Mr. H. A. Wickham's Temash Concession, (Pleadings in court case)", 1892. CO 123/200.

"seringueiras nas terras, no valor de 10 mil dólares" Lane, "The Life and Work of Sir Henry Wickham: Part VI – Pioneering in British Honduras", p. 19.

Em 1889 e 1890, uma febre assolou Belize Bristowe, *Handbook of British Honduras for 1891-1892*, p. 30-31.

"maldosamente inventado relatos falsos em detrimento da colônia" Ibid., p. 33.

"praticamente morreu" Violet Wickham, "Lady Wickham's Diary", p. 11

Notas

"Ele vivia bem contente" Ibid., p. 12.

o editor foi obrigado a pagar os custos processuais Bristowe, *Handbook of British Honduras for 1891*-1892, p. 33.

A venda ou o arrendamento de terra para pequenos colonos como Henry Swayne, "British Honduras", p. 170.

sua contabilidade mostrava um saldo mensal entre 13 e 47,96 dólares Lane, "The Life and Work of Sir Henry Wickham: Part VI – Pioneering in British Honduras", p. 18.

Seu substituto, sir C. Alfred Maloney, ganhava 12 mil libras Bristowe, *Handbook of British Honduras for 1891-1892*, p. 13.

"via de regra, os homens honestos [se mantinham] distantes" Clegern, *British Honduras, Colonial Dead End, 1859-1900*, p. 80, citando o *Colonial Guardian* de 4 de outubro de 1890.

"grande e rara experiência" National Archives, Kew, *Colonial Office and Predecessors: British Honduras, Original Correspondence 1744-1951*, "Mr. H. A. Wickham's Temash Concession, (Pleadings in court case)".

Em 1892, a rainha Vitória completou 55 anos de reinado Hector Bolitho (ed.), *Further Letters of Queen Victoria: From the Archives of the House of Brandenburg-Prussia*, tradução de J. Pudney e lorde Sudley, Londres, Thornton Butterworth, 1971, publicado pela primeira vez em 1938, p. 259-261.

Vitória compreendia perfeitamente a importância de suas colônias Lytton Strachey, *Rainha Vitória*, Rio de Janeiro, Editora Record, 2001.

"Que a justiça seja feita. Vitória, rainha e imperatriz" Lane, "The Life and Work of Sir Henry Wickham: Part VI – Pioneering in British Honduras", p. 19.

Capítulo 12: A loucura pela borracha

em 7 de setembro, os tribunais lhe concederam 14.500 dólares em indenizações por reparação de danos National Archives, Kew, *Colonial Office and Predecessors: British Honduras, Original Correspondence 1744-1951*, "State of Wickham's Case", 1893. CO 123/281.

Um furacão devastou a colônia naquele verão National Archives, Kew, *Colonial Office and Predecessors: British Honduras, Original Correspondence 1744-1951*, "Damage Caused by Gale", 1893. CO 123/204.

"A sua mente aguçada e analítica e seu modo autoritário" Lane, "The Life and Work of Sir Henry Wickham: Part VII – The Conflict Islands and New Guinea", *India Rubber Journal*, vol. 126, 16 de janeiro de 1954, p. 10.

"topografia selvagem [...] enfrentei tantas dificuldades como em Nova Guiné" Henry O. Forbes, "British New Guinea as a Colony", *Blackwoods Magazine*, vol. 152, julho de 1892, p. 85.

O Ladrão no Fim do Mundo

"uma 'Ilha do Tesouro' grande e salubre" Ibid., p. 82

e por isso ele foi para a ilha de Samarai Arthur Watts Allen, "The Occupational Adventures of an Observant Nomad", memórias não publicadas, escritas por Allen e mantidas sobre os cuidados de David Harris e Jenepher Allen Harris. O autor não viu o livro, que aparentemente não tem cópia e está em condições frágeis, mas a família Harris descreveu seu conteúdo em detalhes em um e-mail de 30 de dezembro de 2006.

"assim como as ilhas Cocos, no oceano Índico" J. Douglas, "Notes on a Recent Cruise through the Louisiade Group of Islands", *Transactions of the Royal Geographical Society of Australia, Victorian Branch*, vol. 5, part 1, março de 1888, p. 55.

As ilhas tinham tamanhos variados A descrição das ilhas e da lagoa central se encontra em "The Conflict Islands", www.conflictislands.net.

"o negócio é sujo, mas lucrativo" Citado por Bolton em *A Thousand Miles Away*, p. 141.

Sir William MacGregor "MacGregor, Sir William", www.electricscotland.com.

Segundo uma história contada a parentes distantes Arthur Watts Allen, "The Occupational Adventures of an Observant Nomad", capítulo 1.

Este cavalheiro está fazendo experiências com as esponjas Lane, "The Life and Work of Sir Henry Wickham: Part VII – The Conflict Islands and New Guinea", p. 8.

"toscamente cobertos por um teto para a construção de um jirau que seria o quarto de dormir" Violet Wickham, "Lady Wickham's Diary", p. 12.

Primeiro eram as esponjas *The Sponging Industry*, folheto da Exposição de Documentos Históricos dos Arquivos Públicos, Nassau, Bahamas, Public Records Office, 1974, Archives of Commonwealth Studies, University of London.

Esta era a plantação de coqueiros, dos quais ele vendia a copra "Coconuts and Copra", www.msstarship.com/sciencenew.

"Depois eles viram a tartaruga de barriga para cima" Violet Wickham, "Lady Wickham's Diary", p. 12.

"não era um local onde alguém conseguiria ou iria trabalhar com a madrepérola" Lane, "The Life and Work of Sir Henry Wickham: Part VII – The Conflict Islands and New Guinea", p. 9.

"Durante todo o tempo de minha estadia lá" Violet Wickham, "Lady Wickham's Diary", p. 12.

"Nós esperávamos ser respeitados, ter privilégios, ser superiores" A colona Judy Tudor é citada por James A. Boutilier, "European Women in the Solomon Islands, 1900-1942: Accomodation and Change on the Pacific Frontier", em *Rethinking Women's Roles: Perspectives from the Pacific*, Denise O'Brien e Sharon W. Tiffany (eds.), Berkeley, CA, University of California Press, 1984, p. 181; Chilla Bulbeck, *Staying in Line or Getting Out of Place: The Experiences of Expatriate Women in Papua New Guinea, 1920-1960: Issues of Race and Gender*, Londres, Sir Robert Menzies Centre for Australian Studies, Institute of Commonwealth Studies, University of London, 1988, Working Papers in Australian Studies, nº 35.

Notas

"com a forma de garras de caranguejo" Basil H. Thomson, "New Guinea: Narrative of an Exploring Expedition to the Louisiade and D'Entrecasteaux Islands", *Proceedings of the Royal Geograhical Society and Monthly Record of Geography*, vol. 11, nº 9, setembro de 1889, p. 527.

Não tive contato com a vida familiar deles Violet Wickham, "Lady Wickham's Diary", p. 12.

quartos de dormir "à prova de garotos", cercados com tela de arame forte Bulbeck, *Staying in Line or Getting Out of Place*, p. 8.

umas poucas construções de governo revestidas com tábuas Forbes, "British New Guinea as a Colony", p. 91-92.

"acordamos e descobrimos que nossos garotos tinham partido com um dos barcos" Violet Wickham, "Lady Wickham's Diary", p. 13.

as histórias de canibais serviam para as grandes potências Frank Lestringant, *O canibal: Grandeza e decadência*, Brasília, Editora UnB, 1997.

Em 1901, o missionário James Chalmers Diane Langmore, "James Chalmers: Missionary", em *Papua New Guinea Portraits: The Expatriate Experience*, James Griffin (ed.), Canberra, Austrália, Australian National University Press, 1978, p. 24.

As importações norte-americanas de borracha subiram [...] metade de toda a borracha produzida no mundo Michael Edward Stanfield, *Red Rubber, Bleeding Trees: Violence, Slavery and Empire in Northwest Amazonia, 1850-1933*, Albuquerque, NM, University of New Mexico Press, 1998, p. 20-21.

os 14 milhões de libras que entraram na região do rio Negro Collier, *The River that God Forgot*, p. 18.

"Eu deveria ter escolhido a borracha" Ibid., p. 19.

Tornou-se famosa a *trade gun*, ou arma de comércio Coates, *The Commerce in Rubber*, p. 139-140.

estima-se que entre 131 e 149 mil homens sangraram 21.400 milhões de seringueiras Bradford L. Barham e Oliver T. Coomes, "Wild Rubber: Industrial Organization and the Microeconomics of Extraction During the Amazon Rubber Boom (1860-1920)", *Journal of Latin America Studies*, fevereiro de 1994, vol. 26, nº 1, p.41.

em média produziam cerca de 800 quilos por ano Charles H. Townsend, *Report on the Brazilian Rubber Situation*, Belterra, Pará, Brasil, 17 de maio de 1958, p. 3. Outras fontes calculam que, baseado em uma temporada de cem dias, um seringueiro coletaria em média entre 250 e 270 quilos de borracha (Barham e Coomes, "Wild Rubber", p. 45); J. Oakenfull, *Brazil in 1912*, Londres, Robert Atkinson, 1913, p. 189.

Em 1899, um relatório do cônsul americano em Belém do Pará *U.S. Consular Reports*, vol. 59, nº 220, janeiro de 1899, p. 70.

foram registradas taxas de mortalidade de até 50% Barham e Coomes, "Wild Rubber", p.10, 36f.

"quatrocentos índios mundurucus domesticados" Barbara Weinstein, "The Persistence of Precapitalist Relations of Production in a Tropical Export Economy: The Amazon Rubber Trade, 1850-1920", em Michael Hanagan e Charles Stephenson (eds.), *Pro-*

O Ladrão no Fim do Mundo

letarians and Protest: the Roots of Class Formation in an Industrializing World, Westport, CT, Greenwood Press, 1986, p. 2-3.

"fazenda-modelo próspera" Eugene C. Harter, *A colônia perdida da Confederação*, Rio de Janeiro, Nórdica, 1985.

"Já ganhei o suficiente para viver bem" Ibid.

Em 1884, plantou seringueiras, e em 1910 sua plantação tinha aumentado J. T. Baldwin, "David B. Riker and *Hevea brasiliensis;* the Taking of Rubber Seeds out of the Amazon", *Economic Botany* 22, outubro-dezembro de 1968, p. 384; Harter, *A colônia perdida da Confederação.*

Tapajós Pará Rubber Forests Ltd National Archives, Kew, "Articles of Association, Tapajós Pará Rubber Forests Ltd.", BT 31/8165/59032.

uma expansão econômica tão rápida e ampla William Schell Jr., "American Investment in Tropical Mexico: Rubber Plantations, Fraud, and Dollar Diplomacy, 1897--1913", *Business History Review*, vol. 64, verão de 1990, p. 223.

Jornalistas eram contratados para escrever textos que vendiam confiança, e não valor Schell, "American Investment in Tropical Mexico", p. 223.

um investimento mensal de cinco a 150 dólares garantia uma renda anual de quinhentos a cinco mil dólares Ibid., citando "Why Do You Remain Satisfied?" – um anúncio publicitário para a Mexican Development and Construction Co. de Oshkosh, Wisconsin, em *Modern Mexico*, 1901.

A Peru Pará Rubber Company, com um capital declarado de 3 milhões de dólares John Melby, "Rubber River: An Account of the Rise and Collapse of the Amazon Boom", *The Hispanic American Historical Review*, vol. 22, nº 3, agosto de 1942, p. 465.

Lucille Wetherall, que, assim como milhares de outras pessoas, perdeu as economias de toda a vida Ibid., p. 227.

enriqueceu o Tesouro do estado em 1.600 milhões de libras Collier, *The River that God Forgot*, p. 21.

O consumo per capita de diamantes da cidade Collier, *The River that God Forgot*, p. 26.

As principais lojas com artigos para mulheres tinham nomes franceses Burns, *Manaus 1910: Retrato de uma cidade em expansão*, Manaus, Governo do Estado do Amazonas, 1966.

Todos os domingos, o Jóquei Clube realizava corridas de cavalo Robin Ferneaux, *The Amazon: The Story of a Great River*, Nova York, Putnam's, 1969, p. 151-155.

Outro pagou quatrocentas libras para andar na única limusine Mercedes-Benz da cidade Collier, *The River that God Forgot*, p. 17.

133 indústrias de borracha e compradores Burns, *Manaus 1910: Retrato de uma cidade em expansão*. Embora 133 pessoas e firmas comprassem e vendessem borracha em Manaus, o mercado era dominado por apenas dez delas. Estão listadas aqui de acordo com a quantidade de borracha que exportaram em 1910:

Notas

Dusendchon, Zargas & Co.	3.770.018 quilos
Scholz & Co.	2.509.050
Adelbert H. Alden Ltd.	1.432.907
Gordon & Co.	1.016.398
Anderson Warehouses	224.869
Gunzburger, Lévy & Co.	130.500
De Lagotellerie & Co.	125.191
J. G. Araujo	106.289
Theodore Levy Camille & Co.	75.090
J. C. Araña y Hermanos	68.557

"visão clara, energia incomparável e vivacidade extraordinária" Ibid.

"uma cruzada digna deste século de progresso" Mason, *Cauchu, the Weeping Wood*, p. 54.

A borracha é coletada à força Ibid.

"Garantam-se as injunções mais rígidas para proteger o livre-comércio" Ibid.

[É] o chamado da brutalidade que vem de cima Ibid., p. 55-56.

Um deles era um jovem cujas duas mãos tinham sido golpeadas Extraído de "Atrocities in the Congo: The Casement Report, 1903", http://www.web.jjay.cuny.edu/~jobrien.

Isso significava uma vida para cada cinco quilos, pouco mais que a quantia usada em um pneu de automóvel Mason, *Cauchu, the Weeping Wood*, p. 56.

"o desejo insaciável de obter a maior produção no menor tempo" Ibid., p. 64.

Ele pegou a carabina e o facão e começou a matança Walter E. Hardenburg, *The Putumayo, the Devil's Paradise*, Londres, T. Fisher Unwin, 1912, p. 260.

avança, se abaixa, pega o índio pelo cabelo Ibid., p. 236.

"vi índios amarrados a uma árvore, com os pés a cerca de meio metro do chão" Ibid.

"com a intenção [...] de parar pouco antes de tirar a vida" Michael Taussig, "Culture of Terror – Space of Death: Roger Casement's Putumayo Report and the Explanation of Terror", *Comparative Studies in Society and History*, vol. 26, nº 3, 1984, p. 477. Taussig cita o relatório de Roger Casement, "Correspondence Respecting the Treatment of British Colonial Subjects and Native Indians Employed in the Collection of Rubber in the Putumayo District", *House of Commons Seasonal Papers*, 14 de fevereiro de 1912 a 7 de março de 1913, vol. 68, p. 35.

mães serem espancadas apenas "com uns poucos golpes" para se tornarem trabalhadoras melhores Ibid., p. 477, citando o relatório de Casement, p. 17.

"que um homem podia ser um homem em Iquitos, 'mas lá não se podia ser um homem'" Ibid., p. 478, citando Casement, p. 55.

"a borracha tirou o sangue, a saúde e a paz do nosso povo" Louis Mosch, "Rubber Pirates of the Amazon", *Living Age*, vol. 345, novembro de 1933, p. 223.

Allen tinha 23 anos Allen, "Occupational Adventures".

O Ladrão no Fim do Mundo

Capítulo 13: O homem reconhecido

maki Henry Wickham, "The Introduction and Cultivation of the Hevea in India", *India-Rubber and Gutta-Percha Trades Journal*, vol. 23, 20 de janeiro de 1902, p. 82.

Inventou uma máquina que defumava e curava o látex Lane, "The Life and Work of Sir Henry Wickham: Part IX – Closing Years", *India Rubber Journal*, vol. 126, 30 de janeiro de 1954, p. 6.

Inventou uma faca de sangria de três lâminas Ibid., p. 5.

árvore "muito valiosa" e "de crescimento rápido" Lane, "The Life and Work of Sir Henry Wickham: Part VII – Piqui-á and Arghan", *India Rubber Journal*, vol. 126, 23 de janeiro de 1954, p. 7.

"ao menos da mesma grandeza da borracha" Ibid.

A Irai Company Ltd. Ibid., p. 9.

"Suas qualidades de resistência à água salgada são notáveis" Ibid.

"só em Lancashire haveria demanda suficiente para consumir toda a produção por um longo tempo" "Arghan Company, Limited. Commercial Value of the Fibre", *Times*, Londres, 4 de abril de 1922, p. 20.

Todos nós sabemos o bem que ele fez a este país Lane, "The Life and Work of Sir Henry Wickham: Part VIII – Piqui-á and Arghan", p. 9.

Ele observou as técnicas empregadas para a sangria da seringueira Dean, *A luta pela borracha no Brasil*.

"altura mínima de oito dedos ingleses" Simon Winchester, *Krakatoa: O dia em que o mundo explodiu*, Rio de Janeiro, Editora Objetiva, 2004.

"pouco respeito por quem não partilhava de suas visões sobre as questões botânicas" D. J. M. Tate, *The RGA History of the Plantation Industry in the Malay Peninsula*, Kuala Lumpur, Oxford University Press, 1996, p. 201.

"Não se importe com seu corpo, amigo, plante estas sementes em vez disso!" O. D. Gallagher, "Rubber Pioneer in his Hundredth Year", *Observer*, Londres, 20 de junho de 1955; e também Henry N. Ridley, "Evolution of the Rubber Industry", *Proceedings of the Institution of the Rubber Industry*, vol. 2, nº 5, outubro de 1955, p. 117.

"Eu o via como um fazendeiro 'fracassado'" Lane "The Life and Work of Sir Henry Wickham: Part IX – Closing Years", p. 7.

"como coalhada [...] bala puxa-puxa em secadores a vácuo" Wolf e Wolf, *Rubber: A Story of Glory and Greed*, p. 162.

"o ex-comissário para a introdução da seringueira (hévea)" Ibid., p. 161.

"como se estivesse olhando para baixo de modo paternal para seus 'filhos'" Lane, "The Life and Work of Sir Henry Wickham: Part IX – Closing Years", p. 7.

Ao pensar sobre o que o senhor me disse ontem quando caminhávamos pelas trilhas Royal Botanic Gardens – Kew, *Miscellaneous Reports: India Office: Caoutchouc I*, "Carta de Wickham a Sir Thiselton-Dyer em Kew, 4 de setembro de 1901", pasta de arquivo nº 131.

Notas

Em 1905, o Ceilão ainda era o líder mundial Em 1905, o Ceilão tinha 40 mil acres plantados com seringueiras, enquanto que a Malásia tinha 38 mil. Em 1907, o Ceilão tinha 150 mil e a Malásia 179.227. Depois disso, as plantações do Ceilão pararam de crescer, e chegaram a um total de 188 mil acres em 1910, ao passo que o número de acres da Península Malaia totalizou 400 mil. Herbert Wright, *Hevea Brasiliensis, or Pará Rubber: Its Botany, Cultivation, Chemistry and Diseases*, Londres, Maclaren & Sons, 1912, p. 79. Wright descreve a corrida entre os dois países na tabela seguinte:

Malásia assume a primeira posição
Será esclarecedor se compararmos o número de acres plantados com hévea nos dois países líderes – Ceilão e Malásia:

Ano	Ceilão (meio de cada ano) Acres	Península Malaia (fim de cada ano) Acres
1897	650	350
1902	4.500	7.500
1903	7.500	—
1904	25.000	—
1905	40.000	38.000 (aprox.)
1906	100.000	99.230
1907	150.000	179.227
1908	170.000	241.138
1909	174.000	292.035
1910	188.000	400.000

Em 1905, as Colônias do Estreito eram conhecidas como o "cadinho de culturas" da Ásia Frederick Simpich, "Singapore, Crossroads of the East: The World's Greatest Mart for Rubber and Tin was in Recent Times a Pirate-Haunted, Tiger-Infested Jungle Isle", *National Geographic*, março de 1926, p. 241.

Passeavam por Cingapura usando seus sapatos de golfe W. Arthur Wilson, "Malaya – Mostly Gay: All About Rubber: A Guide for Griffins", *British Malaya*, fevereiro de 1928, p. 264.

Entre 1844 e 1910, aproximadamente 250 mil trabalhadores indianos contratados Ravindra K. Jain, "South Indian Labour in Malaya, 1840-1920: Asylum, Stability and Involution", em *Indentured Labour in the British Empire, 1834-1920*, Kay Saunders (ed.), Londres, Croom Helm, 1984, p. 162.

As fileiras de quartos dos cules, com cada um medindo 3,5 metros quadrados Ibid., p. 164, citando o *Selangar Journal* de 1894.

"Os tâmeis são [...] baratos e fáceis de administrar" T. L. Gilmour, "Life on a Malayan Rubber Plantation", *Field*, encontrado em "Cuttings from the *Field*", Royal Commonwealth Society Collection, GBR/0115/RCMS 322/11: Malaya.

O Ladrão no Fim do Mundo

"é uma vida agradável" Ibid.

A borracha de cultivo estava começando a atrair a atenção Randolph Resor, "Rubber in Brazil: Dominance and Collapse, 1876-1945", *Business History Review*, vol. 51, nº 3, outono de 1977, p. 349.

"O sr. Wickham não é mais um jovem" Lane, "Sir Henry Wickham: British Pioneer; a Brief Summary of the Life Story of the British Pioneer", *Rubber Age*, vol. 73, agosto de 1953, p. 653.

"Wickham não fazia sermões, apenas falava" "Palia Dorai", "The Early Days of Rubber: Memories of Henry Wickham", *British Malaya*, vol. 14, nº 12, abril de 1940, p. 243.

Tendo sido informado sobre seu endereço pelo diretor atual de Kew Royal Botanic Gardens – Kew, *J. D. Hooker Correspondence*, vol. 21, "Wickham a Hooker, 10 de agosto de 1906, Londres", pasta de arquivo nº 120.

"meus companheiros fazendeiros e exploradores de florestas" Henry Wickham, *On the Plantation, Cultivation and Curing of Pará Indian Rubber*, frontispício.

"Eu estava naquela ocasião na condição de alguém à frente de seu tempo – como alguém clamando no deserto" Ibid., p. 54-57.

Em abril de 1910, atingiu seu pico a 3,06 dólares, e os consumidores de borracha do mundo ficaram chocados. Em 1910, a Amazônia era responsável por mais da metade das 83 mil toneladas de borracha nativa do mundo, e quase toda a sua produção era de hévea de alta qualidade. A África e o México respondiam pelo resto, com borracha de qualidade muito inferior, enquanto que as plantações inglesas do Oriente totalizavam apenas 11 mil toneladas. Apesar de os Estados Unidos comprarem 30% da borracha da Amazônia, a Inglaterra ainda era o melhor cliente. Entre 1905 e 1909, as importações do Império de borracha brasileira ultrapassaram em muito suas outras importações do Brasil. Durante este período, de um total de 45 milhões de libras em importações do Brasil, a Inglaterra importou 32 milhões em borracha.

"O mercado da borracha continuou a surpreender" Citado por Mason em *Cauchu, the Weeping Wood*, p. 58.

As multidões estão em uma folia enlouquecedora de especulação Ibid., p. 58-59.

Novas empresas continuam a ser lançadas na bolsa de valores Ibid., p. 59.

Os bancos de Belém Coates, *The Commerce in Rubber*, p. 159.

Diante desta demanda [...] a impressão de que os lucros com a borracha só podiam subir Em 1910, por exemplo, os barões da borracha de Manaus estavam no fim de sua maior década de exportações. Eles enviaram ao exterior 345.079 toneladas de borracha, 100 mil a mais do que embarcaram na década anterior. Somente em 1910, 38 mil toneladas foram enviadas a Nova York, Liverpool, Le Havre, Hamburgo e Antuérpia, os principais mercados do mundo. Sessenta por cento da borracha vendida em Nova York era brasileira, e em 1915 os Estados Unidos comprariam seis vezes mais do que a Inglaterra, oito vezes mais do que a França e a Rússia e 12 vezes mais do que a Itália e a Alemanha.

Notas

O preço por libra alcançou seu pico de 1910 em abril, quando a borracha era vendida a 2,90 dólares a libra. Depois disso o preço caiu, mas não o suficiente para fazer o mercado entrar em depressão: o preço médio de 1910 seria 2,01 dólares a libra, comparado ao preço médio de 1,60 dólar em 1909 e 1,18 dólar de 1908. Bradford L. Barhan e Oliver T. Coomes, *Prosperity's Promise: The Amazon Rubber Boom and Distorted Economic Development*, Dellplain Latin American Studies, n° 34, David J. Robinson (ed.), Boulder, CO, Westview Press, 1996, p. 32. Os preços citados foram extraídos de "India Rubber World and Electrical Trades Review" de 15 de novembro de 1890, 1º de novembro de 1900, 1º de novembro de 1905 e 1º de novembro de 1910.

Já em 1912, havia 1,85 milhão de acres plantados com seringueiras no mundo Herbert Wright, *Hevea Brasiliensis, or Pará Rubber: Its Botany, Cultivation, Chemistry and Diseases*, Londres, Maclaren & Sons, 1912, p. 45. A tabela seguinte traz um resumo de onde havia plantações de seringueira sendo cultivadas em 1912:

País	*Acres*
Malásia	420.000
Ceilão	238.000
Índias Orientais Holandesas, Bornéu e ilhas do Pacífico	240.000
Sul da Índia e Birmânia	42.000
Colônias alemãs	45.000
México, Brasil, África e Índias Ocidentais	100.000
Total	1.085.000

A hévea das sementes de Wickham foi cultivada na Ásia Oriental. Nas outras partes do mundo, os fazendeiros produziam borracha da *Castilloa, Ficus, Manihot, Landolphia* e da *Funtimia*, mas a qualidade destes tipos de borracha nunca foi considerada tão alta quanto a da hévea.

Gastou tudo em palácios suntuosos e pagamentos de favores a políticos Dean, *A luta pela borracha no Brasil*.

"fontes naturais inesgotáveis" e da "qualidade incomparável" da Pará fine Ibid.

"especuladores ianques" Ibid.

"firma inglesa de pessoas da estirpe de títulos de bordas de ouro" J. T. Baldwin, "David Riker and *Hevea brasiliensis*", p. 383.

Algumas vezes, os que permaneceram tentavam resgatar o sonho de ostentação. As fontes para este relato da queda incluem:

Razões econômicas para a queda: Coates, *The Commerce in Rubber: The First 250 Years*, p. 154-167; Dean, *A luta pela borracha no Brasil*; James Cooper Lawrence, *The World's Struggle with Rubber*, Nova York, Harper, 1931, p. 12-18; W. C. Holmes, "The

Tragedy of the Amazon", *Rubber Age*, vol. 9, nº 1, 10 de abril de 1921, p. 11-16; John Melby, "Rubber River: An Account of the Rise and Collapse of the Amazon Boom", p. 452-469; Mason, *Cauchu, the Weeping Wood*, p. 58-59.

Santarém e Boim: A "Narrativa Manuscrita" de David Bowman Riker em *O último confederado na Amazônia*, de David Riker, Manaus, Imprensa Oficial, 1983, p. 111-129; entrevista com Elisio Eden Cohen, diretor do serviço de correios e historiador de Boim, em 21 de outubro de 2005.

Manaus: E. Bradford Burns, *Manaus 1910: Retrato de uma cidade em expansão*; Lucille H. Brockway, *Science and Colonial Expansion: The Role of the British Royal Botanic Gardens*, Nova York, Academic Press, 1979, p. 151-156.

Iquitos: Harry L. Foster, "Ghost Cities of the Jungle", *New York Herald Tribune*, seção da revista de domingo, 20 de março de 1932.

Óbidos: Eric B. Ross, "The Evolution of the Amazon Peasantry", *Journal of Latin American Studies*, vol. 10, nº 2, 1978, p. 215.

os países geralmente não levantam mais do que reclamações superficiais Bernard Porter, *Britain, Europe, and the World, 1850-1986: Delusions of Grandeur*, Londres, Allen & Unwin, 1987, p. 60.

"A luta pelas matérias-primas desempenha o papel mais importante na política mundial" Jacob Viner, "National Monopolies of Raw Materials", *Foreign Affairs*, vol. 4, julho de 1926, p. 585. Viner cita o dr. Schacht, presidente do Reichsbank, em uma entrevista publicada em 26 de março de 1926 no *New York Times*.

No final da guerra, as fábricas americanas produziam 3,9 milhões de máscaras para gás William Chauncey Geer, *The Reign of Rubber*, Nova York, Century, 1922, p. 309.

a parte que cobria o rosto Ibid., p. 303.

Do alto de balões observavam-se Ibid., p. 312.

os Estados Unidos importaram 151 milhões de quilos de borracha Harvey Samuel Firestone, *America Should Produce Its Own Rubber*, Akron, OH, Harvey S. Firestone, 1923, p. 5. Firestone cita relatórios do Departamento de Comércio dos Estados Unidos e o *London Financier*, respectivamente.

Isto significava que em apenas dois meses a Ford teve uma demanda de 78.800 jogos de pneus *Ford Times*, vol. 8, nº 10, julho de 1914, p. 474.

ao introduzir o Plano Stevenson de Restrição da Produção da Borracha Voon Phin-Keong, *American Rubber Planting Enterprise in the Phillipines, 1900-1930*, Londres, University of London, Department of Geography, 1977, p. 22.

Vou lutar contra esta lei com toda a força que existe em mim Coates, *The Commerce in Rubber: The First 250 Years*, p. 232.

Isso significava um aumento de 150 milhões de dólares "nos gastos com a borracha bruta dos Estados Unidos em 1923" Allan Nevin e Frank Ernest Hill, *Ford: Expansion and Challenge, 1915-1933*, Nova York, Scribner's, 1957, p. 231.

"no futuro os americanos tenham condições de produzir sua própria borracha" Coates, *The Commerce in Rubber: The First 250 Years*, p. 233.

Notas

"um elenco olímpico de personagens para a peça" Ibid.

somente os Estados Unidos importaram 1,2 bilhão de quilos de borracha por 1,16 bilhão de dólares Firestone, *America Should Produce Its Own Rubber*, p. 5. Firestone está citando os números do Departamento de Comércio dos Estados Unidos para 1922.

"pelos serviços ligados à indústria da borracha de cultivo no Extremo Oriente" "The King's Birthday, First List of Honours. No Ministerial Dinner", *Times*, Londres, 3 de junho de 1920, p. 18. Ver também o *London Gazette*, 4 de junho de 1920, segundo suplemento, p. 6315.

"foram embarcadas às escondidas em um pequeno barco a vapor, sob o nariz de uma canhoneira" "Death of Sir H. Wickham", *Planter*, vol. 9, n² 3, 1928, p. 85.

Em 1876, a Marinha brasileira tinha setenta embarcações de guerra *O Império do Brasil na Exposição Universal em Filadélfia*, Rio de Janeiro, Typographia e Lithographia do Imperial Instituto Artístico, 1876, p. 144.

Edgar Byrum Davis era excêntrico até mesmo para os padrões americanos A história de Edgar B. Davis pode ser encontrada em diversas fontes: Robert Gaston, "Edgar B. Davis and the Discovery of the Luling Oilfield", em www4.drillinginfo.com; "Handbook of Texas On-line: Edgar Byrum Davis", www.tsha.utexas.edu/handbook; "Money from God", *Time*, 2 de setembro de 1935, www.time.com; Henry C. Dethloff, *"Edgar B. Davis and Sequences in Business Capitalism: From Shoes to Rubber to Oil*, a Review", *The Journal of Southern History*, vol. 60, n² 4, novembro de 1994, p. 829-830; James Cooper Lawrence, *The World's Struggle with Rubber*, Nova York, Harper, 1931, p. 30-32; Frank Robert Chalk, *The United States and the International Struggle for Rubber, 1914-1941*, tese do Departamento de História, Universidade de Wisconsin, 1970, p. 6-8.

"ganhasse uma bolada com o petróleo" Quincy Tucker, "A Commentary on the Biography of Sir Henry Wickham", artigo complementar ao de Edward Valentine Lane, "Sir Henry Wickham: British Pioneer, a Brief Summary of the Life Story of the British Pioneer", *Rubber Age*, vol,. 73, agosto de 1953, p. 653.

a América estava "pagando as contas" Chalk, *The United States and the International Struggle for Rubber, 1914-1941*, p. 7-8.

"Se vocês acham que estão fazendo o melhor para a indústria" James Cooper Lawrence, *The World's Struggle with Rubber*, p. 31.

"de degeneração senil" Lane, "The Life and Work of Sir Henry Wickham: Part IX – Closing Years", p. 7.

Embora a crença provavelmente fosse equivocada, seu desejo fora cumprido Lane, Sir Henry Wickham: British Pioneer, a Brief Summary of the Life Story of the British Pioneer", p. 656.

Sir Henry Alexander Wickham [...] foi o homem que, diante de dificuldades extraordinárias "Sir Henry Wickham. The Plantation Rubber Industry", *Times*, Londres, 28 de setembro de 1928, p. 19.

"Ela demonstrou seu heroísmo [...] ao continuar a trabalhar" Tucker, "A Commentary on the Biography of Sir Henry Wickham", p. 653.

O Ladrão no Fim do Mundo

E quando ela vendeu as ações da borracha, elas também não tinham nenhum valor Ibid.

Epílogo: O monumento à necessidade

a abundância transformaria o mundo Douglas Brinkley, *Wheels for the World: Henry Ford, His Company, and a Century of Progress, 1903-2003*, Nova York, Penguin, 2003, p. 135, parafraseando Arthur M. Schlesinger sobre o "fordismo".

Três dos filhos de Riker As fontes sobre Riker e os descendentes dos confederados que ainda restavam quando Henry Ford chegou incluem: Harter, *A colônia perdida da Confederação*; J. T. Baldwin, "David B. Riker and *Hevea brasiliensis*", p. 383-384; James E. Edmonds, "They've Gone – Back Home!" *Saturday Evening Post*, 4 de janeiro de 1941, p. 30-47.

visão de Ford de uma indústria protetora e paternal Os primeiros anos de Fordlândia são narrados nas seguintes fontes: John Galey, "Industrialist in the Wilderness: Henry Ford's Amazon Venture", *Journal of Interamerican Studies and World* Affairs, vol. 21, nº 2, maio de 1979, p. 261-276; Nevis e Hill, *Ford: Expansion and Challenge, 1915--1933*, p. 230-238; Joseph A. Russell, "Fordlandia and Belterra: Rubber Plantations on the Tapajós River, Brazil", *Economic Geography*, vol. 18, nº 2, abril de 1942, p. 125-145; Mary A. Dempsey, "Fordlandia", *Michigan History Magazine*, 24 de janeiro de 2006, www.michiganhistorymagazine.com/extra/fordlandia/fordlandia.html; Dean, *A luta pela borracha no Brasil*; Coates, *The Commerce in Rubber*, p. 232-235.

"Um grande negócio é na verdade grande demais para ser humano" Citado por Galey em "Industrialist in the Wilderness: Henry Ford's Amazon Venture", p. 276.

"Eles tentaram fazer com estes brasileiros o que os do Norte dos Estados Unidos sempre quiseram fazer com os do Sul" Harter, *A colônia perdida da Confederação*.

e cereais davam-lhes ânsia de vômito As fontes que descrevem o primeiro tumulto em Fordlândia incluem: entrevista com dona Olinda Pereira Branco, Fordlândia, 21 de outubro de 2005; Galey, "Industrialist in the Wilderness: Henry Ford's Amazon Venture", p. 277; Harter, *A colônia perdida da Confederação*; e Dempsey, "Fordlandia", p. 5 de 9.

"Em uma noite [...] os dirigentes da Ford Motor Company aprenderam mais sociologia" Viana Moog é citado por Harter em *A colônia perdida da Confederação*.

O que aconteceu aos imigrantes depois de sua demissão permanece um mistério Dempsey, "Fordlandia", p. 5-9.

"Eu tinha muito medo delas" Entrevista com dona Olinda Pereira Branco, Fordlândia, 21 de outubro de 2005.

"Praticamente todos os galhos das árvores em toda a fazenda [...] têm hastes nuas em suas extremidades" Dean, *A luta pela borracha no Brasil*; e também Rubber Research Institute of Malaya, "Memorandum on South American Leaf Disease of Rubber", Kuala Lumpur, Rubber Research Institute of Malaya, maio de 1948.

Notas

"Henry Ford ainda não viu fracassar nenhum de seus grandes planos" Roger D. Stone, *Sonhos da Amazônia*, Rio de Janeiro, Editora Guanabara, 1986.

"ameaça não só o progresso sadio do mundo" Citado por Viner em "National Monopolies of Raw Materials", p. 586.

"tirar de nós nossa fauna e flora" Michael Astor, "Fears of Biopiracy Hampering Research in Brazilian Amazon", *America's Intelligence Wire*, 20 de outubro de 2005.

"O Brasil perdeu a capacidade de controlar seus próprios recursos" Ibid.

Uns poucos velhos veteranos da era Ford ainda permanecem na cidade empoeirada Entrevistas com dona Olinda Pereira Branco e Biamor de Sousa Pessoa, Fordlândia, 21 de outubro de 2005.

"A corrente escura fluía rapidamente do coração das trevas e nos levava em direção ao mar" Conrad, *No coração das trevas*.

BIBLIOGRAFIA

I. *Fontes impressas*

ADALBERTO, Príncipe da Prússia. *Brasil: Amazonas-Xingu.* Brasília: Conselho Editorial do Senado Federal, 2002.

AGASSIZ, Louis e AGASSIZ, Elizabeth Cary. *Viagem ao Brasil: 1865-1866.* Brasília: Conselho Editorial do Senado Federal, 2000.

AKERS, C. E. *The rubber industry in Brazil and the Orient.* Londres: Methuen, 1914.

ALLEN, Arthur Watts. "The Occupational Adventures of an Observant Nomad" (memórias não publicadas de Allen e mantidas sob os cuidados de David Harris e Jenepher Allen Harris).

ALLEN, P. W. *Natural Rubber and Synthetics.* Nova York: Wiley, 1972.

"Amazon Bubble: U.S. Rubber Program Fizzles; Brazil Will Handle Production". *Newsweek,* 21 de fevereiro de 1944, p. 66.

"Amazon Rubber Atrocities: The Brazilian System of Indian Protection". *Times,* Londres, 27 de novembro de 1913, p. 7.

Amazon Steam Navigation Company, *The Great River, Notes on the Amazon and Its Tributaries and the Steamer Service.* Londres: Simpkin, Marshall, Hamilton, Kent, 1904.

"Arghan Company, Limited: Commercial Value of the Fibre". *Times,* Londres, 4 de abril de 1922, p. 20.

ARNOLD, David. "Cholera and Colonialism in British India". *Past and Present* 113, novembro de 1986, p. 118-151.

ASIMONT, W. F. C. *Pará Rubber in the Malay Peninsula.* Londres: L. Upcott Gill, 1908.

ASTOR, Michael. "Fears of Biopiracy Hampering Research in Brazilian Amazon". *Americas' Intelligence Wire,* 20 de outubro de 2005.

"The Atrocities in the Putumayo: British Consul's Report". *Times,* Londres, 5 de abril de 1913, p. 7.

"Automobiles and Rubber: How the Automobile, and Especially Ford Cars, Has Revolutionized the Rubber Industry". *Ford Times,* julho de 1914, vol. 7, nº 10, p. 473-476.

BALDWIN, J. T. "David Riker and *Hevea brasiliensis*; the Taking of Rubber Seeds out of the Amazon". *Economic Botany* 22, outubro-dezembro de 1968, p. 383-384.

BALDWIN, Neil. *Henry Ford and the Jews: The Mass Production of Hate.* Nova York: PublicAffairs Books, 2001.

Bibliografia

BARHAM, Bradford L. e COOMES, Oliver T. "Wild Rubber: Industrial Organization and the Microeconomics of Extraction During the Amazon Rubber Boom (1860-1920)". *Journal of Latin American Studies*, fevereiro de 1994, vol. 26, nº 1, p. 37-72.

_____. *Prosperity's Promise: The Amazon Rubber Boom and Distorted Economic Development*. In: ROBINSON, David J. (ed.). Dellplain Latin American Studies, nº 34. David J. Robinson (ed.). Boulder, CO: Westview Press, 1996.

_____. "Reinterpreting the Amazon Rubber Boom: Investment, the State, and Dutch Disease". *Latin American Research Review* 29:2, 1994, p. 73-109.

BATES, Henry Walter. *O naturalista no rio Amazonas*. São Paulo: Companhia Editora Nacional, 1944. O livro de Bates está disponível no original em inglês em http://www.worldwideschool.org/library/books/sci/earthscience/TheNaturalistontheRiverAmazon/Chap0.html.

BAUER, P. T. *The Rubber Industry, A Study in Competition and Monopoly.* Cambridge: Cambridge University Press, 1948.

BAULKWILL, W. J. "The History of Natural Rubber Production". In: WEBSTER, C. C. e BAUKWILL (eds.). *Rubber.* Essex, UK: Longman, Scientific & Technical, 1989, p. 1-56.

BAYLY, Susan. "The Evolution of Colonial Cultures: Nineteenth-Century Asia". In: PORTER, Andrew (ed.). *The Oxford History of the British Empire: The Nineteenth Century.* Oxford: Oxford University Press, 1999, vol. 3. p. 447-469.

BEAN, William J. *The Royal Botanic Gardens, Kew: Historical and Descriptive.* Londres: Cassel, 1908.

"Beginnings of Plantation Rubber". *Rubber Age*, vol. 8, nº 7, 10 de janeiro de 1921, p. 273-274.

BEKKEDAHL, Norman. "Brazil's Research for Increased Rubber Production". *Scientific Monthly,* 61:3, setembro de 1945, p. 199-209.

BELLAMY, J. "Report on the Expedition to the Corkscrew Mountains". *Proceedings of the Royal Geographical Society and Monthly Record of Geography*, vol 11, nº 9, setembro de 1889, p. 542-552. Original no Royal Geographical Society Archives, JMS/5/73.

BELT, Thomas. *The Naturalist in Nicaragua.* Londres: Edward Bumpus, 1888 (publicado pela primeira vez em 1874).

BENTHAM, George. "On the North Brazilian Euphorbiaceae in the Collections of Mr. Spruce". *Hooker's Journal of Botany* 6, dezembro de 1854, p. 363-377.

BEVAN, Theodore F. "Further Exploration in the Regions Bordering upon the Papuan Gulf". *Proceedings of the Royal Geographical Society and Monthly Record of Geography*, vol. 11, nº 2, fevereiro de 1889, p. 82-90.

_____. "The Gold Rush to British New Guinea". *Transactions of the Royal Geographical Society of Australia, Victorian Branch*, vol. 15, 1898, p. 16-23.

BIERCE, Ambrose. *O dicionário do Diabo.* Porto Alegre: Editora Mercado Aberto, 1999 (publicado pela primeira vez em 1881).

"Big Excursion to Mexico". *New York Times*, 4 de janeiro de 1893, p. 3.

BLAINEY, Geoffrey. *The Tyranny of Distance.* Londres: Macmillan, 1968.

"Blood for Oil?" *London Review of Books*, 21 de abril de 2005, p. 12-16.

BOIS, Sir Stanley. "The Importance of Rubber in Economic and Social Progress". *Journal of the Royal Society of Arts*, vol. 75, 19 de novembro de 1926, p. 28-39.

BOLITHO, Hector (ed.). *Further Letters of Queen Victoria: From the Archives of the House of Brandenburg-Prussia* [tradução de J. Pudney & lorde Sudley]. Londres: Thornton Butterworth, 1971, primeira impressão em 1938.

BOLTON, G. C. *Planters and Pacific Islanders.* Croydon, Victoria, Austrália: Longman's, 1967.

_____. *A Thousand Miles Away: A History of North Queen to 1920.* Sydney: Australian National University Press, 1970.

BONNER, James e GALSTON, Arthur W. "The Physiology and Biochemistry of Rubber Formation in Plants". *Botanical Review* vol. 13, nº 10, dezembro de 1947, p. 543-596.

BONNERJEA, Biren. *A Dictionary of Superstitions and Mythology.* Londres: Folk Press, 1927.

BOOTH, Charles. *Charles Booth's London: A Portrait of the Poor at the Turn of the Century, Drawn from his "Life and Labour of the People in London".* Albert Fried e Richard M. Elman (eds.). Londres: Hutchinson, 1969.

BOUTILIER, James A. "European Women in the Solomon Islands, 1900-1942: Accommodation and Change on the Pacific Frontier". In: O'BRIEN, Denise e TIFFANY, Sharon W. (eds.). *Rethinking Women's Roles: Perspectives from the Pacific.* Berkeley: University of California Press, 1984, p. 173-200.

BOWER, Faubion O. "Sir Joseph Dalton Hooker, 1817-1911". In: OLIVER, F. W. (ed.). *Makers of British Botany: A Collection of Biographies by Living Botanists.* Cambridge: Cambridge University Press, 1913, p. 302-323.

BOWMAN, Isaiah. "Geographical Aspects of the New Madeira-Mamoré Railroad". *Bulletin of the American Geographical Society*, vol. 45, 1913, p. 275-281.

BRIGGS, Asa. *Victorian People.* Londres: B. T. Batsford, 1988.

BRINKLEY, Douglas. *Wheels for the World: Henry Ford, His Company, and a Century of Progress, 1903-2003.* Nova York: Penguin Books, 2003.

BRISTOWE, Lindsay W. *Handbook of British Honduras for 1891-1892, Comprising Historical, Statistical and General Information Concerning the Colony.* Londres: William Blackwood, 1891.

BROCKWAY, Lucile H. *Science and Colonial Expansion: The Role of the British Royal Botanic Gardens.* Nova York: Academic Press, 1979.

_____. "Science and Colonial Expansion: The Role of the British Royal Botanic Gardens". *American Ethnologist*, vol. 6, nº 3, Interdisciplinary Anthropology, agosto de 1979, p. 449-465.

BROOKS, Collin. *Something in the City: Men and Markets in London.* Londres: Country Life, 1931.

BROWN, C. Barrington. *Canoe and Camp Life in British Guiana.* Londres: Edward Stanford, 1876.

Bibliografia

BROWN, C. Barrington e LIDSTONE, William. *Fifteen Thousand Miles on the Amazon and its Tributaries*. Londres: Edward Stanford, 1878.

BROWNFOOT, Janice N. "Memsahibs in Colonial Malaya: A Study of European Wives in a British Colony Protectorate, 1900-1940". In: CALLAN, Hillary e ARDENER, Shirley (eds.). *The Incorporated Wife*. Londres: Croom Helm, 1984, p. 186-210.

BUENZLE, Alphonse (técnico de campo adjunto). Carta a B. V. Worth (técnico de campo sênior). Rubber Development Corp., Rio de Janeiro, 2 de novembro de 1944. Warren Dean Collection, New York Botanical Gardens Archives.

BULBECK, Chilla. *Staying in Line or Getting Out of Place: The Experiences of Expatriate Women in Papua New Guinea 1920-1960: Issues of Race and Gender*. Londres: Sir Robert Menzies Centre for Australian Studies, Institute of Commonwealth Studies, University of London, 1988. Working Papers in Australian Studies, nº 35.

BURN, W. L. *The Age of Equipoise: A Study of the Mid-Victorian Generation*. Nova York: Norton, 1965.

BURNS, E. Bradford. *Manaus 1910: Retrato de uma cidade em expansão*. Manaus, Governo do Estado do Amazonas, 1966.

BYRD, Richard Evelyn. *Little America*. Nova York: Putnam's, 1930.

CAIN, P. J. "Economics and Empire: The Metropolitan Context". In: PORTER, Andrew (ed.). *The Oxford History of the British Empire: The Nineteenth Century*, vol. 3. Oxford: Oxford University Press, 1999, p. 31-52.

CALLAN, Hilary e ARDENER, Shirley (eds.). *The Incorporated Wife*. Londres: Croom Helm, 1984.

CAMPBELL, Anthony. "Descendants of Benjamin Wickham, a Genealogy" (publicado pelo próprio autor em 30 de janeiro de 2005).

CAMPBELL, Peter. "Get Planting", resenha crítica de *The Secret Life of Trees: How They Live and Why They Matter*, de Colin Tudge. *London Review of Books*, 1º de dezembro de 2005, p. 32-33.

CAMM, J. C. R. "Farm-making Costs in Southern Queensland, 1890-1915". *Australian Geographical Studies* vol. 12, 1974, nº 2, p. 173-189.

_____. "The Queensland Agricultural Land Purchase Act of 1894 and Rural Settlement: A Case Study of Jimbour". *Australian Geographer*, Sydney, vol. 10, setembro de 1967, nº 4, p. 263-274.

CARAVAL, Gaspar de. *The Discovery of the Amazon: According to the Account of Friar Gaspar de Carvajal and Other Documents*. [introdução de José Toribio Medina, traduzido para o inglês por Bertram T. Lee] Nova York: American Geographical Society, 1934.

CASEMENT, Roger. "The Putumayo Indians". *Contemporary Review* 102, 1912, p. 317-328.

CHALK, Frank Robert. *The United States and the International Struggle for Rubber*, 1914--1941. (Tese de doutorado do Departamento de História da Universidade de Wisconsin, 1970.)

"Cholera". *Times*, Londres, 21 de dezembro de 1854, p. 7.

CLARKE, Nell Ray. "The Haunts of the Caribbean Corsairs: The West Indies a Geographic Background for the Most Adventurous Episodes in the History of the Western Hemisphere". *National Geographic Magazine*, vol. 41, nº 2, fevereiro de 1922, p. 147-188.

CLEGERN, Wayne M. *British Honduras, Colonial Dead End, 1859-1900*. Baton Rouge: Louisiana State University Press, 1967.

COATES, Austin. *The Commerce in Rubber: The First 250 Years*. Cingapura, Oxford University Press, 1987.

COHEN, Elisio Eden. *Vila de Boim: 1690-1986*, 2ª ed. Boim, Brasil (publicado pelo próprio autor).

COLLIER, Richard. *The River that God Forgot: The Story of the Amazon Rubber Boom*. Nova York: E. P. Dutton, 1968.

COLLINS, James. "On the Commercial Kinds of India Rubber or Caoutchouc". *Journal of Botany British and Foreign*, vol. 6, janeiro de 1868, p. 2-22.

_____. "On India Rubber, Its History, Commerce and Supply". *Journal of the Society of Arts*, vol. 18, 17 de dezembro de 1869, p. 81-93.

Companhia Goodyear do Brasil. *A List of English Words and Portuguese Equivalents of Terms Relating to the Tire and Rubber Industry*. São Paulo, Brasil: Companhia Goodyear do Brasil, 1940.

CONRAD, Joseph, "Conrad in the Congo". In: KIMBROUGH, Robert (ed.). *Heart of Darkness: An Authoritative Text, Backgrounds and Sources, Criticism*, 3ª ed. Nova York: Norton, 1988, p. 142-194.

_____. *No coração das trevas*. São Paulo, Editora Hedra, 2008.

_____. "O plantador de Malata". *Dentro das marés*. Rio de Janeiro: Editora Revan, 2004. Disponível no original em inglês em www.readbookonline.net/readOnLine/2501/.

COOK, O. F. "Beginnings of Rubber Culture". *The Journal of Heredity*, vol. 19, nº 5, maio de 1928, p. 204-215.

COOMES, Oliver T. e BARHAM, Bradford L. "The Amazon Rubber Boom: Labor Control, Resistance, and Failed Plantation Development Revisited". *Hispanic American Historical Review*, vol. 74, nº 2, maio de 1994, p. 231-257.

CORDINGLY, David. *Under the Black Flag: The Romance and Reality of Life Among the Pirates*. Nova York: Harcourt, Brace, 1995.

COSTA, José Pedro de Oliveira. "History of the Brazilian Forest: An Inside View". *Environmentalist*, vol. 3, nº 5, 1983, p. 50-56.

CUNNINGHAM, Frank. "The Lost Colony of the Confederacy". *American Mercury*, vol. 93, julho de 1961, p. 33-38.

CURTIN, Philip D. "The White Man´s Grave: Image and Reality, 1780-1850". *Journal of British Studies*, vol. 1, novembro de 1961, p. 94-110.

D'AUZAC, Jean; JACOB, Jean-Louis e CHRESTIN, Hervé. *Physiology of Rubber Tree Latex: The Lactiferous Cell and Latex – A Model of Cytoplasm*. Boca Raton, FL: CRC Press, 1989.

DAWSEY, Cyrus B. e DAWSEY, James M. (eds.). *The Confederados: Old South Immigrants in Brazil*. Tuscaloosa, AL: University of Alabama Press, 1995.

Bibliografia

DEAN, Warren. *A luta pela borracha no Brasil: Um estudo de história ecológica.* São Paulo: Livraria Nobel, 1989.

_____. *Rio Claro: Um sistema brasileiro de grande lavoura, 1820-1920.* Rio de Janeiro: Editora Paz e Terra, 1977.

"Death of Sir H. Wickham". *Planter*, vol. 9, nº 3, 1928, p. 84-85.

DE COURTAIS, Georgine. *Women's Headdress and Hairstyles: In England from AD 600 to the Present Day.* Londres: B. T. Batsford, 1973.

DE LA HAMBA, Louis, "Belize, the Awakening Land". *National Geographic Magazine*, vol. 141, nº 1, janeiro de 1972, p. 124-146.

DE LANGE, Nicholas. *Atlas of the Jewish World.* Nova York: Facts on File Publications, 1984.

DE LÉRY, Jean. *Viagem à terra do Brasil.* Belo Horizonte e São Paulo: Itatiaia/ Edusp, 1980.

DENOON, Donald e WYNDHAM, Marivic. "Australia and the Western Pacific". In: PORTER, Andrew (ed.). *The Oxford History of the British Empire: The Nineteenth Century*, vol. 3. Oxford: Oxford University Press, 1999, p. 546-572.

DETHLOFF, Henry C. *"Edgar B. Davis and Sequences in Business Capitalism: From shoes to Rubber to Oil*, a Review". *Journal of Southern History*, vol. 60, nº 4, novembro de 1994, p. 829-830.

DOCKER, Edward Wybergh. *The Blackbirders: The Recruiting of South Seas Labour for Queensland, 1863-1907.* Sydney: Angus & Robertson, 1970.

"Dorai, Palia". "The Early days of Rubber: Memories of Henry Wickham". *British Malaya*, vol. 14, nº 12, abril de 1940, p. 241-243.

DOUGLAS, J. "Notes on a Recent Cruise through the Lousiade Group of Islands". *Transactions of the Royal Geographical Society of Australia, Victorian Branch*, vol. 5, parte 1, março de 1888, p. 46-59.

DRAYTON, Richard. *Nature's Government: Science, Imperial Britain, and the "Improvement" of the World.* New Haven, CT: Yale University Press, 2000.

DUNN, Frederick L. "On the Antiquity of Malaria in the Western Hemisphere". *Human Biology*, vol. 37, nº 4, dezembro de 1965, p. 383-393.

EAKIN, Marshall, C. "Business Imperialism and British Enterprise in Brazil: The St. John d'el Rey Mining Company, Limited, 1830-1960". *Hispanic American Historical Review*, vol. 66, nº 4, 1986, p. 697-742.

EDELMAN, Marc. "A Central American Genocide: Rubber, Slavery, Nationalism, and the Destruction of the Guatusos-Malekus". *Comparative Studies in Society and History*, vol. 40, nº 2, 1998, p. 356-390.

EDEN, Charles H. *My Wife and I in Queensland: An Eight Year's Experience in the Above Colony, with Some Account of Polynesian Labour.* Londres: Longmans, Green, 1872. Cambridge University Library: Royal Commonwealth Society Library.

EDMONDS, James E. "They've Gone – Back Home!" *Saturday Evening Post*, 4 de janeiro de 1941, p. 30-47.

EDWARDS, William H. *A Voyage up the River Amazon, Including a Residence at Pará.* Londres: John Murray, 1861.

O Ladrão no Fim do Mundo

EIDT, Robert C. "The Climatology of South America". In: FITTKAU, E. J.; KLINGE, H. e SIOLOI, H. (eds.). *Biogeography and Ecology in South America*. Haia, 1968.

"Emigration to Brazil". *New York Times*, 25 de novembro de 1866, p. 1.

Encyclopedia Judaica. Jerusalém: Macmillan, 1971, vol. 4, "Brazil", e vol. 12, "Morocco".

Encyclopedia of World Mythology. Hong Kong: BPC Publishing, 1975.

EVANS, Raymond. "'Kings' in Brass Crescents: Defining Aboriginal Labour Patterns in Colonial Queensland". In: SAUNDERS, Kay (ed.). *Indentured Labour in the British Empire, 1834-1920*. Londres: Croom Helm, 1984, p. 183-212.

EVERITT, John C. "The Growth and Development of Belize City". *Journal of Latin American Studies*, vol 18, nº 1, maio de 1986, p. 75-112.

FAIRCHILD, David. "Dr. Ridley of Singapore and the Beginnings of the Rubber Industry". *Journal of Heredity*, vol. 19, nº 5, maio de 1928, p. 193-203.

FERGUSON, J. (ed.) *All About Rubber and Gutta-Percha: The India-Rubber Planter's Manual, with the Latest Statistics and Information, More Particularly in Regard to Cultivation and Scientific Experiments in Trinidad and Ceylon*. Londres: J. Hadden, 1899.

FIRESTONE, Harvey Samuel. *America Should Produce Its Own Rubber*. Akron, OH: Harvey S. Firestone, 1923.

FIRESTONE, Harvey Samuel e CROWTHER, Samuel. *Men and Rubber: The Story of Business*. Garden City, NY: Doubleday, Page, 1926.

FORBES, Henry O. "British New Guinea as a Colony". *Blackwoods Magazine*, vol. 152, julho de 1892, p. 82-100.

Ford Times. Julho de 1914, vol. 8, nº 10.

FORSYTH, Adrian e MIYATA, Ken. *Tropical Nature: Life and Death in the Rain Forests of Central and South America*. Nova York: Scribner's, 1984.

FOSTER, Harry L. "Ghost Cities of the Jungle". *New York Herald Tribune*, seção da revista de domingo, 20 de março de 1932.

FREDRICKSON, Laura M. e ANDERSON, Dorothy H. "A Qualitative Exploration of the Wilderness Experience as a Source of Spiritual Inspiration". *Journal of Experimental Psychology*, vol. 19, 1999, p. 21-39.

FRENCHMAN, Michael. "Unique Link with Amazon". *Times*, Londres, 3 de maio de 1976, p. 2.

FURNEAUX, Robin. *The Amazon: The Story of a Great River*. Nova York: Putnam's, 1969.

GALEY, John. "Industrialist in the Wilderness: Henry Ford's Amazon Venture". *Journal of Interamerican Studies and World Affairs*, vol. 21, nº 2, maio de 1979, p. 261-289.

GALLAGHER, John e ROBINSON, Ronald. "The Imperialism of Free Trade". *Economic History Review*, vol. 6 nº 1, 2nd series, 1953, p. 1-15.

GALLAGHER, O. D. "Rubber Pioneer in His Hundredth Year". *Observer*, Londres, 20 de junho de 1955.

GARDINER, John. *The Victorians: An Age in Retrospect*. Londres: Hambledon and London, 2002.

GARTRELL, Berverley. "Colonial Wives: Villains or Victims?" In: CALLAN, Hilary e ARDENER, Shirley (eds.). *The Incorporated Wife*. Londres: Croom Helm, 1984, p. 165-185.

Bibliografia

GASKELL, G. A. *Dictionary of All Scriptures and Myths*. Nova York: Julian Press, 1960.

GEER, William Chauncey. *The Reign of Rubber*. Nova York: Century, 1922.

GILBERT, Pamela K. *Mapping the Victorian Social Body*. Albany, NY: State University of New York Press, 2004.

_____. "A Sinful and Suffering Nation: Cholera and the Evolution of Medical and Religious Authority in Britain, 1832-1866". *Nineteenth Century Prose*, vol. 25, nº 1, primavera de 1998, p. 26-45.

GILPEN, Robert. "Economic Interdependence and National Security in Historical Perspective". In: KNORR, Klaus e TRAGER, Frank N. (eds.). *Economic Issues and National Security*. Lawrence, KS: Allen Press, 1977, p. 19-66.

GLAVE, E. J. "Cruelty in the Congo Free State". *Century Magazine*, vol. 54, setembro de 1897, p. 691-715.

_____. "New Conditions in Central Africa". *Century Magazine*, vol. 53, abril de 1897, p. 900-915.

GOLDBERG, Harvey E. (ed.). *Sephardi and Middle Eastern Jewries: History and Culture in the Modern Era*. Bloomington, IN: Indiana University Press, 1996.

GOLLEY, Frank B. e MEDINA, Ernesto (eds.). *Tropical Ecological System: Trends in Terrestrial and Aquatic Research*. Nova York: Springer-Verlag, 1975.

GOMEZ, J. B. *Anatomy of Hevea and Its Influence on Latex Production*. Kuala Lumpur: Malaysian Rubber Research and Development Board, 1982.

GOODMAN, Edward J. *The Explorers of South America*. Nova York: Macmillan, 1972.

GOULDING, Michael; BARTHEM, Ronaldo e FERREIRA, Efrem. *The Smithsonian Atlas of the Amazon*. Washington, DC: Smithsonian Institution, 2003.

GRAHAM, Gerald S. *A Concise History of the British Empire*. Nova York: Thames and Hudson, 1978.

GRAHAM, Richard. "Sepoys and Imperialists: Techniques of British Power in Nineteenth-Century Brazil". *Inter-American Economic Affairs*, vol. 23, nº 2, outono de 1969, p. 23-37.

"Great Demand for Rubber". *New York Times*, 12 de outubro de 1903, p. 7.

GREELY, General A. W. "Rubber Forests of Nicaragua and Sierra Leone". *National Geographic*, março de 1897, p. 83-88.

GRIGGS, William Clark. *The Elusive Eden: Frank McMullan's Confederate Colony in Brazil*. Austin, TX: University of Texas Press, 1987.

HAHNER, June E. "Women and Work in Brazil, 1850-1920: A Preliminary Investigation". In: ALDENS, Davril e DEAN, Warren (eds.). *Essays Concerning the Socioeconomic History of Brazil and Portuguese India*. Gainesville, FL: University Press of Florida, 1977, p. 87-117.

HALL, Catherine. "Of Gender and Empire: Reflections on the Nineteenth Century". In: LEVINE, Philippa (ed.). *Gender and Empire*. Oxford: Oxford University Press, 2004, p. 46-76.

HAMMERTON, A. James. "Gender and Migration". In: LEVINE, Philippa (ed.). *Gender and Empire*. Oxford: Oxford University Press, 2004, p. 156-180.

HANCOCK, Thomas. *Personal Narrative of the Origin and Progress of the Caoutchouc or India-Rubber Manufacture in England*. Londres: Longman, 1857.

HANNA, Alfred Jackson e HANNA, Kathryn Abbey. *Confederate Exiles in Venezuela*. Tuscaloosa, AL: Confederate Publishing, 1960.

HANSON, Earl Parker (ed.). *South from the Spanish Main: South America Seen Through the Eyes of its Discoverers*. Nova York: Delacorte Press, 1967.

HARDENBURG, Walter E. *The Putumayo, the Devil's Paradise*. Londres: T. Fischer Unwin, 1912.

HARRISON, John P. "Science and Politics: Origins and Objectives of Mid-nineteenth Century Government Expeditions to Latin America". *Hispanic American Historical Review*, vol. 35, nº 2, maio de 1935, p. 175-202.

HARTER, Eugene C. *A colônia perdida da Confederação: A imigração norte-americana para o Brasil após a Guerra de Secessão*. Rio de Janeiro: Nórdica, 1985.

HARTT, Charles Frederick. "Preliminary Report of the Morgan Expeditions, 1870- -1871: Report of a Reconnaissance of the Lower Tapajós". *Bulletin of the Cornell University (Science)*, vol. 1, nº 1. Ithaca, NY: University Press, 1874, p. 11-37.

HECHT, Susanna e COCKBURN, Alexander. *The Fate of the Forest: Developers, Destroyers and Defenders of the Amazon*. Nova York: HarperPerennial, 1990.

HERNDON, William Lewis e GIBBON, Lardner. *Exploration of the Valley of the Amazon*, 2 vols. Washington, DC, 1853, vol. 1, p. 285, 330-331. House Document nº 53, Thirty-third Congress, Washington, DC, 1854.

HEPPER, F. Nigel (ed.). *Royal Botanic Gardens Kew: Gardens for Science and Pleasure*. Owings Mill, MD: Stemmer House, 1982.

HESSEL, M. S.; MURPHY, W. J. e HESSEL, F. A. *Strategic Materials in Hemisphere Defense*. Nova York: Hastings House, 1942.

HEUMAN, Gad. "The British West Indies". In: PORTER, Andrew (ed.). *The Oxford History of the British Empire: The Nineteenth Century*, vol. 3. Oxford: Oxford University Press, 1999, p. 470-493.

HIGBEE, Edward C. "Of Man and the Amazon". *Geographical Review*, vol. 41, nº 3, julho de 1951, p. 401-420.

_____. "The River is the Plow". *Scientific Monthly*, junho de 1945, p. 405-416.

HILL, Jonathan D. (ed.). *Rethinking History and Myth: Indigenous South American Perspectives of the Past*. Urbana, IL: University of Illinois Press, 1988.

HILL, Lawrence F. "Confederate Exiles to Brazil". *Hispanic American Historical Review*, vol. 7, nº 2, maio de 1927, p. 192-210.

_____. "The Confederate Exodus to Latin America, Part I". *Southwestern Historical Quarterly*, vol. 39, nº 2, outubro de 1935, p. 100-134. "Part II", vol. 39, nº 3, janeiro de 1936, p. 161-199. "Part III", vol. 39, nº 4, abril de 1936, p. 309-326.

HOBHOUSE, Henry. *Seeds of Wealth: Four Plants That Made Men Rich*. Londres: Macmillan, 2003.

HOCHSCHILD, Adam. *O fantasma do rei Leopoldo: Uma história de cobiça, terror e heroísmo na África Colonial*. São Paulo: Companhia das Letras, 1999.

Bibliografia

HOFFER, Eric. *Fanatismo e movimentos de massa*. Rio de Janeiro: Editora Lidador, 1968.

HOLDRIDGE, Desmond. "Native Returns to the Amazon". *Living Age*, vol. 360, abril de 1941, p. 153-158.

HOLMES, Harry N. *Strategic Materials and National Strength*. Nova York: Macmillan, 1942.

HOLMES, W. C. "The Tragedy of the Amazon". *Rubber Age*, vol. 9, n° 1, 10 de abril de 1921, p. 11-16.

HOLTHOUSE, Hector. *Cannibal Cargoes*. Adelaide, Austrália: Rigby, 1969.

HONDURAS BRITÂNICAS. *Report and Results of the Census of the Colony of British Honduras, taken April 5th, 1891*. Londres: Waterlow, 1892. Archives of the Institute of Colonial Studies, University of London.

_____. *Report on the Toledo District for the Year Ending 31st December 1956*. Archives of the Institute of Colonial Studies, University of London.

HOPPER, Janice H. (comp.). *Indians of Brazil in the Twentieth Century*. Washington, DC: Institute for Cross-Cultural Research, 1967.

Império do Brasil na Exposição Universal em Filadélfia, O. Rio de Janeiro: Typographia e Lithographia do Imperial Instituto Artístico, 1876.

"India-Rubber, Gutta-Percha, and Other Insulating Materials Compared". *India-Rubber and Gutta-Percha and Electrical Trades Journal*, vol. 4, n° 2, 8 de setembro de 1887, p. 25-28.

IRELAND, Emilienne. "Cerebral Savage: The White Man as Symbol of Cleverness and Savagery in Waurá Myth". In: HILL, Jonathan D. (ed.). *Rethinking History and Myth: Indigenous South American Perspectives on the Past*. Urbana, IL: University of Illinois Press, 1988, p. 157-173.

JACKSON, Derrick Z. "U.S. Takes the Lead in Trashing Planet". *Virginian-Pilot*, 16 de abril de 2005, página editorial.

JAIN, Ravindra K. "South Indian Labour in Malaya, 1840-1920: Asylum, Stability and Involution". In: SAUNDERS, Kay (ed.). *Indentured Labour in the British Empire, 1834-1920*. Londres: Croom Helm, 1984, p. 158-182.

JALLAND, Pat e HOOPER, John (eds.). *Women from Birth to Death: The Female Life Cycle in Britain, 1830-1914*. Atlantic Highlands, NJ: Humanities Press International, 1986.

JAYARATHNAM, K. "Pests". In: SETHURAJ, M. R. e MATHEW, N.M. (eds.). *Natural Rubber: Biology, Cultivation, and Technology*. Amsterdam: Elsevier, 1992, p. 360-69.

JEFFERSON, Mark. "An American Colony in Brazil". *Geographical Review*, vol. 18, n° 2, abril de 1928, p. 226-231.

JOHNSTON, W. Ross. *A Documentary History of Queensland*. St. Lucia, Queensland, Austrália: University of Queensland Press, 1988.

JORDAN, Carl F. "Amazon Rain Forests". *American Scientist*, vol. 70, n° 4, julho-agosto de 1982, p. 394-401.

KANDELL, Jonathan. *Passage Through El Dorado: Traveling the World's Last Great Wilderness*. Nova York: William Morrow, 1984.

KATZ, Israel J. e SERELS, M. Mitchell Serels (eds.). *Studies on the History of Portuguese Jews from Their Expulsion in 1497 through Their Dispersion*. Nova York: Sepher-Hermon Press, 2000.

KEKET, Susan e IVARA, Watorea. *A Checklist of the Islands of Papua New Guinea*. Boroko, Papua Nova Guiné: National Library Service of Papua New Guinea, 1982.

KIMBROUGH, Robert. "Conrad in the Congo". In: _____ (ed.). *Heart of Darkness: An Authoritative Text, Backgrounds and Sources, Criticism*, 3ª ed. Nova York: Norton, 1988, p.142-194.

"The King's Birthday, First List of Honours, No Ministerial Dinner". *Times*, Londres, 3 de junho de 1920, p. 18.

KIRKWOOD, Deborah. "Settler Wives in Southern Rhodesia: A Case Study". In: CALLAN, Hilary e ARDENER, Shirley (eds.). *The Incorporated Wife*. Londres: Croom Helm, 1984, p. 143-164.

_____. "The Suitable Wife: Preparation for Marriage in London and Rhodesia/ Zimbabwe". In: CALLAN, Hilary e ARDENER, Shirley (eds.). *The Incorporated Wife*. Londres: Croom Helm, 1984, p. 106-119.

KNIGHT, Alan. "Britain and Latin America". In: PORTER, Andrew (ed.). *The Oxford History of the British Empire: The Nineteenth Century*, vol. 3. Oxford: Oxford University Press, 1999, p. 122-145.

KNORR, Klaus e TRAGER, Frank N. (eds.). *Economic Issues and National Security*. Lawrence, KS: Allen Press, 1977.

KRAMER, Paul J. e KOZLOWSKI, Theodore T. *Fisiologia das árvores*. Lisboa: Fundação Calouste Gulbenkian, 1972.

KREIER, Julius P. (ed.) *Malaria: Epidemiology, Chemotherapy, Morphology, and Metabolism*. Nova York: Academic Press, 1980.

LAIRD, MacGregor e OLDFIELD, R. A. K. *Narrative of an Expedition into the Interior of Africa by the River Niver*, 2ª ed., 2 vols. Londres, 1837.

LANE, Edward V. "The Life and Work of Sir Henry Wickham, Parts I-IX". *India Rubber Journal*, vols. 125 (5, 12, 19 e 26 de dezembro de 1953) e 126 (2, 9, 16, 23 e 30 de janeiro de 1954). Estes artigos incluem: "Part I – Ancestry nad Early Years", 5 de dezembro de 1953, p. 14-17; "Part II – A Journey Through the Wilderness", 12 de dezembro de 1953, p. 16-18; "Part III – Santarém", 19 de dezembro de 1953, p. 18-23; "Part IV – Kew", 26 de dezembro de 1953, p. 5-8; "Part V – Pioneering in North Queensland", 2 de janeiro de 1954, p. 17-19; "Part VI – Pioneering in British Honduras", 9 de janeiro de 1954, p. 17-23; "Part VII – The Conflict Islands and New Guinea", 16 de janeiro de 1954, p. 7-10; "Part VIII – Piqui-Á and Arghan", 23 de janeiro de 1954, p. 7-10; e "Part IX – Closing Years", 30 de janeiro de 1954, p. 5-8.

_____. "Sir Henry Wickham: British Pioneer; a Brief Summary of the Life Story of the British Pioneer". *Rubber Age*, 73, agosto de 1953, p. 649-656.

Bibliografia

LANGE, Algot. *In the Amazon Jungle: Adventures in Remote Parts of the Upper Amazon River, Including a Sojourn Among Cannibal Indians*. Nova York: Putnam's, 1912.

_____. *The Lower Amazon: A Narrative of Exploration in the Little Known Regions of the State of Pará, on the Lower Amazon, with a record of archaeological Excavations on Marajó Island at the Mouth of the Amazon River, and Observations on the General Resources of the Country*. Nova York: Putnam's, 1914.

_____. "The Rubber Workers of the Amazon". *Bulletin of the American Geographical Society*, vol. 43, nº 1, 1911, p. 33-36.

LANGMORE, Diane. "James Chalmers: Missionary". In: GRIFFIN, James (ed.). *Papua New Guinea Portraits: The Expatriate Experience*. Canberra, Austrália: Australian National University Press, 1978, p. 1-27.

LAWRENCE, James Cooper. *The World's Struggle with Rubber*. Nova York: Harper, 1931.

LEBERGOTT, Stanley. "The Returns to U. S. Imperialism, 1890-1929". *Journal of Economic History*, vol. 40, nº 2, junho de 1980, p. 229-252.

LEFF, Nathaniel. "Tropical Trade and Development in the Nineteenth Century: The Brazilian Experience". *Journal of Political Economy*, vol. 81, nº 3, 1973, p. 678-696.

LESTRINGANT, Frank. *O canibal: Grandeza e decadência*. Brasília: Editora UnB, 1997.

LÉVI-STRAUSS, Claude. *O cru e o cozido*, vol. 1, série Mitológicas. São Paulo: Cosac & Naify , 2004 (publicado pela primeira vez na França como *Le Cru et le Cuit*, 1964, Librairie Plon).

_____. *Tristes trópicos*. São Paulo: Companhia das Letras, 2000.

LEVINE, Philippa (ed.). *Gender and Empire*. Oxford: Oxford University Press, 2004.

_____. "Sexuality, Gender, and Empire". In: _____ (ed.). *Gender and Empire*. Oxford: Oxford University Press, 2004, p. 134-155.

LLOYD, Francis E. *Plantation Rubber: Its Source and Acquisition. Scientific Monthly*, vol. 23, nº 3, setembro de 1926, p. 268-278.

LOADMAN, John. *Tears of the Tree: The Story of Rubber – A Modern Marvel*. Oxford: Oxford University Press, 2005.

LOO FOOK SENG, Philip. *The Malay States, 1877-1895: Political Change and Social Policy*. Cingapura: Oxford University Press, 1969.

London Gazette. 4 de junho de 1920, segundo suplemento, p. 6313-6315. "King's Birthday Honours".

_____. 20 de novembro de 1928, p. 7604. "Sir Henry Alexander Wickham, Deceased".

LONDON, Jack. *O povo do abismo: Fome e miséria no coração do Império Britânico: Uma reportagem do início do século XX*. São Paulo, Editora Fundação Perseu Abramo, 2004 (publicado pela primeira vez na Inglaterra em 1903).

"R. Irwin Lynch". *Journal of the Kew Guild*, vol. 4, nº 32, 1925, p. 341-342.

LYNN, Martin. "British Policy, Trade, and Informal Empire in the Mid-Nineteenth Century". In: PORTER, Andrew (ed.). *The Oxford History of the British Empire: The Nineteenth Century*, vol. 3. Oxford: Oxford University Press, 1999, p. 101-121.

O Ladrão no Fim do Mundo

MACDONALD, A. C. "Notes on the Panama and Nicaragua Canal Schemes". *Transactions of the Royal Geographical Society of Australia, Victorian Branch*, vol. 16, 1899, p. 46-57.

MACKAY, Charles. *Ilusões populares e a loucura das massas*. Rio de Janeiro: Ediouro, 2001.

MACLEOD, Roy. *Nature and Empire: Science and the Colonial Enterprise*, Osiris series, vol. 15. Chicago: University of Chicago Press, 2001.

MARKHAM, Clements R. "The Cultivation of Caoutchouc-Yielding Trees in British India". *Journal of the Society of Arts*, vol. 24, nº 1220, 7 de abril de 1876, p. 475-481.

_____. *Peruvian Bark: A Popular Account of the Introduction of Chinchona Cultivation into British India, 1860-1880*. Londres, John Murray, 1880.

MARRIOTT, John. *The Other Empire: Metropolis, India and Progress in the Colonial Imagination*. Manchester e Nova York: Manchester University Press, 2003.

MASON, Peter. *Cauchu, the Weeping Wood: A History of Rubber*. Sydney, Austrália: The Australian Broadcasting Commission, 1979.

MATHEW, N. M. "Physical and Technological Properties of Natural Rubber". In: SETHURAJ, M. R. e MATHEW, N. M. Mathew (eds.). *Natural Rubber: Biology, Cultivation, and Technology*. Amsterdam: Elsevier, 1992, p. 399-425.

MAY, George O. "Rubber: The Inquiry and the Facts". *Atlantic Monthly*, 127, junho de 1926, p. 805-812.

MAYNARD, Margaret. "'A Great Deal Too Good for the Bush': Women and the Experience of Dress in Queensland". In: REEKIE, Gail (ed.). *On the Edge: Women's Experiences in Queensland*. St. Lucia, Queensland, Austrália: University of Queensland Press, 1994, p. 51-65.

MCCLAIN, Michael E., VICTORIA, Reynaldo L. e RICHEY, Jeffrey E. (eds.). *The Biogeochemistry of the Amazon Basin*. Nova York: Oxford University Press, 2001.

MCNEILL, William H. *Plagues and Peoples*. Garden City, NY: Anchor Books, 1976.

MEGGERS, Betty J. *Amazônia: A ilusão de um paraíso*. Belo Horizonte e São Paulo, Itatiaia/ Edusp: 1987.

_____. "Environment and Culture in Amazonia". In: WAGLEY, Charles (ed.). *Man in the Amazon*. Gainesville: University of Florida Press, 1974, p. 91-110.

_____. "The Indigenous Peoples of Amazonia, Their Cultures, Land Use Patterns and Effects on the Landscape and Biota". In: SIOLI, Harald (ed.). *The Amazon: Limnology and Landscape Ecology of a Mighty Tropical River and Its Basin*. Haia: Der W. Junk, 1984, p. 627-648.

MELBY, John. "Rubber: An Account of the Rise and Collapse of the Amazon Boom". *Hispanic American Historical Review*, vol. 22, nº 3, agosto de 1942, p. 452-469.

"Memorandum on South American Leaf Disease of Rubber", Kuala Lumpur: Rubber Research Institute of Malaya, maio de 1948. Warren Dean Collection, New York Botanical Gardens archives.

MERLI, Frank J. "Alternative to Appomattox: A Virginian's Vision of an Anglo-Confederate Colony on the Amazon, Maio de 1865". *Virginia Magazine of History and Biography*, vol. 94, nº 2, abril de 1986, p. 210-219.

Bibliografia

MILLBURN, John R. e JARROTT, Keith. *The Aylesbury Agitator: Edward Richardson: Labourer's Friend and Queensland Agent, 1849-1878*. Aylesbury, Queensland, Austrália: Buckingham County Council, 1988. Archives of the Institute of Commonwealth Studies, University of London.

MILLER, Susan Gilson. "Kippur on the Amazon: Jewish Emigration from Northern Morocco in the Late Nineteenth Century". In: GOLDBERG, Harvey E. (ed.). *Sephardi and Middle Eastern Jewries: History and Culture in the Modern Era*. Bloomington, IN: Indiana University Press, 1996, p. 190-209.

MILLER, William. "A Journey from British Honduras to Santa Cruz, Yucatan, with a map". *Proceedings of the Royal Geographical Society and Monthly Record of Geography*, vol. 11, nº 1, janeiro de 1889, p. 23-28. A cópia manuscrita deste artigo, com alterações e um mapa, recebida em julho de 1888, está preservada em Archives of the Royal Geographical Society, Londres, JMS/5/74.

MONTAGNINI, Florencia. "Nutrient Considerations in the Use of Silviculture for Land Development and Rehabilitation in the Amazon". In: MCCLAIN, Michael E., VICTORIA, Reynaldo L. e RICHEY, Jeffrey E. (eds.). *The Biogeochemistry of the Amazon Basin*. Nova York: Oxford University Press, 2001, p. 106-121.

MORAN, Emilio F. "The Adaptive System of the Amazonian Caboclo". In: WAGLEY, Charles (ed.). *Man in the Amazon*. Gainesville, FL: University Presses of Florida, 1974, p. 136-159.

MOREL, E. D. *Red Rubber: The Story of the Rubber Slave Trade Flourishing on the Congo in the Year of Grace 1906*. Nova York: Negro Universities Press, 1906.

MORRIS, D. *The Colony of British Honduras, Its Resources and Prospects; with Particular Reference to Its Indigenous Plants and Economic Productions*. Londres: Edward Stanford, 1883. Archives of the Institute of Commonwealth Studies, University of London.

MORRISON, Tony, BROWN, Ann e ROW, Ann (comps.). *A Victorian Lady's Amazon Adventure*. Londres: BBC, 1985.

MOSCH, Louis. "Rubber Pirates of the Amazon". *Living Age*, vol. 345, novembro de 1933, p. 219-224.

"Mosquito Day Luncheon: The Importance of Tropical Medicine in Empire Development: Speeches by the Prime Minister and Mr. Chester Beatty". *British Malaya*, vol. 14, nº 2, junho de 1939, p. 43-44.

MURPHY, Robert F. e STEWARD, Julian H. "Tappers and Trappers: Parallel Process in Acculturation". *Economic Development and Cultural Change*, vol. 4 nº 4, julho de 1956, p. 335-355.

NASH, Roy. *A conquista do Brasil*. São Paulo: Companhia Editora Nacional, 1950.

NAYLOR, Robert A. *Penny Ante Imperialism: The Mosquito Shore and the Bay of Honduras, 1600-1914. A Case Study in British Informal Empire*. Londres: Associated University Presses, 1989.

NEAD, Lynda. *Victorian Babylon: People, Streets and Images in Nineteenth-Century London*. New Haven: Yale University Press, 2000.

O Ladrão no Fim do Mundo

NEVILL, Barry St.-John (ed.). *Life at the Court of Queen Victoria: With Selections from the Journals of Queen Victoria*. Exeter, England: Webb & Bower, 1984.

NEVINS, Allan e HILL, Frank Ernest. *Ford: Expansion and Challenge, 1915-1933*. Nova York: Scribner's, 1957.

New York Tribune. 17 e 20 de julho de 1865.

OAKENFULL, J. *Brazil in 1912*. Londres: Robert Atkinson, 1913.

O'BRIEN, Denise e TIFFANY, Sharon W. (eds.). *Rethinking Women's Roles: Perspectives from the Pacific*. Berkeley: University of California Press, 1984.

"Obituary: Sir Henry Wickham, The Plantation Rubber Industry". *Times*, Londres, 28 de setembro de 1928, p. 19.

O'HANLON, Redmond. *In Trouble Again: A Journey Between the Orinoco and the Amazon* Nova York: Vintage Books, 1988.

OLIVIER, Sydney. "British Honduras". *British America: The British Empire Series*, vol. 3. Londres: Kegan Paul, Trench, Trübner, 1900, p. 476-496.

"On Rubber". *Gardener's Chronicle*, vol. 19, 1855, p. 381.

ORLEAN, Susan. *O ladrão de orquídeas: Uma história real sobre beleza e obsessão*. Rio de Janeiro: Editora Rocco, 2001.

PANETH, Nigel; VINTEN-JOHANSEN, Peter; BRODY, Howard e RIP, Michael. "A Rivalry of Foulness: Unofficial Investigations of the London Cholera Epidemic of 1854". *American Journal of Public Health*, vol. 88, nº 10, outubro de 1998, p. 1545-1553.

"Pará Rubber, Additional Series". *Kew Bulletin of Miscellaneous Information*, vol. 7, 1906, p. 241-242.

PARK, Mungo. *Travels into the Interior of Africa*. Londres: Eland Press, 1983.

PARMER, J. Norman. *Colonial Labor Policy and Administration: A History of Labor in the Rubber Plantation Industry in Malaya, 1910-1941*. Locust Valley, NY: J. J. Augustin, 1960.

PEACHEY, S. J. "The New Process for Vulcanizing Rubber". *Rubber Age*, vol. 8, nº 4, 25 de novembro de 1920, p. 141-142.

PEARSON, Henry C. *The Rubber Country of the Amazon; a Detailed Description of the Great Rubber Industry of the Amazon Valley, which comprises the Brazilian states of Pará, Amazonas and Matto Grosso, the territory of the Acre, the Montana of Peru and Bolivia, and the southern portions of Colombia and Venezuela*. Nova York: India Rubber World, 1911 (também disponível para leitura e cópia em http://www.archive.org/details/rubbercountryofa00pearrich).

PERES, Ambrosio B. "Judaism in the Amazon Jungle". In: KATZ, Israel J. e SERELS, M. Mitchell (eds.). *Studies on the History of Portuguese Jews from Their Expulsion in 1497 through Their Dispersion*. Nova York: Sepher-Hermon Press, 2000, p. 175-183.

PHIN-KEONG, Voon. *American Rubber Planting Enterprise in the Philippines, 1900-1930*. Londres: University of London, Department of Geography, 1977.

_____. *Western Rubber Planting Enterprise in Southeast Asia, 1876-1921*. Kuala Lumpur: Penerbit Universiti Malaya, 1976.

Bibliografia

PIKE, Fredrick B. *The United States and Latin America: Myths and Sterotypes of Civilization and Nature*. Austin, TX: University of Texas Press, 1992.

PLATT, D. C. M. *The Cinderella Service: British Consuls Since 1825*. Hamden, CT: Archon Books, 1971.

PORRITT, B. D. *The Chemistry of Rubber*. Londres: Gurney & Jackson, 1913.

PORTER, Andrew (ed.). *The Oxford History of the British Empire: The Nineteenth Century*, vol. 3. Oxford: Oxford University Press, 1999.

PORTER, Bernard. *Britain, Europe, and the World, 1850-1986: Delusions of Grandeur*. Londres: Allen & Unwin, 1987.

POSER, Charles M. e BRUYN, George W. *An Illustrated History of Malaria*. Nova York: Parthenon Publishing Group, 1999.

PRADO, Paulo. *Retrato do Brasil: Ensaio sobre a tristeza brasileira*. São Paulo: Companhia das Letras, 1997 (publicado pela primeira vez em 1928) (também disponível no endereço http://www.ebooksbrasil.org/eLibris/pauloprado.html).

PURSEGLOVE, J. W. "Ridley, Malaya's Greatest Naturalist". *Malayan Nature Journal*, vol. 10, dezembro de 1955, p. 43-55.

Queensland. *Queensland Census of 1871, Taken on the 1st day of September, Being the Fourth Taken in the Colony*. Brisbane: James C. Beal, Government Printer, 1872. Archives of the Institute of Colonial Studies, University of London.

RADIN, Paul. *Indians of South America*. Garden City, NY: Doubleday, Doran, 1942. American Museum of Natural History, Science Series.

"Raw Rubber and Romance". *British Malaya: The Magazine of the Association of British Malaya*, vol. 2, nº 8, dezembro de 1927, p. 191.

REED, Nelson A. *The Caste War of Yucatan*. Stanford, CA: Stanford University Press, 2001.

REEVE, Mary-Elizabeth. "Caucha Uras: Lowland Quicha Histories of the Amazon Rubber Boom". In: HILL, Jonathan D. (ed.). *Rethinking History and Myth: Indigenous South American Perspectives on the Past*. Urbana, IL: University of Illinois Press, 1988, p. 19-34.

REIS, Arthur Cesar Ferreira. "Economic History of the Brazilian Amazon". In: WAGLEY, Charles (ed.). *Man in the Amazon*. Gainesville, FL: University Presses of Florida, 1974, p. 33-44.

RESOR, Randolph. "Rubber in Brazil: Dominance and Collapse, 1876-1945". *Business History Review*, vol. 51, nº 3, outono de 1977, p. 341-366.

RIDLEY, H. N. "Evolution of the Rubber Industry". *Proceedings of the Institution of the Rubber Industry*, vol. 2, nº 5, outubro de 1955, p. 114-122.

_____. "History of the Evolution of the Cultivated Rubber Industry". *Bulletin of the Rubber Growers Association*, vol. 10, nº 1, janeiro de 1928, p. 45-49.

RIKER, David Afton. *O último confederado na Amazônia*. Manaus, Imprensa Oficial do Estado do Amazonas, 1983.

RIKER, David Bowman. "Narrativa manuscrita". In: RIKER, David Afton. *O último confederado na Amazônia*. Manaus, Imprensa Oficial do Estado do Amazonas, 1983, p. 111-129.

O Ladrão no Fim do Mundo

RIPPY, J. Fred. "British Investments in Latin America, End of 1913". *Inter-American Economic Affairs*, vol. 5, nº 2, outono de 1951, p. 90-100.

_____. "British Investments in Latin America: A Sample of Profitable Enterprises". *Inter-American Economic Affairs*, vol. 6, nº 4, primavera de 1953, p. 3-17.

_____. "A Century and a Quarter of British Investment in Brazil". *Inter-American Economic Affairs*, vol. 6, nº 1, verão de 1952, p. 83-92.

ROGERS, Edward J. "Monoproductive Traits in Brazil's Economic Past". *Americas*, vol. 23, nº 2, outubro de 1966, p. 130-141.

ROGERS, Nicholas. "Caribbean Borderland: Empire, Ethnicity, and the Exotic on the Mosquito Coast". *Eighteenth-Century Life*, vol. 26, nº 3, outono de 2002, p. 117-138.

"The Romance of Rubber". *New York Times*, 23 de setembro de 1906, p. SM3.

ROSADO, J. M. "A Refugee of the War of the Castes Makes Belize His Home". In: BUHLER, Richard (ed.). *The Memoirs of J. M. Rosado*. Publicação especial nº 2, Belize Institute for Social Research and Action. Belize: Berex Press, 1977. Archives of the Institute of commonwealth Studies, University of London.

ROSS, Eric B. "The Evolution of the Amazon Peasantry". *Journal of Latin American Studies*, vol. 10, nº 2, 1978, p. 193-218.

ROOSEVELT, Theodore, *Nas selvas do Brasil.* Belo Horizonte e São Paulo: Itatiaia/Edusp, 1976.

"Rubber Becoming Scarce". *New York Times*, 10 de dezembro de 1902, p. 1.

"Rubber from Papua". *Bulletin of the Imperial Institute*, vol. 10, 1912, p. 386-388.

Rubber Growers' Association £10,000 Prize Scheme. *A Handbook on Rubber Uses and Their Development*. Londres: Rubber Growers Association, 1923.

"Rubber in its Home: Conditions in the Amazon Valley". *Times*, Londres, 7 de julho de 1911, p. 24.

"Rubber Plantations in Mexico and Central America". *National Geographic*, novembro de 1903, p. 409-414.

Rubber Research Institute of Malaya. "Memorandum on South American Leaf Disease of Rubber". Kuala Lumpur: Rubber Research Institute of Malaya, maio de 1948.

RUSK, Rev. John. *The Beautiful Life and Illustrious Reign of Queen Victoria: A Memorial Volume*. Chicago: Monarch Book Company, 1901.

RUSSELL, Joseph A. "Fordlandia and Belterra: Rubber Plantations on the Tapajos River, Brazil". *Economic Geography*, vol. 18, nº 2, abril de 1942, p. 125-145.

SADLER, F. W. "Seeds That Began the Great Rubber Industry", *Contemporary Review*, vol. 217, nº 1257, outubro de 1970, p. 208-210.

ST. AUBYN, Giles. *Queen Victoria: A Portrait*. Nova York: Atheneum, 1992.

SAUNDERS, Kay (ed.). *Indentured Labour in the British Empire, 1834-1920*. Londres: Croom Helm, 1984.

_____. "The Workers' Paradox: Indentured Labour in the Queensland Sugar Industry to 1920". In: _____ (ed.). *Indentured Labour in the British Empire, 1834--1920*. Londres: Croom Helm, 1984, p. 213-259.

Bibliografia

SCHELL, William Jr. "American Investment in Tropical Mexico: Rubber Plantations, Fraud, and Dollar Diplomacy, 1897-1913". *Business History Review*, vol. 64, verão de 1990, p. 217-254.

SCHNEIDER, Franz Jr. "The World's Rubber Suply". *International Relations and Problems*, vol. 12, nº 1, julho de 1926, p. 153-158.

SCHULTES, Richard Evans. "The History of Taxonomic Studies in Hevea". In: SMIT, P. e TER LAAGE, R. J. Ch.V. (eds.) *Essays in Biohistory and Other Contributions*. Utrecht, Holanda: International Association for Plant Taxonomy, 1970.

_____. "The Odyssey of the Cultivated Rubber Tree". *Endeavor*, nova série, vol. 1, nᵒˢ 3-4, 1977, p. 133-137.

SCHURZ, William L. "The Amazon, Father of Waters". *National Geographic*, abril de 1926, p. 444-463.

_____. *Rubber Production in the Amazon Valley*. Department of Commerce, Bureau of Foreign and Domestic Commerce. Washington, DC: Government Printing Office, 1925.

SCHUYLER, George S. "Uncle Sam's Black Step-Child". *American Mercury*, junho de 1933, p. 147-156.

SCHWARTZ, Stuart B. "The Portuguese Heritage: Adaptability". In: SUMM, G. Harvey (ed.). *Brazilian Mosaic: Portraits of a Diverse People and Culture*. Wilmington, DE: Scholarly Resources, 1995, p. 29-35.

_____. *Segredos internos: Engenhos e escravos na sociedade colonial, 1550-1835*. São Paulo: Companhia das Letras, 1995.

SETHURAJ, M. R. e MATHEW, N. M. (eds.). *Natural Rubber: Biology, Cultivation, and Technology*. Amsterdam: Elsevier, 1992.

SHAPIN, Steven. "Sick City". *New Yorker*, 6 de novembro de 2006, p. 110-115, resenha crítica de Steven, Johnson. *O mapa fantasma: Como a luta de dois homens contra a cólera mudou o destino de nossas metrópoles*. Rio de Janeiro: Editora Jorge Zahar, 2008.

SHOUMATOFF, Alex. *The Rivers Amazon*. São Francisco: Sierra Club Books, 1978.

SHTIER, Ann B. *Cultivating Women, Cultivating Science: Flora's Daughters and Botany in England, 1760 to 1860*. Baltimore, MD: Johns Hopkins University Press, 1996.

SILL, William. "The Anvil of Evolution". *Earthwatch*, agosto de 2001, p. 24-31.

SIMMONS, Charles Willis. "Racist Americans in a Multi-Racial Society: Confederate Exiles in Brazil". *Journal of Negro History*, vol. 67, nº 1, p. 34-39.

SIMON, John. *Report on the Cholera Epidemic of 1854, as It Prevailed in the City of London*. Londres: C. Dawson, 1854.

SIMON, Sir John. *Report on the Last Two Cholera Epidemics of London, as Affected by the Consumption of Impure Water; addressed to the Rt. Hon. the President of the General Board of Health*. Londres: George E. Eyre and William Spottiswoode, 1856.

SIMPICH, Frederick. "Singapore, Crossroads of the East: The World's Greatest Mart for Rubber and Tin was in Recent Times a Pirate-Haunted, Tiger-Infested Jungle Isle". *National Geographic*, março de 1926, p. 235-269.

O Ladrão no Fim do Mundo

SIOLI, Harald (ed.). *The Amazon: Limnology and Landscape Ecology of a Mighty Tropical River and Its Basin.* Haia: Der W. Junk, 1984.

_____. "Tropical Rivers as Expressions of their Terrestrial Environments". In: GOLLEY, Frank e MEDINA, Ernesto (eds.). *Tropical Ecological Systems.* Nova York: Springer-Verlag, 1975.

_____. "Unifying Principles of Amazonian Landscape Ecology and Their Implications". In: _____ (ed.). *The Amazon: Limnology and Landscape Ecology of a Mighty Tropical River and Its Basin.* Haia: Der W. Junk, 1984, p. 615-625.

"Sir H. Wickham and the Rubber industry: Gift from the Straits Settlement". *Times,* Londres, 12 de outubro de 1926, p. 14.

"Sir Henry Wickham: The Plantation Rubber Industry". *Times,* Londres, 28 de setembro de 1928, p. 19.

SMITH, Anthony. *Os conquistadores do Amazonas.* São Paulo: Editora Círculo do Livro, 1994.

SMITH, Herbert H. *Brazil, the Amazons and the Coast.* Nova York: C. Scribner's Sons, 1879.

SPEARRITT, Katie. "The Sexual Economics of Colonial Marriage". In: REEKIE, Gail (ed.). *On the Edge: Women's Experiences of Queensland.* St. Lucia, Queensland, Austrália: University of Queensland Press, 1994, p. 66-79.

The Sponging Industry. Folheto da Exposição de Documentos Históricos dos Arquivos Públicos. Nassau, Bahamas: Public Records Office, 1974. Archives of Commonwealth Studies, University of London.

SPRUCE, Richard. *Notas de um botânico na Amazônia.* Belo Horizonte: Itatiaia, 2006.

_____. "Note on the India Rubber of the Amazon". *Hooker's Journal of Botany,* vol. 7, julho de 1855, p. 193-196.

STAFFORD, Robert A. "Scientific Exploration and Empire". In: PORTER, Andrew (ed.). *The Oxford History of the British Empire: The Nineteenth Century,* vol. 3. Oxford: Oxford University Press, 1999, p. 294-319.

STANFIELD, Michael Edward. *Red Rubber, Bleeding Trees: Violence, Slavery and Empire in Northwest Amazonia, 1850-1933.* Albuquerque, NM: University of New Mexico Press, 1998.

STEWARD, Julian H. e FARON, Louis C. *Native Peoples of South America.* Nova York: McGraw-Hill, 1959.

STOCKWELL, A. J. "British Expansion and Rule in South-East Asia". In: PORTER, Andrew (ed.). *The Oxford History of the British Empire: The Nineteenth Century,* vol. 3. Oxford: Oxford University Press, 1999, p. 371-394.

STONE, Irving. "British Direct and Portfolio Investment in Latin America Before 1914". *Journal of Economic History,* vol. 37, nº 3, setembro de 1977, p. 690-722.

STONE, Roger D. *Sonhos da Amazônia.* Rio de Janeiro: Editora Guanabara, 1986.

STONEQUIST, Everett V. *O homem marginal: Estudo de personalidade e conflito cultural.* São Paulo: Livraria Martins Editora, 1948.

Bibliografia

STORR, Anthony. *Churchill's Black Dog, Kafka's Mice: And Other Phenomena of the Human Mind*. Nova York: Ballantine, 1988 (publicado pela primeira vez em 1965).

STRACHEY, Lytton. *Rainha Vitória*. Rio de Janeiro: Editora Record, 2001 (publicado pela primeira vez em 1921).

STURT, Charles. *Narrative of an Expedition into Central Australia*, 2ª ed., 2 vols. Adelaide, Austrália, 1849.

SUMM, G. Harvey (ed.). *Brazilian Mosaic: Portraits of a Diverse People and Culture*. Wilmington, DE: Scholarly Resources, 1995.

SWAYNE, Sir Eric. "British Honduras". *Geographical Journal*, vol. 50, nº 3, setembro de 1917, p. 161-175.

TATE, D. J. M. *The RGA History of the Plantation Industry in the Malay Peninsula*. Kuala Lumpur: Oxford University Press, 1996.

TAUSSIG, Michael. "Culture of Terror-Space of Death: Roger Casement's Putumayo Report and the Explanation of Terror". Comparative Studies in Society and History, vol. 26, nº 3, p. 467-497.

THISELTON-DYER, W. T. "Historical Account of Kew to 1841". *Kew Bulletin of Miscellaneous Information*, vol. 60, 1890, p. 279-327.

THOMSON, Basil H. "New Guinea: Narrative of an Exploring Expedition to the Louisiade and D'Entrecasteaux Islands". *Proceedings of the Royal Geographical Society and Monthly Record of Geography*, vol. 11, nº 9, setembro de 1889, p. 525-542.

TOMLINSON, B. R. "Economics and Empire: The Periphery and the Imperial Economy". In: PORTER, Andrew (ed.). *The Oxford History of the British Empire: The Nineteenth Century*, vol. 3. Oxford: Oxford University Press, 1999, p. 53-74.

TOWNSEND, Charles H. T. *Report on the Brazilian Rubber Situation*. Belterra, Pará, Brasil: 17 de maio de 1958. Warren Dean collection, New York Botanical Gardens archives.

TUCKER, Quincy. "A Commentary on the Biography of Sir Henry Wickham". Artigo complementar a LANE, Edward Valentine. "Sir Henry Wickham: British Pioneer; a Brief Summary of the Life Story of the British Pioneer". *Rubber Age*, vol. 73, agosto de 1953, p. 653.

TUTTLE, John B. "The Action of Heat and Light on Vulcanized Rubber". *Rubber Age*, vol. 8, nº 7, 10 de janeiro de 1921, p. 271-272.

U. S. Consular Reports. Vol. 59, nº 220, janeiro de 1899.

UYANGODA, Jayadeva. *Life Under Milk Wood: Women Workers in Rubber Plantations, an Overview*. Colombo, Sri Lanka: Women's Education and Research Centre, 1995.

VAN DER GIESSEN, C. e OSTENDORF, F. W. "The Oldest Hevea Trees in Java". *Chronica Naturae*, vol. 104, julho de 1948, p. 197-200.

VIETMAYER, Noel D. "Rediscovering America's Forgotten Crops". *National Geographic*, vol. 159, nº 5, maio de 1981, p. 702-712.

VINER, Jacob. "National Monopolies of Raw Materials". *Foreign Affairs*, vol. 4, julho de 1926, p. 585-600.

O Ladrão no Fim do Mundo

VON HAGEN, Victor Wolfgang. *A América do Sul os chamava: Explorações dos grandes naturalistas: La Condamine - Humboldt- Darwin - Spruce*. São Paulo: Editora Melhoramentos, 1945.

WAGLEY, Charles. *Amazon Town* (edição revista). Nova York: Knopf, 1964.

_____ (ed.). *Man in the Amazon*. Gainesville, FL: University Presses of Florida, 1974.

WALKER, Jay. Cônsul Americano no Brasil. Carta ao Departamento de Comércio dos EUA, 5 de agosto de 1941, Pará, Brasil. "Ford Rubber Plantations in Northern Brazil". Warren Dean Collection, New York Botanical Gardens Archives.

WALLACE, Alfred Russel. *Viagem pelos rios Amazonas e Negro*. Belo Horizonte e São Paulo: Itatiaia/ Edusp, 1979 (publicado originalmente em1895).

WALLACE, Benjamin Bruce e EDMINSTER, Lynn Ramsay. *International Control of Raw Materials*. Nova York: Garland, 1983.

WALLACE, Robert. "The Para Rubber Tree". *Times*, Londres, 2 de março de 1911, p. 22.

WEAVER, Blanche Henry Clark. "Confederate Emigration to Brazil". *Journal of Southern History*, vol. 27, nº 1, fevereiro de 1961, p. 33-53.

_____. "Confederate Immigrants and Evangelical Churches in Brazil". *Journal of Southern History*, vol. 18, nº 4, novembro de 1952, p. 446-468.

WEBSTER, C. C. e PAARDEKOOPER, E. C. "The Botany of the Rubber Tree". In: WEBSTER, C. C. e BAULKWILL, W. J. (eds.). *Rubber*. Essex: Longman, Scientific & Technical, 1989, p. 57ff.

WEINSTEIN, Barbara. *A borracha na Amazônia: Expansão e decadência (1850-1920)*. São Paulo: Hucitec/ Edusp, 1993.

_____. "The Persistence of Precapitalist Relations of Production in a Tropical Export Economy: The Amazon Rubber Trade, 1850-1920". In: HANAGAN, Michael e STEPHENSON, Charles (eds.). *Proletarians and Protest: The Roots of Class Formation in an Industrializing World*. Westport, CT: Greenwood Press, 1986.

WERNER, Louis. "The Mad Mary, All Aboard to Nowhere". *Américas*, vol. 42, nº 4, 1990, p. 6-17.

"Westminster Abbey Fund, Further Donation". *Times*, Londres, 5 de julho de 1920, p. 9.

WHALEY, W. Gordon. "Rubber, Heritage of the American Tropics". *Scientific Monthly*, vol. 62, nº 1, janeiro de 1946, p. 21-31.

WICKHAM, Henry Alexander. "The Introduction and Cultivation of the Hevea in India". *India-Rubber and Gutta-Percha Trades Journal*, vol. 23, 20 de janeiro de 1902, p. 81-82.

_____. *On the Plantation, Cultivation and Curing of Pará Indian Rubber (Hevea brasiliensis) with an Account of Its Introduction from the West to the Eastern Tropics*. Londres: K. Paul, Trench, Trübner, 1908.

_____. *Rough Notes of a Journey Through the Wilderness from Trinidad to Para, Brazil, by Way of the Great Cataracts of the Orinoco, Atabapo, and Rio Negro*. Londres: W. H. J. Carter, 1872.

Bibliografia

WICKHAM, Violet. "Lady Wickham's Diary" (fotocopiado e datilografado). Wolverhampton Archives and Local Studies. Wolverhampton, Inglaterra. Arquivos da Goodyear Tyre and Rubber Company, Inglaterra, ref. DB-20/G/6.

WILLIAMS, Donovan. "Clements Robert Markham and the Geographical Department of the India Office, 1867-1877". *Geographical Journal*, vol. 134, setembro de 1968, p. 343-352.

_____. "Clements Robert Markham and the Introduction of the Cinchona Tree into British India, 1861". *Geographical Journal*, vol. 128, dezembro de 1962, p. 431-442.

WILSON, Colin. *The History of Murder*. Nova York: Carroll & Graf, 1990.

WILSON, W. Arthur. "Malaya – Mostly Gay: All About Rubber: A Guide for Griffins". *British Malaya*, fevereiro de 1928, p. 261-265.

WINCHESTER, Simon. *Krakatoa: O dia em que o mundo explodiu*. Rio de Janeiro: Editora Objetiva, 2004.

WOLF, Howard, and Ralph Wolf. *Rubber: A Story of Glory and Greed*. Nova York: Covici, Friede, 1936.

WOODROFFE, Joseph F. *The Upper Reaches of the Amazon*. Londres: Methuen, 1914.

WOSHNER, Mike. *India-Rubber and Gutta-Percha in the Civil War Era: An Illustrated History of Rubber and Pre-Plastic Antiques and Militaria*. Alexandria, VA: O'Donnell Publications, 1999.

"Wrecked Emigrants". *New York Times*, 28 de março de 1867, p. 2.

WRIGHT, Herbert. *Hevea brasiliensis, or Pará Rubber: Its Botany, Cultivation, Chemistry and Disease*. Londres: Maclaren, 1912.

_____. *Rubber Cultivation in the British Empire: A Lecture Delivered Before the Society of Arts*. Londres: Maclaren, 1907.

WRIGHT, Ronald. *Uma breve história do progresso*. Rio de Janeiro: Editora Record, 2007.

WYCHERLEY, P. R. "Introduction of Hevea to the Orient". *Planter*, março de 1968, p. 127-137.

YOUNG, H. E. "South American Leaf Blight of Rubber". Relatório elaborado para o Rubber Research Institute of Ceylon, 4 de janeiro de 1954. Warren Dean Collection, New York Botanical Gardens Archives.

YUNGJOHANN, John C. *White Gold: the Diary of a Rubber Cutter in the Amazon, 1906-1916*. Oracle, AZ: Synergetic Press, 1989.

ZAHL, Paul A. "Seeking the Truth About the Feared Piranha". *National Geographic*, vol. 138, nº 5, novembro de 1970, p. 715-732.

ZILLES, John A. "Development of Disease Resistant High Yielding Clones in Brazil Through Work of Ford and Goodyear Plantations", 25 de abril de 1983. Warren Dean Collection, New York Botanical Gardens Archives.

ZIMAN, John. *A força do conhecimento: A dimensão científica da sociedade*. Belo Horizonte e São Paulo: Itatiaia/ Edusp, 1981.

II. *Fontes de arquivos*

National Archives, Kew. "Articles of Association, Tapajós Pará Rubber Forests Ltd.". BT 31/8165/59032.

National Archives, Kew. *Colonial Office: British Honduras, Register of Correspondence, 1883-1888*, CO 348/10. Despacho nº 5: "Mission of Mr. J. B. Peck of New York to British Honduras". Sir Roger Goldsworthy, 17 de janeiro de 1888.

_____. Despacho nº 11. anexo 2: "A Statement by the Santa Cruz Indians", 8 de janeiro de 1888.

National Achives, Kew. *Colonial Office and Predecessors: British Honduras, Original Correspondence 1744-1951*. CO 123/200. "Mr. H. A. Wickham's Temash Concession, (Pleadings in court case)", 1892.

_____. CO 123/204. "Damage Caused by Gale", 1893.

_____. CO 123/281. "State of Wickham's Case", 1893.

National Archives, Kew. *Honduras Gazette*, 1887, 1888, 1889, 1893. CO 127/6, 7, 8.

_____. *Honduras Gazette*, 7 de maio de 1887, p. 78.

_____. *Honduras Gazette*, 17 de dezembro de 1887.

_____. *Honduras Gazette*, 12 de maio de 1888, p. 81.

_____. *Honduras Gazette*, 15 de dezembro de 1888, p. 215.

_____. *Honduras Gazette*, 4 de maio de 1889, p. 75.

_____. *Honduras Gazette*, 6 de maio de 1893, p. 154. Notificação de que fora desfeito o contrato de arrendamento de Wickham de 2.500 acres ao longo do rio Temash.

National Archives, Kew. "Map Showing Portion of the Republic of Yucatan Shewing the Occupation of the Chan Santa Cruz Indians". FO 925/1288.

Royal Botanic Gardens – Kew. *J. D. Hooker Correspondence*, vol. 21, pasta de arquivo nº 120: Wickham a Hooker, 10 de agosto de 1906, Londres.

Royal Botanic Gardens – Kew. *Miscellaneous Reports: Brazil: Jequié Maniçoba and General, 1879-1913*, pasta de arquivo nº 3: Memorandos no Livro de Entradas e Saídas, 1873, referentes à compra de sementes de hévea de James Collins em 1873.

_____. Pasta de arquivo nº 4: D. Prain a Ivor Etherington, editor do "The Tropical Agriculturist", referente às sementes de Collins, 17 de maio de 1907.

_____. Pastas de arquivos nºs 30-32: "The Rubber Growers' Association Third Annual Report of the Council: Transactions of the Year, June 1910 – June 1911".

_____. Pastas de arquivos nºs 388-389: Wickham a D. Prain, diretor de Kew, sobre o cultivo da árvore piquiá, 11 de agosto de 1906.

_____. Pasta de arquivo nºs 389: Wickham a D. Prain, notas sobre a localização da "floresta de piquiás", 21 de agosto de 1906.

_____. Pasta de arquivo nº 390: D. Prain a Wickham, notas sobre a localização da piquiá, 14 de agosto de 1906.

Bibliografia

_____. Pasta de arquivo nº 391: Resposta do vice-cônsul britânico em Manaus à carta anterior do diretor de Kew, 18 de setembro de 1906. Observação de que as árvores piquiás em Manaus são diferentes das encontradas no Pará e no Maranhão, e por isso ele passa o pedido de Kew para o cônsul do Pará.

_____. Pasta de arquivo nº 392: Wickham ao diretor de Kew, 4 de fevereiro de 1907. Tipos de árvores piquiás e avaliação da importância econômica para o Império Britânico.

_____. Pasta de arquivo nº 393: Carta de Wickham ao diretor de Kew, 14 de março de 1907. Pedido de envio de sementes da piquiá para A. W. Copeland, diretor da empresa Malacca Rubber Plantations, e uma descrição do fruto da piquiá.

_____. Pasta de arquivo nº 398: Carta de Wickham ao diretor de Kew, 8 de junho de 1911. Faz um apelo para a introdução da árvore piquiá nas plantações da Malásia.

Royal Botanic Gardens – Kew. *Miscellaneous Reports: Congo Region Miscellaneous, 1883--1928*, pasta de arquivo nº 25: extraído de "Congo Rubber", *The India-Rubber and Gutta-Percha and Electrical Trades Journal*, 8 de setembro de 1893, p. 46.

Royal Botanic Gardens – Kew. *Miscellaneous Reports: India Office: Caoutchouc I*, pasta de arquivo nº 1: "Introduction of *Hevea brasiliensis* into India", memorando com os cálculos dos custos da transferência das sementes de Wickham.

_____. Pasta de arquivo nº 2: Carta de 7 de maio de 1873, do India Office a J. D. Hooker, diretor de Kew, perguntando sobre a possibilidade de enviar plantas de hévea para a Índia depois de as sementes germinarem em Kew.

_____. Pasta de arquivo nº 4: Resposta de Hooker ao India Office, 15 de maio de 1873. Resposta à carta de 7 de maio.

_____. Pasta de arquivo nº 5: Carta de Clements Markham a "meu querido Hooker", 2 de junho de 1873, relativa à compra efetuada por James Collins de 2 mil sementes de hévea de um "sr. Ferris" do Brasil".

_____. Pasta de arquivo nº 9: Markham a "meu querido Hooker", 23 de setembro de 1873, referente à proposta de Wickham de implantar um viveiro de héveas em Santarém.

_____. Pasta de arquivo nº 10: Carta de Henry Wickham em Santarém a Hooker, 8 de novembro de 1873, referente à coleta e embarque das sementes de seringueira.

_____. Pasta de arquivo nº 12: Markham a Hooker, outubro de 1874, referente à mesquinhez de lorde Salisbury quanto à questão dos custos da obtenção e transporte das sementes de seringueira.

_____. Pasta de arquivo nº 13: Markham a Hooker, 4 de dezembro de 1874.

_____. Pasta de arquivo nº 14: Carta datada de 15 de outubro de 1874, de Wickham em Piquiatuba, perto de Santarém, a Hooker, relativa ao transporte das sementes.

_____. Pasta de arquivo nº 15: Carta de Wickham em Piquiatuba, Santarém, a Hooker, 18 de abril de 1875, relativa ao fato de já ser tarde demais para a coleta de sementes.

O Ladrão no Fim do Mundo

_____. Pasta de arquivo nº 17: Wickham em Piquiatuba, a Hooker, 29 de janeiro de 1876. "Estou prestes a partir para a região da árvore da 'ciringa' para conseguir para o senhor o maior suprimento possível de sementes de borracha."

_____. Pasta de arquivo nº 18: Markham a Hooker, 1º de abril de 1876. Robert Cross é enviado à Amazônia para coletar sementes de hévea.

_____. Pasta de arquivo nº 19: Wickham a Hooker, 6 de março de 1876, informando a Hooker que "agora estou coletando as sementes da borracha".

_____. Pasta de arquivo nº 20, bilhete sem assinatura, datado de 7 de julho de 1876: "Foram recebidas 70 mil sementes de *Hevea brasiliensis* do sr. H. A. Wickham em 14 de junho."

_____. Pasta de arquivo nº 21: "Despesas de envio de 2 mil sementes de Kew ao Ceilão".

_____. Pasta de arquivo nº 43: *Evening Herald*, 20 de agosto de 1876, descrevendo o cultivo das sementes em Kew.

_____. Pasta de arquivo nº 59: Carta de Markham a "Meu querido sr. Dyer", 18 de setembro de 1876, reclamando sobre como as sementes foram tratadas depois de seu embarque para o Oriente.

_____. Pastas de arquivos nᵒˢ 78-93: Robert Cross, *Report on the Investigation and Collecting of Plants and Seeds of the India Rubber Trees of Pará and Ceará and Basalm of Copaíba*, 29 de março de 1877.

_____. Pasta de arquivo nº 131: Carta de Wickham a sir Thiselton-Dyer em Kew, 4 de setembro de 1901.

Royal Botanic Gardens – Kew. *Miscellaneous Reports 5: Madras-Chinchona, 1860-97*, pastas de arquivos nᵒˢ 131 e 132: "Carta de Robert Cross a Clements Markham, 21 de julho de 1882".

Royal Commonwealth Society Archives, University of Cambridge Library, *Cuttings from The Field*. GBR/0115/RCMS 322.

_____. "Life on a Malayan Rubber Plantation". RCMS 322/11: Malaya.

_____. "Sporting and Other Notes of the Amazon". RCMS 322/1: 1888-1894.

_____. "Travel and Colonization", 13 de maio de 1905, p. 10. RCMS 322/3: 1905-1907.

Royal Commonwealth Society Archives, University of Cambridge Library. *Cuttings of the Queensland Sugar Industry*. GBR/0115/RCMS 294.

_____. "Britons in the South Seas", *European Mail*, 24 de setembro de 1880.

_____. "The Esperanze Tragedy in the South Seas", *European Mail*, 24 de setembro de 1880.

_____. "Idiosyncracies", *MacKay Mercury*, dezembro de 1878.

_____. "Kanaka Labor", *Queenslander*, 16 de novembro de 1879.

_____. "Kidnapping in the South Sea Islands", *Sydney Mail*, 23 de abril de 1881.

_____. "The Labour Question", *Queenslander*, 14 de maio de 1881.

_____. "Letters to the Editor", *Queenslander*, 30 de agosto de 1870.

Bibliografia

_____. "Queensland Sugar Industry", *MacKay Mercury*, 25 de setembro de 1878.

Royal Commonwealth Society Archives, University of Cambridge Library. *A Document of the Mosquito Nation*: documento assinado em 19 de fevereiro de 1840 entre Robert Charles Frederic, rei na nação dos misquito, e a Inglaterra, a bordo do navio real *Honduras*, com notas. GBR/ 0115/ RCMS 240/27. Introdução de S. L. Canger.

Royal Commonwealth Society Archives, University of Cambridge Library. *News cuttings on Colonial Relations with England*, 11 de março de 1869 a 23 de julho de 1870. GBR/0115/RCMS 18.

_____. "Problems in the Colonies", *Evening Standard*, 31 de agosto de 1869.

Royal Commonwealth Society Archives, University of Cambridge Library. *Sir Henry Wickham, sketch for chart of Conflict Group*. GBR/0115/RCMS 278/58.

III. *Internet*

1871 Census of London, em www.ancestry.com.uk, citando National Archives, Kew, RG10/133, ed. 2, fólio 30.

Adams, Patricia. "Probe International: Odious Debts", Parte 1, Capítulo 2, www.probeinternational.org/probeint/OdiousDebts/OdiousDebts/chapter2.html.

Annual Register for 1928, http://historyonline.chadwyck.co.uk.

"Antipodes", *Wikipedia*, http://en.wikipedia.org.

"Atrocities in the Congo: The Casement Report, 1903", http://web.jjay.cuny.edu/~jobrien.

"Canaries, Singing, and Talking Birds", *Illustrated London News*, 15 de fevereiro de 1868, www.londonancestor.com.

"Caste War of the Yucatán", www.answers.com.

"Chan Santa Cruz", www.absoluteastronomy.com.

"Cockneys", *Wikipedia*, http://en.wikipedia.org.

"Coconuts and Copra", www.msstarship.com/sciencenew.

"The Conflict Islands", www.conflictislands.com.

Conrad, Joseph. "The Planter of Malta", www.readbookonline.net.

"The Cornish in Latin America", www.projects.ex.ac.uk/cornishlatin/anewworldorder.htm.

Cross, William. "Robert McKenzie Cross: Botanical Explorer, Kew Gardens", http://scottishdisasters.tripod.com/robertmckenziecrossbotanicalexplorerkewgardens/.

Cruikshank, Dan. "The Wages of Sin", BBC Online-History, www.bbc.co.uk/history/programmes/zone/georgiansex3.html.

"Danger of Street Crossings in London", *Illustrated London News*, 3 de janeiro de 1857, www.londonancestor.com.

Dempsey, Mary A. "Fordlandia", *Michigan History Magazine*, 24 de janeiro de 2006, www.michiganhistorymagazine.com/extra/fordlandia/fordlandia.html.

Dornan, Jennifer L. "Document Based Account of the Caste War", www.bol.ucla.edu/~jdordan/castewar.html.

O Ladrão no Fim do Mundo

"Finchley Road and Haverstock Hill", www.gardenvisit.com/travel/london/finchleyroa-dhaverstockhill.html.

Gaston, Robert. "Edgar B. Davis and the Discovery of the Luling Oilfield", www4.drillinginfo.com.

"Genuki: Hampstead History", http://homepages.gold.ac.uk/genuki/MDX/Hampstead/HampsteadHistory.html.

"Genuki: Hampstead History, Description and History from 1868 *Gazetteer*", http://homepages.gold.ac.uk/genuki.

"Genuki: Middlesex, Hampstead", http://homepages.gold.ac.uk/genuki/MDX/Hampstead/index.html.

"Genuki: St. Marylebone History", http://homepages.gold.ac.uk/genuki/MDX/StMarylebone/StMaryleboneHisory.html.

Grieve, Mrs. M. "Violet, Sweet", Botanical.com, A Modern Herbal, www.botanical.com.

"Hampstead: Chalcots/ British History Online", www.british-history.ac.uk.

"Hampstead – MDX ENG", http://privatewww.essex.ad.uk/~alan/family/G-Hampstead.html.

"Hampstead: Social and Cultural Activites/ British History Online", www.british-history.ac.uk.

"Handbook of Texas Online: Edgar Byrum Davis", www.tsha.utexas.edu/handbook.

"Handbook of Texas Online: Luling Oilfield", www.tsha.utexas.edu/handbook

"Historic Folk Saints", http://upea.utb.edu/elnino/researcharticles/historicfolksainthood.html.

Iacocca, Lee. "Henry Ford", *Time 100: Henry Ford*, www.time.com/time/time100/builder/profile/ford.html.

"Jos. D. Hooker: Hooker's Biography: 4. A Botanical Career", www.jkhooker.org.uk.

Kipling, Rudyard. "The Explorer", 1898. Todos os poemas de Kipling, em ordem alfabética, podem ser encontrados em www.poetryloverspage.com/poets/kipling.

Kitchel, Jeanine. "Tales from the Yucatan", www.planeta.com/ecotravel/mexico/yucatan/tales.

"Living Rainforest: Cancer Cured by the Rosy Periwinkle", http://www.livingrainforest.org/about-rainforests/anti-cancer-rosy-periwinkle.

Lovejoy, Paul E. "Gustavas Vassa, alias Olaudah Equiano, on the Mosquito Shore: Plantation Overseer *cum* Abolitionist", www.lsc.edu/collections/economicHistory/seminars/Lovejoy.pdf.

"MacGregor, Sir William", www.electricscotland.com.

Marx, Karl. "Marx to Engels in Manchester, 2 December 1856", www.marxists.org/archive/marx/works/1856/letters/56_12_02.htm.

"The Milliner", www.colonialwilliamsburg.com/almanack/life/trades/trademln.cfm.

"Money from God," *Time*, 2 de setembro de 1935, www.time.com.

"Moravian Civic and Community Values", http://moravians.org.

"Mosquitos, A Brief History", www.4dw.net/royalark/Nicaragua/mosquito2.htm.

Bibliografia

"My Name is Norval", Antiquarian Booksellers' Association of America, www.abaa.org.

"Northern Belize – The Caste War of the Yucatan and Northern Belize", www.northern-belize.com.

"Overview of Belizean History", www.ambergriscaye.com/fieldguide/history2.html.

"Patron Saints Index: Saint Ignatius of Loyola", www.catholic-forum.com/saints.

Reismiller, Jonh. "Violet Traditions: Footnotes to the Violet", *Chamomile Times and Herbal News*, www.chamomiletimes.com/articles/violettraditions.htm.

"Sackville Street: British History Online", www.british-history.ac.uk.

"Sanitation, Not Vaccination the True Protection Against Small-Pox", www.whale.to/vaccine/tcbbl.html.

"Sephardic Genealogy Resources; Indiana Jones Meets Tangier Moshe", www.orthohelp.com/geneal/amazon.htm.

Snow, John, M. D. "On the Origin of the Recent Outbreak of Cholera at West Ham", www.epi.msu.edu/johnsnow.

"Statistics of Wars, Oppression and Atrocities in the Nineteenth Century", http://users.erol.com/mwhite28/wars19c.htm.

"*Vibrio cholerae* and Asiatic Cholera", *Todar's Online Textbook of Bacteriology*, www.textbookofbacteriology.net/cholera.html.

Wojtczak, Helena. "Female Occupations C19th Victorian Social History – Women of Victorian Sussex", www.fashion-era.com/victorian_occupations_wojtczak.htm.

IV. *Entrevistas*

Alexander, Steven, proprietário do "Bosque Santa Lucia", local atual em Piquiatuba, 9 de outubro de 2005.

Campbell, Anthony, descendente da família Wickham, via Internet, 3 de abril de 2006.

Cohen, Elisio Eden, diretor do serviço de correios e historiador de Boim, 21 de outubro de 2005.

Cross, William, descendente de Robert Cross, via Internet, 2 de abril de 2006.

Pereira Branco, Dona Olinda, Fordlândia, 21 de outubro de 2005.

Sena, Cristóvão, historiador regional da borracha, Santarém, Pará, Brasil, 18 de outubro de 2005.

Serique, Gil, guia turístico, Santarém, Pará, Brasil, 15 de dezembro de 2005.

V. *Filmes*

Kautschuk, dirigido por Eduard von Borsody, com René Deltgen, Gustav Diessl e Roman Bahn. Ufa Studios, Alemanha, 1938.

AGRADECIMENTOS

A vida de um escritor seria impossível se não fosse pela gentileza de estranhos solidários. Ao empreender um projeto como este, não há como não se impressionar com a paciência e generosidade das pessoas fascinadas pela história de um complexo sonhador errante (e de sua paciente e resignada esposa), cujas ambições mudaram o mundo. Mas por onde se deve começar? Henry Wickham era um verdadeiro nômade e partiu de Londres para a Nicarágua, Venezuela, Brasil, Queensland, Belize e Papua Nova Guiné, em uma atormentada busca por aceitação e respeito. Violet, sua esposa, também morou em Bermuda, e outros membros da família foram para o Caribe e para o Texas.

Porém, a essência da fama de Wickham, ou de sua infâmia, se encontra na Bacia Amazônica do Brasil, onde as "Grandes Águas" lamacentas se encontram em Santarém com as profundas águas azuis do rio Tapajós. Então é por lá que começamos nossos agradecimentos. Este livro não seria o que é sem a ajuda de Gil Serique, em minha opinião o melhor guia do Amazonas: ele fez da minha pesquisa a dele, conhecia a história de Wickham como se fosse um acadêmico e me acompanhou em minhas andanças como se a saga fosse sua. Apesar de ser primeiramente um guia da selva, ele mudou para história e exploração como se tivesse nascido para isso. Quando subimos o rio em um barco aberto, nossas paradas nas vilas e cidades ao longo do caminho me deram um entendimento maior da realidade da vida no Tapajós e no Amazonas.

Mas houve muitos outros. Maxie, irmã de Gil, foi a melhor cozinheira de bordo que alguém pode desejar. O imigrante Steven Alexander, proprietário da reserva natural Bosque Santa Lúcia em Piquiatuba, onde os Wickham se estabeleceram pela primeira vez, fez uma contribuição inesti-

Agradecimentos

mável por seu conhecimento vasto sobre a flora e a fauna da floresta tropical. O historiador regional Cristóvão Sena revelou a história oculta de Fordlândia. Eric Jennings, descendente da confederada Elizabeth Vaughan, foi uma grande fonte de conhecimento sobre seus obstinados ancestrais americanos. Os companheiros exploradores sempre merecem a gratidão quando se parte para o desconhecido. Neste caso, Alyhana Hamad, Deyna Cavacánta e José Eduardo Siqueira (mais conhecido como Zé) enfrentaram as estradas madeireiras da floresta para encontrar a rota oculta para Taperinha. Eu seria omisso se não mencionasse o hoteleiro James Murray, proprietário da pousada Amazon Shamrock, que me apresentou a Gil Serique e Steven Alexander nos estágios iniciais de minha pesquisa.

Em Fordlândia, sou grato a America Labita, Olinda Pereira Branco e Biamor Adolfo de Sousa Pessoa, por abrirem suas casas e explicarem as realidades da vida quando Henry Ford tentava domesticar a floresta tropical. Em Belterra, Divaldo Alves Marques nos conduziu pelos últimos anos do projeto ambicioso de Ford, e o seringueiro Raimundo Mirando Lopes, de 83 anos, gentilmente nos deu uma aula intensiva da arte de extrair o látex. Em Boim, o escritor e historiador regional Elisio Eden Cohen revelou a história secreta do roubo das sementes por Wickham, e provavelmente fez mais para esclarecer este primeiro ato moderno de pirataria do que as legiões de outros comentaristas que eu tinha lido. Herica Maria, a filha de Cohen de 14 anos, foi muito gentil ao mostrar a um estranho intrometido o cesto que ela tinha tecido — um cesto cujo modelo tinha sido transmitido de geração em geração e era o mesmo que os usados para transportar as 70 mil sementes roubadas do coração da Amazônia para as estufas de Kew.

Para comprender tais viagens, é necessário uma base de teoria e história. Em situações como essa, os arquivistas e bibliotecários são os melhores amigos de um escritor. Christopher Laursen, bibliotecário de ciência e tecnologia da Universidade de Akron, pôs a pesquisa em andamento para mim com seu conhecimento profundo em meio ao que é provavelmente a melhor coleção de materiais sobre a borracha dos Estados Unidos. Elaine Donnelly, companheira de viagens da minha adolescência e hoje uma arquivista da Sociedade Geográfica Nacional em Washington, D. C., forneceu fontes sobre as terras remotas do exílio de Wickham. David Steere, veterano bibliotecário de referência no Museu Nacional Smithsonian de

História Natural, abriu as portas para uma grande gama de pesquisas. Steve Simon, arquivista-chefe da biblioteca LuEsther T. Mertz do Jardim Botânico de Nova York, forneceu o acesso aos documentos de Warren Dean e aos conhecimentos botânicos sobre a borracha amazônica. Na Inglaterra, Michelle Losse, dos arquivos do Jardim Botânico Real em Kew, e Rachel Rowe, bibliotecária dos Estudos da Comunidade das Nações e do Sul Asiático da Universidade de Cambridge, foram guias pacientes e gentis por entre as vastas coleções botânicas e coloniais das duas bibliotecas. De ajuda especial foi David Clover, do Instituto de Estudos da Comunidade das Nações da Universidade de Londres. Graças a ele, fui capaz de localizar as memórias de Violet Wickham sobre sua vida com seu marido difícil, um manuscrito não publicado que por meio século ficara enterrado nos arquivos da B. F. Goodrich Company.

Durante os anos, tive a felicidade de formar um grupo especial de amigos e professores da Virginia Wesleyan College em Virginia Beach, perto de onde moro. Eles já me ajudaram em projetos anteriores, e desta vez não foi diferente. Paul Resslar, professor de biologia e viajante convicto, literalmente me entregou o tema deste livro de bandeja quando conversávamos em um jantar sobre biopirataria e a Amazônia. Ao me passar o risoto de camarão, ele me perguntou: "Por que você não escreve sobre Henry Wickham, que contrabandeou 70 mil sementes de seringueira da Amazônia e destruiu sua economia?" Os amigos devem ter cuidado com suas sugestões: este me enviou para o calor e para as vespas furiosas da Bacia Amazônica, aos atentados no metrô de Londres e ao pesadelo do metrô de Washington, D. C. Susan Wansink, professora de alemão e francês, me orientou durante a tradução amadora do filme *Kautschuk*, um caça-níqueis alemão dos anos 1930. Era um filme de matinê, assim como *Jim das Selvas* e *Sheena, a Rainha das Selvas*, mas o que não tinha de arte foi compensado pela clara ambição nacional, um ponto importante que eu não teria percebido sem a ajuda de Susan.

John Loadman merece uma menção especial. Ele era químico analítico da Associação de Pesquisas dos Produtores de Borracha Natural, o órgão de pesquisa do Conselho Malaio da Borracha, e se tornou um especialista de classe mundial em história da borracha natural. Hoje ele mantém o site www.bouncingballs.com, ponto de partida para tudo ligado à borracha

Agradecimentos

natural e sintética. Em 2005, a Oxford University Press publicou seu livro *Tears of the Tree: The Story of Rubber – A Modern Marvel* (As lágrimas da árvore: a história da borracha – uma maravilha moderna). O homem é uma enciclopédia de informações relacionadas à borracha e me ajudou várias vezes enquanto eu escrevia este livro. Devo muito a ele.

Também agradeço a Anthony Campbell, sua mãe Sallie Campbell e seus parentes Hubert Mitchell e Peter Lendrum. Todos são aparentados de Wickham por meio de um ramo afastado da árvore genealógica. Eu não conseguira encontrar uma foto de Henry e Violet quando jovens e estava tendo dificuldades em imaginar meus personagens principais. Anthony e sua mãe foram muito gentis em me emprestar sua coleção para este livro. Eles e os outros encontraram por acaso a foto do grupo em Santarém e o desenho que Wickham fez das cinco covas, entre outros tesouros, quando estavam remexendo em alguns arquivos antigos da família. Além disso, Anthony Campbell traçou a linhagem de seu ancestral ilustre e foi muito gentil ao me fornecê-la. Jenepher Allen e David Allen Harris surgiram mais tarde, com a autobiografia não publicada do tio-avô Arthur Watts Allen, parente distante da família de Wickham. O livro de Allen, *The Occupational Adventures of an Observant Nomad* (As aventuras profissionais de um nômade observador) ajudaram a juntar as peças de alguns mistérios dos anos de Wickham no grupo de ilhas Conflict. Todos me ajudaram a compreender o tema de meu livro de uma maneira incomensuravelmente melhor.

Por fim, tenho de agradecer aos que me dão forças para continuar e lidam comigo dia após dia. Wendy Wolf e Ellen Garrison, minhas editoras na Viking Penguin, acreditaram e incentivaram este pequeno projeto de rodar pelo mundo, mesmo quando seu escopo aumentou. Noah Lukeman, meu agente literário, me ajuda a manter longe meus credores, e sempre tem sido um amigo e um valioso crítico e avaliador das minhas ideias. E, como sempre, meu amor e minha gratidão vão para minha esposa Kathy e meu filho Nick, que suportam minhas variações de humor e comemoram comigo sempre que o projeto mais recente chega a uma conclusão feliz.

CRÉDITOS DAS FOTOGRAFIAS

Encarte

1. *No alto:* Henry Wickham, 1899. Cortesia de Sally Campbell. *Abaixo:* Henry Ford, 1934. Cortesia da Biblioteca do Congresso.
2. *No alto:* Desenho feito por Henry Wickham da folha, do fruto e da semente da *Hevea brasiliensis.* Cortesia da Biblioteca do Congresso. *Abaixo:* Desenho de Wickham dos túmulos na região de Santarém. Cortesia de Sally Campbell.
3. *No alto:* Foto do grupo em Santarém, 1875. Cortesia de Sally Campbell. *Abaixo:* Desenho feito por Wickham mostrando Violet no primeiro acampamento fora de Santarém. Cortesia de Sally Campbell.
4. *No alto:* Sangria de uma seringueira no Orinoco. Cortesia da Biblioteca do Congresso. *Meio:* Defumando a borracha no Brasil. Cortesia da Biblioteca do Congresso. *Abaixo:* Rancho de Wickham no Orinoco. Cortesia da Biblioteca do Congresso.
5. *No alto:* Charles Goodyear, descobridor do processo de vulcanização. Cortesia da Biblioteca do Congresso. *Meio:* Joseph Dalton Hooker, segundo diretor do Jardim Botânico de Kew. Cortesia da Biblioteca Britânica. *Abaixo:* Sir Clements Markham. Cortesia da Biblioteca do Congresso.
6. Uma seringueira em Belterra com cicatrizes das incisões feitas por seringueiros. Coleção do autor.
7. *No alto:* Casa da fazenda de Taperinha. Coleção do autor. *Abaixo:* Taperinha vista do alto. Coleção do autor.
8. *No alto:* Henry Wickham ao lado da árvore mais velha do Ceilão, em 1905. Cortesia do Museu de Ciências/Biblioteca de Fotografias de Ciências e da Sociedade. *Meio:* Retrato de sir Henry Wickham, depois de ter recebido o título de cavaleiro e pouco antes de sua morte. Cortesia de Sally Campbell. *Abaixo:* Uma das sementes originais trazidas da Amazônia. Cortesia de Sally Campbell.

ÍNDICE REMISSIVO

ácido giberélico, 225
ácido prússico (ácido hidrociânico) (HCN), 208
Acre, território do, 199, 327, 368
Acuna (padre jesuíta), 93
África:
    borracha da, 17, 393
    colonização europeia na, 135
Agassiz, Elizabeth, 135, 358
Agassiz, Louis, 135, 358
agave (*Bromelia magdalenae*) (fibra de pita) (pita
    da Colômbia), 296, 307, 317
aguardente, 140, 328
Agumaita, Brasil, árvores de hévea de, 205-06,
    210
Akron, Ohio, indústria da borracha em, 178,
    313-15, 340-41
aldeia, 75, 78, 82, 84, 88, 107, 140, 157, 159,
    186, 189, 203, 207, 212, 276
Alemanha, produção de borracha sintética na, 15,
    178, 313
Alexander, Steven, 362
Allen, Arthur Watts, 293-94, 387
Allen, família, 301
alpacas, 129
Amazonas, rio:
    área de drenagem do, 21
    comprimento do, 150-51
    ligação do sistema hidrográfico do Orinoco
        ao, 54, 61, 92-93
    navegação a vapor no, 141, 150, 278, 283,
        368
    nome indígena do, 154, 361
    tributários do, 93, 186, 278, 365
    volume do fluxo do, 152
Amazonas, SS, 21, 198-220, 223-24, 306,
    318-19, 325, 372
ambientes marginais, 188
América Latina:
    presença inglesa informal na, 70, 350
    refugiados confederados na, 160

Anderson Warehouses, 285, 390
Anis (governador de Yucatán), 258
Antártica, viagem exploratória inglesa à, 130
antípodas, 267
Araña, Julio Cesar, 289-90, 292, 308, 310
Archer, T. W., 51, 348
Argyll, George John Douglas Campbell, duque
    de, 179
ariguas, 102
    aros pneumáticos de borracha, 13, 307
arraia fluvial *Potamotrygon*, 100
Arthur, 293
árvore-mãe, mito da, 20, 371
árvore-vaca (maçaranduba), 60
árvores:
    na mitologia sagrada, *ver também* tipos
        específicos de árvores
    tamanhos máximos das, 125, 129, 137, 246,
        279
Associação de Fazendeiros do Ceilão e da Malásia,
    317
Associação Inglesa dos Plantadores de Borracha,
    316-17
astecas, 32, 256
atobás, 253
Atures, Venezuela, 108, 110-11
Aublet, Jean Baptiste Fusée, 32
Austrália, *ver* Queensland, Austrália
Aveiro, Brasil, 19, 158, 186-88, 201, 328
aves tropicais:
    exposição no Palácio de Cristal de, 91-92
    plumagem retirada de, 72
    ver também aves tropicais específicas
aviadores, 134-35, 204, 278, 309
Ayrton, Acton Smee, 132
Azulay, família, 203

B. F. Goodrich Company, 178, 206
Bacia Amazônica:
    ciclos extrativistas na, 155

Índice Remissivo

cobertura da floresta tropical da, *ver também*
floretas tropicais
mudanças climáticas recentes na,
como um recurso biológico, 333
desmatamento na, 18, 148, 152, 162, 165,
189, 330, 333, 336
extensão geográfica da, 152
fertilidade da, 67
fragilidade do solo da, 178-80
níveis populacionais da, 157, 272
perigos da, 22-25
produção de borracha na, *ver* comércio
brasileiro da borracha
bagre, 21, 382
balde, 117
Balfour, J. H., 51
bálsamo, 113, 187
Banham, G. S., 261
Banks, Joseph, 199
Barbados, escravos fugidos de, 19, 100, 188
barracão, 87, 189, 279
Bates, Henry Walter, 22, 59, 67, 128, 144, 168,
185, 187, 190, 219, 356, 361, 363, 366, 376
bejucos, 117
descreve as formigas-de-fogo, 186, 365
descreve as piquiás, 162, 362
descreve as piranhas, 171
na área de Santarém, 11-12, 59, 152
Belém do Pará, 133, 203-04, 209, 211, 214, 216,
219-20, 224, 231, 245, 280, 318, 324, 369,
372, 373, 376, 377, 388
cônsules ingleses em, 141
localização de, 139, 141-42, 144, 174,
179-82, 194, 201
mercadores judeus em, 188, 204
sementes de hévea de Wickham transportadas
clandestinamente por, 182, 225, 264, 306,
364, 374
Bélgica, produção de borracha do Congo
controlada pela, 286, 288
Belize Estate and Produce Company, 248, 383
Belize, cidade de (Honduras Britânicas), 67,
245-53, 256, 261, 264, 266, 270, 381-84
Bell, Alexander Graham, 223
Bellamy, J., 254-56
Belt, Thomas, 352
Belterra, 333, 388
Benacio (trabalhador venezuelano), 114-15, 121
Bentley, Holman, 287
Benz, Carl, 15
Berbice, 300
Bernhardt, Sarah, 286
bichos-de-pé, 190

bicicletas, 15, 232-33, 286
Bierce, Ambrose, 120, 356
biopirataria:
da borracha, 13-19, 21, 24, 30-36, 52-55,
116, 122-23, 133, 217-20, 233
da cinchona, 50-58, 64-66, 67, 128-29, 132,
178, 179, 200, 212, 217, 219, 226, 316
direito internacional sobre a, 218-19, 373
justificativa moralista para a, 50, 52
medos brasileiros atuais da, 333, 337
questões éticas da, 218
Birch, Samuel, 38
Birmânia, cultivo de borracha na, 323
blackbirders, 242, 267-68
Boa Vista, 16-18, 158, 325, 326
Fordlândia como a cidade que substituiria,
15-16, 325-26
Boim, 186
casas de comércio de judeus sefarditas de, 19,
186, 201-02, 204, 310
comércio da borracha em, 204-05, 211
história jesuíta de, 212-13
localização de, transporte fluvial em, 158,
318, 370
seringueiras do planalto além de, 191, 202-04,
206, 210, 326
Bolívar, Simon, 95
Bolívia, 319
Bolsa de Valores de Londres, 307
bondes elétricos, 284
bondes, 232, 284
Bonpland, Aimé, 93
boom da borracha, 277, 282
Borbon, Venezuela, assentamento confederado
em, 98-99, 104
Bornéu, borracha cultivada em, 55, 300, 394
borracha de, 129, 278, 280
borracha:
abusos e maus-tratos na coleta da, 241-42
coleta da, 53, 176, 186, 222, 233, 264, 268,
372
cura da, 177, 299, 303, 306
espécies de, *ver também* espécies específicas de
plantas produtoras de borracha
Estados Unidos como os maiores
consumidores de, 14-15, 24, 33, 44, 97, 133
exposição inicial na Europa da, 227, 278, 298,
299
fornecimento anual de, 178, 183, 199-201
investimentos especulativos na, 298, 315, 317,
322
níveis de produção mundial de, 339
no Brasil, *ver* comércio brasileiro da borracha

434

O Ladrão no Fim do Mundo

nomes da, 12, 15, 19, 22, 54, 57, 136, 168, 169, 188, 195, 202
preços da, 22, 54, 57, 136, 168
pureza da, 136, 156, 158, 167, 177, 206, 216
sintética, 313, 333
usos militares da, 15, 27, 176, 177, 215, 298, 346
vulcanização da, 35-36, 53, 126, 178
botânica:
econômica, 51, 53, 202
status profissional da, 132, 177, 199, 215
Braga, Eduardo, 334
Brasil:
biopirataria do café do, 211
cultivo de soja no, 165, 336-37
descaso internacional sentido pelo, 200
escravidão no, 159-60, 172, 281
estabilidade política do, 141
fronteiras territoriais do, 154, 217
independência do, 154
influência econômica da Inglaterra no, 148-49, 203, 296, 318
leis alfandegárias do, 58, 318
Marinha do, 154, 318, 396
medos atuais da biopirataria do, 333-34
mercadores judeus no, 188, 204
presença portuguesa no, 149, 151, 265
projetos norte-americanos de estabelecer plantações no, 12-13, 329, 334-35
reivindicações territoriais do, 135
rivalidades entre os estados no, 58, 326
British Honduras Company, 248
Bromelia magdalenae (agave) (pita da Colômbia) (fibra de pita), 296
Bruce, sir Charles, 52
Buckup, Paulo, 334
Burton, sir Richard, 47, 176, 195

cabaça (*tutuma*), 100, 117
cabanos, 159
cabo do canal, 232
caboclos, 19, 172, 191, 202-03, 279, 325, 328-30, 371
cabos telegráficos, isolamento de borracha dos, 232
cabos transatlânticos, 126
cacau, 51, 158, 260-62, 297, 311
cachaça, 328
Cadman, Joseph, 296
café, 16, 50-51, 60, 76, 98, 115, 117, 122, 141, 155, 165, 182-83, 191, 217, 227, 230, 235-37, 261, 283, 297-98, 300, 304, 310
Califórnia, comboios de carroças para a, 96, 163

campos, 30, 37, 45, 61, 93, 97, 156, 161-62, 167, 172, 191, 237*n*, 300, 303-04, 316, 333, 335-36, 378
candiru (peixe-palito), 21-22
canibalismo, 163, 268, 276
canoas, 83-84, 89, 90, 95, 102-03, 115, 133, 157-58, 254, 270, 274, 366-67
caoutchouc, 32
capitalismo, 14, 31, 70, 265, 324
caramujos com pleópodes, 174
Caraval, Gaspar de, 154
Cargill Inc., 336
caribe (índios), 105, 109
caripuna (índios), 369
Carlos I, rei da Inglaterra, 74
Carnegie, Andrew, 278
Carpodinus, 55
Carter, Patty, 145, 359
Carter, William H. J., 145-46, 359
Caruso, Enrico, 286
Caryocar villosum, 296
casamento, visão vitoriana do, 41, 147
cascarilla roja, 50
Casement, Roger, 288, 291-92
Casiquiare, canal, 93, 103, 109, 125
castanha-do-pará, 203, 212
castanheira, 165, 325
Castilla elastica (seringueira do Panamá), 54, 78, 179, 352
Castilloa elastica (hule), 261, 282, 289
Castries, Santa Lúcia, 91
Castro (governador do Amazonas), 110-12
caucho, 78, 129, 227, 357
caudilhos, 92,
Caura, rio, 101-02, 106
Cayce, Edgar, 320-21
Cayla, V., 219, 373
cegueira do rio, 21
Ceilão (Sri Lanka):
fazendas de seringueira no, 20, 226-27, 232, 277, 298, 317, 392, 394
ferrugem no café do, 51, 297
guta-percha do, 172, 230, 300
mudas da hévea levadas ao, 227, 298-99
cenate, 257
centopeias, 105, 190, 239
cerveja, borracha adicionada à, 34
cestos, 110, 187, 207, 209, 371
chá, plantações de, 30, 51, 144, 155, 227, 297-98, 304
Chalmers, James, 276, 388
Chan Santa Cruz, 257, 258-59,
Chanel nº 5, 165

Índice Remissivo

chapelaria, 41, 44, 145, 149, 346
Chapman, William, 230-31
Chávez, Ricardo, 199-200, 215
cheiros, 189
chibéh, 115
Chimborazo, monte, 64-65
Church, George, 368-69
cianeto, 208, 214
Cícero, Marco Túlio, 68
cidade, 12-15, 19, 96, 135
ciência:
    benefícios econômicos da, 44, 47, 50
    dominada por homens, 185
    gastos públicos na Inglaterra com a, 52-53,
      55, 132
cinchona, 50-52, 54-58, 200, 226, 228, 369
    biopirataria da, 64-66, 67, 129, 132, 200,
      202, 212, 217, 219, 316, 378
    cultivo holandês da, 128-29, 178-79, 232,
      298, 349
    nome da, 347
    variedade de casca amarela da, 50
Cingapura, cultivo da hévea em, 226-27, 231-32,
    298-99, 304, 376
cipós, 71, 84, 117, 162, 164, 170, 205, 255, 352
seringal, 202, 369
Ciudad Bolívar, Venezuela, 95-99, 101, 103, 113
clíper, 246
Clitandra, 55
cobras, 22, 115, 125, 190, 239-40, 251, 303, 378
cockatoo farmers (fazendeiros cacatua), 237, 269
Cockscomb (Corkscrew), montanhas, 254
Cocos, ilhas, 268, 387
Cohen, Elisio Eden 206, 212, 370-71, 395
Cohen, família, 203
Cohen, Herica Maria, 371
cólera, 21, 38-40, 49, 72, 81-82, 149, 331
Collins, James,128, 129, 179-81, 194, 200, 364,
    378
Colômbia, borracha da, 50, 78, 98, 135, 139,
    188, 278, 288, 348
Colombo, Cristóvão, 32, 67, 71, 149, 230, 350,
    375
Colón, Panamá, 89-90
colônias alemãs, 394
Colônias do Estreito, 304, 392
comércio brasileiro da borracha:
    áreas da melhor fonte do, 128
    atos de biopirataria e o, 24, 217-20, 333
      ver também biopirataria, da borracha
    períodos de boom no,
    benefícios econômicos do, 157, 179, 201-02,
      237, 248

cana-de-açúcar no, 144, 155-56, 160, 175,
    185, 241, 379
como a fonte principal de borracha bruta, 12,
    29, 61, 128-30, 272-73
crédito a prazos excessivamente dilatados do,
    309
declínio do, 12, 300-02, 309
hierarquia profissional dentro do, 131-34,
    270-72
Manaus como o centro do, 126, 132-35, 139,
    143, 152, 166, 203, 210-12, 215, 278-79,
    283-86, 307-08, 310, 314, 334, 372, 393
níveis de exportação do, 95, 179, 203
opressão aos trabalhadores no, 272, 274, 286,
    294, 299
plantações no, 122, 132, 140, 235, 247, 249
produção das plantações inglesas *versus*, 308,
    316
Companhia das Índias Orientais, 54, 129, 228,
    232, 300, 348, 394
Companhia de Navegação a Vapor do Amazonas,
    141
Companhia Mineradora de Chontales, 86
Concessão de Price, 98, 354
Condamine, Charles Marie de la, 32, 59, 99, 128
confederados, 19, 97, 162-63, 174, 201, 203,
    281
    na Venezuela, 188, 362
    próximos de Santarém, 160, 164, 191-93,
      198, 204, 280
    sistema escravocrata apoiado pelos, 98, 195
    sucessos financeiros dos, 97, 170, 325
Conflict, grupo, 268-70, 273, 275-77, 292-93,
    295, 297, 301, 303, 305, 317, 319
Conquista Espanhola, 46, 51, 128
Conrad, Joseph, 25, 29, 146, 337, 344
cônsules ingleses, 141
Continental Kautschuk und Gutta Percha Co.,
    178
Coolidge, Calvin, 265
copra, 269, 272-74, 293, 387
Cordingly, David, 381
Corkscrew, montanhas, 254
Cortés, Hernando, 32
Costa do Mosquito, 69, 73-74, 78, 94, 246
Cramer and Company, 262-63
crioulos, 79-80, 88, 92, 251, 353
cristianismo, 31
    missão imperial britânica e o, 46, 54, 172,
      186, 192
    padres jesuítas e o, 159, 189, 205, 234, 236,
      269
crocodilos, 180, 215, 239

O Ladrão no Fim do Mundo

Cross, Robert, 57, 64-66, 130, 226, 229, 303, 349, 373, 376-78
   hévea coletada por, 202, 208, 224, 231-32
   roubo da cinchona, 67, 216, 369
Cross, William, 369, 373, 378
Cruz Falante, 245-65, 380-81, 384-85
cruzob, 257-60
cucurito (palmeira), 117
cules (trabalhadores), 304, 392
Cumane (índio venezuelano), 107-08
cumaru (*Dipteryx odorata*), 101
Cupari, rio, 185-92, 204, 280
cupins, 81, 170
Cúpula da Terra, 220
curiaras, 95
Curuá, rios chamados de, 185, 280, 365
Curupira, 124, 168

D'Entrecasteaux, ilhas, 267, 388
Daimler, Gottfried, 223
Darwin, Annie, 131
Darwin, Charles, 59, 67, 71, 131, 350
Darwin, Emma, 131
Davis, Edgar Byrum, 320-22, 396
Dean, Warren, 178, 211, 213, 348, 357, 64-5, 368-70, 372-74, 376-77, 391, 394, 397
Defoe, Daniel, 38
defumador, 117
Della Costa, Antonio, 96-98, 101, 108
Dempsey, Mary, 330, 397
Departamento de Comércio dos Estados Unidos, 219, 395-96
Dermatobia hominis, 119
desmatamento, 18, 148, 152, 162, 165, 189, 330, 333, 336
Detroit, indústria automobilística de, 14-15, 314, 343
Diamantino Rubber Co., 281
Dickens, Charles, 37, 39, 349
dimetilbutadieno, 313
Dipteryx odorata (cumaru), 101
Dobson, William Charles Thomas, 38
Dothidella ulei, 351
Doyle, sir Arthur Conan, 287
Drummond-Hay, Edward, 142-44, 359
Drummond-Hay, James de Vismes, 141-42, 145, 176-77, 179-80, 245
Drummond-Hay, John, 359
Duke of Devonshire, 230, 375
Dunlop (pneus), 233
Dusendchon, Zargas & Co., 285, 390

Edison, Thomas A., 284, 316

Eldorado, mito do, 12, 61, 94, 125-26, 154, 253, 278, 337
Electrophorus electricus (*tembladores*), 99
Eli Lilly, 219
Elizabeth I, rainha da Inglaterra, 264
embebição, 225
Encarnación, sor, 257
encouraçados, 13, 178, 312, 318
engenhos, 155
enguias-elétricas, 99, 125
Ensor, Robert C. K., 31
Equador:
   borracha do, 135, 152
   sementes de cinchona roubadas do, 50, 64
Era da Borracha, 15, 126, 276, 313
era vitoriana, 21, 46, 52
eras glaciais, 166
Erebus (navio imperial), 130
Escondido, rio, 75
escravidão, 92, 98, 110, 135, 140, 159-60, 182, 241, 281, 304, 337, 368
espécies vegetais, 51
transferência de uma parte do mundo para outra de, 12, 25, 34, 172, 178, 189, 205, 267, 289, 305
ver também biopirataria
Esperanza, 242
espinho-do-diabo (jacitara), 170
esponjas, cultivo de, 270-72, 274, 285, 293, 387
esquistossomose, 49, 174
Estado Livre do Congo, 286, 288
Estados Malaios Federados, *ver também* Malásia
estrada, 117
exaustão pelo calor, 22
exploração, 21, 31, 46, 48, 86, 154, 219, 280, 283, 304
exploradores ingleses na, 140, 142, 312
Expresso Transcontinental, 223

faca, 44, 116, 161, 180, 195, 295, 299
Falklands, ilhas, 263
farinha de mandioca, 153
farinha, mandioca, 153, 160
Farris, Charles, 180-81, 183, 200, 215, 364
fava-tonca, 101
fazenda pecuária, 204, 370
febre amarela, 21, 49, 142, 147, 163, 174-75, 249
feiticeiras, 168
Ferrell, Mercia Jane, 192, 196, 367
   ferrovias, 13, 36, 37, 312
   no Brasil, 141, 234
   uso da borracha nas, 36, 127

437

Índice Remissivo

fibra de pita (agave) (*Bromelia magdalenae*) (pita da Colômbia), 296

Ficus elastica, 55, 179, 232, 282, 295

figueira estranguladora (mata-pau), 105-06, 227

Filipinas, plantações de seringueiras nas, 17, 282, 316

Firestone, Harvey, 314-16, 340, 341, 395

Flint, Charles R., 284

flores, *status* de culto das, 43

floresta tropical, *ver* florestas tropicais

florestas tropicais:
    cipós das, 71, 84, 117, 162, 250
    desmatamento das, 18, 148, 152, 162, 165, 189, 330, 333, 336
    diversidade de espécies de árvores nas, 12, 124, 144, 146, 148, 149, 155, 157, 189, 205
    estação chuvosa nas, 127, 146, 177, 183, 186, 189, 199
    experiência transcendente induzida nas, 206, 239, 246
    fertilidade das, 22, 175, 179, 280
    figueira estranguladora das, 105
    funções ecológicas das, 244, 257, 306, 317, 368
    insetos das, 24, 48, 70, 76, 104, 106, 115, 116, 151, 166, 170, 239
    mitos nativos das, 196, 203, 225, 234, 239, 244
    padrões de crescimento das árvores nas, 44, 47, 56, 98, 106
    perigos e desconfortos das, 148, 156, 176, 234, 246
    sons das, 24, 27, 57
    ver também Bacia Amazônica

Forbes, Henry O., 267, 275, 386, 388

Ford, Henry, 14-20, 23-24, 186, 202, 220, 233, 277, 315-16, 324-34, 336-37, 344, 367, 370, 379, 397-98
    administração norte-americana de, 19, 325
    descontentamento dos trabalhadores em, 192, 259, 279, 367
    Fordlândia, 15-16, 18-20, 24, 325-37, 367, 370, 397-98
    fracasso de, 103-04, 184, 191
    inovações na produção de, 23, 220, 277, 336-37, 379
    localização de, 15-20
    paternalismo distante de, 202, 220, 233, 344, 367, 370
    plantação de seringueiras em, 202, 220, 233, 277, 315-16, 324-34, 336-37
    produção automobilística de, 14-15, 133, 277, 315-16

ruínas de, 24

tamanho de, 14-20

utopia agroindustrial na Amazônia planejada por, 15, 343

Ford Motor Company, 314, 330, 397

formigas cortadoras de folhas, 72

formigas, 65, 72, 76-77, 105, 116, 170, 186-88, 207, 239, 328, 331, 351, 365

formigas-de-fogo, 186, 328, 365

Fortune, Robert, 51

Fourcroy, Antoine François de, 33

Franco, velho, 17, 334, 343

Freud, Sigmund, 146

Funtumia elastica, 55

G. B. Pirelli and Co., 178

gaiolas, 151

garças brancas, 106

Gardiner, John, 31, 344

Gardrich, C. L., 262

Gates, Bill, 165

Gauguin, Paul, 149

Geer, William C., 206, 371, 377, 395

George Frederic Augustus I, rei da Nação Misquita, 74

George II Frederic, rei da Nação Misquita, 74

George IV, rei da Inglaterra, 38

Gerônimo, 246

Gibbon, Lardner, 98

Gigante Estratosférico (sequoia gigante), 371

Gil, Rojas, 121, 124

Gmelina arborea, 335

Goacribari, 276
    arnica, 316
    mineração do ouro, 125, 133, 255, 267
    ouro, cidade mítica de, *ver* Eldorado, mito do

Goldsworthy, sir Roger Tuckfield, 249-53, 255-59, 263, 381-83

goma, 34-35, 113-14, 121, 187, 279, 345

Gonçalves Ribeiro, Eduardo, 283

Goodyear, Charles, 34-36, 44, 139, 141, 178, 345

Gordon, general (Charles George Gordon), 264

Grande Exposição, 42-43, 45, 92

Granville, lorde (Granville George Leveson-Gower), 179

Green, Thomas Shipton, 180-82, 199, 215-17, 377

Greenwood, James, 45

Greytown, Nicarágua, 70-71, 73, 78, 89

Grupo de Donner, 163

guaharibo, 109-10

guaiúle, 316

guarani, 95

O Ladrão no Fim do Mundo

garapa, 124
Guatemala, tensões entre Honduras Britânicas e a, 70, 246-48, 260, 383
Guerra Civil Americana, 15, 19, 97
    assentamentos na América Latina de refugiados da, *ver* confederados borracha utilizada na,
Guerra de Castas na Península de Yucatán, 256, 260, 384
    Guerra dos Bôeres, 282, 311
Guerra dos Cabanos, 159
Guerra Franco-Prussiana, 127, 178
Guia dos emigrantes para o Brasil (Hastings), 163
Guia dos emigrantes para o Oregon e a Califórnia (Hastings), 163
Guiana Inglesa, 43, 70, 98
Guiana, borracha de cultivo destruída na, 32, 331
Gum Elastic (Goma Elástica) (Goodyear), 34
guta-percha, 15, 55, 179, 181, 297, 348, 364

Half-Moon, ilhota, 253
Hammick (sócio da fazenda de tabaco de Wickham), 243-44
Hampstead Heath, 30, 37, 161, 345
Hancock, Thomas, 34, 53-54, 126-27, 139, 348
Hardenburg, Walter E., 290-91, 390
Harding, Warren, 315
Hasskarl, Justus Charles, 349
Hastings, Lansford Warren, 163-64
Haverstock Hill, 30, 37-40, 45, 322, 345
HCN (ácido hidrociânico) (ácido prússico), 208
Heneratgoda, Jardim de, 298, 317
Heráclito, 27
Herbert River, 235-37, 269
Hernandez (crioulo branco), 114, 139, 180
Hernández, Crisóstavo, 114, 139, 280
Herndon, William Lewis, 98
Hevea brasiliensis (seringueira), 127, 146, 225, 368, 370
    árvore-mãe da, 206, 371
    biopirataria da, 15, 19, 22, 23, 27, 32, 45-47, 63, 79, 88-90, 123, 175, 179, 186-88, 204, 216, 219, 244, 246, 248, 267, 299, 315, 333
    condições adequadas para a, 302
    cultivo em Kew de, 21, 24, 52-53, 56, 63, 65-66, 130, 132, 176-77, 179-84, 195, 199, 207
    cultivo na Ásia Oriental de, 128, 298, 305, 314, 394
    desenhos feitos por Wickham da, 145-46, 176, 178, 350, 364
    espécies de, 17, 54, 56, 126, 179, 238
    forma de crescimento na natureza da, 14-15, 143, 173, 179, 261, 295, 299, 302
    fungos parasitas da, 81, 84, 143, 150, 165-66, 174
    método de cura da, 229, 235, 237, 279, 299
    método para distinguir as espécies de, 206
    métodos de sangria da, 299, 301, 305-06
    Pará fine derivada da, 14, 18, 54, 60, 63, 177, 309, 333, 348, 394
    processo de cura da, 175, 179, 225, 228
    processo de germinação da, 56, 202, 207, 208, 225
    rompimento do fruto da, 56, 179, 202, 215, 279
    superioridade da borracha da, 159, 250, 318
    tamanho da árvore da, 16, 19, 25, 179
    trazidas na missão de Cross, 231, 376
    ver também comércio brasileiro da borracha
Hill, capitão, 86, 90, 91, 245, 267-68, 293
Himalaia, viajantes ingleses nas montanhas do, 71, 130
Hitler, Adolf, 332
Hogg, sir James, 56
Hondo, rio, 248, 257-58
Honduras Britânicas, 51, 70, 245-50, 257-58, 260-64, 269, 276, 296, 297, 381, 385
    agricultura sufocada em, 246
    capital de, 257-58, 260-64, 269, 276, 296, 297, 381, 385
    colonização de, 179, 185, 235, 237, 286
    conflito dos maia de Yucatán com, 188, 252, 255-57
    governador progressista *versus* plantocracia em, 155, 248-50, 262-63
    indústria madeireira em, 219, 225, 227, 234, 324, 376
    pico Victoria em, 254, 259
    território de, 172, 1783, 212, 276
    tesouro naufragado próximo de, 253, 276
Hooker, Frances Harriet, 131
Hooker, Joseph Dalton, 131, 306, 358
    carreira e fatos sobre, 130-32, 153
    como diretor de Kew, 24, 364, 377
    em conflitos burocráticos, 152, 179, 222
    nos atos de biopirataria da borracha, 16, 24, 78, 172, 189, 212, 216, 289, 305, 307, 312, 326, 346, 377
    personalidade irascível de, 131, 228, 358
    sementes da hévea entregues a, 179, 300
    Wickham considerado desagradável por, 20, 162, 172, 177, 198, 205, 216, 219, 232, 246, 342
Hooker, William Jackson, 53

Índice Remissivo

Hoover, Herbert, 14, 16, 315-16, 332
huitoto (índios), 290
    vespas, 23
hule (Castilloa elastica), 261, 282, 289
Humaitá, serra de, 205
Humboldt, Alexander von, 61, 93, 99, 112, 354
    ácido hidrociânico (ácido prússico) (HCN),
    208

ianomâmi, 109, 113, 125
Iferenanuique (chefe huitoto), 140
iguanas, 253
Iluminismo, 32, 46
Império Britânico, *ver* Inglaterra
Inácio de Loyola, Santo, 203
inca, 153
independência de recursos, 316
Índia, 33, 51, 54-61, 63 ,66, 130
    cultivo da borracha na, 15, 224
    cultivo da cinchona na, 129, 144
    Revolta dos Sipaios na, 55
India Office:
    biopirataria da borracha e o, 228, 230
    cultivo de borracha na Ásia Oriental e o, 181,
    231
    estilo de administração do, 129, 193, 194,
    229
    no ato de biopirataria da cinchona, 213, 230
    parceria de Kew com o, 56, 207, 214, 231
India rubber, 15, 32, 54, 128, 345-46, 348, 353,
    358
indústria automobilística, 14-15, 133, 277,
    315-16
Ingham, W. B., 269, 276
Inglaterra:
    atos de biopirataria da, *ver* biopirataria
    cônsules da, 197, 199-201
    economia de plantações da, 95, 97, 101, 155,
    157-59, 237
    explorações durante a Era Vitoriana da, 21,
    46, 52
    influência econômica no Brasil da, 167, 169,
    201, 213-15
    interesses corporativos servidos pela, 265
    missão imperial da, 55, 57, 59, 175
    monopólio da borracha conquistado pela, 219
    pontos antípodas da, 267
    problemas de mão de obra da, 16, 52, 134,
    171-72, 191, 199, 241-43, 270, 274,
    278-79, 287, 304, 308, 330, 380
    ressentimento internacional em relação à, 335
    seringais na Ásia Oriental da, 128, 298, 305,
    314, 394

Inman Lines, 211
Instituto Colonial Real, 306
intercâmbio colombiano, 51
ipê (ipê-ferro), 165
ipê-roxo, 165
Iquitos, Peru, 289-90, 292, 308, 310, 366, 390
Irai Company, 296
Iraque, invasão dos Estados Unidos no, 311
Irlanda, fracasso do cultivo de batatas e fome na,
    37, 217
Isonandra (árvore), 55
Itamarina, 268, 270-74, 293

jacaré, 106
jacitara (espinho-do-diabo), 170
James I, rei da Inglaterra, 61
James Stafford, 246, 381
Jameson (parceiro de negócios de Wickham), 293
jangada, 65, 75, 82, 139
Japão, seringais de cultivo asiáticos ingleses
    tomados pelo, 335
jararaca, 207
Jardim Botânico Real em Calcutá, 181
Jardim Botânico Real em Kew, 21, 24, 130-31,
    215, 230
    carregamento de borracha enviado ao Extremo
    Oriente do, 217-18, 313, 320, 376
    coleção de plantas do, 54, 98, 127, 228-29,
    237
    cultivo de borracha em, 21, 25, 37, 39, 56,
    113, 124, 156, 179, 221, 249, 256, 307
    diretores do, 290
    funcionários do, 14, 58, 180
    horas de visitação do público ao, 132
    missão de botânica econômica do, 51, 53
    na condição de instituição estatal, 52
    parceria entre o India Office e o, 56, 129-30,
    181, 193, 228
    relações de Wickham com o, 175, 179, 281
    sementes de cinchona roubadas para o, 56
    sementes de Wickham levadas ao, 35, 38, 156,
    178, 189, 206, 248
Javari, rio, 122, 135
Jennings, Clements, 188, 280
jesuítas, 159, 188, 289
João VI, rei de Portugal, 154
Johnson, Frederick A., 98-99
Jones, Fordyce, 319, 321

kanaka (trabalhadores melanésios), 241-42,
    269-70, 272, 380
Kanchenjunga, 131
Kickxia, 55

O *Ladrão no Fim do Mundo*

Kidd, Benjamin, 52, 348
King, Moll, 38
Kingdom & Co., 285
Kipling, Rudyard, 30
Kirkwood, Deborah, 172, 360, 363
Kondakov, Ivan, 313
Krakatoa, erupção do vulcão, 300

Labroz, O., 219, 373
lagartas-do-cartucho, 330
lagartos, 105
Laird, MacGregor, 48, 347
Lake LaFarge, 12, 324
Lake Ormoc, 12, 14, 16-17, 324-25
lanchas, 12, 133, 158, 284, 318
Landolphia (trepadeira do Congo produtora de
    látex), 55, 282, 286, 394
Landolphia (trepadeira do Congo produtora de
    látex), 55, 282, 286, 394
Landolphia, cipó, 55, 282, 286, 394
Lane, Edward Valentine, 41, 68-69, 93-94, 123,
    229, 258, 260, 266, 345-46, 350, 353, 357, 359,
    367, 369, 377, 380, 382, 384-87, 396
Lange, Algot, 122, 356-57, 363
LaRue, Carl, 16-17, 343-44
látex, *ver também* borracha
laticíferos, 60, 62
Lawrence da Arábia, 312
Lectures on Colonization and Colonies (Aulas sobre
    a colonização e as colônias) (Merivale), 148, 360
Ledger, Charles, 129, 378
Lei de Imigração (1872), 234
Lei de Proteção às Mulheres Brancas (1926), 275
Lendrum, Alexander, 345, 359
Lendrum, Frances Livingstone, 359
Leopoldo II, rei da Bélgica, 286
lepra, 24
    lesma-do-mar (pepino-do-mar), 269, 273
Level, Andreas, 113, 126
Libéria, cultivo de borracha na, 282, 316
linamarina, 208
língua geral, 159
linhas de montagem, 36, 330
Liverpool & Amazon Royal Mail Steamship
    Company, 372
Livingstone, David, 47, 176
Livingstone, Thomas Gott, 359
livre-comércio, 31, 50, 287, 290, 390
llanos, 93, 95, 99, 104, 108
Loadman, John, 208-09, 212, 358, 372-73,
    377-78
London, Jack, 41, 146, 346
Londres, Inglaterra:

crescimento de, 29-30, 34, 37, 39
distrito de Marylebone em, 39-41, 91, 148,
    196, 345, 346
epidemia de doenças, 40, 72
pobreza em, 30, 35, 37, 176
subúrbios de, 39, 310
lontras de rio (*perros de agua*), 104
Lovejoy, Thomas, 333
Ludwig, Daniel K., 335-37
Lumholtz, Carl, 235, 379
Lusíadas, grupo de Conflict no arquipélago de,
    267-69, 273
Lynch, R. Irwin, 225, 229, 374

macacos zogue-zogue, 118, 356
macacos, 120, 151, 170, 184, 334
Maçaranduba (árvore-vaca), 60
MacCreagh, Gordon, 189
MacGregor, sir William, 48, 270, 347, 387
Macintosh, Charles, 33-34
Madagascar, vinca rósea de, 218-19, 373
madeira, extração de, 155, 174, 237-38, 247-49,
    261
Madeira, rio, 135, 199, 203, 303, 368
Madeira-Mamoré Railway Company, 368
madrepérola, 273, 293, 387
Mãe Saidy (mulher de Barbados na Venezuela),
    100-01, 103
Mãe-d'água, 190
maia, 255
maki, 295, 391
mal das folhas, 331
malária, 16, 21-22, 47, 49-50, 55, 61-63, 66, 80,
    91, 93, 99, 102, 104, 107, 112, 147, 175, 249,
    283, 286, 336, 347-48, 378
Malásia:
    plantações de seringueiras na, 277, 304, 376
    projetos de plantações experimentais de
        Wickham na, 20, 14, 232, 296-97, 299-300
Mallet, Louis, 181, 199-200, 228, 375
Maloney, sir C. Alfred, 263, 386
Manágua, Tratado de (1860), 74
Manaus, Brasil, 20, 132-33, 152, 166
    cais flutuante construído em, 283-84, 310
    como o centro do comércio da borracha,
        134-35, 139, 143
    declínio de, 12, 65, 132
    Destino Manifesto, 98, 354
    Manihot glaziovii (maniçoba-do-ceará), 54,
        231
    prosperidade de, 292, 325
mandioca, 75-76, 83, 111, 121, 153, 171, 189,
    208

Índice Remissivo

maniçoba-do-ceará (*Manihot glaziovii*), 54, 232, 298, 377
Mann, Gustav, 52, 348
Manuel (trabalhador venezuelano), 114, 121, 126
mapiri (cestos), 110
Maria I, rainha de Portugal, 154
mariposa do bicho-da-seda, 168
Markham, Clements R., 129-32, 139, 193-95, 198-200, 202, 217, 219, 226-31, 239, 245, 316, 349, 357-58, 364-65, 367, 369, 370, 374, 375-76, 378
  aparência física de, 129-32, 139, 193
  biopirataria da borracha apoiada por, 129-32, 139, 193-95, 198-200, 202, 217, 219, 226-31, 239, 245, 316, 349, 357-58, 364-65, 367, 369, 370, 374, 375-76, 378
  carreira de, 55-58, 65-66, 98,
  no roubo da cinchona, 177, 179-82, 226-31, 239
  nomeação de Wickham para a Índia pedida por, 193-95
Marrocos:
  diplomacia inglesa com o, 142
  imigrantes brasileiros vindos do, 19
Marx, Karl, 37
máscaras para gás, 312, 395
mata-pau (figueira estranguladora), 105-06, 227
Mateo (trabalhador venezuelano), 114-15, 121
Maury, Matthew Fontaine, 97-98, 163
Mayhew, Henry, 45
Melo Palheta, Francisco de, 217
Mendenhall, J. B., 162-64, 169, 188, 280
Merivale, Herman, 360
Merrie England, 270
Merrimac, 178
mestiços, 79, 172, 251, 256
México:
  borracha do, 175, 177, 189, 192, 234
  Guerra de Independência do, 257
  península de Yucatán no, 188, 246, 248, 251
  Revolução de 1914 no, 283
Michelin (pneus), 233
Miller, William, 258, 385
mimosa frigosa, 108
minas de estanho, 234, 303
mishla, 82-84, 89
misquito (índios), 88, 350
missionários, jesuítas, 159, 188, 289
Miyata, Kenneth, 351
Modelo T, 15, 233, 277, 307, 379
mogno (*Swietenia mahogani*), 247-48, 252, 257, 260, 264, 297, 381
Monitor, 178

Montanha, planalto conhecido como, 165, 167
Monte Alegre, 12
Monte Dourado, Brasil, 335
Montefiore, Abraham, 296
Montezuma II, imperador do México, 32
Moog, Viana, 330, 397
Moran, Emilio, 366-67
morávios, missionários, 73, 74, 88

morcegos-vampiros, 21, 167
Morley, George, 171, 174
mosca negra, 21
mosca-do-berne, 119
mosquitos, 12, 70, 174, 239, 334
doenças transmitidas pelos, 95, 110, 115, 119-20, 122, 249, 325
mosquitos-palha (*zancudos*), 106, 122, 124
motor de combustão interna, 223
mundurucu (índios), 189
Munt, J. G., 273
Murphy, John, 287
Murray, George, 209-16, 223, 373
musgos, 59, 64

Napoleão I, imperador dos franceses, 154
Narciso (trabalhador venezuelano), 114, 121
navegação a vapor, 246
Negro, rio, 61, 93, 103, 108, 112, 124, 126, 135-36, 145, 188, 211, 278, 283, 349, 357, 388
Nelson, almirante (lorde Horatio Nelson), 78
Nicarágua, 69-70, 92, 145-46, 185, 188, 245-46, 259, 267, 293, 317, 351
  coleta de borracha (caucho) na, 78, 129, 227, 357
  Costa do Mosquito da, 69, 73-74, 78, 94, 246
  epidemia da cólera na, 70, 72, 78
  presença inglesa na, 70, 350, 94, 105
  região de Santo Domingo da, 86
  tribos da, 72, 78, 82, 89, 91
Nicuesa, Diego de, 70
Niven, Robert, 261
Notas preliminares sobre uma viagem pela selva, de Trinidad ao Pará, Brasil (Wickham), 145
Nova Guiné, *ver* Papua Nova Guiné

Olds, Ramsom E., 277
óleo de palma, 52
On the Plantation, Cultivation, and Curing of Pará Indian Rubber (Sobre a plantação, cultivo e cura da borracha do Pará) (Wickham), 306, 371-74, 393
onças, 161, 167
ópio, 60, 91

O Ladrão no Fim do Mundo

Oração do Sapo Seco, 124, 357
Orellana, Francisco de, 153-54, 146, 168
Origem das Espécies, A (Darwin), 131
Orinoco, rio, 54, 109-11, 113-15, 124-25, 135,
   188, 209, 244, 245
   coleta de borracha perto do, 143, 145,
      177-78, 183, 209
   ligação do sistema hidrográfico do Amazonas
      ao, 100-02
   viagem rio acima no, 61, 92-96, 98, 105
ostras com pérolas, cultivo de, 269, 273
Otto, Nikolaus, 223
Owen, Richard, 132

P&O, companhia, 230, 375
paca, 207
Pacífico, oceano:
   ilhas com depósitos de fosfato de cálcio no,
      173, 313, 363
   travessia em um navio clíper do, 246
Palácio de Cristal, 42-43, 91, 95
palmatória, 161, 362
palmeiras, 71, 88, 111, 160, 204-05
Palmerston, lorde (Henry John Temple), 68, 350
Panasesa, 270, 273, 293
papagaios, 72, 99, 105, 115, 152, 170
Papua Nova Guiné, 86, 243, 267-70, 274, 276,
   295, 303, 305, 386
   arquipélagos próximos de, 267
   cultivo de borracha em, 86, 243, 276, 295,
      303, 305, 386
   cultura dos nativos de, 13, 48, 52, 87, 148,
      154, 190, 242
   declarada possessão britânica, 268
   restrições ao uso da terra previstas no contrato
      de arrendamento em, 261, 263, 266,
      269-70, 321
   sociedade dos imigrantes coloniais de, 186,
      204, 246, 249, 330, 397
   terrenos acidentados de, 267-70, 274, 276
Pará fine, 14, 18, 54, 60, 62, 63, 177, 186, 195,
   279, 309, 333, 348, 394
Pará, 14, 16-17, 24, 33, 133, 150, 181, 326, 358
Paranaguassu, 154, 361
   ver também Amazonas, rio
Paraponera clavata, 77
   seringueira, *ver Hevea brasiliensis*
patrões, 139, 327-28
pau-brasil, 155, 174, 311
pau-de-tinta, 155
pau-rosa, 165
Pavlova, Anna, 286
Pax Britannica, 30

Paxton, Joseph, 43
Peal, Samuel, 33-34, 344
Peck, John Benjamin, 252-53, 382, 383
Pedley, Anna, 148, 174
Pedley, James, 148
Pedro I, Dom, 154
Pedro II, Dom, 154
peixe-palito (candiru), 21
pepino-do-mar (lesma-do-mar), 269, 273
Peradeniya, Jardim de, 227, 230, 305, 375
Pereira Branco, Olinda, 329, 335, 397-98
pererecas, 122
perros de agua (lontras de rio), 104
Peru:
   produção de borracha no, 122-23
   sementes de cinchona roubadas do, 70
Peru Pará Rubber Company, 282, 389
Peruvian Amazon Rubber Company, 289, 292
petróleo, indústria do, 13, 219, 307, 309, 316,
   320, 368, 396
Pilditch, Alice Molson Symon, 214
Pilditch, Frank Slater, 146, 148-49, 181, 193,
   196, 214, 319
Pilditch, Harriette Jane Wickham, 181, 214
Pinto Guimarães, Miguel Antônio, 185
Pinto, Abraham, 204
piquiá, árvores de, 162, 165, 226, 295-96, 307,
   317
Piquiatuba, Brasil, 162, 165, 167, 171, 176, 187,
   191, 193, 195, 197, 280, 362, 367, 368
piranha, 100, 171
Pirelli (pneus), 178, 233
pita da Colômbia (agave) (*Bromelia magdalenae*)
   (fibra de pita), 296
Pizarro, Francisco, 153
Pizarro, Gonzalo, 153
Plano Siccama (1880), 381
Plano Stevenson de Restrição da Produção da
   Borracha, 314, 395
plantação de coco, 270
plantações de banana, 266
plantações de cana-de-açúcar, 155, 160, 241
   na Austrália, 160
   no Brasil, 379
Plantador de Malata, O (Conrad), 25, 29, 344
   plimsolls, 178
pneus de borracha, 14, 233
Porter, Bernard, 311, 395
Porto Moresby, Papua Nova Guiné, 270, 275
posseiros, 234, 262
Potamotrygon, arraia fluvial, 100
praça, 110, 150, 284, 311,
Prado, Paulo, 184, 284, 365

Índice Remissivo

Prain, David, 377
Price, Henry M., 98
Priestley, Joseph, 32, 344
Primeira Guerra Mundial, 14, 220, 314, 317, 332
Pritchett, G. J., 57, 66
produção em massa, 324
pulso de nitrato, 191, 367
Putumayo, barões da borracha da região de, 139-40, 288-90, 292, 308

Queensland, Austrália, 171, 230, 245, 250, 266-69, 276, 304, 319, 379
    clima de, 238
    mão de obra melanésia em, 241
    ódios raciais em, 234
quinina, 50, 52, 55, 63, 66, 70, 93, 103, 129, 261, 325, 347, 355

raios ultravioleta, 173
Raleigh, sir Walter, 61
Ramón (piloto da canoa de Wickham), 104-08, 113-16, 119-21, 125-26
rancho, 107, 115, 117-18, 121, 123, 124, 133, 143
recifes de corais, 252
rede telefônica, 283
rede, 36, 62, 66, 70, 71, 85, 92, 116, 119, 121-22, 149, 151, 189, 247, 283
Reja, Carmen, 62
Reliance Rubber Company, 319
Reserva Florestal Adolfo Duche, 166
Revolta dos Sipaios, 55
Rhome, Romulus J., 164, 185, 188
rias, 158
Ridley, Henry N., 298-302, 376-77, 391
Riker, David Bowman (pai), 193, 281, 367, 368, 370, 389, 395
    fala sobre Wickham, 193-96, 206
    fatos sobre, 193, 281
    plantação de Ford e, 253, 265, 267, 298
    propriedade comprada por, 281, 367
    sucesso financeiro de, 193-95, 280-81
Riker, David Afton (filho), 192-93, 195-96, 198, 281, 310, 324, 327-28, 362, 370
Riker, Ditmar, 326
Riker, R. H., 164
Riker, Robert, 325
Riker, Rubim, 325
Rios, Rafael, 320
Rogers (companheiro de Wickham no Orinoco), 94, 96, 99-102, 104, 106-07, 113-15, 121, 146
Roman (padre jesuíta na Venezuela), 93

Roosevelt, Franklin Delano, 332
Ross, sir John Clark, 130
Rousseau, Henri, 149

Sábado de Aleluia, 290
Sachs, L. F., 293
Sackville, sir Lionel, 383
Saldaña Rocca, Benjamin, 289
Salisbury, lorde (Robert A. T. Gascoyne-Cecil), 180, 194, 228, 364, 375
Salomão, ilhas, 275
salsaparrilha-do-campo, 170
San Fernando de Atabapo, Venezuela, 111-12, 126
Sanción, La, 289-90
Santana, 12
Santarém, Brasil, 176, 178, 179, 183, 184, 185, 188, 191, 192
    assentamentos confederados próximos de, 160, 162-64, 170, 174, 188, 191, 192, 198, 201
    cultivo de soja próximo de, 172, 178, 189
    escola de inglês em, 196
    história racial de, 234, 238, 239, 246, 277
    junção do Tapajós com o Amazonas em, 176
    missão jesuíta em, 201
    sementes de hévea transportadas clandestinamente por, 167, 171, 174, 175, 183, 184, 185, 188, 191, 192
Santos, Roberto, 220
São Paulo Railway Company, 141, 359
Sapium, 54
saudade, 184, 365
saúvas, 331
Scholz, Waldeman, 285
Schroeder Lessa, Luiz Gonzaga, 334
Schurz, William, 361, 370
Scully, William, 133, 358
sefarditas, judeus, 188, 203-04, 206, 310
Segunda Guerra Mundial, 332
sequoias, 371
seringa, 33-34, 54, 77
seringal (ciringais), 133-34, 291, 305, 310, 323, 331
seringas de uso médico (seringa), 15, 44
seringueira do Panamá (Castilloa elastica), 261, 282, 289
seringueiros, 62, 79, 115-17, 121-22, 133-35, 139, 203, 206, 266, 277-80, 299, 308, 310, 327, 335
Serique, família, 203
Serique, Julio David, 370,
Shelley, Percy Bysshe, 20

O Ladrão no Fim do Mundo

siphonia, 54, 113
Silva Coutinho, João Martins da, 128
Sinclair, Upton, 221
sisimitos, 254
sistema de iluminação doméstica, 232
sistema de servidão por dívida, 133, 305
sistemas elétricos, 232
Smith, Herbert H., 361, 365, 369
Sobre a borracha (Collins), 128
Sociedade Antiescravagista e de Proteção dos
    Aborígenes, 290
Sociedade de Proteção às Aves, 72
Sociedade Geográfica Real, 56, 129
soja, cultivo de, 165, 336-37
Somme, primeira batalha do, 312
Sousa Pessoa, Biamor de, 335, 398
Speke, John Hanning, 47
Spruce, Richard, 13, 22, 57, 59-66, 67, 93, 109,
    128, 133, 143-44, 153, 161-62, 167, 174, 177,
    178, 185, 202, 224, 343
    descreve o processo de coleta de borracha,
        153, 161-62
    fala sobre a tribo dos guaharibo, 57, 93, 128,
        133
    fala sobre o comércio brasileiro da borracha,
        128, 133, 143-44, 153, 161-62, 167
    fatos sobre, 13, 22, 57, 67
    fonte da Pará fine procurada por, 59-66, 67,
        93, 109, 128, 133, 143-44, 153, 161-62
    na área de Santarém, 224, 234, 237
    no ato do roubo da cinchona, 59-66, 67, 93,
        109, 128
    visão da Floresta Amazônica de, 22, 57,
        59-66, 161-62, 167
Sri Lanka, ver Ceilão
Starley, John Kemp, 246
Stonequist, Everett, 80, 352
Storach, W. M., 261
Stroop, Allie, 201
sucuris, 190, 366
sucuruju (sucuri), 190
Suriname, borracha de cultivo é destruída no, 331
Swayne, sir Eric, 254-55, 381, 384-86
Swietenia mahogani (mogno), 247

tabaco, cultivo de, 217, 236, 240-41, 244, 311
tâmeis, 304, 305, 392
tapajó (tupaiú), índios, 161
Tapajós Pará Rubber Forests, 281, 389
Tapajós, rio, 12-13, 15-20, 144, 156, 157-60,
    164-65, 171, 174, 176, 185-87, 191, 193,
    200-03, 210-11, 220, 280-81, 303, 324, 326,
    329, 333, 334, 366, 370

taparito, 102
Taperinha, 22, 164, 185
Taperinha, sítio de, 22, 164, 185
tartarugas, 251
tartarugas-de-pente, 273
Tears of the tree (As lágrimas da árvore)
    (Loadman), 208, 372, 377
Teatro Amazonas, 285
Teatro da Paz, 150
teca, 51
Temash, rio, 260, 263, 319, 385
tembladores (Electrophorus electricus), 99
Temple, Hercules, 79-82, 84, 85, 87-89
teologia natural, 47, 51
terra preta do índio, 158, 161, 205, 371
Thiselton-Dyer, William Turner, 224-25, 302,
    374-77, 391
Thomson, Thomas, 130-31
Thwaites, H. K., 375
toldo, 108
Torquemada, Juan de, 128
trabalhadores melanésios (kanaka), 243
trade gun (arma de comércio), 278, 388
trens metropolitanos, 13, 130, 245, 247, 332
Trinidad, 51, 53, 70, 95, 103, 145
Truth, 290
tubarões, 71, 252, 254, 269, 271, 276, 319
tuberculose, 21, 38, 169
tucanos, 72, 170
Tucker, Quincy, 319, 321, 323, 396
tulipas, 43, 347
Tulum, Cruz Falante em, 258-59
tupaiú (tapajó), índios, 161
tupi-guarani, 188
Turneffe, 252-53
tutuma (cabaça), 100
Tzantzen, 257

Uapés, rio, 189
United North and South Oil Company, 320
urubu-peru, 150
urubus, 108, 123, 150, 357
urubutinga, 119
uti possidetis, 135

van Roosmalen, Marc, 334
Vanderbilt, Cornelius, 81
varíola, 38, 74
Velho, rei da Nação Misquita, 74, 351
Venezuela, 61, 70, 92-93, 98, 278, 355, 358
    coleta de borracha na, 104, 174, 343, 353, 354
    governadores da, 108, 110, 158, 183, 259
    grupo de refugiados confederados na, 160

Índice Remissivo

guerra civil na, 57, 97-98
llanos do norte e florestas do sul, 93, 95, 99, 104, 108
mineração do ouro na, 92-93, 98, 112, 135, 152
tribos da, 60, 66, 72, 104
Ventura (piloto da lancha), 101-04
vermes parasitas intestinais, 81, 143, 150, 165, 166, 174
Victoria amazonica, 43
Victoria, pico, 254-55, 259
Vilanova, Francisco de, 123, 357
Villares, Jorge, 16
vinca, biopirataria da, 218
vinca rósea, 218
biopirataria da, 218
vincristina, 218-19
Vitória, rainha da Inglaterra, 24, 30, 43, 50, 216-17, 264-65, 266, 311, 319, 346-47, 386
vulcanização, 35-36, 53, 126, 178

Walker, William, 82
Wallace, Alfred Russel, 22, 59, 61, 67, 93, 103, 144, 185, 349, 355, 356
Wardian cases (caixas de Ward), 183, 194, 208, 230
Watkins (companheiro confederado de viagem de Wickham), 103-04, 113, 177, 245
Weir, John, 57-58, 66
Wetherall, Lucille, 283, 389
Wickham, Christine Francis Pedley,
Wickham, Harriette Jane, *ver* Pilditch, Harriette Jane Wickham
Wickham, Harriette Johnson, 37, 345
chapelaria de, 145
no Brasil, 38-45, 72
Wickham, Harry, 196, 214, 372
Wickham, Henry (pai),
Wickham, Henry Alexander (filho), 20
aparência física de, 69, 83, 87, 109, 114, 150, 161, 175, 186, 206, 218, 266
biógrafo de, 41, 55
casamento de, 41, 345, 359, 377
casas construídas por, 75, 105, 109, 126, 132, 148, 155, 172-73, 179, 205
descreve as condições adequadas para o cultivo da hévea, 222-23, 245, 278, 288-89
desenhos da *Hevea brasiliensis* feitos por, 62, 127-28, 146, 176, 177-78, 225, 368-70
em Papua Nova Guiné, 261, 264, 267, 269, 277-78, 281, 286-87, 305
em Queensland, 225, 235, 238, 249, 256, 258, 272, 276, 289, 294, 308, 310

emprego na Índia ou Ceilão pretendido por, 224-27
emprego no governo de Honduras de, 234, 238, 246, 289, 301, 314, 319
escritos de, 89, 138, 142, 159, 179, 205
estilo de vida nativo adotado por, 182, 188, 191, 205
experiência de escalar montanhas de, 259-61
fala sobre os índios, 25, 27, 46, 47, 58, 67, 112, 115, 124-26, 146, 157, 159
finanças de, 46, 47, 58, 67, 112, 115, 124-26, 146, 157, 159, 168, 176, 94, 199, 205-06, 245, 247, 253-55, 264, 279, 289, 290, 306
história da família de, 37, 40-43, 57, 58, 61, 290, 300, 305, 307, 315
infância de, 35, 40, 42, 44, 47, 54, 62, 75, 79, 95, 99
membros da família que vieram ao Brasil com, 154-55, 168, 176, 188, 205, 216, 279, 315
morte de, 296
na Nicarágua, 69-70, 78, 82, 89, 91, 105, 145, 188, 245-46
na Venezuela, 61, 70, 92-93, 98, 278, 355, 358
nas Honduras Britânicas, 239, 248, 255, 259, 261, 263, 268, 276, 299
negociações dos maia com, 2259, 264-66
no Brasil, 125, 137, 249, 177, 179-91, 205, 216, 218, 220, 223, 235, 236, 248, 277, 288, 290, 301, 306, 345,
no grupo de ilhas Conflict, 268-94, 290-93, 295, 297
personalidade de, 15-17, 20, 25, 27, 46, 47, 58, 67, 112, 115, 124-26, 146, 157, 159, 168, 176, 94, 199, 205-06, 245, 247, 253-55, 264, 279, 289, 290
pirataria biológica de, 15-17, 20, 25, 27, 46, 47, 58, 67, 112, 115, 124-26, 146, 157, 159, 168, 176, 94, 199, 205-06, 245, 247, 253-55, 264, 279, 289, 290, 306, 317, 347, 377
plantações de, 112, 115, 124-26, 146, 157, 159, 168, 176, 94, 199, 205-06, 245, 247, 253-55, 264, 279, 289, 290, 306
problemas de saúde de, 172, 322
reconhecimento público do feito de, 221, 228, 229, 234, 246-48, 277, 289, 294, 296, 305, 317, 325
relações de Kew com, 178, 180-83, 188, 191, 193, 205, 217, 236, 242, 290-92
solidão de, 75, 79, 88, 91, 93-95, 104, 106, 188
tentativas de se autopromover de, 165, 169, 172, 176-77, 188, 205, 216

O Ladrão no Fim do Mundo

título de cavaleiro concedido a, 30, 55, 142
trabalho de sangria de seringueiras de, 177, 356
últimos anos de, 31-35, 300, 305, 314,
  319-21, 345
Wickham, John Joseph Edward, 346
Wickham, Joseph, 40-41
Wickham, Sophie Phillips, 38
Wickham, Violet Case Carter
  aparência física de, 30, 43, 50, 216-17,
    264-65, 266, 311, 319, 346
  casamento de, 46, 47, 58, 67, 112, 115,
    124-26, 146
  descreve os nativos, 25, 27, 46, 47, 58, 67,
    112, 115
  em Queensland, 225, 235, 238, 249, 256,
    258, 272, 276
  empregadas de, 190, 234
  fala sobre a biopirataria da borracha, 47, 58,
    67, 112, 115, 124-26, 146, 157, 159
  fala sobre a carreira de Wickham, 47, 58, 67,
    112, 115, 124-26, 146, 157, 159
  fala sobre a selva, 40, 42, 44, 47, 54, 62, 75,
    146, 157, 159
  fatos sobre, 145-47, 169, 175, 178, 198, 208,
    238
  memórias de, 20, 155
  morte de, 305
  nas Honduras Britânicas, 51, 70, 245-50,
    257-58, 260-61, 263-64, 269, 276, 296-97,
    381, 385
  nas tentativas sucessivas de estabelecer uma
    fazenda, 30, 43, 50, 216-17, 264-65, 266,
    311

no grupo de ilhas Conflict, 268-94, 290-93,
  295, 297
personalidade de, 27, 46, 47, 58, 67, 112,
  115, 124-26, 146, 157, 159, 168, 176, 94,
  199, 205-06, 245, 247, 253-55, 264, 279
problemas de saúde de, 171, 261
tarefas domésticas na selva de, 124, 144, 146,
  148, 149, 155
viagens descritas por, 47, 58, 67, 112, 115,
  124-26
Wilken, W. A., 211-12
William de Wykeham, 38, 322
William Henry Clarence, rei da Nação Misquita,
  73-74
Wilson, E. O., 187-88
Wolfe, Thomas, 326
woolwá, 74-78
Wycherley, P. R., 372

Xtabay, 67, 350

Yberra Ortol, Filipe, 262
Yucatán, península de, 67, 188, 258, 262
  fronteira de Honduras Britânicas com,
    247-48, 251, 257
  violência na, 74, 246, 256, 259, 384

zamora, 106
zancudos (mosquitos-palha), 106
zebu (gado), 334

Conheça mais sobre nossos livros e autores no site
www.objetiva.com.br
Disque-Objetiva: (21) 2233-1388

Este livro foi impresso na
LENA GRÁFICA EDITORA LTDA.
Viela Urga, 144 – Bonsucesso
CEP 07175-332 – Guarulhos – SP
Fone: (11) 2088-9191 – Fax: (11) 2088-9192
lenagrafica@lenagrafica.com.br – www.lenagrafica.com.br